IJEOMA OLUO

DAS LAND DER WEISSEN MÄNNER

EINE ABRECHNUNG MIT AMERIKA

Aus dem amerikanischen Englisch
von Benjamin Mildner

Hoffmann und Campe

Die Originalausgabe erschien 2020 unter dem Titel
Mediocre. The Dangerous Legacy of White Male America
bei Seal Press, New York.

1. Auflage 2021

www.hoca.de
Umschlaggestaltung: © Hannah Kolling, Kuzin & Kolling, Büro für Gestaltung, Hamburg
Umschlagabbildung: © Statue of Liberty (1883) by Pierre Petit.
Original from The Rijksmuseum. Digitally enhanced by rawpixel.
Satz: Dörlemann Satz, Lemförde
Gesetzt aus der Adobe Garamond Pro
Druck und Bindung: GGP Media GmbH, Pößneck
Printed in Germany
ISBN 978-3-455-01068-8

HOFFMANN
UND CAMPE

Ein Unternehmen der
GANSKE VERLAGSGRUPPE

Dieses Buch ist den Schwarzen Frauen gewidmet:
Ihr seid wichtiger als die weiße Vorherrschaft.

INHALT

EINLEITUNG

Ganz wie beabsichtigt

Ich war für eine Weile an einen idyllischen Rückzugsort für Schriftstellerinnen gefahren. Die Tage verbrachte ich in einer bezaubernden, von Bäumen umgebenen Hütte, die mit einem kleinen Holzofen geheizt wurde. Als ich aus dem Fenster auf die riesigen Nadelbäume schaute, die um meine Hütte herum standen, hätte eigentlich der Funken der Inspiration zu mir überspringen sollen. Aber ich fühlte noch keine Inspiration. Diese Umgebung war für jemanden wie mich ziemlich ungewöhnlich: Als alleinerziehende Mutter zweier Jungen kannte ich nichts anderes, als bei dem Hintergrundlärm aus Krachen und Knallen und Schreien und ungeachtet meiner eigenen Aufmerksamkeitsschwäche zu schreiben. Ich war es gewohnt, auch kreativ zu sein, wenn ich regelmäßig von einem Teenager unterbrochen wurde, der mir sagt, dass er mehr Snacks will – und der sie immer noch nicht alleine finden kann.

Aber dieser Rückzugsort war dazu da, schreibende Frauen von den Rufen nach »Mom!« oder »Schatz?« zu befreien, die so oft um unsere Aufmerksamkeit buhlen. Hier sollten wir unsere Kreativität würdigen, indem wir ihr die Zeit und den Raum gaben, die sie verdiente. Keine Kinder, keine Männer, kein Internet, kein Fernsehen.

Und so arbeiteten wir jeden Tag, jede für sich, und jeden Abend gegen sechs verließen wir fünf Schriftstellerinnen un-

sere jeweiligen Hütten und kamen zum gemeinsamen Essen im großen Haupthaus der Farm zusammen. Bei einem liebevoll zubereiteten Abendessen mit frisch aus dem hauseigenen Garten geernteten Gemüse sprachen wir über unsere Schreibprojekte, stellten uns gegenseitig Fragen und gaben uns Unterstützung und Zuspruch. Wir redeten über die Arbeit, an der wir gerade saßen: die Bücher, die wir schrieben, die Stücke, die wir schreiben wollten. Wir tauschten Ideen aus, fragten nach Ratschlägen zu Agenturen und Verlagen. Wir lachten und tranken Wein.

Aber vor allem redeten wir über Männer. Nicht unsere Partner oder Freunde oder Brüder – wir redeten über die Scheißtypen. Und obwohl wir im Hinblick auf *race*, »Ethnizität«* und sozioökonomischen Status verschiedene Hintergründe hatten, kannten wir alle eine Menge Typen, über die wir reden konnten. Wir redeten über die weißen** Männer in den Verlagen, die immerfort unsere Arbeit schlechtmachen. Wir redeten über die Schriftsteller, die dir auf Buchmessen an den Hintern grabschen oder dir Feedback zu deiner Arbeit geben wollen und dann versuchen, dich ins Bett zu kriegen. Wir redeten darüber, wie viel Zeit wir schon damit verbracht hatten, über weiße Scheißtypen zu schreiben. Denn wenn wir nicht gerade über den Präsiden-

* Zur Vermeidung des im Deutschen kulturell und historisch problematischen Begriffs »Rasse« benutzen wir hier das englische *»race«* (klein und kursiv), da das Wort im Englischen einerseits historisch weniger belastet ist und andererseits aktuelle kulturelle Aspekte miteinbezieht. Eine deutsche Entsprechung gibt es (noch) nicht.
Zudem schreiben wir »Ethnizität« in Anführungszeichen, weil es zwar inhaltlich näher am englischen »ethnicity«, jedoch ebenfalls ein geschichtlich schwieriger und belasteter Begriff ist, den wir nicht ohne jede Markierung nutzen möchten. [Anm. d. Übers.]

** Die Kategorie »weiß« ist zwar kulturell und soziologisch nicht das Gleiche wie das reine Adjektiv. Wir haben uns jedoch gegen eine (oftmals übliche) Kursivierung des Begriffs entschieden, da *»weiß«* einerseits i. d. R. nicht als Selbstbezeichnung fungiert und andererseits durch die häufige Benutzung in diesem Buch den Lesefluss übermäßig stören könnte. [Anm. d. Übers.]

ten schrieben, dann schrieben wir darüber, dass Männer ohne Gebärmütter nicht über unsere Familienplanung entscheiden sollten, oder dass Vergewaltiger für ihre Vergewaltigungen tatsächlich ins Gefängnis gehen sollten – selbst wenn sie talentierte Sportler waren.

Jeden Abend trafen wir uns und redeten darüber, wie wir in einer Welt zu schreiben und zu leben versuchten, die von Männern bestimmt war; von Männern, die ziemlich entschlossen schienen, uns unsere Stimme zu verwehren, unseren Erfolg – unsere Chancen auf ein freies und unabhängiges Leben. Und ich weiß, dass das kein Problem ist, das sich nur auf den Literaturbetrieb beschränkt. Ich habe schon ähnliche Gespräche geführt, als ich noch in der Werbung und in der Technologiebranche gearbeitet habe. Ich bin sicher, dass Frauen solche Gespräche in so ziemlich allen Arbeitsbereichen führen, in jeder Schule, die sie besuchen, in jeder Gemeinschaft, in der sie leben. Überall findet man Scheißtypen im Überfluss, und es scheint, als könnten wir nicht aufhören, über sie zu reden.

»Ganz wie beabsichtigt.«

Dieser Satz wurde von mir und vielen anderen, die über den Kampf gegen Rassismus schreiben, schon oft benutzt, wenn wirklich schreckliche Dinge genauso passieren, als wären sie vorherbestimmt gewesen. Ein Polizist erschießt einen unbewaffneten Schwarzen* Mann, und eine Jury entscheidet, dass der Polizist nicht mal vor Gericht muss? Ganz wie beabsichtigt. Ein Junge of Color, der Gras verkauft, muss für Jahre ins Gefängnis, während ein wohlhabender weißer Mann, der zum zweiten Mal

* Wir schreiben »Schwarz« hier groß, wenn sich der Begriff auf *race* bezieht – also keine Hautfarbe im kolonialistisch-rassistischen Sinne gemeint ist, sondern eine kulturell und gesellschaftlich gewachsene Kategorie, die oftmals auch als Selbstbezeichnung fungiert. (So schreibt die Autorin von sich selbst auch, sie sei »Black«.) Ebenso verfahren wir mit dem Begriff »Braun«. [Anm. d. Übers.]

betrunken Auto gefahren ist, wird unter Hausarrest gestellt wird? Ganz wie beabsichtigt.

Diese Redewendung mag bestürzend kaltherzig klingen, aber sie ist unsere Art, uns selbst daran zu erinnern, dass das größte Übel, dem wir uns ausgesetzt sehen, nicht ungebildete Individuen sind, sondern unser unterdrückerisches System. Sie erinnert uns daran, dass die Tode von Trayvon Martin und Sandra Bland keine Einzelfälle sind. Dass wir nicht zulassen dürfen, dass uns unsere Erschütterung und unsere Wut ablenken und uns glauben lassen, diese Vorfälle würden nicht alle aus derselben Wurzel stammen, die man zerschlagen muss. Diese Wurzel ist die weiße männliche Vorherrschaft.

Weiße Männer führen unsere ineffektive Regierung, mit geradezu garantierter Wiederwahl. Sie führen unsere korrupte und gewalttätige Strafjustiz, der sie höchstwahrscheinlich selbst nie ausgesetzt sein werden. Sie kontrollieren unsere zunehmend polarisierten und falsch informierenden Medien und heimsen Auszeichnungen ein für die Aufrechterhaltung der Vorstellung, dass die Dinge am besten laufen, solange weiße Männer das Sagen haben. Das ist keine Glückssträhne für weiße Männer; so funktionierten unsere Systeme weißer männlicher Vorherrschaft schon immer.

Und wenn ich von weißer Vorherrschaft spreche, dann meine ich damit nicht nur die klassische »White Supremacy«, also zum Beispiel den Ku-Klux-Klan und die Neonazis. Offen rassistischer Terrorismus – wenn auch tödlich und entsetzlich – hat nie die größte Bedrohung für Menschen of Color in den USA dargestellt. Die Sache ist heimtückischer. Ich meine mit weißer Vorherrschaft die Art und Weise, wie unsere Klassenzimmer, die Politik, die Populärkultur, die Vorstandsetagen und viele andere allesamt die weiße *race* gegenüber jeder anderen bevorzugen. In unserer Gesellschaft ist weiße Kultur die Norm, das Allgegenwärtige, während Kulturen of Color dämonisiert, exotifiziert oder ausgelöscht werden.

Der durchschnittliche Schwarze Haushalt in den USA besitzt nur ein Dreizehntel des Vermögens über das ein durchschnittlicher weißer Haushalt verfügt; beim durchschnittlichen hispanoamerikanischen Haushalt ist es ein Elftel. Jeder dritte Schwarze Mann in den USA wird im Laufe seines Lebens mindestens einmal ins Gefängnis kommen. So krass diese Zahlen auch scheinbar sind, wir Menschen of Color – und speziell wir Frauen – müssen mit diesen Gegebenheiten tagtäglich leben. Unsere gesamte Gesellschaft ist darauf ausgerichtet sicherzustellen, dass weiße Männer immer mehr Macht anhäufen. Und es muss daran erinnert werden, dass die von diesen Systemen am Schlimmsten verletzten Frauen und Menschen of Color diejenigen sind, die darüber hinaus queer, Transmenschen oder Menschen mit Behinderung sind.

Die »männliche Vorherrschaft« in weißer männlicher Vorherrschaft ist schon ein Bestandteil weißer Kultur gewesen, bevor weiße Menschen sich selbst als weiß wahrgenommen haben. Jahrhundertelang durften Frauen nicht über Besitz verfügen, durften nicht studieren, nicht wählen. Das Maß an Freiheit, das Frauen und Mädchen in ihrem öffentlichen und privaten Leben besaßen, wurde von Männern bestimmt.

Frauen verbringen immer noch einen Großteil ihres Lebens damit, sich von Männern ihr grundlegendes Recht auf Würde und Sicherheit zu erkämpfen. Sie sehen sich dem andauernden geschlechterspezifischen Lohngefälle ausgesetzt, der Tatsache, dass eine von fünf Frauen in ihrem Leben Opfer eines sexuellen Übergriffes wird, und der anhaltenden Debatte darüber, ob männliche Missbrauchstäter ihren Arbeitsplatz und sogar ihren Status behalten sollten oder nicht.

Diese Ungerechtigkeiten sind nicht gottgegeben. Diese unterdrückerischen Systeme sind menschengemacht – mit unseren Wählerstimmen, unserem Geld, unseren Personalentscheidungen – und sie können auch von Menschen wieder rückgängig gemacht werden.

Als wir also an diesem wunderschönen Esstisch in einem Farmhaus im Wald saßen und immer weiter über diese weißen Männer und ihre ungebremste Wut, Angst und Verantwortungslosigkeit sprachen, kam mir diese Redewendung immer wieder in den Sinn: *Ganz wie beabsichtigt.*

Ich dachte über die weißen Männer nach, die mich in Meetings unterbrochen hatten. Ich dachte über einen Film nach, in dem der weiße Hauptdarsteller in seiner Box in einem Großraumbüro sitzt, sein Schicksal beweint und darüber klagt, dass er so viel mehr aus sich hätte machen sollen. Ich dachte über die weißen Männer mit den Hakenkreuzen in Charlottesville nach, die aus Wut über das eigene Versagen die Menschen anschrien, die sie dafür verantwortlich machten.

Ich dachte über all die Zeitungskommentare nach, die seit der Wahl 2016 versuchten, den neuen wütenden weißen Mann zu erklären. Er war desillusioniert, er hatte Angst. Er war unzufrieden mit seinem Job und seinen gewählten Volksvertreter*innen. Er fühlte sich vergessen und zurückgelassen. Unsere moderne, pluralistische Welt mit ihrem Fokus auf Diversität hatte weißen Männern substanziellen Schaden zugefügt und damit zu diesem Zeitalter der weißen männlichen Wut geführt. Das sagten zumindest die Fachleute.

Und hier saßen wir nun, eine Gruppe kultivierter Frauen, und redeten über die weißen Männer, als wären sie ein Problem, das soeben aus dem Himmel auf uns herabgefallen ist, und nicht das vorhersehbare Produkt jahrhundertelanger kultureller, politischer und wirtschaftlicher Konditionierung.

Und auf einmal verschwanden die Sorgen der letzten Tage, denn ich wusste, dass ich dieses Buch schreiben würde.

»Herr, gib mir das Selbstvertrauen eines mittelmäßigen weißen Mannes.«

Als die Schriftstellerin Sarah Hagi 2015 diesen Satz sagte, zog er Tausende Memes, T-Shirts und Kaffeetassen nach sich. Der Satz

gehört mittlerweile zum Repertoire vieler Frauen und Menschen of Color – insbesondere jenen, die in den sozialen Medien aktiv sind. Er traf bei vielen von uns einen Nerv, denn während wir davon ausgingen, besser sein zu müssen als alle anderen, nur um über die Runden zu kommen, schien es, als würden weiße Männer darin bestärkt – und dafür belohnt –, nur Mittelmaß zu sein.

Die Mittelmäßigkeit weißer Männer scheint sich auf jeden Aspekt unseres Lebens auszuwirken, und doch könnte man meinen, dass dieses Ungleichgewicht nur Menschen auffällt, die keine weißen Männer sind.

Damit will ich nicht sagen, jeder weiße Mann sei mittelmäßig. Ich glaube nicht, dass irgendeine Hautfarbe oder irgendein Geschlecht eine Prädisposition für Mittelmäßigkeit in sich trägt. Was ich damit meine, ist, dass weiße männliche Mittelmäßigkeit die Richtschnur darstellt, das vorherrschende Narrativ, und dass alles in unserer Gesellschaft darauf basiert, weiße männliche Macht zu erhalten, unabhängig von weißem männlichem Können oder Talent. Mir ist auch bewusst, dass viele weiße Männer großartige Dinge geschaffen haben. Aber ich behaupte, dass weiße Männer darauf konditioniert werden zu glauben, es sei nicht nur das höchste Ziel in ihrem Leben, sich Frauen und Menschen of Color überlegen zu fühlen, sondern dass ihnen ihre Überlegenheit automatisch zugesprochen werden sollte, einfach nur weil sie weiße Männer sind. Nicht nur beschränkt die Belohnung weißer männlicher Mittelmäßigkeit die Tatkraft und Phantasie weißer Männer; sie erlegt auch dem Erfolg von Frauen und Menschen of Color zwangsläufig Beschränkungen auf, um das Versprechen der weißen männlichen Vorherrschaft einlösen zu können. Weiße männliche Mittelmäßigkeit schadet uns allen.

Wenn ich von Mittelmäßigkeit spreche, dann spreche ich nicht von etwas Belang- und Harmlosem. Ich spreche von einer kulturellen Gleichgültigkeit gegenüber Systemen, die schrecklich repressiv sind. Ich spreche von einer Hingabe an Ignoranz und Hass, die Menschenleben kostet, aus keinem anderen Grund als

der Tatsache, dass weiße Männer darauf konditioniert sind zu glauben, Ignoranz und Hass seien ihre Geburtsrechte und die Bemühungen um Aufklärung und Verbundenheit eine Ungerechtigkeit, der sie sich nicht ausgesetzt sehen sollten.

Wenn ich von Mittelmäßigkeit spreche, dann spreche ich davon, wie wir irgendwie übereingekommen sind, dass wohlhabende weiße Männer sich am besten dazu eignen, dem Rest von uns Wohlstand zu verschaffen, wenngleich ihr eigener Wohlstand nur etwas ist, das unseren Arbeitskräften gestohlen wurde.

Wenn ich von Mittelmäßigkeit spreche, dann spreche ich davon, dass Aggression Herrschaft ist und Arroganz Stärke – selbst, wenn diese weißen männlichen Wesenszüge jene Männer selbst schädigen und auch die Königreiche, die sie zu beherrschen hoffen.

Wenn ich von Mittelmäßigkeit spreche, dann spreche ich davon, dass Erfolg nur daran gemessen wird, wie viel besser es weißen Männern ergeht als Menschen, die keine weißen Männer sind.

Wenn ich von Mittelmäßigkeit spreche, dann auch davon, dass wir uns die USA nicht als ein Land vorstellen können, in dem Frauen bei der Arbeit nicht sexuell belästigt werden, wo junge Menschen of Color nicht automatisch in unterfinanzierte Schulen kommen – weil wir damit das Konzept des weißen Mannes als Mittelpunkt unseres Landes hinterfragen würden. Es geht hier nicht um eine gutartige Mittelmäßigkeit; sie ist brutal. Es ist Mittelmäßigkeit, die einen gewalttätigen, sexistischen, rassistischen Status quo aufrechterhält, der es den Vielversprechendsten von uns verwehrt, wahre Größe zu erreichen.

Indem wir Größe als Geburtsrecht weißer Männer definieren, trennen wir sie automatisch von echter, messbarer Größe – Größe, die Nutzen bringt, die etwas erschafft. Weiße Männer setzen ihre angeborene Größe als gegeben voraus, und man bringt ihnen bei zu glauben, dass nur sie ein scheinbar unerschöpfliches Potenzial zur Größe haben. Unsere Kultur hat die Erwartung von Größe

ausschließlich um weiße Männer herum geformt, indem sie die Errungenschaften von Frauen und Menschen of Color aus unserer Geschichtsschreibung gestrichen hat, indem sie Frauen und Menschen of Color vom Heldentum unserer Filme und Bücher ausgeschlossen hat, indem sie klargemacht hat, dass der Vorrat an qualifizierten Jobbewerber*innen sich nur auf weiße männliche soziale Netzwerke beschränkt.

Doch die Erwartung von Leistung ist selbst noch keine Leistung. Indem wir Weißsein und Männlichkeit zu ihren Belohnungen machen, bieten wir weißen Männern keinen Anreiz mehr dafür, sich ihren privilegierten Status zu erarbeiten. Wenn du immerfort für großartig gehalten wirst, nur weil du weiß und männlich bist, warum solltest du dich anstrengen, einen wirklichen Beitrag zu leisten? Warum ein Risiko eingehen oder einen entschlossenen Versuch zu etwas machen, das schiefgehen kann, wenn du dafür belohnt werden kannst, in der Masse mitzuschwimmen? Gesellschaftliche Anreize verführen zur Mittelmäßigkeit.

Die meisten Frauen und Menschen of Color müssen sich ihren Weg zu einer Chance auf Erfolg oder Macht mühselig erkämpfen, wir müssen doppelt so hart arbeiten wie weiße Männer und unser außergewöhnliches Talent unter Beweis stellen, bevor wir auch nur anfangen können, über wirklich gleichwertige Repräsentation an unseren Arbeitsplätzen oder in unserer Regierung zu diskutieren. Aus irgendeinem Grund glauben wir, dass man von weißen Männern nicht verlangen sollte, die gleichen Belastungen des Wachsens und des Ringens zu ertragen, die durchzustehen man von uns erwartet, wenn wir etwas Substanzielles erreichen wollen.

Wie oft haben Sie das Argument gehört, dass wir die Gleichberechtigung der Geschlechter und der *races* nur langsam realisieren sollen, damit die Gesellschaft keinen »Schock« erleidet? Wer ist diese »Gesellschaft«, über die da geredet wird? Ich kann garantieren, dass Frauen mit gleichen Löhnen oder einem belästigungsfreien Arbeitsumfeld ohne Weiteres klarkommen würden,

ohne Anlauf. Ich bin sicher, dass Menschen of Color mit gleichberechtigter politischer Repräsentation und gleichen wirtschaftlichen Möglichkeiten zurechtkämen, wenn man sie heute einführen würde. Wem nützt es also, wenn wir es langsam angehen? Wie können weiße Männer unsere geborenen Anführer sein und gleichzeitig so zerbrechlich, dass sie keinen gesellschaftlichen Wandel aushalten?

Was uns durch den wirtschaftlichen Komplex des mittelmäßigen weißen Mannes als großartig verkauft wurde, ist wohl nicht immer so großartig. Die Vorstellung des idealen weißen Mannes – des mutigen und selbstbewussten Mannes, den wir dann idolisieren, befördern, ins Amt wählen –, diese Vorstellung ist oftmals der Inbegriff der Mittelmäßigkeit. Und wenn man ihnen dann die Machtpositionen anvertraut, dann machen solche Männer ihre Arbeit eben so gut, wie man es von jemandem mit mittelmäßigen Voraussetzungen erwarten würde: Das Ergebnis sehen wir in unserer wirtschaftlichen Krise und in unserer festgefahrenen Regierung. Anstatt das Risiko einzugehen, Schwäche zu zeigen, indem sie Fehler zugeben, verstärken weiße Männer diese noch. Anstatt Frauen oder Menschen of Color als gleichberechtigte Kandidat*innen für Machtpositionen in Erwägung zu ziehen, wiederholen weiße Männer das Mantra, dass ein Führungswechsel aus irgendeinem Grund »zu riskant« sei, als dass man die Macht jenen Gruppen zuteilwerden lassen könnte, die sie bewusst als »unerfahren« darstellen.

Die Diskrepanz zwischen unserem begrenzten Begriff von Größe und dem, was wir am Ende bekommen, hängt zum Teil mit unserer permanenten Behauptung zusammen, wir würden in einer Meritokratie leben, auch wenn das offensichtlich nicht stimmt. Es gibt eine Vielzahl von Systemen und institutionellen Hindernissen, die seit Jahrhunderten dafür sorgen, dass große Teile unserer Gesellschaft – unabhängig von Talent, Fähigkeit oder Charakter – niemals die Chance haben werden, ihre Armut und Machtlosigkeit hinter sich zu lassen.

Der Wohlstand dieses Landes beruht auf Ausbeutung und Gewalt, und diejenigen, die am härtesten für seinen Aufbau gearbeitet haben, wurden durch seinen Erfolg weder reicher noch mächtiger – sie waren versklavte Menschen, Arbeitsmigrant*innen oder Hausangestellte. Große Teile der Infrastruktur dieses Landes wurden beispielsweise mithilfe von Sklavenarbeit aufgebaut, und später mit der Arbeit von Eingewanderten und Häftlingen. Viele unserer wirtschaftlichen und politischen Führungskräfte bekamen die Möglichkeit, ihre Zeit und Energie ihrem beruflichen Erfolg zu widmen, durch die unbezahlte Arbeit ihrer Ehefrauen und Mütter und die unterbezahlte Arbeit von Kindermädchen und Haushaltskräften.

Die, die von dieser Arbeitskraft profitieren konnten, haben kaum mehr dafür getan, als mit einer Peitsche in der Hand geboren worden zu sein. Und trotzdem wurde ein Narrativ der Größe um sie aufgebaut. Wir sagen, dass sie sich ihre Größe verdient haben und dass wir, wenn wir diese brutalen und mächtigen weißen Männer nachahmen, eines Tages dort stehen werden, wo sie sind.

Wenn ich »wir« sage, dann meine ich nicht mich. Ich bin eine Schwarze Frau. Es stimmt zwar, dass mir immer und immer wieder gesagt wurde, dass meine beste Chance auf Erfolg darin besteht, die bevorzugten Eigenschaften weißer Männlichkeit so weit wie möglich zu imitieren. Trotzdem entspricht das Bild von mir weder den Bildern der großen Anführer in unseren Geschichtsbüchern noch den Helden in unseren Geschichten. Irgendetwas Großartiges zu erwarten, ohne außergewöhnliches Talent und Glück zu haben, war für jemanden wie mich bestenfalls töricht und schlimmstenfalls gefährlich. Es ist nicht mein Geburtsrecht.

Es gab immer eine quälende Diskrepanz zwischen dem Versprechen und der Realität weißer Männlichkeit. Weiße Männer haben oft den leisen Zweifel gehegt, dass der Amerikanische Traum

nur eine Fiktion ist. Gleichzeitig haben weiße Männer immer Angst vor der Möglichkeit gehabt, diese eine große Überlegenheit zu verlieren – das *Besser als*. Wenn alles, was du hast, ein *Besser als* ist – besser als Frauen, besser als Menschen of Color, nicht mehr und nicht weniger als das –, warum solltest du diese eine Auszeichnung, die du dir nie hast verdienen müssen, einfach so aufgeben?

Und so klammern sich diese weißen Männer oftmals an ein verstörendes Konstrukt und geben den weniger Mächtigen die Schuld für die Unzulänglichkeiten dieses Konstrukts. Für viele scheint das eine bessere Option zu sein, als die versprochene große Belohnung infrage zu stellen, die sie vermeintlich erwartet. Nachdem sich die reichsten weißen Männer ihren Anteil genommen haben, bleibt für den durchschnittlichen weißen Mann nie genug übrig für sein eigenes Königreich. Aber wir als Gesellschaft hören nicht auf, weißen Männern zu erzählen, dass ihre Thronbesteigung gleich hinter der nächsten Ecke winkt.

Zu viele Frauen und Menschen of Color haben den Zorn eines weißen Mannes zu spüren bekommen, der geduldig darauf gewartet hat, der nächste Präsident oder Geschäftsführer zu werden. Wenn er dann letztendlich begreift, dass er nie zum Zug kommen wird, sucht er jemanden, dem er vorwerfen kann, seinen Posten bekommen zu haben – er denkt, sein Verlust sei der Preis für die Chancen anderer. Aber er schaut nie nach oben zu den elitären weißen Männern, denen er nachgeeifert hat. Wenn wir unter die Füße vieler weißer Männer schauen, denen wir so viel Macht zugestehen, dann sehen wir die Massen von Menschen, die sie mit ihrem Versagen zerquetscht haben – einschließlich anderer weißer Männer.

Auch wenn wir es gerne glauben würden, ist es meist nicht Qualität, die sich durchsetzt: Unsere Gesellschaft belohnt Verhalten, das in Wirklichkeit unvorteilhaft für alle ist. Studien haben gezeigt, dass Eigenschaften, die lange Zeit als Zeichen von Führungsstärke eingeschätzt wurden (so wie übermäßiges

Selbstbewusstsein und Aggressivität), sowohl in Wirtschaft als auch in Politik tatsächlich verheerend wirken. Diese Eigenschaften werden weithin als maskulin angesehen, während Merkmale, die zumeist mit Schwäche oder fehlenden Führungsqualitäten assoziiert werden (Geduld, Entgegenkommen, Kooperation) als feminin gelten. Dies ist ein globales Phänomen von kontraproduktiven Werten, das Soziolog*innen schon lange ein Rätsel ist.

Der Mann, der nie zuhört, der unvorbereitet ist, der darauf beharrt, sich durchzusetzen – das ist ein Mann, mit dem die meisten von uns (solange es angenehmere Optionen gibt) nicht gerne zusammenarbeiten, zusammenleben oder befreundet sein wollen würden.

Und doch sind wir als Gesellschaft irgendwie davon überzeugt, dass unsere Anführer inkompetente Arschlöcher sein sollten.

Diese patriarchale Erhöhung der Inkompetenz genießt jedoch eine besondere Aura in einer kapitalistischen und individualistischen Gesellschaft wie den Vereinigten Staaten. Wenn wohlhabende weiße Männer die Macht unter sich versammeln, benötigen sie eine kosteneffiziente Methode, um die Massen davon abzuhalten, den Status quo zu gefährden. Wie kriegt man den durchschnittlichen weißen männlichen Amerikaner dazu, sich für ein System einzusetzen, das ihn benachteiligt?

Man gibt ihm das Weißsein. Man gibt ihm Männlichkeit. Man gibt ihm eine Identität, die ihm ein Erfolgsgefühl gibt, in guten wie in schlechten Zeiten. Alles, was man als weißer Mann zum Erfolg braucht, ist, dass es einem besser geht als Frauen und Menschen of Color. Alles, was man tun muss, um weiße Männer davon abzulenken, wie es ihnen tatsächlich geht, ist, ihnen die Verantwortung dafür zu geben, dass Menschen of Color und Frauen ihnen nicht das wegnehmen, was ihnen gehört, so wenig es auch sein mag.

Weiße männliche Identität ist nicht angeboren – sie ist ein Konstrukt. Diese Identität ist nicht darauf ausgerichtet, so intelligent, produktiv und innovativ wie möglich zu sein. Um diesen

hohen Status zu erreichen, ist viel weniger nötig. Die wohlhabenden und erfolgreichen weißen Männer brauchen keine wirkliche Konkurrenz von aufstrebenden und ehrgeizigen durchschnittlichen weißen Männern. Stattdessen erhält man diesen Status qua Geburt, er hat nichts mit tatsächlichen Leistungen zu tun. Es ist eine Identität, an der die Mittelmäßigkeit klebt.

Ich glaube, es war nie leicht, eine Frau of Color in den USA zu sein, aber in diesen letzten Jahren, seit der Wahl von Donald Trump 2016, ist es noch härter gewesen. Jeden Tag sehen wir uns einem neuen Ansturm männlicher Wut, Aggression, Angst und Inkompetenz ausgesetzt. Meine Freund*innen und ich schauen uns darüber nur erstaunt an. *Wie sind wir an diesen Punkt gekommen?*, scheinen sich alle zu fragen. *Ist es wegen Trump? Sind all diese Männer nur wütend auf Obama? Liegt es am Internet? Oder am Niedergang des öffentlichen Schulwesens? Wird es noch schlimmer werden? Wie konnten wir es so weit kommen lassen?* Diese Fragen tauchten am Esstisch in dem Farmhaus immer wieder auf.

Was ich weiß, ist, dass die Auswirkung, die weiße Männer auf mein Leben und das so vieler anderer gehabt haben, nichts Neues ist. Was wir gerade in unserem politischen Klima sehen, ist weder neu noch unerklärlich. Es ist ganz wie beabsichtigt. Ja, natürlich ist der durchschnittliche weiße Mann mit seinem Schicksal unzufrieden – das ist ja auch so gewollt. Ja, natürlich stellt sich heraus, dass unsere mächtigen und angesehenen Männer in Wirklichkeit Missbrauchstäter und Betrüger sind – auf die Weise wurden sie ja mächtige und angesehene Männer. Und ja, der durchschnittliche weiße männliche Wähler (und die Mehrheit der weißen Wählerinnen, deren beste Chance auf Macht die Nähe zu weißen Männern ist) sieht in einem lüsternen, verzogenen, inkompetenten, untalentierten Rüpel den besten Repräsentanten ihrer Vision der USA – und das ist er auch.

Während ich mit jenen Frauen beim Abendessen saß und wir

über wütende, durch Privilegien verwöhnte weiße Männer redeten, verstand ich langsam nach und nach, was die Bestimmung dieser Männer ausmacht. Ich sah den Weg, der den wütenden weißen Männern, die wir heutzutage sehen, geebnet worden ist. Ich sah, wie sie von jedem Helden, jedem Anführer und jedem Geschichtsbuch dazu ermutigt wurden, zu dem zu werden, der sie waren. Ich sah auch, wie sich der Weg, der schon lange vor der Präsidentschaftswahl 2016 gebahnt wurde, lange bevor alle unsere politischen Machthaber geboren worden sind, in die Zukunft erstreckt, ganz gleich, wer die nächsten Wahlen gewinnt. Und ich wollte die gesamte Landkarte sehen. Ich wollte sehen, ob wir vielleicht einen anderen Weg einschlagen können, bevor es zu spät ist.

Also ging ich auf die Suche. Ich fing mit den heutigen Titanen weißer männlicher Mittelmäßigkeit an – mit den arroganten, verhätschelten, verantwortungslosen, vorsätzlich ignoranten Rüpeln, die es zu Macht und Berühmtheit gebracht und uns zugleich in die Verzweiflung gerissen hatten – und arbeitete mich zurück in die Vergangenheit. Ich fing an, nach ihren früheren Inkarnationen zu suchen, durch alle Generationen hindurch, an jedem Wendepunkt der Geschichte unseres Landes.

Ich schaute, wo und wie wir als Gesellschaft die Eigenschaften dieser weißen Männer gefördert und idealisiert haben, auch wenn wir es dann politisch, wirtschaftlich und gesellschaftlich teuer bezahlen mussten.

Und als ich mir unsere Geschichte so anschaute, begann ich Muster zu erkennen. Ich begann zu sehen, wie immer und immer wieder alles, was man als eine Gefahr für weiße Männlichkeit ansah, angegriffen wurde, ganz egal, wie wichtig diese neue Person oder Idee für die Weiterentwicklung unseres Landes sein mochte. Ich sah, wie die Rüpelhaftigkeit und die Selbstgerechtigkeit, die wir an unseren Anführern so schätzten, zuverlässig zu Misserfolgen führten. Es sind Eigenschaften, von denen wir unseren Kindern sagen, dass sie schlecht sind, aber wenn wir uns

anschauen, wen unsere Gesellschaft letztendlich belohnt, dann sehen wir, dass eben diese Eigenschaften aktiv gefördert werden.

Indem ich einige dieser Geschichten hier erzähle, versuche ich ein Porträt davon zu zeichnen, wie weiße männliche Mittelmäßigkeit in den Vereinigten Staaten aussieht und wie sie versucht, sich selbst aufrechtzuerhalten – in unserem Schulsystem, unseren Sportmannschaften, unseren Unternehmen und unserer Politik. Ich möchte zeigen, wie wir schon in den Kreisläufen der Selbstverstümmelung verfangen sind, die zahllose Menschenleben gekostet und uns wirtschaftlich und gesellschaftlich ausgebremst haben. Mit einem ungetrübten Blick auf unsere Vergangenheit können wir dann vielleicht versuchen, für die Zukunft etwas anderes auszuprobieren.

Während ich mir diese Geschichten anschaute, sah ich auch Teile von mir selbst – nicht nur, wie ich unter den Mächtigen hatte leiden müssen, sondern auch, wie ich selbst versucht hatte, die mir zugeteilte Rolle zu erfüllen, in der Hoffnung, meinen persönlichen Teil der Macht zu erringen. Wir sind alle dazu ausgebildet worden, die weiße männliche Version des Erfolgs wertzuschätzen und anzustreben. Ich sah, wie kraftvoll diese Botschaft war, und wie empfänglich wir alle dafür sind.

Wenn wir die Hierarchien der Privilegien im Hinblick auf *race*, Gender und Klasse betrachten, dann wird deutlich, dass einige von uns eine größere Rolle als andere dabei gespielt haben, dieses gefährliche Bild weißer Männlichkeit lebendig zu halten. Aber ich denke auch, dass wir alle, unabhängig von demographischen Faktoren, unseren Teil dazu beigetragen haben, weiße männliche Vorherrschaft aufrechtzuerhalten. Wir alle sind darauf getrimmt, den größten Bissen von unserem Stück des Kuchens haben zu wollen – egal, wie mickrig unser Stück auch sein mag.

Die Mittelmäßigkeit konstruierter weißer männlicher Identität ist nicht nur für diese selbst enttäuschend, sondern auch verheerend für jene von uns, die als Erste geopfert werden, wenn die vorhersehbaren Auswüchse der Mittelmäßigkeit zutage tre-

ten. Diejenigen von uns, die keine weißen Männer sind, sind die Arbeitskräfte, die ausgebeutet werden, die Sündenböcke, denen man die Schuld zuschiebt, die Boxsäcke, auf die man eindrischt. All diese Wut lenkt uns ab davon zu erkennen, wie wir ein System aufgebaut haben, das nie jemandem zugutegekommen ist außer den mächtigsten weißen Männern, den wenigen Auserwählten, die die Profite aus den Systemen von *race* und Gender und Gesellschaftsschicht anhäufen. Wir müssen uns darüber klar werden, dass sich die Menschen, zu denen wir aufschauen, und die Eigenschaften, die wir als Gesellschaft fördern, ändern können und müssen, wenn wir überleben wollen.

Lassen Sie uns jetzt eine Reise machen und auf die Erschaffung des weißen männlichen Amerikas zurückblicken, in dem ich heute lebe. Schauen wir uns an, inwiefern die Verhältnisse von heute auf kollektiven früheren Entscheidungen beruhen. Schauen wir, wie die Glorifizierung weißer männlicher Aggressivität die Brutalität der Westexpansion der USA zur Folge hatte, wie die Verachtung für arbeitende Frauen die Große Depression verschlimmert hat, wie die Angst vor Desegregation zur »Great Migration«, der Großen Migration, führte, und werfen wir anhand vieler weiterer Beispiele einen Blick darauf, welch schrecklicher Preis für den Aufbau und die Zementierung des weißen männlichen Amerikas gezahlt werden musste. Wir können sehen, wie die Entscheidungen, die vor Jahrzehnten – sogar vor Jahrhunderten – in dem verzweifelten Versuch der Bewahrung weißer männlicher Vorherrschaft gemacht wurden, dieses Land an den Rand des gesellschaftlichen und politischen Zusammenbruchs gebracht haben.

Erzählen wir diese Geschichten, auf dass wir lernen, wie wir in Zukunft bessere schreiben.

KAPITEL 1

COWBOYS UND PATRIOTEN

Das war der Wilde Westen

Wir alle haben diesen einen Verwandten, dessen Name nie ohne einen frustrierten Seufzer oder ein schauderndes Stöhnen ausgesprochen wird. Den einen Verwandten, der keine Gelegenheit auslässt, unangebrachte Kommentare vom Stapel zu lassen, beim Essen, weit über Zimmerlautstärke. In unserer Familie war das jemand, den ich hier Brian nennen will. Brian war einer der wenigen in unserer Familie, der Fox News schaute. Er sprudelte immer vor konservativen Gesprächsthemen über, die er im Fernsehen aufgeschnappt hatte, und wenn sein Vorrat an auswendig gelernten Halbwahrheiten zu Ende ging, erfand er Argumente, die seine These stützten. Manchmal schien er keinen anderen Standpunkt zu haben als: »Was auch immer du gerade sagst, ich widerspreche lautstark.«

Man musste noch nicht mal über Politik sprechen, um plötzlich von ihm in eine verschwurbelte politische Debatte gezogen zu werden. Du sprachst vielleicht gerade über dein neues Handy, und alle sagten, dass es wirklich ein schönes Handy sei, und auf einmal unterbrach Brian das Gespräch, um zu sagen, dass sein Mobilfunkanbieter besser sei als deiner und dass der Grund, warum du bei dem und dem Anbieter warst, nur der sei, dass die große linke Medienverschwörung darauf ausgerichtet sei, »dich

zu verarschen«. Brian war sich ziemlich sicher, dass vieles auf der Welt dazu da war, uns alle zu verarschen – Mobilfunkanbieter, Banken, Autofirmen, Universitäten –, und irgendwie waren immer die linken Medien daran schuld.

Zu unserem Glück war Brian ein entfernter Verwandter; wir mussten ihn nur bei Hochzeiten, Beerdigungen und den alljährlichen Weihnachtsfeierlichkeiten ertragen, die die erweiterte Familie zusammenbrachten. Wir setzten ein falsches Lächeln auf und gaben uns Mühe, das Thema zu wechseln, immer in dem Wissen, dass wir bald nach Hause fahren und ihn vergessen konnten, bis wieder jemand in der Familie starb.

Das alles änderte sich mit den sozialen Medien. Plötzlich war Brian überall, und online war er so viel *mehr* Brian. Alles wurde verstärkt – die Verschwörungstheorien, die aufgezwungenen Diskussionen, die ausgedachten Argumente – alles in Großbuchstaben. Ich hatte nicht geglaubt, dass der Online-Brian noch anstrengender sein könnte als der echte, schwafelnde, Gespräche unterbrechende, anzügliche Witze erzählende Brian – aber ich sollte mich irren, er war tatsächlich irgendwie schlimmer.

Als meine Karriere als Schriftstellerin langsam in Gang kam, entschied Brian, dass ich die ideale Sparringspartnerin für seine Online-Diskussionen wäre. Ich hatte seine Posts schon früh blockiert, war also nicht mehr seinen täglichen Hasstiraden über illegale Einwanderer ausgeliefert oder seinen Angstphantasien, dass Obama uns alle unsere Rechte wegnehmen würde, aber er schrieb seine sehr lauten Meinungen beharrlich auch auf meine Pinnwände in den sozialen Medien. Er tauchte einfach bei irgendwelchen Status-Updates von mir auf und forderte mich zu intellektuellen Diskussionen zu Themen heraus (er sagte wirklich: »Ich fordere dich heraus«), die ich überhaupt nicht diskutieren wollte. Jedes Mal ignorierte ich ihn, oder ich lehnte höflich ab und wünschte ihm einen schönen Tag. Manchmal versuchte er mit anderen Leuten zu debattieren, die auf meine Posts reagierten, und dann bat ich ihn, damit aufzuhören.

Ich verstand nicht, was Brian von dieser ganzen Online-Feindseligkeit hatte. Fast niemand sprang auf seine Diskussionsherausforderungen an; niemand dankte ihm für seine ungebetenen Meinungen. Die sexistischen, fremdenfeindlichen, homophoben, rassistischen Politiker*innen und Grundsätze, die er vertrat, standen nicht nur in krassem Widerspruch zu den Überzeugungen der Familie, die er von ganzem Herzen zu lieben schien; sie verletzten auch viele Familienmitglieder und brachten einige von ihnen (besonders jene, die queer, muslimisch oder Menschen of Color waren) in Gefahr.

Eines Tages, nachdem er einen besonders langen Kommentar auf meiner Facebook-Seite verfasst hatte, in dem er mir erzählte, dass er Trump unterstütze, weil alle demokratischen Kandidaten zu nachlässig bei der Einwanderung und der Bekämpfung von Terrorismus seien, biss ich an. Ich fragte ihn, wie er jemanden unterstützen könne, der seine Familie ganz konkret in Gefahr brachte, warum er immer und immer wieder Fox-News-Schwachsinn von sich gebe, selbst nachdem einige seiner engsten Familienmitglieder deutlich gesagt hatten, dass er sie damit verletze. Er antwortete, seine eigene Familie – selbst die dunkelhäutigen muslimischen Familienmitglieder – sei nicht in Gefahr, weil sie nicht die Terroristen seien, um die es Trump gehe. Er sprach darüber, dass die linken Medien mich blind gemacht hätten gegenüber den Gefahren, die mich erwarteten, wenn die Demokraten die Kontrolle in der Regierung übernähmen.

Wochen später, nach einem weiteren schrecklichen Amoklauf in den USA, tauchte er wieder auf meiner Facebook-Seite auf, diesmal, um das Recht auf Schusswaffen zu verteidigen. Die Geschichte, die er erzählte, war ziemlich aufschlussreich. Er berichtete von einer schicksalhaften Nacht, als er allein zu seinem Auto gegangen sei und ein »Gangster« mit einem »Hoodie« ihn mit einer Waffe bedroht habe. »Es ging um Leben und Tod«, sagte er. Gott sei Dank hatte Brian eine Knarre dabei. Wenn Brians Pistole nicht gewesen wäre, dann wäre er jetzt tot. Er deutete an,

dass der »Gangster« bekommen habe, was er verdiente, und dass er selbst immer tun würde, was notwendig sei, um sich und seine Familie zu beschützen.

Das Aufschlussreiche an dieser Geschichte ist, dass – und da bin ich ziemlich sicher – nichts davon passiert ist. Ich will Brian kurz beschreiben. Brian ist ein weißer Typ fortgeschrittenen mittleren Alters, der in einem Vorort im Mittleren Westen lebt. Er stopft seine Disney-T-Shirts in seine Jeans-Shorts und zieht seine weißen Socken hoch bis zu den Knien. Brian ist ein Typ, der in seinem Leben wenige Abenteuer gehabt hat und noch weniger Freunde. Ich habe ihn noch nie in der Nähe einer Schusswaffe gesehen. Wenn er jemals einen »Gangster« auf offener Straße erschossen hätte, hätte ich davon ziemlich sicher schon vorher gehört.

Aber keiner von Brians so energisch vertretenen politischen Grundsätzen hatte etwas mit der Realität zu tun. Kein »Gangster« hatte je versucht, ihn auf der Straße zu ermorden, und trotzdem klammerte er sich an die Vorstellung, er brauche Zugang zu Waffen, um sich zu verteidigen. Er hatte in seinem Vorort im Mittleren Westen noch nie einen muslimischen Terroristen gesehen, aber trotzdem war er überzeugt, es gäbe Terroristen, die nur darauf warteten, über die Grenze zu kommen, um sein Städtchen zu zerbomben. Aus diesen leeren Horrorvorstellungen, diesen fiktiven Gegnern, erschuf er die Figur eines Schurken, der des brutalen Draufgängertums würdig war, das Brian sich einbildete zu entwickeln, wenn er besagtem Schurken gegenüberstünde. Dieses Netz aus rassistischen Lügen brauchte er, um sich als Mann zu fühlen. Er erfand eine Geschichte von Bösewichten, die es auf ihn abgesehen hatten, und er wiederholte sie so oft, bis er sie selbst glaubte. Dann erfand er eine andere Geschichte – von sich als Helden, der sich und seine Familie gegen die schreckliche Gefahr verteidigte –, und auch die wiederholte er so oft, bis er sie glaubte. Brian schrieb sich selbst in seinen persönlichen amerikanischen Western hinein, in eine Welt von

Cowboys und Indianern, Räubern und Gendarmen. Und für einen Mann ohne Job, mit wenigen Freunden und einer Familie, die ihn nicht ausstehen konnte, war die Vorstellung, die Hauptfigur eines blutigen amerikanischen Mythos zu sein, das, was einem Zugehörigkeitsgefühl am nächsten kam.

Ich dachte an all die Schwarzen Menschen, derentwegen man die Polizei gerufen hatte, weil sie versucht hatten, bei der Bank einen Scheck einzulösen, weil sie in einem Laden einkaufen wollten, weil sie es wagten, öffentlich zu existieren – und ich fragte mich, welche Geschichten sich die verängstigten weißen Menschen erzählt haben mussten, die ihre Angst rechtfertigten. Ich überlegte, welche Geschichte sich George Zimmerman erzählt haben musste, als er den siebzehnjährigen Trayvon Martin erschoss, weil er als Schwarzer Jugendlicher in einer Gated Community herumgelaufen war. Ich überlegte, welche Geschichte Michael Dunn sich erzählt haben musste, als er das Feuer auf ein Auto voller Schwarzer Jugendlicher eröffnete, weil sie zu laut Musik hörten, und dabei den siebzehnjährigen Jordan Davis tötete. Ich überlegte, welche Geschichte Wade Michael Page (der sich wahrscheinlich in seiner Zeit bei der US-Armee durch islamfeindliche Propaganda radikalisiert hatte)[1] sich wohl erzählt hatte, als er auf einen Sikh-Tempel in Wisconsin schoss und dabei die 41-jährige Paramjit Kaur, den 65-jährigen Satwant Singh Kaleka, den 39-jährigen Prakash Singh, den 41-jährigen Sita Singh, den 49-jährigen Ranjit Singh und den 81-jährigen Suveg Singh tötete.

Ich bin so froh, dass Brian wahrscheinlich in Wirklichkeit gar keine Schusswaffe trägt, und ich hoffe, das es auch so bleibt. Mittelmäßige weiße Männer, die gerne Helden wären, haben zu oft das Gefühl, Dämonen erschaffen zu müssen, um ihre eigene erfundene Rolle zu rechtfertigen – selbst wenn das mit sich bringt, ganze Bevölkerungsgruppen zu dämonisieren. Ihre Träume von großen Abenteuern sind nur Marotten und Phantastereien, aber die Gewalt, die diese weißen Männer anderen zufügen, ist oft sehr, sehr echt.

Ein Cowboy wird geboren: Buffalo Bill tritt ins Rampenlicht

Auf der Bühne befindet Buffalo Bill sich gerade in einer erbitterten Schlacht. Er und seine Scouts kämpfen gegen eine Gruppe wilder Cheyenne-Krieger. Das Publikum hält den Atem an, die Furcht einflößenden Cheyenne drohen die Oberhand zu gewinnen. Doch in dem Moment, als alles verloren scheint, kommt Buffalo Bill – in einem eleganten schwarz-samtenen, spitzenverzierten mexikanischen Vaquero-Kostüm –, zielt auf den Häuptling der Cheyenne, Yellow Hand, und schießt. Der Häuptling ist tot, die Cheyenne sind besiegt. Buffalo Bill geht hinüber zu Yellow Hands leblosem Körper, zieht sein Messer und skalpiert ihn. Triumphierend reckt Buffalo Bill den Skalp in die Luft. »Für Custer!«, ruft er aus.

Im Publikum bricht tosender Applaus und Jubel los. »Für Custer!«, schreien sie.

In Buffalo Bills Bühnenshow *The Red Right Hand: or The First Scalp for Custer* ist die Skalpierung von Yellow Hand ein Akt der Gerechtigkeit. George Armstrong Custer war ein gefeierter Armeegeneral, der zusammen mit seinem gesamten Führungsstab während der Indianerkriege in der Schlacht am Little Bighorn im Juni 1876 getötet wurde. Das berühmte Gefecht wurde bekannt als »Custers letzte Schlacht«. In der weißen amerikanischen Kultur verehrt man Custer für seinen Führungsstil im Kampfgeschehen, aber viele Native Americans kennen ihn vor allem aufgrund der Rolle, die er bei ihrer erzwungenen Abschiebung von ihrem Land und in die Reservate spielte. Im Juli 1876, nur Tage nach der Schlacht am Little Bighorn, konnte sich Buffalo Bill an den brutalen Indianern für ihren Mord an Custer rächen, indem er ihre eigenen barbarischen Methoden anwandte. Die blutige Tat war die Rache dafür, dass sie einen der Seinen umgebracht hatten.[2] Schon Ende desselben Jahres sollte Buffalo Bill damit

beginnen, die Skalpierung von Yellow Hand zur Unterhaltung eines zahlenden Publikums nachzuspielen.

Die Vorstellung, dass das Skalpieren ein den Ureinwohnern eigener Akt der Barbarei sei, hält sich hartnäckig. Doch der Akt des Skalpierens eines Feindes existierte in europäischen Kulturen schon über zweitausend Jahre vor dem Eintreffen europäischer Siedler an den Küsten Amerikas. Und seit den frühen Tagen der Kolonialisierung dieses Kontinents hatte man das Skalpieren der Ureinwohner*innen durch europäische Siedler nicht nur gefördert, sondern sogar belohnt.

In Kanada, den amerikanischen Kolonien und Mexiko zahlten die Regierungen stattliche Summen für die Skalps von Männern, Frauen und Kindern der Ureinwohner.[3] Im New Hampshire des 18. Jahrhunderts erhielt man bis zu einhundert Pfund für jeden Skalp eines Ureinwohners, fünfzig Pfund für jeden Skalp einer Ureinwohnerin und fünfundzwanzig Pfund für den Skalp eines Ureinwohnerkindes.[4] Dabei handelte es sich nicht um individuelle Ureinwohner*innen, die man wegen bestimmter Verbrechen suchte – die Belohnung galt für jeden Ureinwohnerskalp, einzig und allein dafür, dass man die Welt um einen von ihnen erleichtert hatte.

Obgleich sowohl Ureinwohner als auch Menschen in Europa das Skalpieren als Kampfmethode anwendeten, wurde der europäische Gebrauch des Skalpierens als eines der vielen Instrumente des Völkermords zu großen Teilen aus den Geschichtsbüchern gestrichen. Statt dieser grausigen Geschichte erzählt man den Menschen in Amerika meist Halbwahrheiten, in denen das angebliche Leid und Heldentum der europäischen Kolonialisten glorifiziert wird.

Die Geschichte von der Skalpierung des Häuptlings Yellow Hand durch Buffalo Bill wurde ein Teil dieser Mythologie – eine Geschichte, die größtenteils von ihm erfunden worden war, so wie er auch seine eigene Legende selbst erfunden hatte. Bevor William F. Cody zu Buffalo Bill wurde, war er vieles andere ge-

wesen. Cody hatte als Farmer gearbeitet, als Fuhrmann, als Pelzjäger, Kutscher und Soldat. Aber die meiste Zeit hatte Cody davon geträumt, als berühmter Schauspieler die Bühne zu erobern.

Den Namen Buffalo Bill hatte Cody für sein Talent erhalten, Büffel (wie man Amerikanische Bisons damals nannte) abzuschlachten. Im ganzen Land gab es sie im Überfluss, und die Büffeljagd war ein populärer Sport, doch Cody war auf obszöne Weise produktiv beim Töten – mit einer angeblichen Quote von 4280 getöteten Büffeln in nur 18 Monaten.[5] Zuerst jagte er die Büffel als Nahrungsquelle, denn von den Eisenbahngesellschaften hatte den Job erhalten, Büffel zu töten, damit die Eisenbahnarbeiter versorgt werden konnten. Doch schnell ging es bei der Arbeit um mehr als nur um das Töten von Büffeln; es ging darum, Indianer zu töten.

Als die amerikanischen Kolonialisten Mitte und Ende des 18. Jahrhunderts ihre Gebiete durch den Bau der Eisenbahn westwärts immer mehr erweiterten, kam es zu direkten Konflikten mit den Ureinwohnern, die auf diesem Land seit Jahrhunderten gelebt hatten. Die besten Eisenbahngebiete waren oft auch das beste Weideland, und man fand wertvolle Ressourcen wie Gold in den Gegenden, in denen die Sioux jagten. Die US-Regierung hatte den Native Americans überall dort faktisch den Krieg erklärt, wo sie die Vereinigten Staaten in ihrer Expansion nach Westen behinderten. Die Vereinigten Staaten griffen die Indianer an, wo immer es ging – sie bekriegten sie auf dem Schlachtfeld, töteten Frauen und Kinder in ihren Dörfern, verbreiteten Krankheiten, zwangen sie zur Umsiedlung – vor nichts machten sie halt. Trotzdem kämpften die Gemeinschaften der Ureinwohner um ihre Gebiete, und sie kämpften gut.

»Cheyenne, Lakota und Arapaho waren damals im Grunde Freiheitskämpfer, die versuchten, sich, ihre Heimat und ihre Art zu leben zu verteidigen«, erklärte mir Russell Brooks, ein Filmemacher der Cheyenne, der auch Wissenschaftler und Pädagoge ist.[6]

1869 ernannte Präsident Ulysses S. Grant, konfrontiert mit

einem langwierigen Kampf gegen Stämme wie die Sioux, Philip Sheridan zum Kommandierenden General der Armee und beauftragte ihn, das »Indianer-Problem« ein für alle Mal zu lösen. Sheridan wandte sich an William Tecumseh Sherman, der sich während des Bürgerkrieges durch die Kampftaktik der verbrannten Erde hervorgetan hatte, und bat ihn um Rat. Sherman erkannte, dass, wo immer Büffel lebten, die Indianer nicht weit waren, und dass diese weiter um das Land kämpfen würden, auf dem Büffel existierten. Shermans Rat an Sheridan war simpel: Beseitige den Büffel, und du beseitigst den Indianer. »Ich denke, es wäre schlau, alle Jäger aus England und Amerika diesen Herbst dorthin einzuladen für eine große Büffeljagd, und sie allesamt hinwegzufegen«, schrieb Sherman an Sheridan.[7] Keine Büffel, keine Indianer.

Aufgrund seiner wachsenden Reputation als geschickter Jäger fing Cody an, für Sheridan zu arbeiten, und tötete so viele Büffel, wie er konnte. Die Büffeljagd wurde zu einem extrem populären Sport für weiße Menschen im Westen – nun, »Sport« ist ein viel zu großmütiger Begriff, von Sportsgeist konnte hier eigentlich keine Rede sein. Männer aus dem ganzen Land stiegen in Züge, die nach Westen fuhren, und schossen dann aus den Zugfenstern heraus mit großkalibrigen Gewehren auf Büffel. Sie töteten jeden Tag Tausende Tiere und ließen die leblosen Kadaver an Ort und Stelle liegen und verwesen.

Reiche und mächtige Männer von der Ostküste und sogar aus Europa machten sich auf in den Westen, um an dem Spaß teilzuhaben, angeführt von William Cody, zu diesem Zeitpunkt bereits bekannt als Buffalo Bill. Cody bemerkte die Journalisten, die mit den reichen Männern mitreisten, um für die Zeitungen des ganzen Landes über die Jagden zu berichten, und er erkannte seine erste wirkliche Chance auf Ruhm. Als Buffalo Bill zunehmend in den Artikeln großer Zeitungen auftauchte, als Symbol für die Abenteuer im Wilden Westen, schlug Cody Kapital aus der Aufmerksamkeit. Er begann sich mit Autoren von Groschen-

romanen zusammenzutun und Theaterstücke über seine Heldentaten in Auftrag zu geben. Schon bald reiste er regelmäßig durchs Land – um im Osten in Bühnenshows aufzutreten und dann wieder im Westen das massenhafte Abschlachten der Büffel fortzusetzen.[8]

Weil berühmte Jäger wie Cody die Büffeljagd populär machten und sich infolgedessen unzählige Männer am Töten beteiligten, mussten sie auf der Suche nach den zunehmend dezimierten Büffeln immer weiter westwärts reisen. Die Begeisterung für das massenhafte Abschlachten begann abzuebben. Cody, mittlerweile auf den Geschmack des Ruhms gekommen, machte sich auf die Suche nach noch größerem Ansehen und fand es im Kampf. Als erfahrener Scout der US-Armee verpflichtete er sich 1876 für die Kriege in den Great Plains und verkündete in einer seiner Shows von der Bühne herab, dass er »die Schauspielerei« hinter sich lasse, um »echte Abenteuer« zu suchen. Er packte sein Kostüm ein und machte sich auf in den Krieg.

Nach etwas über einem Monat bot sich die erste Gelegenheit dazu, nachdem Cody sich der 5. Kavallerie im südlichen Wyoming angeschlossen hatte. Man hatte eine kleine Gruppe von Cheyenne-Kriegern gesehen, die zwei Kuriere des US-Militärs in Richtung Westen verfolgten. Cody erhielt von seinen Vorgesetzten die Erlaubnis, die Krieger mit einem kleinen Kampftrupp anzugreifen. Bevor sie losritten, zog sich Cody die gewöhnliche robuste, grobe Kleidung der Kavallerie aus und stattdessen sein Kostüm an. Mit schwarzer Samthose und rotem, mit Silberknöpfen verziertem Seidenhemd ritt er los, auf der Jagd nach Ruhm und Reichtum.

Der Kampf selbst war unspektakulär. Es kam zu einem Feuergefecht. Cody und einer der Cheyenne schossen aufeinander, der Krieger verfehlte Cody knapp, Cody wiederum traf den Indianer ins Bein und streckte dessen Pferd nieder. Codys Pferd trat in ein Erdloch und fiel ebenfalls zu Boden. Cody und der Krieger zielten erneut aufeinander, Cody traf wieder besser und tötete Hay-

o-wei, seinen Gegner. Der Name Hay-o-wei bedeutet übersetzt »Gelbes Haar«, bezieht sich also auf die blonde Haarfarbe des jungen Cheyenne. Hay-o-wei war kein Häuptling, er war nur ein Krieger ohne besonderen Rang. Der ganze Kampf dauerte nicht länger als ein paar Minuten.[9]

Der Rest der Cheyenne-Krieger flüchtete, und während Codys Männer die Verfolgung aufnahmen, ging Cody hinüber zu Hay-o-weis Leiche, skalpierte den toten Krieger und nahm dessen Warbonnet (die Federhaube) und Waffen als Trophäe an sich. Cody zufolge streckte er den Skalp in die Luft und rief: »Der erste Skalp für Custer!« Niemand sonst, der an dem Scharmützel beteiligt gewesen war, erinnerte sich an diesen Ausruf. Keiner der Cheyenne, gegen die die Männer gekämpft hatten, hatte an der Schlacht am Little Bighorn teilgenommen, und wahrscheinlich hatte auch keiner von ihnen je Custer zu Gesicht bekommen.

Innerhalb einer Woche nach diesem Scharmützel erreichten Geschichten über Codys Mut im Feuergefecht die Öffentlichkeit. Der Erste, der über Codys Heldentaten schrieb, war sein Freund Charles King beim *New York Herald*. In seiner Nacherzählung wurde der kurze Kampf sehr viel dramatischer. Andere Zeitungen übernahmen die aufregende Erzählung über Codys ersten Skalp für Custer. Die Kavalleristen, die bei dem Zusammenstoß mit der kleinen Gruppe von Cheyenne-Kriegern an Codys Seite gekämpft hatten, waren überrascht, als sie merkten, wie aus einem so belanglosen Geplänkel auf einmal eine Schlacht epischen Ausmaßes geworden war.

Cody plusterte die Erzählungen in einem Brief an seine Frau Louisa, der das Paket mit den Kriegstrophäen ankündigte, sogar noch weiter auf. Er schrieb: »Es gab einen Kampf. Ich habe Hay-o-wei getötet, einen Cheyenne-Häuptling, Mann gegen Mann. [Ich werde dir] sein Warbonnet schicken, seinen Schild, sein Zaumzeug, seine Peitsche, seine Waffen, und seinen Skalp. [...] Der Jubel, als er fiel, war ohrenbetäubend.« Doch das Paket erreichte Louisa noch vor dem Brief; als sie es in der Erwartung

eines Geschenks ihres Mannes öffnete und stattdessen einen menschlichen Skalp fand, fiel sie in Ohnmacht.[10]

Ein paar Monate nach dem Kampf verließ Cody die Kavallerie und kehrte auf die Bühne zurück. *The Red Right Hand: or The First Scalp for Custer* schockierte und begeisterte das Publikum gleichermaßen. Jede Nacht trat Cody fortan in derselben Aufmachung auf die Bühne, die er im Kampf getragen hatte, um eine grotesk dramatisierte Version der Ermordung von Hay-o-wei aufzuführen, den er mittlerweile in »Yellow Hand« umgetauft und vom einfachen Krieger zum Häuptling befördert hatte. Manchmal fiel Yellow Hand einer Schusswunde zum Opfer; manchmal starb er im Nahkampf mit Cody. Während die Zeitungen die marktschreierische Gewaltverherrlichung verurteilten, drängte das Publikum ins Theater, um Cody zu sehen, wie er den Skalp von Yellow Hand siegreich in der Luft herumschwenkte.

Es war nicht das erste Mal, dass Cody versuchte, durch eine gewaltsame Konfrontation mit den Cheyenne Berühmtheit zu erlangen. »Er war kein Freund der Cheyenne«, erzählte mir Russell Brooks. Cody war schon seit Langem in Kampagnen der US-Armee involviert, die zum Ziel hatten, Cheyenne und Lakota gewaltsam aus ihren Gebieten zu vertreiben. Er hatte an einem Gefecht teilgenommen, das den meisten Amerikaner*innen als »Schlacht von Summit Springs« bekannten ist, und das Brooks und andere Cheyenne als »Schlacht der Weißen Felsen« bezeichnen. Bei dieser gewaltsamen Auseinandersetzung überfiel die US-Armee einen Trupp von Cheyenne, der auf seinem Weg nach Norden zu einer Gruppe Lakota gerade eine Rast eingelegt hatte, und tötete zwanzig Krieger, sieben Frauen und vier Kinder. Cody erschoss dabei einen Cheyenne-Krieger und behauptete später, es habe sich dabei um den Häuptling Tall Bull gehandelt. Andere Anwesende sagten später aus, Tall Bull sei schon zu Beginn des Kampfes gefallen und Cody habe stattdessen nur jemanden getötet, der auf Tall Bulls Pferd geritten sei.[11]

Später entwickelte Cody weitere Bühnenproduktionen, in de-

nen die brutale Maskulinität des Westens sehr erfolgreich zur Schau gestellt wurde. 1883 erfolgte das Debüt seiner berühmtesten Show, *Buffalo Bill's Wild West and Congress of Rough Riders of the World.* Das Timing von Codys Show war perfekt. Mitte des 19. Jahrhunderts sorgten sich weiße Männer in England und den Vereinigten Staaten um ihre jungen Männer. Diese jungen Männer hätten es zu leicht, ihr Wohlstand und ihr Komfort hätten sie verweichlicht. In den Vereinigten Staaten, einem Land, das noch darum kämpfte, die Gebiete zu behalten, die man den Ureinwohnern gestohlen hatte, stellte diese Weichheit eine Bedrohung für die Expansion auf dem Kontinent dar. Die Aufforderung an die weißen Männer Amerikas, ihre körperliche Kraft auszubilden, war nicht nur eine politische; sie war ein spiritueller Aufruf. Das sogenannte Muskulöse Christentum erfreute sich wachsender Popularität in den USA und Europa, und die weißen männlichen Eliten leiteten davon den religiösen Auftrag ab, sowohl auf den Rugby- wie auch auf den Schlachtfeldern siegreich zu sein. Den Anhängern des Muskulösen Christentums zufolge hatte die körperliche Schwäche der Männer die traditionelle Männlichkeit untergraben und zu einer intellektuellen und moralischen Weichheit geführt.

Weil die Ehefrauen und Töchter dieser reichen weißen Männer immer stärker in das gesellschaftliche und politische Leben drängten, fühlten sich Männer in ihrer maskulinen Identität zusätzlich bedroht. Diese Angst vor der »Verweiblichung« wohlhabender junger Amerikaner ließ Rufe nach Geschichten von »starken, brutalen Männern, heißblütig und von zügelloser Leidenschaft, mit kräftigem Blut und Knochen und Eingeweiden« laut werden.[12] »Maskulines« Theater, Groschenromane, Männerromane, voller Härte und Gewalt, genossen unter dem Begriff »heißblütiger Realismus« zunehmende Popularität. Der Grund lag vor allem in der Bedrohung durch den großen Erfolg weiblicher Schriftstellerinnen wie Harriet Beecher Stowe und Susan Warner (die der Autor Nathaniel Hawthorne als eine

»verdammte Meute kritzelnder Frauen« abtat)[13] und von Theaterstücken, die auf ein weibliches Publikum ausgerichtet waren. Junge weiße Männer machten Groschenromane populär, wilde Erzählungen, die von Gefahren und Entdeckungsreisen handelten, von der Jagd und von Schießereien. Zuerst enthielten sie Geschichten von Daniel Boone und Davy Crockett, später fiktionalisierte Berichte der Großtaten von Helden und Aussätzigen wie Kit Carson und Billy the Kid. Buffalo Bills eigene Abenteuergeschichten fanden Einzug in Dutzende höchst erfolgreicher Groschenromane. Männer auf der Suche nach Formen wahrer Maskulinität schauten zunehmend nach Westen.

Codys *Wild-West*-Show bot alles, wonach sich weiße Männer sehnten, die es nach Macht und Ruhm dürstete. In Codys Show waren weiße Männer edel und mutig. Furchtlos zähmten sie Tiere und kämpften gegen die Wilden. »Rothäute«, selbst wenn Cody sie einmal nicht ausschließlich als hirnlose Tötungsmaschinen darstellte, galten als Relikte der Vergangenheit, bezwungen von der Überlegenheit des weißen Mannes. Gefangene, bedeutende Krieger wurden vor einem weißen Publikum zur Schau gestellt wie Tiger im Zoo, um zu zeigen, wie großartig der weiße Mann sein musste, der ein Volk physisch besiegt hatte, das für kaum mehr als Gewalt geschaffen zu sein schien.

Als diese jungen Leser dann zu Männern wurden, hatte sich der Reiz des Western-Abenteuers noch nicht verbraucht. Stattdessen zogen sie aus, um in ihren eigenen Geschichten von körperlicher Überlegenheit die Hauptrollen zu spielen. Ein Mann, der zutiefst von der Cowboy-Mythologie beeinflusst war und dann selbst eine ganze Generation nach diesem Ideal formte, war Theodore Roosevelt. Roosevelt war die Galionsfigur derer, die sich eine männliche Regeneration durch die Erfahrung von Gewalt im Western versprachen. In jungen Jahren bekannt als dürrer, fistelstimmiger Dandy, zog er in den späten 1880ern ins Ödland von Dakota, um sich selbst neu zu erfinden. Als er an die Ostküste zurückkehrte, braun gebrannt, muskelbepackt und

bis zum Rand voll mit Geschichten, die vom Zähmen wilder Tiere und von Kämpfen mit Viehdieben handelten, wurde er zu dem amerikanischen Mann, der jeder amerikanische Mann gerne sein wollte.

Roosevelt war nicht nur ein glühender Anhänger der Cowboy-Mythologie und des Muskulösen Christentums, er war zudem direkt inspiriert vom Image William Codys. Als Roosevelt 1898 im Spanisch-Amerikanischen Krieg kämpfte, nannte er sein Regiment die »Rough Riders«, ein Zitat aus Codys *Wild-West*-Show. Im Gegenzug machte Cody den Kampf der Rough Riders in der berühmten Schlacht bei San Juan Hill zum Teil seiner Bühnenshow.[14] Offensichtlich dachte Roosevelt in denselben brutalen, rassistischen Stereotypen über die Native Americans, wie sie in den frühen *Wild-West*-Shows dargestellt wurden; ein berüchtigtes Zitat von ihm aus dem Jahr 1886 lautet: »Ich würde nicht so weit gehen, zu sagen, dass nur ein toter Indianer ein guter Indianer ist, aber ich glaube, auf neun von zehn Indianern trifft das Sprichwort zu, und allzu genau möchte ich mich mit dem zehnten auch nicht befassen.«[15]

Roosevelts Besessenheit von der körperlichen Überlegenheit des weißen Mannes beeinflusste auch seine politischen Entscheidungen als Präsident der Vereinigten Staaten. Roosevelt verstand den Westen als einen Ort, den man erobern musste, und in seiner Wahrnehmung hatten die weißen Amerikaner ihn bereits erobert – indem sie sowohl die Gebiete besetzt als auch die Ureinwohner besiegt hatten. Für Roosevelt war es die ehrenvolle Pflicht der Amerikaner, die Schönheit der westlichen Territorien zu bewahren und zu beschützen, auf dass auch zukünftige Generationen weißer Amerikaner sich an ihnen würden erfreuen können. Viele Millionen Hektar Land, die zuvor den Ureinwohnern versprochen worden waren, beanspruchte Roosevelt für die Vereinigten Staaten – Land, das zahllose Generationen von Native Americans bis dahin genutzt hatten. Daraus wurden die bekannten amerikanischen Nationalparks und Staatsforste.

In einem Artikel im *American Indian Law Journal* schreibt die amerikanisch-indigene Wissenschaftlerin und Juraprofessorin Angelique Townsend EagleWoman, dass, obwohl Roosevelt heute als großer Umweltschützer gilt, der Nationalparks und Staatsforste geschaffen hat, seine Maßnahmen in Wirklichkeit »eine illegale, nicht vereinbarte Vereinnahmung von Land der Ureinwohnerstämme waren, das dann auf Grundlage des Rechtes des Stärkeren zu einem Besitz der Vereinigten Staaten erklärt wurde«.[16] Roosevelts Entscheidung war nicht nur kaltschnäuzig, sondern kalkuliert. Der Professor für amerikanische Geschichte Gary Gerstle beschreibt Roosevelt als einen Mann, der »davon ausging, dass sie [die Ureinwohner] in Amerika ausgerottet würden, ausgelöscht in ihrem Wettstreit mit den weißen Männern, die den Kontinent besiedelten, den Menschen, deren Hinterwäldlertum er verehrte. Und er brauchte die Indianer als unermüdliche Gegenspieler, durch die die Amerikaner ihre eigene Tapferkeit unter Beweis stellen konnten. Aber er machte sehr deutlich, dass sie in dem modernen Amerika, das er aufbaute, ausgerottet würden, entweder im Kampf oder einfach durch ihre Unfähigkeit, sich an das moderne Leben anzupassen.«[17]

Die weiße Kultur des Westens war tief verwurzelt in der Erwartung des Triumphes über Land und Menschen. Roosevelt teilte diese Ansicht mit Cody, dessen Geschichten über den Sieg der Weißen sowohl über den Westen als auch über die Menschen, die dort zuvor gelebt hatten, ein Gefühl der Unvermeidlichkeit und des paternalistischen Rassismus in sich trugen. »Diesen Kontinent muss man sich verdienen«, schrieb Cody. »Wir dürfen nicht unsere Zeit damit vergeuden, uns mit jenen Gefühlsmenschen herumzuärgern, die aufgrund irgendeines abstrakten Grundsatzes glauben, dass es richtig gewesen wäre, diesen Kontinent den dreckigen Wilden als Jagdgebiet zur Verfügung zu stellen. Er war dazu bestimmt, von der weißen Rasse genommen zu werden.«[18] Hypermaskuline Männer sangen prompt ein Loblied auf Codys Bühnenshow, die mit der Skalpierung eines Indianers begann

und in der dann in einer Tour geschossen, geritten, Rinder eingefangen und andere phantastische männliche Dinge getan wurden. Ein Rezensent schrieb, dass im Vergleich zu Buffalo Bills *Wild West* »alle Opern der Welt wie süße Spielereien für kastrierte Kinder wirken«.[19] Cody selbst befeuerte diese Beweihräucherung der übertriebenen Männlichkeit. Ein Plakat für die *Wild-West*-Show von 1902 kündigt großspurig an, die Show stehe »wie ein Obelisk über und jenseits von allen anderen. Eine perfekte Phalanx von allem, was GROSS, PRÄCHTIG und HELDENHAFT ist.« Es wirbt für »eine Zusammenkunft von außergewöhnlicher Wirkung, die gebührend zeigt, was LEBENSSTROTZENDE, MUSKULÖSE, HELDENHAFTE MÄNNLICHKEIT alles durchstehen kann und durchgestanden hat«.[20]

Cody erweiterte seine Show von einer kleinen Bühne zu einem Spektakel von der Größe einer kleinen Stadt. Er engagierte echte Indianer als Indianer-Darsteller. Revolverhelden und Cowboys traten dem Ensemble bei. Irgendwann kamen noch »Zulu-Krieger«, mexikanische »Vaqueros«, Türken und Dutzende andere »exotische« Attraktionen hinzu. Buffalo Bills *Wild West* wurde die berühmteste Show in Amerika, und er selbst einer der reichsten und bekanntesten Unterhaltungskünstler der Welt.

Buffalo Bill Cody, Wild Bill Hickok und viele andere Groschenromanhelden inspirierten eine ganze Generation junger weißer Männer dazu, sich auf den Weg in den Westen zu machen, auf der Suche nach ihrer Bestimmung. Als seine *Wild-West*-Show an Popularität gewann, bemühte sich Cody, auch ihre Seriosität hervorzuheben. *Buffalo Bill's Wild West* war keine »Show« – es war, Cody zufolge, eine Lehrveranstaltung. Es war gelebte Geschichte. Die Menschen kamen ebenso zur *Wild-West*-Show, um etwas zu lernen, wie um unterhalten zu werden. Nur wenige zweifelten den angeblichen aufklärerischen Nutzen oder die Rechtmäßigkeit seines Projektes an. Und die rassistischen, überhöhten Geschichten von weißer männlicher amerikanischer Tapferkeit, von Führungskraft und gerechtem Triumph wurden

zu einem Teil des kollektiven Verständnisses von amerikanischer Geschichte; diese irreführenden Legenden halten sich hartnäckig bis zum heutigen Tag.

Nach Jahrzehnten des Erfolgs ging die *Wild-West*-Show irgendwann an finanzieller Misswirtschaft, an Codys Trinkerei und der wachsenden Popularität des Kinos zugrunde. Cody starb am 10. Januar 1917 im Alter von siebzig Jahren. Er gilt noch immer als Ikone des amerikanischen Westens: Soldat, Entertainer, Umweltschützer und Freund der Indianer. Diesen Ruf hat er bewusst kultiviert. Durch den Umgang mit den Ureinwohner*innen, die in seiner Show mitwirkten, wurde ihm die Skalpierungsnummer, die seine Karriere in Gang gebracht hatte, zunehmend unangenehm. Der Skalp und das Warbonnet von Hay-o-wei wurden aus der Requisitentruhe genommen und nie wieder öffentlich präsentiert. Cody sprach sich später sogar gegen das Skalpieren von Ureinwohnern aus. In seinen späteren Stücken wurden sie nicht mehr als blutrünstige Wilde dargestellt, sondern als »edle Wilde«: moralische, zuverlässige Unschuldige, die von bösen Mormonen dazu überlistet worden waren, unschuldige weiße Menschen anzugreifen – zumindest bis Cody und seine Freunde auftauchten und zur Rettung kamen.[21]

Cody bereute später auch das Massaker an den Büffeln, dem er seinen Künstlernamen verdankte. Obwohl die große Büffeljagd, inklusive lebender Bisons, ein wichtiger Teil seiner Show bleiben sollte, distanzierte er sich öffentlich von ihr, die er immerhin erst populär gemacht hatte. Vielleicht ist es eines der brutalsten weißen männlichen Privilegien, lange genug zu leben, um das Gemetzel, das man angerichtet hat, bereuen zu können.

Ich hatte zwar, wie viele andere, den Namen Buffalo Bill schon mal gehört, aber im Seattle der achtziger Jahre war er nicht so präsent, wie er es um jene Zeit noch in Gegenden wie Wyoming oder Colorado gewesen ist. Etwa vor zehn Jahren, auf einer Geschäftsreise nach Cody, Wyoming (benannt nach William Cody,

der als einer der Gründer der Stadt gilt), stieß ich zufällig auf das »Buffalo Bill Center of the West«. Ich wusste sehr wenig über Buffalo Bill, aber der aus fünf Museen bestehende Komplex schien einen ganzen Häuserblock einzunehmen, und ich hatte noch ein paar Stunden bis zu meinem Rückflug. Ich beschloss hineinzugehen.

Am Eingang des Buffalo-Bill-Museums wurde ich von einer Postkutsche, beladen mit Devotionalien begrüßt. Es gab unzählige Requisiten aus der *Wild-West*-Show: das Bühnenkostüm der Kunstschützin Annie Oakley, die Waffen der Indianer, sogar ein Nachbau von Codys persönlichem Show-Zelt in Originalgröße. Ich war zugleich beeindruckt und unangenehm berührt beim Anblick dieser sorgsam inszenierten Ausstellungsstücke. Mir wurde mulmig zumute, als ich Bilder der »Zulu-Krieger« sah und als ich las, dass Cody angeblich zu seiner Zeit als »fortschrittlich« im Hinblick auf *race* und Gender galt – als weißer Mann, der sich nicht zu fein dafür war, die Frauen und Menschen of Color, die in seiner Show auftraten, zu bezahlen (ignorieren wir mal, dass er ihnen weniger als den weißen Männern gezahlt hat). Nur ist der Funke bei mir … irgendwie nicht übergesprungen. Ich denke allerdings auch, dass ich – eine liberale Schwarze Frau aus Seattle, die nicht davon träumt, irgendwann in ihrem Leben auf Pferden zu reiten, mit Pistolen zu schießen oder sich durch die Kraft des eigenen Körpers, wagemutige Heldentaten oder eine besondere Affinität zu Abenteuern hervorzutun – nicht die wirkliche Zielgruppe für diese Ausstellung war.

Als ich das Museum gerade verlassen wollte, kam ich an einem Schaukasten vorbei, den ich beinah übersehen hätte, weil er nicht so auffällig war wie die anderen. An einer Wand, etwas abseits vom Rest der Exponate, hing eine Reihe von Schwarz-Weiß-Fotografien. Ich schaute sie mir genauer an und entdeckte auf einer von ihnen Schädel. Tausende und Abertausende von Büffelschädeln. Büffelschädel, die viele Meter hoch gestapelt lagen. Weiße Männer, die stolz auf Büffelkadavern standen. Es war eine Serie

von Fotos, die das Massaker weißer Jäger an diesen edlen Tieren dokumentierten. Um die Fotos herum standen Zitate von Ureinwohner*innen, die die Verheerungen durch die fast vollständige Ausrottung ihrer geliebten Büffel beklagten.

Büffel waren eine grundlegende Nahrungsquelle, doch für die Prärieindianer waren sie mehr als nur Nahrung. Der Büffel als Ganzes spielte eine wesentliche Rolle für ihre Art zu leben. Knochen wurden zur Herstellung von Messern benutzt, die Haut für Kleidung und Unterkunft, der getrocknete Kot diente als Brennstoff, Sehnen wurden zu Bogensehnen, Hörner und Hufe zu Bechern. Und die Verbindung zu den Büffeln war nicht nur physischer Natur; sie war auch spirituell. Die Lakota sehen sich als Schwestervolk des Büffelvolks. Der Oglala-Lakota-Häuptling Red Cloud versuchte Roosevelt die Bedeutung des Büffels 1903 zu erklären: »Wir sagten ihm, dass die Büffel ihr Land haben müssen und die Lakota die Büffel haben müssen«, erinnerte er sich.[22]

Zu Beginn des 19. Jahrhunderts gab es schätzungsweise 36 Millionen Büffel in Amerika. Im Jahr 1900 gab es nur noch etwa dreihundert. Viele dieser wenigen verbliebenen Büffel waren Teil von Codys *Wild-West*-Show, wo er seine großen Büffeljagden nachstellte und sie als »die letzten der einzig bekannten einheimischen Herde« bezeichnete. Von überallher kamen Schaulustige, um einen Blick auf die wenigen verbliebenen Exemplare der großen Bestien zu erhaschen. Später sollte Cody dafür gerühmt werden, die Bestrebungen zum Schutz der Büffel entscheidend mitgeprägt zu haben, indem er das Interesse Amerikas an den Tieren durch seine Shows am Leben gehalten habe.[23] Der Mann, der seinen Namen durch das Töten von Büffeln erhalten hat, wird jetzt für sein Engagement für deren Überleben verehrt.

In der *Wild-West*-Show finden sich noch eine ganze Reihe von Launen der Geschichte. Als ich zuerst über die Szenen las, in denen Ureinwohner*innen als naive Wilde dargestellt wurden, die von hinterhältigen Mormonen zur Gewalt an weißen Menschen angestiftet worden waren, war ich belustigt und zugleich

ein bisschen verwirrt. Die Geschichte wirkte wie eine alberne – und sonderbar konkrete – Erzählung von Verbrechen von Weißen gegen Weiße. Warum Mormonen? Warum griffen sie andere Weiße an? Warum mussten sie Ureinwohner*innen überlisten, damit sie die schmutzige Arbeit für sie erledigten? Ich amüsierte mich darüber, wie haarsträubend die *Wild-West*-Show gewesen sein musste, und fragte mich, was für weiße Menschen sich wohl von solchen Geschichten hatten unterhalten lassen. Aber als ich die Geschichte des mormonischen Fundamentalismus im Westen Amerikas recherchierte, stolperte ich über ein Ereignis, das möglicherweise die Grundlage für die Geschichten der *Wild-West*-Show gewesen ist – auch wenn die Realität bei weitem zu grausam für eine Bühnenshow gewesen wäre.

Im Jahr 1857 machte sich die Baker-Fancher-Party, eine Gruppe weißer Christ*innen, in Arkansas mit einem Planwagentreck auf den Weg nach Westen. Als sie in der Gegend von Utah angelangt waren, kam es sofort zu Auseinandersetzungen mit mormonischen Siedler*innen, die sich ein paar Jahre zuvor in der Hoffnung, sich ein Heimatland schaffen zu können, in dem Gebiet niedergelassen hatten, weit weg von der religiösen Verfolgung, die sie im Osten erfahren hatten. Nachdem sie jahrelang von wütenden und bigotten Christen von Bundesstaat zu Bundesstaat gejagt worden waren, waren die Mormonen misstrauisch gegenüber Außenstehenden und zogen vielleicht ein bisschen zu schnell ihre Waffen. Dieses neue Land sollte ihr Zion werden, und Gott hatte sie beauftragt, es zu beschützen.

Den Überlieferungen zufolge fanden die Mitglieder der Baker-Fancher-Party, dass sie das Land ebenso nutzen konnten. Sie ließen ihre Tiere auf den Wiesen weiden, die die Mormonenfamilien für sich beanspruchten. Sie füllten ihre Wasservorräte an den Flüssen auf, von denen die Mormonen meinten, dass sie ihnen gehörten.

Die Mormonen hatten eine schwierige Beziehung zum Stamm der Paiute. Zwar hatten sie das Land der Ureinwohner besetzt,

doch gelang es ihnen trotzdem, sie zu überreden, ihnen dabei zu helfen, die Baker-Fancher-Party zu vertreiben, indem sie ihnen versprachen, dass sie alle Tiere behalten dürften, die zurückgelassen würden. Ich stelle mir vor, dass für die Paiute Kolonist gleich Kolonist war, also willigten einige von ihnen ein, sich an dem Angriff zu beteiligen, um wenigstens ein paar Rinder zu bekommen.

Die Mormonen, die sich ihre Gesichter dunkel angemalt hatten, um ebenfalls als Paiute durchzugehen, griffen am 7. September 1857 an. Es sollte eine schnelle Aktion werden – sie würden ein paar Eindringlinge erschießen, der Rest von ihnen würde weglaufen und den Mormonen das Land überlassen, das sie rechtmäßig gestohlen hatten; und wenn sich jemand beschwerte, könnte man die ganze Sache den Paiute in die Schuhe schieben. Doch die Baker-Fancher-Party lief nicht weg, wenngleich sie zahlenmäßig unterlegen war. Befeuert vom Gedanken des vorbestimmten Schicksals, so wie die Mormonen erfüllt waren von religiösem Eifer, stürzte sich die Baker-Fancher-Party in den Kampf. Als sich die Sache über Tage hinzog, gaben viele der Paiute, denen man einen schnellen Gewinn der hinterlassenen Rinder versprochen hatte, den Kampf auf, weil sie sahen, dass sich der Ärger nicht lohnte.

Jetzt, wo man den wenigen verbliebenen Ureinwohnern kaum die Schuld für den Angriff geben konnte, entschieden die Mormonen, dass das Risiko, als Angreifer enttarnt zu werden, zu hoch war. Sie hissten die weiße Flagge und baten um einen Waffenstillstand. Die Mitglieder der Baker-Fancher-Party legten ihre Waffen nieder und kamen aus ihren Verstecken. Daraufhin wurden sie erschossen und niedergemetzelt. James Lynch, ein Auswanderer, der ein Jahr nach dem Massaker durch die Mountain Meadows reiste, dokumentierte den grauenvollen Anblick, den der Kampf hinterlassen hatte: »Menschliche Skelette, abgetrennte Knochen, grausige Schädel und das Haar von Frauen lagen in schockierender Fülle über ein Gebiet von zwei Meilen

verteilt.«[24] Alle, die über sechs Jahre alt waren – insgesamt 120 unschuldige Menschen – wurden in dem heute sogenannten Mountain-Meadows-Massaker brutal ermordet. Die überlebenden Kinder wurden von den Mormonenfamilien entführt.

Nur einer der Angreifer kam vor ein Gericht, ein Mann namens John Lee. Nephi Johnson, ein Mormone, der bei dem Mountain-Meadows-Massaker vor Ort war, sagte aus, dass er gesehen hatte, wie Lee und »die Rothäute« die Baker-Fancher-Party ermordet hätten. Er bekundete auch, selbst nicht an den Tötungen teilgenommen und seiner Erinnerung nach auch keinen anderen Mormonen vor Ort gesehen zu haben.[25] Lee gab in einem langen und sehr detaillierten Geständnis an, dass »die Rothäute«, die an dem Massaker beteiligt gewesen waren, von Nephi Johnson selbst rekrutiert worden seien, und dass sie, Lee und viele andere Mormonen, die Baker-Fancher-Party auf direkten Befehl der Mormonenanführer ermordet hätten, der gelautet habe, »die Emigranten aus ihren Positionen zu locken und all jene unter ihnen zu töten, die sprechen konnten«.[26]

Im Jahr 1877, zwanzig Jahre nach dem Massaker, wurde John Lee verurteilt und von einem Erschießungskommando hingerichtet. Trotz seiner Unschuldsbekundung wurde Nephi Johnson bis an sein Lebensende von den Ereignissen in den Mountain Meadows verfolgt. Auf seinem Sterbebett bat er eine junge Schriftstellerin, ihm seine Beichte abzunehmen, doch als sie eintraf, konnte er nur noch schreien, »Blut, Blut, Blut«, immer und immer wieder.[27]

Die Geschichte des Mountain-Meadows-Massakers trägt die Geschichte des Kampfes um den Westen in sich. Weiße Männer, die andere weiße Männer wegen etwas bekämpfen, das ihnen nie gehört hat, und die nichts als eine Spur der Verwüstung hinterlassen. Dieses Muster des Anspruchsdenkens und der Zerstörung sollte sich über Generationen im ganzen Westen Amerikas fortsetzen, bis es 2016 erneut in die Schlagzeilen gelangte, als zwei Brüder, Ammon und Ryan Bundy, bewaffnet mit Gewehren und

Tausenden Patronen Munition, in die Büros des Malheur Wildlife Refuge traten, um das Reservat für sich in Anspruch zu nehmen.

Wessen Amerika? Die Bundy-Brüder gegen die Bundesregierung

Cliven Bundy ist stolz darauf, seine Familie bis zu Nephi Johnson zurückverfolgen zu können. Denn Johnson, der Bundys Großvater John Jensen adoptierte, ist Clivens Beweis für dessen Anrecht auf das Land um seine Ranch in Bunkerville, Nevada. Sein Urgroßvater auf dem Papier kam in den Westen auf der Suche nach einem einzigartig amerikanischen Traum – einem Traum, der die mormonischen Siedler bisweilen in direkte Auseinandersetzung mit der US-Regierung brachte und dazu führte, dass sie sich oft anders als die »Amerikaner« sahen, die nichtmormonischen Weißen, die sie verfolgt und Richtung Westen vertrieben hatten.

Als die mormonischen Auswanderer das Gebiet der Paiute für sich beanspruchten, verbanden sich ihre erbittert regierungskritische Haltung und ihre religiöse Aufopferung für den Schutz ihrer Landansprüche mit der Vorstellung vom wilden und unabhängigen Cowboy. Obwohl in Buffalo Bills *Wild-West*-Show mormonische Siedler verhöhnt und an den Pranger gestellt wurden, hätte man heutzutage Schwierigkeiten, Männer zu finden, die dem Archetyp des Western-Cowboys besser entsprächen als die Bundys und ihre Gemeinschaft von Ranchern.

Cliven Bundy war mit dem Ideal des unabhängigen Amerikaners groß geworden, und er hatte bei der Erziehung seiner Söhne auf dieselbe beharrliche Unabhängigkeit von äußeren Einflüssen und von der Regierung Wert gelegt. Er flößte ihnen außerdem die Bereitschaft ein, Leid zu erdulden – und alle anderen um sich herum leiden zu lassen –, um ihre Unabhängigkeit aufrechtzuerhalten.

Clivens Sohn Ryan veranstaltete schon als Drittklässler seinen

ersten politischen Protest. Ziel dieses Protests war seine eigene Mutter. Cliven hatte wegen irgendwelcher Rinder Geld verloren und die Familie geriet in Schwierigkeiten, über die Runden zu kommen. Um sie zu entlasten, meldete Clivens Ehefrau Jane ihre fünf Kinder zur subventionierten Schulspeisung an. Ryan, der von seinem Vater gelernt hatte, niemals ein Almosen der Regierung anzunehmen, weigerte sich, das Essen der Schule zu essen. Er erinnerte sich später, die Erfahrung dieses Protestes habe ihn darin bestärkt, dass »wir uns das, was wir haben, selbst erarbeiten und nicht von anderen nehmen sollen«.[28] Jeden Tag setzte er sich nach draußen anstatt mit den Kindern aus seiner Klasse zusammen Mittag zu essen. Nach drei Tagen knickte Ryans Mutter ein und machte wieder Mittagessen, das er in die Schule mitnehmen konnte.

Nichts ist so amerikanisch wie ein Junge, der eine Frau schuften lässt, um sich selbst unabhängig zu fühlen.

Cliven ist nicht nur gegen Almosen von der Regierung, er ist auch gegen Abgaben an die Regierung – insbesondere, wenn es um die Bundesregierung geht. Er ist ein erbitterter Gegner bundesstaatlicher Weidebeschränkungen und -gebühren, das Landverwaltungsamt (Bureau of Land Management, BLM) steht seit Jahrzehnten auf seiner Feindesliste. In den neunziger Jahren hörte er auf, die Weidegebühren für seine Rinder zu zahlen. Sein Widerstand gegen das BLM nährt sich sowohl aus religiösen wie persönliche Motiven. Cliven ist Teil einer kleinen, den Mormonen angehörenden Glaubensgemeinschaft, die davon ausgeht, dass die amerikanische Verfassung der Beweis für einen göttlichen Plan zur Wiederherstellung Zions in den Vereinigten Staaten ist. Dabei handelt es sich um einen verzerrten Patriotismus, der sie zu den wahren Auslegern und Erben des Schicksals Amerikas erklärt. Sie glauben, dass die Verfassung jeden Anspruch der Bundesregierung auf US-amerikanischen Boden außerhalb von Washington, D.C., null und nichtig macht. Es scheint sich dabei um eine bewusst falsche Lesart der Verfassung zu handeln, eine, die so-

gar die Kirche der Mormonen selbst abgelehnt hat.[29] Trotz allem glaubt eine beträchtliche Minderheit westlicher Mormonen, die Verfassung beweise, dass die Bundesregierung Land gestohlen habe, das ihnen rechtmäßig zustehe, und dass es sich bei den Weidegebühren nur um weiteren Diebstahl handele. Wenn dann noch der religiöse Auftrag hinzukommt, Land zu verteidigen, von dem die Bundys und andere Mormonen glauben, dass es ihr Zion ist, dann erklärt das den heftigen Widerstand gegen jedwede Organisation mit einem Autoritätsanspruch auf dieses Land.

Aufgrund des religiösen Aspekts ihres Widerstandes gegen die Bundesregierung mag man sie als vereinzelte Fanatiker und Wirrköpfe abtun, jedoch wäre das ein Fehler. Regierungsfeindliche Ansichten und speziell der Glaube, dass die Bundesregierung nicht das Recht habe, über Landnutzungen zu bestimmen, werden von vielen im Westen geteilt – ob nun Mormonen oder nicht. Die Bundys selbst haben dem Rest des Landes aufgezeigt, wie populär ihr Widerstand gegen die Bundesregierung ist.

»Als ich die Bundys 2015 besuchte, dachte ich, sie seien eine Art Anomalie – eine versprengte Familie mit einer radikalen Einstellung, die diesen kleinen regionalen Krieg angestoßen hatte«, erzählte mir Betsy Gaines Quammen am Telefon, eine Historikerin und Umweltschützerin aus dem Westen der USA und Autorin des Buches *American Zion: Cliven Bundy, God, and Public Lands in the West.* »Es überrascht mich sehr, wie brisant dieses Gedankengut inzwischen geworden ist. Es ist mittlerweile überall verbreitet.«[30]

Die Bundys rückten 2014 in das Licht der Öffentlichkeit, nachdem Cliven Bundy seine Rinder jahrelang auf öffentlichen Flächen hatte weiden lassen, ohne dafür Weidegebühren zu zahlen. Nach mehreren Verwarnungen benachrichtigte die Bundesregierung Cliven darüber, dass man seine illegal weidenden Rinder zusammentreiben und beschlagnahmen würde.

Während Lastwagen der Regierung in Bunkerville vorfuhren, versammelte sich die Bundy-Familie um Cliven. Als Clivens

57-jährige Schwester Margaret Houston versuchte, einem der Fahrzeuge des BLM den Weg zu versperren, wurde sie von einem BLM-Beamten zu Boden gestoßen. Das gewalttätige Vorgehen des Beamten wurde auf Video aufgezeichnet und die Aufnahme im Internet rasch verbreitet.

Als das Video eines Regierungsbeamten, der eine weiße Frau zu Boden stößt, um daraufhin die Rinder eines weißen Mannes zu beschlagnahmen, andere Gruppen von Regierungsfeinden, »Patrioten« und Milizionären erreichte, strömten Hunderte von Menschen nach Bunkerville, um die Bundys zu unterstützen. Am 12. April 2014 liefen Hunderte bewaffneter Unterstützer*innen, angeführt von den Bundys, zu dem Verwahrungsgehege der Bundy-Rinder. Sie positionierten Scharfschützen und stellten Straßensperren auf. Sie waren, um es mit Clivens Worten zu sagen, »bereit zur Schlacht«.[31] Die BLM-Beamten befürchteten eine sehr blutige Auseinandersetzung und zogen sich zurück – die Rinder ließen sie, wo sie waren. Die Bundys feierten ihren Sieg und wurden schlagartig zu Helden für alle Weißen, die regierungsfeindliche Ansichten hegten – Einzelpersonen, Milizen und Gruppen von White Supremacists – im gesamten Westen der USA.

Regierungsfeindliche Ansichten hatten schon seit der Zeit von Nephi Johnson im ländlichen Westen Hochkonjunktur, die Wahl Barack Obamas zum Präsidenten führte jedoch zu einer Explosion der Popularität von weißen nationalistischen und regierungsfeindlichen Gruppierungen in der Region. Die Menschen maskierten ihr rassistisches Unbehagen über einen Schwarzen Präsidenten hinter einem allgemeinen Misstrauen gegen die Regierung und dem »patriotischen« Wunsch, Amerika »zurück zu seinen Wurzeln« zu führen. Cliven selbst mag denken, dass ihn ausschließlich sein Glaube antreibt, sein Unabhängigkeitsstreben und sein Einsatz für eine fehlgeleitete Interpretation der US-Verfassung, aber es scheint ihm doch sehr schwerzufallen, den Rassismus zu verstecken, der seine Überzeugungen nährt.

Als er seine Überzeugungen einmal einem Reporter der *New*

York Times darlegte, erging er sich in einer ausgiebigen rassistischen Tirade, die mit den Worten begann: »Ich will Ihnen noch etwas über die Neger erzählen«, was nie ein guter Einstieg ist. Er holte die üblichen rassistischen Klischees hervor über Schwarze, die nichts Besseres zu tun haben, als die Sozialämter zu überlasten. »Sie treiben ihre jungen Kinder ab, sie werfen ihre jungen Männer ins Gefängnis, weil sie nie gelernt haben, Baumwolle zu pflücken«, tobte er. Und falls man sich nicht sicher sein sollte, ob man Cliven richtig verstanden hat und er tatsächlich so rassistisch ist, wie er klingt, fügte er noch hinzu: »Ich frage mich oft, geht es ihnen als Sklaven besser, die Baumwolle pflücken, ein Familienleben haben und auf diese Weise leben, oder geht es ihnen mit den Staatszuschüssen besser? Sie haben nicht mehr Freiheit bekommen. Sie haben weniger Freiheit.«[32]

Wie auch immer, die Bundys und der Rest des weißen regierungsfeindlichen Teils des Westens feierten Clivens Triumph über die Bundesbeamten – und es war ein so entscheidender Triumph, dass sie darüber richtiggehend übermütig wurden. Nachdem die Beamten ihren Posten verlassen hatten, um die Situation zu deeskalieren, verlangte Cliven von den örtlichen Polizeikräften, dass sie ihnen die Waffen der BLM-Beamten aushändigen sollten.[33] Er war sich sicher, dass die Bundesbeamten für eine Weile verscheucht wären. »Sie haben nicht den Schneid, so was in den nächsten Jahren noch mal zu probieren«, verkündete er. Und er hatte recht. Es sollte zwei Jahre dauern, bevor Cliven für seine Taten Konsequenzen zu spüren bekam.

Aber Clivens Söhne Ryan und Ammon wollten nicht darauf warten, dass die Bundesbeamten zurückkamen. Angetrieben von ihrem Sieg über das BLM, suchten die Bundy-Brüder nach der nächsten Möglichkeit, sich mit der Bundesregierung anzulegen. Sie fanden sie 2015 in dem Fall der Hammonds.

Wie schon Cliven Bundy war auch Dwight Hammond in einen lang anhaltenden Konflikt mit dem BLM verwickelt. Hauptsächlich ging es dabei um Weiderechte im Malheur Natio-

nal Wildlife Refuge in Oregon. Um seine Rinder auf den Weiden des 188 000 Hektar großen Naturschutzgebietes grasen zu lassen, brauchte man eine Weidegenehmigung, und Hammond, dessen Grund an das Naturschutzgebiet grenzte, war extrem verärgert über diese lästige Bedingung. Er missachtete die Notwendigkeit einer solchen Genehmigung nicht nur schamlos, er schickte den Beschäftigten des Naturschutzgebietes auch regelmäßig Drohbriefe. Wenn er seine Rinder über das Gebiet führen würde, so versprach er darin, würde er »eine Schrotflinte auf seinen Sattel schnallen, und niemand wird mich aufhalten!«. Er schnitt sogar Löcher in den Zaun des Naturschutzgebietes, um seine Rinder dort hineinzulassen.[34]

Das BLM duldete Hammonds Possen größtenteils, schickte ihm Briefe und Geldstrafen, aber ließ ihn ansonsten in Ruhe, bis er und sein Sohn Steven anfingen, Feuer zu legen. Die Hammonds behaupten, sie hätten nur kleine Feuer auf ihrem eigenen Land entzündet, um Flächenbrände zu verhindern, aber die seien außer Kontrolle geraten. Die Regierung hingegen ist überzeugt, die Hammonds hätten Feuer gelegt, um ihre illegalen Jagdaktivitäten auf dem Naturschutzgebiet zu vertuschen. Zwei Feuer, die die Hammonds angezündet hatten, breiteten sich von ihrem Grundstück auf öffentliche Ländereien aus – eine hochgefährliche und unter Umständen katastrophale Situation in einer Region, die für ihr heißes und trockenes Klima bekannt ist. Die Hammonds wurden verhaftet und wegen Brandstiftung angeklagt. Nachdem man sie für schuldig befunden hatte, wurden Vater und Sohn von einem wohlwollenden Richter zu vergleichsweise kurzen Haftstrafen von drei Monaten beziehungsweise einem Jahr verurteilt. Das US-Justizministerium legte Berufung gegen die geringen Haftstrafen ein, und in einem neuen Verfahren verurteilte ein anderer Richter die Hammonds zu jeweils fünf Jahren Haft.[35]

Die Bundys waren, wie viele andere in der Viehwirtschaft und in der regierungsfeindlichen Community auch, außer sich über

die vermeintlich ungerechte Bestrafung der Hammonds. Ammon und Ryan Bundy fühlten sich berufen, ihren Kampf gegen die Bundesregierung zur Unterstützung der Hammonds nach Harney County in Oregon zu tragen.

In Washington, Oregon und Idaho mobilisierten sie Menschen, die sie unterstützten. Am 2. Januar 2016 versammelten sie sich in Burns, einem Ort in der Nähe von Malheur, zu einer Demonstration für die Hammonds. Ohne Vorwarnung verließen Ammon Bundy und eine kleine Gruppe von Anhängern die Protestveranstaltung und machten sich auf den Weg zum Naturschutzgebiet. Ammon und seine bewaffnete Bande besetzten die dortigen Verwaltungsbüros. Der Rest der Hammond-Unterstützer*innen – inklusive Ammons Bruder Ryan – waren überrascht und verwirrt von der Planänderung. Ammon sollte später behaupten, Gott habe ihn beauftragt, nach Malheur zu gehen. Am nächsten Tag postete Ammon ein Video aus Malheur, in dem er erklärte, sie hätten vor, das Naturschutzgebiet für die nächsten Jahre zu besetzen. Ammon und Ryan verfassten eine Liste von Forderungen. Unter anderem stand darin, die Bundesregierung solle den Ranchern erlauben, zu den früheren Weidegebräuchen zurückzukehren (im Wesentlichen hieß das, dass man seine Rinder weiden lassen können sollte, wo und wann man wollte), das System der Weidegenehmigungen abschaffen und das Naturschutzgebiet von Malheur dem Landkreis zurückgeben. In dem Video rief Ammon alle dazu auf, zu den Waffen zu greifen und sich ihrem Kampf anzuschließen: »Wir fordern die Menschen auf, hierherzukommen und uns beizustehen.«[36]

Regierungsfeindliche Gruppen, Milizen und White Supremacists – also quasi die wütendsten weißen Männer, die zu haben sind – kamen scharenweise nach Malheur, um sich an dem Kampf zu beteiligen. Schon bald sahen die Bewohner*innen der Gegend ihre Orte überrannt von bis an die Zähne bewaffneten Fremden, Bundesbeamten und Nachrichtenteams. Die Ortsansässigen waren nicht sehr glücklich darüber, mitten in eine Belagerung

geraten zu sein, und selbst die Hammonds waren nicht direkt begeistert von dieser »Hilfe«, um die sie nicht gebeten hatten. Die Kirche der Mormonen verurteilte die Taten der Bundys öffentlich. Aber Ammon und Ryan war das egal. Wochenlang kampierten sie in den Büros des Naturschutzgebiets und suhlten sich in ihrer Rechtschaffenheit und der medialen Aufmerksamkeit.

Die Besetzung endete, kurz nachdem LaVoy Finicum, einer der Besetzer von Malheur und Autor des apokalyptischen Romans *Only by Blood and Suffering: Regaining Lost Freedom*, bei einem Zusammenstoß mit der Bundespolizei am 26. Januar 2016 auf seinem Weg von Malheur zu einer nahe gelegenen Demonstration getötet wurde. Kurz zuvor war er auf Video aufgenommen worden, wie er die Beamten anschrie: »Wollt ihr ein Blutbad? Das geht dann nämlich auf eure Kappe.«[37] Die Beamten gaben an, dass Finicum erschossen wurde, als er nach einer Waffe griff. Ryan Bundy wurde bei dem Zwischenfall verwundet und anschließend verhaftet. Ammon kam kurze Zeit später ebenfalls in Haft. Ein paar Tage später nahm man Cliven Bundy fest, als er versuchte, an Bord eines Flugzeugs nach Oregon zu gelangen, um seinen Söhnen im Kampf beizustehen. Am 12. Februar, 41 Tage nachdem Ammon mit seiner bewaffneten Truppe in die Büroräume in Malheur marschiert war, ergaben sich die letzten verbliebenen Besetzer im Naturschutzgebiet den Behörden, und die Belagerung war beendet. Die Bundespolizei konfiszierte vor Ort Dutzende Waffen und über 16 000 Patronen Munition.

Mitglieder von »patriotischen« Gruppen wie den »Oath Keepers« und den »Three Percenters« kamen aus der ganzen Region zusammen, um an Finicums Beerdigung teilzunehmen. Er wurde in einem offenen Sarg aufgebahrt, mit einer amerikanischen Flagge über seine Brust drapiert.[38]

Die Bundys wurden in mehreren Punkten angeklagt, sowohl im Zusammenhang mit der Besetzung des Naturschutzgebietes von Malheur als auch aufgrund des Vorfalls in Bunkerville zwei Jahre zuvor. Es gab zwar zahlreiche Vorwürfe, aber die Regierung

musste vor Gericht immer weitere Beweise gegen die Bundys liefern. Sie vertrat die Ansicht, die Bundys seien keine Freiheitskämpfer, sondern Schmarotzer. Obwohl die Bundys Weiderechte für einen Bruchteil dessen bekamen, was sie hätten zahlen müssen, wenn sie dafür private Grundstücke gepachtet hätten, bestanden sie darauf, die amerikanische Landschaft gratis zu benutzen und zu missbrauchen. Das BLM ist nicht gerade bekannt als eine besonders strenge Naturschutzvereinigung – wirkliche Naturschützer*innen bezeichnen es oft als »Bureau of Livestock and Mining« – Büro für Viehzucht und Bergbau –, aufgrund des Ausmaßes von Weidenutzung, Abholzung und Bergbau, die das BLM in geschützten Gebieten erlaubt.[39] Doch trotz der niedrigen Gebühren und der lockeren Vorschriften meinten die Bundys, die wenigen Gesetze verletzen zu können, die die öffentlichen Flächen schützten, weil sie fanden, dass sie ihnen gehörten. Dafür initiierten sie sogar eine gewaltsame Besetzung bundesbehördlicher Büros als Zeichen der Unterstützung zweier Brandstifter – eine Besetzung, die das Naturschutzgebiet von Malheur stilllegte, das Leben Tausender Ortsansässiger für Wochen störte und darüber hinaus einen Mann das Leben kostete.

So sicher sich die US-Regierung bei ihrem ersten Prozess gegen die Bundys war – es ging dabei um die Besetzung in Malheur –, so desaströs verlief er. Vom Bundesstaat wurden Beweise verschlampt, und man verließ sich zu sehr auf den schwer zu untermauernden Anklagepunkt des Komplotts. Hinzu kam, dass dokumentierte antimormonische Ressentiments von Führungspersonen des BLM die Glaubwürdigkeit der Bundesbeamten empfindlich untergrub. Und so kam es, dass die Bundys am 27. Oktober 2016 von allen Anklagepunkten freigesprochen wurden, die mit der Malheur-Besetzung zusammenhingen. Als man sie daraufhin nicht umgehend aus der Untersuchungshaft entlassen wollte, rastete ihr Anwalt Marcus R. Mumford völlig aus und musste von vier US-Marshalls festgehalten werden.[40]

Der zweite Prozess gegen die Bundys, ihre Rolle beim Vorfall

in Bunkerville betreffend, endete im Januar 2018 ohne Mehrheitsvotum der Geschworenen. Nachdem sie zwei Jahre im Gefängnis auf die Ergebnisse ihrer Prozesse gewartet hatten, waren die Bundys frei, und sie hatten gesiegt. Schon zwei Wochen nach seiner Entlassung hielt Cliven Bundy in Paradise, Montana, wieder regierungsfeindliche Reden. Ryan und Ammon sind seit ihrer Entlassung im gesamten Westen gefragte Sprecher.

Später im Jahr 2018 wurden die Hammonds von Präsident Donald Trump – in dessen politischer Basis sich viele regierungsfeindliche, wütende weiße Männer finden – begnadigt. Zu guter Letzt, als finale Beleidigung, wurden die Weiderechte der Hammonds erneuert. Die Trump-Regierung hat die BLM-Führungsriege mit antiregulatorischen, antiökologischen Spezis besetzt. In den Jahren seit der Freilassung der Bundys hat die Aufsicht des BLM über öffentliche Ländereien im Westen stark nachgelassen – wodurch viele ökologisch empfindliche Regionen vollständig den Launen der Rancher preisgegeben wurden.

Als ich Betsy Gaines Quammen fragte, welche Konsequenzen es habe, dass die Rancher auf öffentlichen Ländereien beliebig schalten und walten können, klagte sie: »Was das sich verändernde Ökosystem angeht – die Wasserqualität ist hinüber, Überweidung und Erosion sind ein Problem, Wildtiere sterben aus. Es ist wirklich desaströs für das Land.« Inmitten dieser Umweltzerstörung schauen sich die Bundys und andere regierungsfeindliche Gruppierungen schon nach einer Bühne für ihren nächsten Kampf um.

»Die Milizen-Bewegung ist gerade jeder Anlass recht, und diese Begnadigung bedeutet, dass sie ihren Fokus höchstwahrscheinlich wieder auf die Verwaltung öffentlicher Gebiete richten wird«, vermutet J. J. MacNab, eine Mitarbeiterin des Extremismus-Programms an der George Washington University.[41]

Quammen stimmt dem zu. »Mittlerweile haben wir die sozialen Medien, diese Geschichten werden also immer und immer wieder erzählt, und die Reichweite dieser Milizen-Netzwerke ist

riesig«, erklärte sie mir. »Sie wachsen stetig weiter und fühlen sich zunehmend stärker. Sie haben Leute in den Verwaltungen, die sie entweder aktiv unterstützen oder die einfach wegschauen.«

Und während viele in unserer Regierung immer noch »Schwarze Identitätsextremisten« als die größte Bedrohung für die nationale Sicherheit sehen, wachsen schwer bewaffnete und gewalttätigte weiße Milizen und regierungsfeindliche Gruppen überall im Westen immer weiter an. Ihr Kampf gegen die Bundesregierung und ihr Streben nach uneingeschränkter Macht für weiße Männer wird wahrscheinlich nur noch heftiger werden, während sie darin von wohlwollenden Politiker*innen und Regierungsmitarbeiter*innen ermutigt und sogar unterstützt werden.

Was bei dieser Schlacht zwischen weißen Männern gerne vergessen wird, ist die Tatsache, dass weder die Viehwirte noch die Bundesregierung ein Recht auf das Land um Bunkerville oder das Malheur-Reservat haben.

Jahrhundertelang war das Land in der Region von den Paiute-Völkern bewohnt und gepflegt worden. Es mag ein Klischee sein, dass sie im Einklang mit der Natur lebten, aber sie waren immerhin klug genug, keine Rinder in der heißen, trockenen Wüste weiden zu lassen. Die Paiute folgten den Büffeln und anderen frei lebenden Tieren, die ihnen als Nahrung dienten, durch dieses Terrain. Ihre Landbewirtschaftungsverfahren gewährleisteten, dass Nahrung im Überfluss zur Verfügung stand und dass die Landschaft geschützt wurde. (Es ist sogar so, dass die heutzutage empfohlene Methode, kleine kontrollierte Feuer zu legen, um größere Waldbrände in Risikogebieten zu verhindern, viele Jahrzehnte von weißen Menschen in Amerika als »Paiute-Forstwesen« abgetan wurde.)[42]

Das Land war den Paiute von der Bundesregierung 1872 garantiert worden, aber die Regierung hatte andererseits kein Interesse daran, weiße Kolonisten davon abzuhalten, sich dort niederzulassen. Die Paiute brachten ihre Beschwerde bei den zuständigen Behörden vor, wurden dort jedoch abgewiesen. Die weißen Sied-

ler konnten nicht glauben, dass die Paiute dachten, sie hätten irgendein Recht auf das Land. Ein Leitartikel im *Idaho Statesman* fasste die Volksmeinung gegenüber den Ansprüchen der Ureinwohner auf das Land so zusammen: »Die Vorstellung, dass die Indianer irgendein Recht auf diesen Boden hätten, ist lächerlich. [...] Sie haben nicht mehr Recht auf das Land der Territorien der Vereinigten Staaten als Wölfe oder Kojoten.«[43]

Die Spannungen wuchsen sich zu einem offenen Konflikt aus, der 1878 im Bannock-Krieg mündete. Die US-Regierung benutzte die Auseinandersetzung als Vorwand, um die Paiute festzunehmen, sie in ein Reservat im Osten des Staates Washington zu bringen und ihre Millionen Hektar Land für das weiße Amerika zu beanspruchen. Die verbliebene Paiute-Bevölkerung wurde durch mormonische Adoptionsprogramme dezimiert, die mehr als 40 000 Kinder aus ihren Familien rissen und sie in mormonischen Haushalten unterbrachten.[44] Als die Bundys 2016 das Malheur-Reservat besetzten und viele der dort gelagerten Paiute-Artefakte von unschätzbarem Wert zerstörten, kümmerte sich außer den Paiute, die noch in der Gegend lebten, anscheinend niemand darum, genauso wie nur wenige Nichtureinwohner*innen sich um den Schaden kümmern, der zurzeit dem Land zugefügt wird, das den Paiute jahrhundertelang eine Heimat war.

»Ich könnte dahin gehen, wo die Großeltern der Bundys begraben liegen«, sagte Jarvis Kennedy, der Zeremonienmeister des Paiute-Stammesrats, als er gefragt wurde, was er fühle, wenn er Videoaufnahmen vom Bundy-Clan sehe, wie sie in den heiligen Artefakten herumwühlten. »Wie würden sie sich fühlen, wenn ich über ihr Grab fahren und in ihren Erbstücken herumwühlen würde?«[45]

Rancher wie die Bundys leben heutzutage Buffalo Bills Traum vom Westen: weiße Männer, die tun und lassen können, was sie wollen. Die die Umwelt ruinieren, Ureinwohner ausbeuten und auslöschen, und ihre Waffe auf jeden richten, der ihnen im Weg steht. Der idealisierte amerikanische Cowboy ist mit den Fasern

der amerikanischen Kultur fest verwoben, und das bekommt man überall bitter zu spüren. Die *Wild-West*-Bühnenshows wurden zu Westernfilmen, die den rauen, edlen weißen Mann gegenüber rassistischen Darstellungen von Ureinwohner*innen und Hispanoamerikaner*innen glorifizierten. Das Narrativ des Kampfes und des Triumphes der weißen Kolonisten ist bis in die Geschichtsbücher unserer Schulen vorgedrungen, und dabei wurden sowohl die Verbrechen gegen die Ureinwohner ausradiert, wie auch die Vorstellung eines amerikanischen Heldentums zementiert, das auf weißer männlicher Macht basiert.

Die Geschichte des Cowboys, wie sie von Bühnenschauspielern wie William Cody erzählt wurde, schuf auch eine Rolle, in die weiße Männer in ihrem Streben nach Macht schlüpfen konnten, um auf diese Weise einem Bild zu entsprechen, mit dem sich die amerikanische Öffentlichkeit identifizieren konnte. So wie dieses Bild Roosevelt dabei geholfen hat, sich selbst neu zu erfinden und gewählt zu werden, spielte die Vorstellung des Cowboys als ein ehrlicher Jedermann eine große Rolle in der Ikonographie, die George W. Bush bei weißen Männern im Zuge seiner Präsidentschaftskampagne so populär gemacht hat, auch wenn sein elitärer familiärer Hintergrund auf eine Erziehung hindeutet, die rein gar nichts Raues und Einfaches an sich hatte (da hat er immerhin mit Roosevelt etwas gemeinsam). Selbst bei denen, die niemals einen Cowboyhut aufsetzen werden, hat sich die Vorstellung eines weißen Mannes, der allein gegen die ganze Welt kämpft, festgesetzt. Sie ist eines der stärksten Identifikationsmuster der amerikanischen Kultur und Politik, wo Zusammenarbeit als Schwäche gilt und die anderen die Gegner sind – die man bestiehlt oder bezwingt. Die Verheerungen, die der Mythos vom Cowboy im Westen nach sich zieht, hat nicht mit der Ausrottung der Büffel geendet. Und vielleicht werden sie nie enden, solange sie nicht alles zerstört haben.

KAPITEL 2

ZU EUREM WOHL – ALS UNSER EBENBILD

Wie weiße Männer zum Mittelpunkt von Bewegungen für soziale Gerechtigkeit werden

Vor ein paar Jahren war ich in einer veganen Restaurant/Punkrockbar in einer der weißesten Gegenden Seattles. Ich kannte niemanden im Publikum außer dem einen Freund, den ich hierhergeschleift hatte. Keine einzige andere Schwarze Person war zu sehen. Ich blieb den ganzen Abend dort und aß sogar ein veganes Abendessen.

Warum, fragen Sie vielleicht, habe ich mir das angetan? Ich war dort, um einen Comedian zu unterstützen. Einen weißen männlichen veganen Punkrocksänger-Comedian. Wenn Sie vermuten, dass das nicht die Sorte Comedy ist, die ich mir sonst anschaue, dann haben Sie recht. Aber ich war gerne dort.

Ich war dort, weil in diesem Meer von weißen männlichen Comedians, die Witze machen, in denen Frauen und Menschen of Color die Pointe sind, dieser Typ Witze machte, in denen Typen wie er selbst die Pointe waren. Er machte sich lustig über weiße Typen, die einfach nicht begreifen, was gegenseitiges Einverständnis bedeutet. Er machte Witze über weiße Typen, die glauben, dass Menschen mit dunkler Hautfarbe die größte Be-

drohung für unser Land darstellen und dass die Erderwärmung nur eine Erfindung ist. Er nahm sich seine Gitarre und sang Lieder über die Ängste dieser Männer vor ihrer eigenen Unzulänglichkeit. Ich und viele andere waren dankbar dafür, in seinen Auftritten einen Beweis dafür zu sehen, dass weiße Männer vielleicht doch nicht ganz so schlimm sein müssen.

Indem er sich diese Nische schuf, schaffte er es, sich einen Namen zu machen. Seine Shows waren gut besucht, seine Radiosendung war beliebt, und er wurde oft nach seiner Meinung zu progressiven Angelegenheiten gefragt – insbesondere zum Thema Feminismus.

Wahrscheinlich schockiert es Sie weniger als mich damals zu erfahren, dass dieser Comedian in Wirklichkeit ziemlich übel war. Wirklich übel. Zuerst meldete sich eine Frau mit einer Missbrauchsgeschichte, dann eine zweite. Dann tauchten immer mehr Geschichten von sexueller Übergriffigkeit auf und allgemein von frauenfeindlichem Arschlochverhalten. Als wir darauf warteten, dass er sich zu den Anschuldigungen äußerte, verschwand er.

Für diejenigen von uns, die ihn unterstützt hatten, war die ganze Sache sowohl schmerzhaft als auch peinlich. Es war schmerzhaft, weil wir ihm vertraut hatten, und er dieses Vertrauen missbraucht hatte. Es war peinlich, weil er – wenn wir ganz ehrlich waren – nie wirklich besonders lustig gewesen war. Seine Witze waren simpel, sie bestanden oft nur aus Hasstiraden ohne Pointe. Seine Musik war … nicht gut. Wenn Sie sich je gefragt haben, »Was wäre, wenn Bob Dylans weniger poetischer Bruder ein selbstgerechter, mittelmäßiger Comedian wäre, der versucht, Punkrock zu machen?« –, dieser Typ wäre die Antwort. Seine Witze und Lieder ergingen sich mehr in der Selbstbeweihräucherung darüber, dass er nicht einer dieser »miesen Typen« war, als dass sie von den tatsächlichen miesen Typen und ihren Opfern erzählten. Und trotzdem hatten wir ihm damals aus der Hand gefressen. Wir sehnten uns so nach einem weißen Mann,

der kein Idiot war, dass wir Mittelmäßigkeit wie ein Meisterwerk verehrten.

Als ich diesen Comedian einmal meinem Bruder gegenüber erwähnte, stöhnte er nur und sagte: »Ich kann nicht glauben, dass ich mal in seiner beschissenen Band gespielt habe.«

Wir standen alle dumm da.

Ein paar Monate nachdem er verschwunden war, kehrte der Comedian zurück. Er hatte allerdings eine neue Masche. Er war jetzt der »Anti-Political-Correctness-Comedian«, der darüber redete, dass übertriebener Feminismus und »Wokeness«* die großen Feinde seien, und ebenso gefährlich in ihrer Wirkung wie Rassismus und Sexismus, über die er sich zuvor ausgelassen hatte. Die Alt-Right-/Männerrechte-Aktivisten empfingen ihn mit offenen Armen.

Viele Frauen kennen solche »männlichen Feministen«, die die feministische Schriftstellerin bell hooks zitieren können, aber diese Zitate dann benutzen, um Frauen zu unterbrechen. Viele Menschen of Color kennen weiße Antirassist*innen, die nur so lange hinter Martin Luther Kings Traum stehen, bis Menschen of Color von weißen Menschen verlangen, echte Opfer zu bringen im Kampf gegen Rassismus. Das Ego kann selbst die besten Absichten untergraben, doch allzu oft, wenn solche Dinge passieren – wenn jemand, den wir als einen Verbündeten sehen, seine Position irgendwann ausnutzt und sich dann, sobald dieser Vertrauensmissbrauch aufgedeckt wird, gegen die Prinzipien wendet, die er zuvor zu verteidigen vorgegeben hat –, dann müssen wir einsehen, dass es mit diesen Absichten in Wirklichkeit nie so weit her war.

Weißsein und Männlichkeit sind zwei Identitäten, die fast ausschließlich auf der Umkehrung dessen aufgebaut sind, was diese

* Der Begriff »woke« bezeichnet, teilweise scherzhaft, eine neu gewonnene Sensibilität gegenüber Themen wie Rassismus, Sexismus, Transfeindlichkeit, u. a. [Anm. d. Übers.]

Identitäten unterdrücken. Weiß ist schlau, Schwarz ist dumm. Weiß ist Erfolg, Schwarz der Misserfolg. Männlichkeit ist stark, Weiblichkeit ist schwach. Männlichkeit ist analytisch, Weiblichkeit emotional.

Identitäten, die durch Weißsein und/oder Männlichkeit unterdrückt und eingeschränkt sind, kämpfen darum, sich von ihren Unterdrückern zu befreien, um unabhängig von ihnen zu werden. Das größte Risiko für Identitäten of Color oder Weiblichkeit in einem Patriarchat weißer Vorherrschaft stellen die weiße Vorherrschaft und das Patriarchat dar, die darauf abzielen, sie zu kontrollieren. Daher hängt das Maß an Sicherheit, Schutz und Freiheit, das Menschen of Color und Frauen erlangen können, damit zusammen, wie unabhängig sie sich gesellschaftlich, politisch und finanziell vom Patriarchat und von weißer Vorherrschaft machen können.

Weiße und Männer werden in ihren Identitäten sowohl dort bedroht, wo ihr Standpunkt und ihr Verhalten sich jenen annähern, die von den Identitäten der Schwarzen und der Frauen verlangt werden, als auch dort, wo Schwarze und Frauen von den von ihnen erwarteten Rollen abweichen und nicht mehr nur als direkter Kontrast zur weißen und männlichen Identität fungieren. Es ist wichtig, sich dieser doppelten Beschränkung bewusst zu werden, denn wenngleich Weißsein und Männlichkeit im weißen männlichen Patriarchat die zwei mächtigsten Identitäten darstellen, sind sie gleichzeitig vollkommen abhängig von den Identitäten, die sie unterdrücken.

Weißsein ist nicht nur dann bedroht, wenn es zu viele Eigenschaften der Identitäten of Color übernimmt; es ist auch bedroht, wenn Communitys of Color sich nicht mehr unter das Weißsein stellen, wo sie nach Ansicht der Gesellschaft hingehören. Eine weiße Familie mag sich nicht nur bedroht fühlen, wenn die Tochter des Hauses einen Schwarzen Mann zum Abendessen nach Hause mitbringt (und dadurch mit den Erwartungen bricht, die man an sie als weiße Person stellt), sondern auch,

wenn dieser Schwarze Mann das Gleiche verdient wie ihr Vater (und dadurch mit den Erwartungen an Schwarzsein bricht, von denen Weißsein abhängt). Dasselbe gilt auch für Männlichkeit. Männer können sich nicht nur bedroht fühlen, wenn ihre Söhne eine Vorliebe für die Farbe Rosa entwickeln, sondern auch, wenn ihre Töchter lieber mit Monstertrucks spielen als mit Puppen.

Vieles davon findet unbewusst statt, weil die Mechanismen von Weißsein und Männlichkeit so selten kritisch untersucht werden. Doch das Gefühl der Bedrohung weißer männlicher Identität führt oft dazu, dass sich weiße Männer auf eine Weise verhalten, die konträr zu ihren offen geäußerten Überzeugungen und Moralvorstellungen steht.

Was passiert also, wenn ein Mann beschließt, sich einer Sache zu widmen, die eine direkte Bedrohung für seine Identität als weißer Mann darstellt? Nun, manchmal wird er unbewusst daran arbeiten, seine dominierende Position gegenüber jenen zu wahren, denen er versucht zu »helfen«, indem er sich mit seinen selbstlosen Taten noch weiter über sie erhöht, indem er die Ziele der Gruppe darauf ausrichtet, seine eigene gesellschaftliche und politische Macht zu erhalten, oder indem er die Menschen, denen er zu helfen vorgibt, insgeheim ausnutzt und missbraucht – oder auch eine Kombination aus allen dreien. Zuweilen ist es auch das bewusste Ziel des weißen Mannes, weswegen er sich überhaupt an diesen Bewegungen beteiligt. Solche Männer stellen eine Bedrohung dar. Doch oftmals sind sich solche Männer ihrer Scheinheiligkeit überhaupt nicht bewusst, weil es nichts Ungewöhnliches für sie ist, sich selbst in den Mittelpunkt zu stellen, da sie immer in den Mittelpunkt gestellt worden sind, oder jene auszunutzen, die immer ausgenutzt worden sind – sie entsprechen damit nur den gesellschaftlichen Normen.

Doch wenn solches Verhalten eines weißen Mannes aufgedeckt wird und er sich nicht mehr in den Mittelpunkt stellen oder über jene erhöhen kann, die er unterdrücken zu können glaubt, wird er oft seine früheren Verbundenheitsbekundungen

komplett über den Haufen werfen. Wenn er angegriffen wird, wird er zurückkehren zu dem offenen Frauenhass und Rassismus, dank denen er immer an erster Stelle stand.

Die ersten männlichen Feministen

Feminismus ist nie perfekt gewesen. Schon bevor die Suffragetten im 19. Jahrhundert durch die Straßen marschiert sind, hat der Feminismus daran gearbeitet, seine Macken auszubügeln, worauf sich jedoch gleich wieder neue aufgetan haben. Wir wissen um den Rassismus, darum, wie frühe Feminist*innen nicht zögerten, ihre Schwarzen Verbündeten zu verraten und in dem Versuch, noch vor den Schwarzen Menschen das Wahlrecht zu erhalten, die Angst vor einer vollauf emanzipierten Schwarzen Bevölkerung auszunutzen. Aber da sind auch noch der Klassismus, der Ableismus, die Transphobie, Queerphobie, Femmephobie und ein ordentlicher Schuss internalisierte Frauenfeindlichkeit – um nur mal ein paar zu nennen. Keine Bewegung für soziale Gerechtigkeit ist perfekt. Natürlich versammeln sich unter dem Slogan »Gleichberechtigung für Frauen« unzählige verschiedene und oft rivalisierende Vorstellungen.

Und selbst in unseren Bewegungen für soziale Gerechtigkeit replizieren wir mit Sicherheit viele der unterdrückerischen sozialen Konstrukte, denen wir unterworfen sind – insbesondere, wenn diese Konstrukte als »außerhalb« des zentralen Fokus der Bewegung gesehen werden. Doch im Laufe der Generationen ist der Feminismus gewachsen und hat sich gewandelt. Es gibt noch immer das, was man »weißen Feminismus« nennt – die Tendenz weißer Feministinnen, sich selbst auf Kosten von Frauen of Color in den Mittelpunkt zu stellen –, aber wenigstens haben wir dafür jetzt eine Bezeichnung. Und mithilfe der Bezeichnung können wir darüber nachdenken, wie wir die Sache selbst überwinden können. Dr. Kimberlé Crenshaw hat uns den Begriff

»Intersektionalität« und ein Gerüst dafür gegeben, unseren Feminismus in einem inklusiveren und weniger benachteiligenden Rahmen fortzuführen. Während wir darüber debattierten, welchen Aspekten wir Priorität einräumen sollen, wie wir Schaden vermeiden und wie genau unsere letztendlichen Ziele aussehen, arbeiteten wir weiter unaufhörlich an fundamentalen Themen wie der Bekämpfung des Lohngefälles, der zwischenmenschlichen Gewalt und der sexuellen Übergriffe.

Wir waren gleicher und unterschiedlicher Meinung. Wir haben bei Demonstrationen zu Hunderttausenden Solidarität füreinander bekundet. Wir haben uns gegenseitig hintergangen, wenn wir unsere Unterstützung am bittersten nötig gehabt hätten. Es ist hart, eine Frau zu sein, und manchmal kann es sogar noch härter sein, eine Feministin zu sein. Und zu allem Überfluss müssen wir uns auch noch mit Männern auseinandersetzen. Mit den Typen, die nicht wollen, dass wir politische Macht haben. Den Typen, die nicht wollen, dass wir arbeiten. Den Typen, die nicht wollen, dass wir uns sicher fühlen. Mit den Scheißtypen.

Aber es gibt auch gute Typen. Die männlichen Feministen, die den feministischen Klassiker *Sister Outsider* von Audre Lorde gelesen haben und ihre »So sieht ein Feminist aus«-T-Shirts tragen. Die scheinen echt toll zu sein. Außer, wenn sie uns in Diskussionen unterbrechen oder uns sagen, was wir ihrer Meinung nach lesen sollten, um bessere Feministinnen zu werden, so wie sie, oder versuchen, mit all unseren Freundinnen zu schlafen. Und wenn wir dann diese guten Typen anschauen und uns fragen, »Waren die immer so scheiße?«. Ja. Ja, das waren sie.

Nicht alle männlichen Feministen sind scheiße, aber sie alle – so wie auch wir alle – haben eine internalisierte Frauenfeindlichkeit, die sie verarbeiten (oder eben nicht). Und mit diesen Männern zu arbeiten, während sie ihre Frauenfeindlichkeit verarbeiten, kann anstrengend sein, gefährlich und manchmal ganz und gar unmöglich. Es ist schwer genug mit jenen Männern, die

sich aufrichtig bessern wollen, selbst wenn einen lediglich ihre Existenz hoffen lässt, dass wir Fortschritte machen. Aber es gibt auch einige Typen, die diese ganze Sache mit dem Feminismus offensichtlich nur machen, weil sie eine Möglichkeit gesehen haben, daraus persönlichen Nutzen zu ziehen. Diese Typen können viel Schaden an feministischen Bewegungen und den Frauen anrichten, mit denen sie dort interagieren, und diejenigen, die den größten Schaden anrichten können, sind oft weiße Männer (nicht weil es in feministischen Bewegungen keine Scheißtypen of Color gäbe, sondern weil Männer of Color gewöhnlich nicht die gesellschaftliche und politische Macht haben, die weiße Männer dazu befähigt, alles zu vereinnahmen).

Auch wenn wir denken, dass »woke« Kumpel ein neues Phänomen sind, haben sie tatsächlich schon die Lorbeeren für feministische Ideen eingeheimst und sich in feministischen Kreisen ausgebreitet, seit es den Feminismus überhaupt gibt. Denken wir mal an Greenwich Village im frühen 20. Jahrhundert. Die Schriftsteller/Aktivisten Floyd Dell und Max Eastman standen im Mittelpunkt einer neuen Bewegung der 1910er Jahre: dem sozialistischen Feminismus, der einer elitären Bohème entstammte und das Verlangen nach weiblicher sozialer und politischer Macht mit den Freie-Liebe-Experimenten der Kunstwelt und dem sozialistischen Kampf gegen die kapitalistische Ausbeutung kombinierte.

Max Eastman, Bruder der prominenten sozialistischen Feministin Crystal Eastman, war wie geboren für diese Welt. Er war groß, gut aussehend, zudem hatte er frühzeitig ergraute Haare – er fiel auf. Wenn er einmal jemandes Aufmerksamkeit hatte, sprach er gewählt, leidenschaftlich, überzeugend. Er ließ keine Gelegenheit aus, seinen Intellekt und seine elitäre Bildung zur Schau zu stellen. Eastman war bekannt dafür, »unwiderstehlich charmant zu sein, selbst wenn er aneckte«.[1] Schon bald war er einer der »Angesagtesten der Radikalen« seiner Zeit.[2] Floyd Dell war etwas schmächtiger gebaut und dunkelhaarig, und er kam

nicht von der Ostküste, sondern aus dem Mittleren Westen. Er war nicht so vorlaut wie sein Freund; stattdessen war er ausgestattet mit der stillen Selbstsicherheit eines autodidaktischen Schriftstellers. Dell war jedoch kein langweiliger Sidekick, er hatte ein Talent dafür, Schriftsteller und Denker zu mobilisieren, und er war berüchtigt für seine vielen Affären mit Frauen aus dem Kreis der Bohème.[3] Beide Männer lernten den sozialistischen Feminismus durch Frauen kennen – insbesondere Crystal Eastman und Ida Rauh (die Eastman später heiraten sollte). Eastman und Dell waren von der neuen Bewegung begeistert; sie wollten anderen Männern zeigen, weshalb auch sie sozialistische Feministen werden sollten.

Eastman und Dell hatten ein Problem mit dem Patriarchat. Heute können wir in einigen Kreisen ungezwungen über toxische Maskulinität sprechen und darüber, wie das Patriarchat Männern und Jungen Schaden zufügen kann, indem es sie von ihren wahren Persönlichkeiten entfremdet und in ein künstliches männliches Ideal presst, aber 1910 gab es noch nicht viele Männer, die offen ihre Unzufriedenheit mit dem Patriarchat ausdrückten. Das Problem, das Eastman und Dell mit dem Patriarchat hatten, war jedoch etwas anders als das, worüber wir heutzutage sprechen. Der sozialistische Feminismus – zumindest so, wie Eastman und Dell ihn verstanden – beruhte auf dem Konzept, dass der Kapitalismus nicht nur Frauen ausbeutete; vor allem machte er Frauen zu Ausbeuterinnen von Männern. Indem das Patriarchat Frauen zwang, sich für ihr finanzielles Wohlbefinden und das ihrer Kinder von Männern abhängig zu machen, hielt es Männer in der Schraubzwinge der kapitalistischen Ausbeutung gefangen. Männer konnten sich nicht befreien, argumentierten sie, solange Frauen nicht frei waren.

Die Lösung für dieses Problem, meinten Eastman und Dell, war die Abschaffung der kapitalistischen Ausbeutung und der sexistischen gesellschaftlichen Beschränkungen, die Frauen davon abhielten zu arbeiten – und finanziell für sich selbst aufzu-

kommen. Auch wenn heute viele Feminist*innen sehen, dass die Beschränkungen der Frauen in der Arbeitswelt dem Kapitalismus bei der Ausbeutung ihrer Arbeitskraft geholfen hat und damit den Männern direkt zugutekam (warum Frauen überhaupt Gehälter zahlen, wenn man sie dazu kriegen kann, zu Hause umsonst zu arbeiten und so die Basis für unsere Wirtschaft zu schaffen?), sahen Eastman und Dell die Freiheit von Frauen nur als Mittel zur Freiheit von Männern. Frauen, so lautete der Gedanke, waren die Unterdrückerinnen der Männer, die in der Lohnsklaverei schufteten.

Und wie sah Freiheit für Eastman und Dell aus? Vieles von dem, was anscheinend einen Einfluss auf ihre Vision einer feministischen Zukunft hatte, drehte sich um ihre Schwänze.

Sozialistischer Feminismus sei großartig für die Männer, behaupteten Dell und Eastman lang und breit in Essays mit Titeln wie »Die Emanzipation des Mannes«.[4] Die durch das kapitalistische Patriarchat offensichtlich benachteiligten Frauen würden in einer sozialistisch-feministischen Gesellschaft intelligenter und interessanter werden. Wenn man sie von den sexistischen Vorstellungen von Ehe und Anstand befreite, würden sie auch sexueller werden. Man stelle sich vor: intelligente, schöne (und ja, Dell und Eastman sprachen immer wieder die Vermutung aus, dass diese Frauen schön wären), äußerst sexuelle Frauen, mit denen man Sex haben könnte, Kinder zeugen – ja, sogar sich unterhalten –, ohne sie zum Abendessen einladen zu müssen!

Natürlich verkürze ich das meiner Argumentation zuliebe hier etwas. Dell und Eastman standen bei vielen feministischen Positionen auf der richtigen Seite. Sie sprachen sich für das Frauenwahlrecht aus und für Empfängnisverhütung, für Bürgerrechte, für Menschen of Color. Aber sie fanden auch wirklich, *wirklich* Gefallen an der Vorstellung vom Feminismus, der ihnen Sex mit Frauen ermöglichte, die »nicht wie andere Frauen« waren; dieses Versprechen brachten sie immer wieder bei dem Versuch an, andere Männer für den sozialistischen Feminismus zu rekrutieren.

Und beide Männer hofften, die feministischen Ehefrauen zu finden, die ihnen ihre persönlichen Utopien ermöglichten.

Jahrelang hatte Dell eine Frau gesucht, die seine sozialistisch-feministischen Phantasien erfüllen würde, und glaubte sie in Margery Curry gefunden zu haben. Curry war älter als er, erfahren, eine angesehene Feministin mit eigenem Einkommen. Die beiden heirateten 1909. Allem Anschein nach war Dell zuerst sehr glücklich. Curry war intelligent, gut vernetzt und sehr geistreich. Aber Dell fühlte sich körperlich nicht sehr zu ihr hingezogen. Zumindest nicht so sehr wie zu anderen, jüngeren Frauen, die ihn mehr bewunderten.

Zu seinem Glück lebte Dell in einer modernen Ehe. Das bedeutete, dass er Affären haben konnte. Und, oh Mann, die hatte er. Dell verliebte sich schon bald in eine andere Frau, dann in eine weitere, und in noch eine andere. Jedes Mal war seine Frau (deren Vorstellung von einer modernen Ehe anscheinend keine Lügen und Seitensprünge beinhaltete) todtraurig. Sie bot ihm sogar an, sich von ihm scheiden zu lassen. Aber Dell wollte keine Scheidung, aus irgendeinem Grund funktionierte diese Ehe mit einer unglücklichen Frau, die er nicht liebte und zu der er sich körperlich nicht hingezogen fühlte, für ihn immer noch gut.[5] Curry ertrug Dells Affären über Jahre. Als er irgendwann nicht nur mit einer, sondern mit zwei Ehefrauen seiner Freunde schlief, beschloss er, dass das Festhalten an einer lieblosen Ehe sein Leben vielleicht doch ein bisschen zu sehr verkomplizierte. Nach vier Jahren Ehe verließ Dell seine Frau auf der Suche nach einer erfüllenderen Liebe.[6]

Max Eastmans Ehe hatte sogar noch vielversprechender begonnen als die seines Freundes. Nach einer langen Suche nach einer Frau, mit der er sich auf seine sexuellen und intellektuellen Abenteuer begeben konnte, fand er in Ida Rauh seine Partnerin – feministisch, künstlerisch, sozialistisch und eine Freundin seiner Schwester Crystal. Rauh stellte Max ihrem sozialistischen Freundeskreis vor und half dabei, sein Verständnis von Marxismus und

feministischer Theorie zu erweitern. Sie heirateten 1911, und im Jahr darauf brachte Rauh ihren ersten Sohn zur Welt.

Schon zu Anfang gab es ein paar Probleme. Das erste war, dass, obwohl Rauh die Feministin und unabhängige Künstlerin und Denkerin war, die Max gesucht hatte, sie ihn nicht genug zu verehren schien. Sie kritisierte ihn, »knauserte mit Lob« und ließ ihm »überhaupt keine Bewunderung« zuteilwerden. Das zweite Problem war, dass Eastman sofort den Drang verspürte (so wie Dell), Sex mit anderen Frauen zu haben – und mit Mädchen (allem Anschein nach war eine der ersten, die ihn in Versuchung führten, seine 17-jährige Nachbarin, ein Mädchen, das er hatte aufwachsen sehen. Eastman war zu diesem Zeitpunkt 27).[7]

Eastman hatte eine Affäre nach der anderen und war, wie auch Dell, enttäuscht, dass seine Frau nicht annähernd so begeistert von seinen Seitensprüngen war wie er. Max und Ida trennten sich für eine Weile und versuchten dann, im selben Haus zu leben, jedoch in getrennten Zimmern. Ida war immer noch unglücklich über Max' fortwährende Affären. Der hatte so viel Zeit und Energie auf das Konzept des sozialistischen Feminismus verwendet, und saß trotzdem nun hier, unglücklich eingeengt zwischen Ehefrau und Kind.

In diesem Kapitel der Geschichte geht es nicht nur darum, wie zwei selbsternannte männliche Feministen sich als beschissene Ehemänner entpuppten. Sie waren auch ziemlich beschissene feministische Anführer. Max Eastman war der Gründer der »New York Men's League for Woman Suffrage« (dem New Yorker Männerverband für das Frauenwahlrecht), was erst mal ganz cool klingt, oder? Allerdings war Eastmans erste Amtshandlung das Versprechen an die beigetretenen Männer, dass »kein Mitglied dazu aufgerufen würde, irgendetwas zu tun. Die Hauptaufgabe des Verbandes sei es, zu existieren.«[8] Im Kampf um das Frauenwahlrecht, in dem Frauen wirklich gekämpft haben und gestorben sind, wurden Männer zu Helden, indem sie einfach nur existierten.

Als Federführer des sozialistischen Magazins *The Masses* (gegründet von den Eastman-Geschwistern) und später *The Liberator* schufen Eastman und Dell eine Plattform für sozialistisch-feministische Schriftsteller*innen und Denker*innen, auf der sie ihre Visionen einer neuen Zukunft miteinander teilen konnten. Viele großartige Schriftsteller*innen und Denker*innen publizierten in *The Masses*, so wie Mary Heaton Vorse und sogar Langston Hughes. Aber als Herausgeber tendierte Dell dazu, nur solche Arbeiten von Frauen zu publizieren, die für ihn *sein* Ideal vom Feminismus verkörperten. Und bei diesem Feminismus ging es nicht annähernd so sehr um wirtschaftliche und politische Rechte wie um sexuelle und künstlerische Befreiung. Dell und Eastman hielten sich mit Kritik gegenüber der Politik anderer Frauen nicht zurück. Dell schrieb in seinem Buch *Women as World Builders* über seine Lieblingsfeminist*innen, wobei er differenzierte zwischen Frauen, die für ihn seriöse Feministinnen waren – jene, die darüber nachdachten, wie sehr sich die Welt verändern müsste –, und den »Kurtisanen«, die sich nur für ihr persönliches Glück interessierten. Sowohl Dell als auch Eastman schrieben ausführlich darüber, wie sehr der Feminismus den Männern zugutekomme, aber wenn Frauen sich darauf konzentrierten, ihre eigenen Bedürfnisse und Vorstellungen vorzubringen, drückten die beiden Männer offen ihre Ablehnung aus.

Eastman und Dell sahen keine Scheinheiligkeit darin, das Aussehen oder die Persönlichkeit ihrer Kolleginnen kritisch zu bewerten. Beide waren riesige Fans der Tänzerin Isadora Duncan, die es sich zur Aufgabe gemacht hatte, den Tanz aus den rigiden Grenzen des Balletts zu befreien. Die Art, wie sie den Körper der Frau zelebrierte, war auf jeden Fall eine Form von Feminismus, die den beiden Männern sehr zusagte. Abseits der Bühne fand Eastman Duncan jedoch »belehrend« und »bestimmend«.[9] Dell beschrieb die feministische Schriftstellerin Cornelia Barns als »elfenhaftes Mädchen«, das »durch die Tür von *The Masses* kam wie ein Kind in ein Spielzimmer«.[10]

Die perfekte Feministin war eine Frau, die sexuell und intellektuell befreit war zugunsten des Genusses von Männern wie Dell und Eastman. Sie sollte schön und gefügig sein – offen für die Lehren feministischer Männer. In einem Artikel für *The Masses* mit dem Titel »Feminismus für Männer« schrieb Dell nicht darüber, wie das Patriarchat den Frauen ihre Handlungsmacht oder ihnen wirtschaftliche und politische Freiheit genommen hatte, sondern darüber, wie es »Schätzchen« zu »Ehefrauen« machte – und dadurch Männern aufregende romantische Beziehungen verwehrte:

> Man beachte zuerst, was es bedeutet, ein Schätzchen zu sein. [...] Sie ist von seiner Welt nicht aufgrund verschiedener Gepflogenheiten oder Vorlieben ausgeschlossen. Der Grundgedanke ist, dass ihre Gepflogenheiten und Vorlieben sich ähneln sollten. Wenn sie Baseball nicht versteht, erklärt er es ihr. Wenn er Golf mag, bringt er ihr das Spiel bei. Wenn er Gedichte liebt, bleibt er wach, um ihr seine Lieblingsdichter vorzulesen. [...] Wenn sie mit der Vorstellung erzogen worden ist, dass es niederträchtig ist zu trinken, kultiviert er ihren Geschmack für Cocktails. Er soll ihr Unterricht im Sozialismus, in Poesie und Poker geben, immer mit unendlichem Taktgefühl und Geduld. [...]
>
> Wenn man eine Frau in einem Käfig hält, und man zahlt Miete für diesen Käfig, dann wird sich ihre Beziehung zum Mann unmerklich wandeln.
>
> Wenn sie dann diesen Käfig verlässt und in die große weite Welt zurückkehrt, als Bürgerin und Arbeiterin, dann wird er sie mit Überraschung und Entzücken wiederentdecken, und sie nie mehr loslassen.[11]

Letztendlich war es die Ehe, die Dell dazu brachte, den Feminismus hinter sich zu lassen und sich den Antifeministen anzuschließen. Nachdem er seine unglückliche Ehe aufgegeben hatte

und mehreren unbefriedigenden Liebesaffären hinterhergejagt war, kam Dell der Gedanke, dass diese neuen Frauen nichts für ihn waren. Er wollte keine Frau heiraten, die ihre eigenen Träume und Leidenschaften hatte – zumindest keine Träume und Leidenschaften, die sich nicht um ihn drehten. Er wollte eine Frau, die ihm und ihren gemeinsamen Kindern alles unterordnete. Nur eine Person in einer Ehe konnte es sich leisten, ihre Träume zu verfolgen, und in Dells Ehe war diese Person Dell.

Überraschenderweise fand Dell die traditionelle Ehe, die er suchte, bei einer durch und durch modernen Frau: B. Marie Gage. Gage war eine sozialistische Autorin und feministische Aktivistin, die sogar schon verhaftet worden war für ihr pazifistisches Engagement während des Ersten Weltkriegs. Die beiden verliebten sich schnell. Sie heirateten schon zehn Wochen, nachdem sie sich kennengelernt hatten, und zogen hinaus aus der Stadt, um eine Familie zu gründen.[12] Gage ließ ihre Schriftstellerei und ihren Aktivismus hinter sich, und Dell wandte sich vom Feminismus ab, um sich auf das Schreiben von Geschichten und Theaterstücken zu konzentrieren. Allem Anschein nach war ihre Ehe glücklich, sie hielt mehr als fünfzig Jahre, bis zu Gages Tod. Je mehr sich Dell an seine häusliche Glückseligkeit gewöhnte, desto mehr war er davon überzeugt, dass, wenn der Feminismus für ihn nicht funktionierte, er für niemanden sonst funktionieren würde. Dell glaubte immer noch an die befreite und wertgeschätzte Frau – im Sinne einer Frau, die frei war, ihr Interesse zu verfolgen, ein glückliches Zuhause zu schaffen und die für dieses Talent wertgeschätzt wurde. Dells Feminismus verwandelte sich in eine Befürwortung der traditionellen Geschlechterrollen, die er ehemals bekämpft hatte: der Mann als Familienoberhaupt, die Frau, die den Haushalt führte.

Auch wenn es scheinen mag, als hätte Dell sowohl den Feminismus als auch die Ehe verraten, haben sich in Wahrheit seine Loyalitäten nie geändert. Dell war immer denjenigen Glaubenssystemen oder der Situationen gegenüber loyal, die ihm die

meisten Vorteile brachten, solange sie ihm Vorteile brachten. In seinen späteren Werken, wie *Love in the Machine Age*, wandte sich Dell – der sich mittlerweile in seiner traditionellen heterosexuellen Ehe eingerichtet hatte – noch weiter vom sozialistischen Feminismus ab und distanzierte sich von seiner früheren Verteidigung der freien Liebe, der Homosexualität und arbeitender Mütter. Diese waren nicht mehr die Ideale einer freien und toleranten Gesellschaft; sie waren jugendliche Torheiten, die nur ins Unglück führen würden.

»Wollen wir unsere jungen Menschen dazu ausbilden, [...] bis an ihr Lebensende glücklich in heterosexueller Partnerschaft zu leben, oder dazu, ein gepeinigtes und frustriertes Leben in Homosexualität, Frigidität und sinnloser Promiskuität zu führen?«, fragte Dell.[13] Heterosexuelle Liebe und Familie – mit zufriedenen Ehefrauen und Müttern im Zentrum – waren der Ursprung wahren Glücks. Frauen sollten nur in jüngeren Jahren arbeiten, bis sie einen Ehemann gefunden hatten, und nötigenfalls, um dabei zu helfen, die frühe Ehe in ihren mageren Jahren zu verfestigen. Doch sobald der Mann auf solidem Grund stand, sollte die Frau aufhören zu arbeiten und ihren *wahren* Beruf ausüben, den einer Ehefrau und Mutter. Dabei handelte es sich, für Dell, immer noch um eine moderne Ehe, denn obwohl sie oberflächlich wie ein neuer Aufguss patriarchaler Einschränkungen im Leben von Frauen erscheinen mochte, war sie anders, weil Frauen mehr als zuvor dafür gepriesen und unterstützt wurden, mit diesen Einschränkungen zufrieden zu leben.

Letzten Endes waren die früheren Freunde Max Eastman und Floyd Dell voneinander ziemlich enttäuscht. Eastman übte öffentlich Kritik an Dells Ablehnung des Feminismus, dessen Wegbereiter er gewesen war, und fragte sich, wie sein Freund ein solch patriarchaler Traditionalist hatte werden können. Ich bin sicher, dass Dells Verwandlung überraschend und verwirrend war, aber Dells Enttäuschung gegenüber Eastman ging sehr viel tiefer, sie war ein Groll, den er bis ins hohe Alter hegen sollte.

Als Eastman sich nach sechs Jahren Ehe letztendlich von seiner Frau lossagte und sie und ihr Kind (das er daraufhin zwei Jahrzehnte lang nicht sehen sollte) verließ, beschloss er, durch das kommunistische Russland zu reisen, um seine geliebte sozialistische Revolution live zu erleben. In den zwei Jahren, die er in Russland verbrachte, verliebte er sich in Elena Krylenko, die Schwester eines bedeutenden Bolschewiken, und heiratete sie. Eastmans Traum vom Sozialismus entwickelte sich bald zu einem Albtraum, in dem Stalin und Trotzki nach Lenins Tod einen Machtkampf austrugen. Als Stalin seine Macht festigte und anfing, seine Gegner durch Massenverhaftungen und Erschießungen zum Schweigen zu bringen, war Eastman verständlicherweise erschüttert und desillusioniert. Stalin wurde letztendlich zu einem weiteren weißen Mann, der ganze Bewegungen verzerrte, damit sie ihm in die Karten spielten – und diese Verzerrungen nahmen zum Teil mörderische Formen an.

Während Eastmans russische Freund*innen eingesperrt und ermordet wurden, führte seine Verzweiflung über seine Erfolglosigkeit, die amerikanische Gesellschaft auf die Geschehnisse aufmerksam zu machen, zu einer Entfremdung von der sozialistischen Gemeinschaft in Übersee. Eastman hatte nichts mehr zu verlieren, also hörte er auf, darüber zu sprechen, was sich in Russlands Sozialismus ändern müsse, und vertrat die Ansicht, die Gräueltaten in Russland belegten, dass der Sozialismus, in seiner Gänze, nicht mehr vertretbar sei. Er hörte auf, für linke, sozialistische Magazine zu schreiben, und verfasste stattdessen antikommunistische Schriften für konservative Magazine wie die *New Republic*. Jeder, der den Kommunismus unterstützte, half Eastman zufolge bei den Ermordungen und der Unterdrückung in Russland. Eastman prangerte offen die Freund*innen und Gesellschaften an, mit denen er in der Vergangenheit zusammengearbeitet hatte. Er befasste sich viel mit Friedrich Hayek, einem Ökonomen, dessen Ideen später von Erzkonservativen wie Margaret Thatcher gefeiert wurden. Eastmans Verrat an den

Idealen, an die er einst geglaubt hatte, fand seinen Höhepunkt in seiner Unterstützung von Senator Joseph McCarthys Verfolgung mutmaßlicher Kommunisten.

Während Eastman fortan sein Leben der Zerschlagung des Kommunismus widmete, stellte er seinen Feminismus und seine Moralvorstellungen hintan. »Wir befinden uns in einem politischen Kampf, nicht in einer moralischen Debatte«, sagte er zur Verteidigung McCarthys, der amerikanische Bürger für deren politische Einstellung verfolgte. »Sie ziehen in die Schlacht wie Frauen in Seidenkleidern, mehr darauf bedacht, ihren Rock sauber zu halten, als den Feind zu bezwingen.«[14]

Eastman hatte keine Geduld mit willensschwachen Liberalen, die kein bisschen Unterdrückung aushielten im großen Kampf gegen den bösen Kommunismus, so wie er zuvor keine Geduld gehabt hatte für die willensschwachen Liberalen, die keine Revolution aushielten im großen Kampf gegen den bösen Kapitalismus. In dem Versuch, den gewaltigen politischen Wandel seines Freundes von links nach rechts nachzuvollziehen, mutmaßte Dell, dass dessen andauernder Hass gegen Liberale die große Konstante in seinem Leben war.[15]

Am Ende ihres Lebens hatten Eastman und Dell wenig gemeinsam. Eastman hatte sich nun dem Kampf gegen den Sozialismus verschrieben, der ihm seine Bekanntheit beschert hatte, und Dell widmete sich der Zersetzung des Feminismus, der ihn berühmt gemacht hatte. Die zwei Männer hatten aufgehört, miteinander zu sprechen, jede freundschaftliche Wärme zwischen ihnen war durch ihre ideologischen Differenzen eingefroren.

Eastman und Dell waren keine Sonderfälle. Sie waren zwei weiße Typen, die in eine Bewegung gerieten und sie vereinnahmten. Durch ihren Aktivismus wurden sie kurzzeitig zu Rockstars, trotz ihrer begrenzten Qualifikation oder Hingabe an die Bewegung selbst. Dann richteten sie ein bisschen Verwüstung an, bevor sie sich entschlossen, das Gebäude in Brand zu setzen, das sie gerade verließen.

Doch in dieser Nichteinmaligkeit liegt das Problem: Ihre Geschichte ist nicht ungewöhnlich. Mittelmäßige, höchst irrelevante weiße Männer betreten regelmäßig feministische Bereiche und erwarten, dass sie in den Mittelpunkt gestellt und belohnt werden, wie es auch hier der Fall gewesen ist. Sie können extrem fehlerbehaftet sein, sie können regelmäßig ihre Werte und ihre Bewegung verraten, und trotzdem wird man sie für ihr Vorhaben rühmen oder auch einfach nur für ihre Anwesenheit – während Frauen in ihrem politischen und privaten Leben über jeden Tadel erhaben sein müssen, um zu vermeiden, dass sie selbst oder ihre gesamte Bewegung in einem Skandal versinken. Selbst in den heutigen feministischen Bewegungen gibt es den Druck, Männern zu zeigen, welcher Nutzen sich für sie daraus ergibt, den Feminismus zu unterstützen. Ihr solltet Feministen sein, argumentieren wir, weil es auch *euch* zugutekommt. Und es stimmt, der Feminismus kann Männern auf vielfache Weise helfen. Als Mutter versuche ich meine zwei Söhne konstant vor den zerstörerischen patriarchalen Botschaften zu schützen, die ihnen sagen, dass ihre einzige Macht in der Dominanz liegt und dass die einzigen Emotionen, die sie empfinden können, Lust und Wut sind. Ich kann direkt beobachten, welchen Schaden das Patriarchat Männern und Jungen zufügen kann, wenn ich sehe, wie meine Kinder und ihre Altersgenoss*innen versuchen, heil aufzuwachsen in einer Gesellschaft, die ihnen vorschreibt, dass »Männer« nur auf eine besonders gewalttätige Weise existieren können.

Aber wenn ich meinen Söhnen sage, dass sie Feministen sein sollen, dann verkaufe ich ihnen das nicht auf Grundlage des Nutzens, den sie daraus ziehen werden. Ich sage ihnen, was ich auch weißen Menschen sage, die nach Gründen dafür suchen, Rassismus zu bekämpfen: Ja, ihr werdet einen wirklichen Vorteil davon haben. Euer Leben wird auf vielerlei Arten besser sein, wenn wir daran arbeiten, die Unterdrückung zu beenden. Aber es wird nicht *immer* zu eurem Vorteil sein. Manchmal mag es

scheinen, als ob die Gerechtigkeit euch benachteiligte, wenn Privilegien, an deren Genuss ihr euch gewöhnt habt, gefährdet werden. Aber ihr müsst es trotzdem tun, weil ihr daran glaubt, dass Frauen und Menschen of Color menschliche Wesen sind, die es verdienen, nicht unterdrückt zu werden, selbst wenn das für euch persönlich bedeutet, etwas aufgeben zu müssen.

Wenn dieser wirkliche Einsatz für die Gleichberechtigung nicht vorhanden ist, wenn weiße Männer bei Bewegungen für soziale Gerechtigkeit antanzen, ohne ihre eigenen Privilegien zu hinterfragen, und erwarten, dass sie sich zu jeder Zeit wertgeschätzt und wohlfühlen, dann halten sie uns damit auf. Sie verletzen damit auch Menschen und sie kompromittieren die Integrität unserer Bewegungen.

Wir reden heutzutage nicht viel über Eastman und Dell, aber wenn man sich ihrer erinnert, dann fast ausschließlich wohlwollend. Selbst sozialistische Kommentator*innen haben einen Weg gefunden, Eastmans Verrat an der Bewegung zu verzeihen – auch wenn seine Unterstützung für McCarthy seine früheren Kolleg*innen einem großen Risiko ausgesetzt hat, und obwohl er einen größeren Teil seines Lebens damit verbracht hat zu versuchen, den Kommunismus und den Sozialismus zu zerschlagen, als damit, sie zu unterstützen. Gegenwärtige Artikel ergehen sich in Lobpreisungen der beiden Männer, während sie ihre spätere konservative Arbeit unter den Teppich kehren. Tatsächlich wird in Artikeln über Dells Leben, wenn es um seine Hinterlassenschaft als Befürworter eines männlichen Feminismus geht, dem gefährlichen antifeministischen und homophoben Charakter seiner späteren Arbeit fast keine Beachtung geschenkt. Die Geschichtsschreibung ist mittelmäßigen weißen Männern gegenüber sehr gnädig.

Joe Biden ist sowohl für als auch gegen das Busing

Als sich der junge Joe Biden 1972 für seine Wahl zum US-Senator für den Bundesstaat Delaware einsetzte, war er, so wie viele Liberale damals, kein offener Gegner des »Busing« – der Desegregation durch die Zuweisung von Schüler*innen of Color an mehrheitlich weiße Schulen. Nach der wegweisenden Entscheidung des Obersten Gerichtshofs im Fall Brown gegen die Schulbehörde im Jahr 1954 wurden im gesamten Süden der USA Maßnahmen zur Desegregation in Gang gesetzt. Schwarze Schüler*innen wurden mit dem Bus in weiße Schulen gefahren, wobei sie zum Teil von der Nationalgarde beschützt werden mussten. Nachdem der Oberste Gerichtshof im Fall Swann gegen die Schulbehörde von Charlotte-Mecklenburg den Bundesgerichten größere Befugnisse zugesprochen hatte, um das Busing zur Desegregation von Schulen im ganzen Land einzusetzen, begann man damit, das Busing auch in Städten im Norden anzuordnen.

In den fünfziger und frühen sechziger Jahren war Busing eher eine Sache des Südens gewesen, und Bilder von weißen Eltern, die Schwarze Schüler*innen im Zuge der Desegregation in weißen Schulen anschrien und anspuckten, hatten seit langem der Opposition gegen das Busing einen höchst rassistischen Anstrich gegeben. Als weiße Republikaner*innen versuchten, einen Verfassungszusatz zu verabschieden, der das Busing abschaffen sollte, beschuldigte Biden Abgeordnete, das Busing als Abschreckung zu nutzen, um sich weiße Wählerstimmen zu sichern. Doch während immer mehr Städte im Norden ihre eigenen Busing-Verfügungen auf sich zukommen sahen, bemerkten viele Politiker*innen wie Biden, die die Busing-Bestrebungen bisher verteidigt hatten, dass ihre eigene weiße Wählerschaft auf einmal ein sehr großes Problem mit dieser Maßnahme hatte.

Von Anfang an war Biden in einer schwierigen Position. Lange Zeit hatte er nicht nur seine liberalen Errungenschaften propagiert, sondern auch mit seiner engen Verbindung zur Schwarzen Community in Delaware geworben. Am Ende seines Wahlkampfes zum US-Senator hatte Biden eine verwirrende Einstellung zum Busing entwickelt, mit der er ganz allein dastand. Bidens Haltung war so kompliziert, dass Lokalzeitungen schrieben, er sei »sowohl für als auch gegen« das Busing.[16]

Biden sagte, er befürworte Busing als Mittel, um »de-jure«-Segregation zu beheben, lehne es jedoch als Methode ab, um »de-facto«-Segregation zu begegnen, womit er meinte, er unterstütze Busing dort, wo eine Schulsegregation vorsätzlich installiert und aufrechterhalten worden war, und lehne es dort ab, wo sie einfach aufgrund von Faktoren stattfand, die nichts mit rassistischen Segregationsbemühungen zu tun hatten. Anders gesagt, Busing war für den Süden in Ordnung, wo es rassistische Gesetze gab, um Schwarze und weiße Kinder in unterschiedliche Schulen aufzuteilen, und es war nicht in Ordnung im Norden, wo Schwarze und weiße Kinder offenbar nur durch Zufall oder Zauberei voneinander getrennt waren.

Doch die Gerichte hatten bei dem Thema schulische Segregation in Delaware nicht viel Zauberei gefunden. In den siebziger Jahren war die Bevölkerung von Wilmington, Delaware, etwa zur Hälfte Schwarz und zur Hälfte weiß. Jedoch waren die Kinder in den Schulen in Wilmington zu 82 Prozent Schwarz, während die Kinder in den Schulen der nahe gelegenen, wohlhabenderen Vorstädte in Newcastle County – wo auch die weißen Schüler*innen aus dem wohlhabenderen Stadtrand von Wilmington unterrichtet wurden – zu 79,8 Prozent weiß waren.[17] Schwarze Eltern sahen, dass weiße Schulen mehr Geld bekamen und bessere Gebäude und Lernmittel, und dass die Schüler*innen dort besser abschnitten als jene auf den Schwarzen Schulen. Aber wegen der strikten Gesetze in Delaware, die die städtischen und die vorstädtischen Schulen unterschiedlichen Verwaltungs-

bezirken zuordneten, konnten sie ihre Kinder nicht an diesen besseren Schulen anmelden. Schwarze Eltern klagten, und 1974 entschieden Bundesgerichte, dass die Segregation der Schulen um Wilmington gegen das Gesetz war.

Auf einmal sahen sich liberale weiße Familien in Delaware nicht nur mit der Aussicht konfrontiert, dass Schwarze Kinder auf ihre schneeweißen Schulen kämen; möglicherweise würde ihnen sogar das grauenhafte Schicksal zuteilwerden, ihre weißen Kinder direkt in das Herz der Finsternis, die öffentlichen Schulen von Wilmington, schicken zu müssen. Als der junge Biden 1974 gegen zwei Verfassungszusätze votierte, die die Busing-Desegregationsprogramme abschaffen sollten, protestierte seine weiße Wählerschaft gegen diese Entscheidung. Im Juni 1974 versammelten sich weiße Familien bei einer Anti-Busing-Veranstaltung in Newport, Delaware – entschlossen, Biden dazu zu zwingen, ihre Anliegen anzuhören. Als Biden versuchte, das »de-facto/de-jure«-Konzept seiner halbherzigen Unterstützung des Busing zu erklären, wurde er vom Publikum lauthals verhöhnt.[18] Weiße Leute hielten Biden in der Stadt an, um ihm zu sagen, dass er das Leben ihrer Kinder ruiniert habe, indem er sie auf Schwarze Schulen schickte.

Biden verstand. Wenn er weiter das Busing verteidigte, lief er Gefahr, dass er nach seiner ersten Amtszeit als Senator nicht wiedergewählt werden würde. 1975 schockierte Biden seine Kolleg*innen im Senat, als er sich für den vom Segregationisten Jesse Helms vorgeschlagenen Anti-Busing-Verfassungszusatz aussprach. Biden verteidigte den Vorschlag von Helms im Senat und sagte: »Ich bin zu der Überzeugung gelangt, dass Busing ein gescheitertes Konzept ist.«[19] In einem späteren Fernsehinterview warnte Biden: Wenn die US-Regierung keine andere Lösung für die Segregation der Schulen entwickele als das Busing, »dann haben wir bald einen Krieg der Rassen«. Biden erklärte, dass die rechtschaffenen weißen Leute, die er vertrat, keine Rassisten seien, aber dass das Busing sie dazu machen könne: »Da

sind Menschen, die keine Rassisten sind, gute Bürger, die an Bildungs- und Chancengleichheit glauben, und man behindert das intellektuelle Wachstum ihrer Kinder, indem man sie mit Bussen zu einer schlechteren Schule fährt und man erfüllt sie mit Hass.«[20] Bidens Argumentation war, dass die weißen Menschen im Norden von den durch weißen Wohlstand gut ausgestatteten Schulen profitiert hatten und dass man Schwarze Schüler*innen mit Hilfe von Gesetzen, die die Verwaltungsbezirke voneinander trennten (wodurch sich auch die Einnahmen aus Vermögenssteuer und die Möglichkeiten zur Förderung von Lehrer-Eltern-Ausschüssen unterschieden), von der Teilhabe an diesem Wohlstand ausgeschlossen hatte; dass diese weißen Menschen keine Rassisten seien, dass man sie aber, wenn man sie derselben Bildung aussetzte, der Schwarze Schüler*innen lange Zeit ausgesetzt waren, erst zu Rassisten *machen* würde.

Biden ging noch weiter und nannte das Konzept des Busing selbst rassistisch. Warum sollten Schwarze Schüler*innen neben weißen Schüler*innen sitzen müssen, um erfolgreich zu sein? Bevormundung! Waren Schwarze Schüler*innen nicht schlau und talentiert genug, es alleine zu etwas zu bringen? Biden argumentierte, dass sie das seien, und wer das Busing unterstütze, glaube das nicht. Für Biden sprach das Busing für die Unterstellung, dass Schwarze Kultur nur begrenzt fähig sei, ohne weiße Einflussnahme Erfolg zu haben, und er sagte: »Es impliziert, dass Schwarze keinen Grund haben, stolz auf ihr Erbe und ihre eigene Kultur zu sein.«[21]

Mit seiner neu gefundenen Überzeugung, dass das Busing schlecht sei, sowohl für das Land als auch für seine Chancen auf eine Wiederwahl, machte Biden »Anti-Busing« zum Mittelpunkt seiner Politik. 1976 stellte er seinen eigenen Anti-Busing-Verfassungszusatz vor, der das Justizministerium davon abhalten sollte, Fälle zu verfolgen, die zu bundesstaatlich erzwungenem Busing führen würden. 1981 tat er sich mit einem weiteren namhaften Segregationisten zusammen, als er und Strom Thurmond An-

ti-Busing-Maßnahmen in das Haushaltsgesetz des Justizministeriums einbrachten.[22]

Biden war besessen davon, das Busing abzuschaffen, und konstatiert, dass in seinen ersten acht Jahren im Senat »kein Thema mehr von meiner Zeit und meiner Energie aufgezehrt hat«.[23]

Als Biden, ein junger liberaler Senator aus dem Norden, dessen Stern im Aufstieg begriffen war, sich so vehement gegen das Busing aussprach, erlaubte er damit anderen liberalen Senatoren, es ihm gleichzutun. Anstatt dass es eine Haltung blieb, die nur von Leuten wie George Wallace verfochten wurde, die ihre weiße Vorherrschaft sichern wollten, wurde Bidens Version von Anti-Busing ein Standpunkt, den weiße Liberale einnehmen konnten, ohne ihre rassistischen Beweggründe zu hinterfragen. Zu dieser Zeit unterstützte die Mehrheit der Schwarzen Wählerschaft das Busing, um eine Desegregation der Schulen zu bewirken, doch ihre Anliegen wurden von den Bedürfnissen der weißen Mehrheit erstickt. Viele Schwarze fühlten sich so wie Tom Atkins, der Anführer der National Association for the Advancement of Colored People (NAACP), der 1975 sagte: »Ein Anti-Busing-Verfassungszusatz ist ein Anti-Desegregation-Verfassungszusatz, und ein Anti-Desegregation-Verfassungszusatz ist einer, der sich gegen Schwarze richtet.«[24]

Ed Brooke, Senator von Massachusetts und die erste Schwarze Person, die in den US-Senat gewählt wurde, war ein leidenschaftlicher Unterstützer des Busing, um damit die Desegregation der Schulen zu fördern, wo andere Maßnahmen gescheitert waren. Er war tief bestürzt über die Anti-Busing-Gesetze, die Biden durch den Senat zu bringen geholfen hatte, und nannte die Abstimmung über Bidens Anti-Busing-Verfassungszusatz »die größte symbolische Niederlage für die Bürgerrechte seit 1964«.[25] Während Brookes Unterstützung des Busing seine Karriere im Senat beendete, sicherte sich Biden mit Hilfe seiner Anti-Busing-Haltung die Wiederwahl.

Heutzutage sind die Bewertungen des Busing durchwachsen.

Busing hat eine Desegregation in Schulen bewirkt. Die Förderung von überwiegend Schwarzen und weißen Schulen wurde angeglichen. Ein größerer Anteil von Schwarzen Schüler*innen bekamen dieselben Bildungschancen wie weiße Schüler*innen. Einige von ihnen, sowohl Schwarze als auch weiße, bezeugten später, dass das diversere Lernumfeld wertvoll gewesen sei und ihnen eine bessere Entwicklung ermöglicht habe. Doch das Busing hatte oftmals traumatische Auswirkungen auf Schüler*innen, die aus ihren Vierteln gerissen und am anderen Ende der Stadt in Schulen geschickt wurden, wo sie niemanden kannten und man teilweise offen feindselig auf ihre Anwesenheit reagierte. Busing war in vielen Fällen schädigender für Schwarze Schüler*innen als für weiße, aufgrund von Gewalt, die Schwarze Kinder durch ihre weißen Altersgenoss*innen und deren Eltern erfuhren, nur weil sie eine bessere Bildung erhalten wollten.

Doch Busing sollte nie die letztendliche Lösung zur Abschaffung der Schulsegregation sein. Die Gründe für die de-facto-Segregation, von der Biden gesprochen hatte – Themen wie Arbeits- und Wohnungsbausegregation –, standen im Zentrum der Schulsegregation und der Ungleichheit der Schulförderung im Norden. Doch diese Segregation fußte auf der rassistischen Wohnungsbau- und Arbeitssegregation, die den weißen Menschen in den Nordstaaten sogar noch wichtiger war als die Bildungssegregation. Die Geschichte hatte gezeigt, wie gewaltsam Weiße im Norden wirkliche Desegregation im Wohnungsbau- und Arbeitssektor ablehnten. Als die Bemühungen, die Wurzeln der Schulsegregation anzugehen, scheiterten, blieb nur noch das Busing. Wie Ed Brooke in seiner Verteidigung der Busing-Programme sagte: »Busing ist nicht unbedingt die beste Methode, Desegregation herbeizuführen, aber in einigen Fällen ist es die *einzige* Methode.«[26] Busing war besser als nichts. Doch als es aufgegeben wurde, entschieden die Abgeordneten, dass es Zeit war, es mal mit »nichts« zu versuchen.

Biden war noch jahrzehntelang stolz auf seine Errungenschaf-

ten beim Busing, er schrieb sogar darüber in seinen Memoiren *Promises to Keep* von 2007 und bezeichnete dort Busing als »liberales Fiasko«.[27] Sein Standpunkt sollte während seiner Zeit als Obamas Vizepräsident in den Hintergrund rücken, doch er kam 2019 wieder aufs Tableau, als er sich für die Nominierung zum Präsidentschaftskandidaten der Demokraten bewarb. Die Wählerschaft, die Biden bei den Präsidentschaftsvorwahlen 2019 für sich zu gewinnen versuchte, unterschied sich ziemlich von jener, der er im Delaware der siebziger Jahre gegenübergestanden hatte. Biden brauchte Schwarze Wählerstimmen, um seine Nominierung zu sichern. Auf einmal stellte er seine Maßnahmen im Zusammenhang mit dem Busing sehr anders dar. Als er im März 2019 für den bekannten Podcast *Pod Save America* interviewt wurde, entschied sich Biden, seine Busing-Akte aufzuhübschen, indem er hauptsächlich darüber sprach, wie er 1974 für das Busing gestimmt hatte – und nicht darüber, wie er es ein Jahrzehnt lang bekämpft hatte. »Inmitten der umfangreichsten Busing-Verfügung in den gesamten Vereinigten Staaten, in meinem Bundesstaat«, sagte er, »stimmte ich gegen einen Verfassungszusatz, mit der ausschlaggebenden Stimme, um der Justiz zu ermöglichen, Busing weiterhin einzusetzen. Denn es gibt manche Dinge, für die es sich lohnt, etwas aufs Spiel zu setzen.«[28]

Ich bin sicher, dass es einige Dinge gibt, für die es sich lohnt, etwas aufs Spiel zu setzen, aber Biden hat immer wieder entschieden, dass Busing nicht dazugehört.

Als sich Biden im Juni 2019 mit seiner Fähigkeit brüstete, auch über Parteipolitik hinweg etwas in Washington zu bewegen, betonte er seine Arbeitsbeziehung zu den bekanntermaßen rassistischen Senatoren Herman Talmadge und James V. Eastland.[29] Eastland hatte Berühmtheit damit erlangt, bei einer Kundgebung des rassistischen »White Citizen's Council« in Montgomery während des Busboykotts geschrien zu haben: »Vor Gott sind alle Weißen gleich und mit gewissen Rechten erschaffen worden,

zu diesen gehören Leben, Freiheit und das Streben nach toten Niggern.«[30]

Viele waren schockiert und entsetzt darüber, dass Biden damit prahlte, dass er mit Menschen hatte eng zusammenarbeiten können, die verkündet hatten, dass das Töten Schwarzer Amerikaner*innen eines der unentziehbaren Rechte weißer Amerikaner*innen sei. Cory Booker, ebenfalls Anwärter auf die Nominierung zum Präsidentschaftskandidaten der Demokraten, drückte als Schwarzer Mann seine Bestürzung darüber aus, wie freundlich Biden über glühende Rassisten sprach, und verlangte von diesem eine Entschuldigung. Biden erwiderte, Booker solle sich *ihm* gegenüber für die Andeutung entschuldigen, er sei etwas anderes als ein antirassistischer Vorreiter, und sagte, »Cory [...] kennt mich eigentlich. Keine Faser meines Körpers ist rassistisch. Schon meine ganze Karriere über setze ich mich für Bürgerrechte ein. Punkt. Aus. Basta.«[31]

Doch Bidens Erzählung davon, wie er Segregationisten über Parteigrenzen hinweg die Hand gereicht hatte, erinnerte viele Journalist*innen und Kommentator*innen an jene anderen Situationen, in denen Biden mit überzeugten Segregationisten zur Verabschiedung von Anti-Busing-Gesetzen zusammengearbeitet hatte. Biden musste wieder einmal versuchen, der Öffentlichkeit seine Unterstützung von Busing bei de-jure-Segregation gegenüber Busing bei de-facto-Segregation zu erklären. Seine Rechtfertigung war in den Jahrzehnten, seit er sie sich 1972 zuerst ausgedacht hatte, kein bisschen eleganter geworden.

Nachdem das Busing landesweit abgeschafft worden war, kamen die »anderen Methoden« zur Desegregation von Schulen, von denen Biden behauptet hatte, dass sie effektiver als Busing seien, nie zustande. Ohne die Anordnung der Bundesregierung, Integration zu forcieren, schlich sich die Segregation wieder in die Schulen ein und daraufhin auch in deren Finanzierung. Ein Bericht von 2019 zeigte, dass nichtweiße Schulbezirke jedes Jahr 23 Milliarden Dollar weniger erhielten als ihre weißen Pendants.

Selbst wenn man diese Zahl an die Einkommensdifferenzen anpasste, blieb ein Unterschied; arme weiße Schulen bekamen immer noch mehr Gelder als die armen Schulen, in denen die Mehrheit der Schüler*innen Menschen of Color waren.[32] Die Finanzierungsunterschiede und die Konzentration von unterprivilegierten Schüler*innen in Schulen mit knapperen Mitteln, als sie wohlhabenderen weißen Schulen zur Verfügung stehen, haben zusätzlich zu einer höheren Fluktuation von Lehrkräften an nichtweißen Schulen geführt. All das zog ein permanentes Leistungsgefälle zwischen weißen Schüler*innen einerseits und nicht weißen Schüler*innen andererseits mit sich.

Bidens Heimatbundesstaat Delaware, so wie viele andere Bundesstaaten, die einst angewiesen worden waren, Busing als Methode zur Desegregation von Schulen einzusetzen, hat in den Jahren seit der Abschaffung des Busing wieder eine zunehmende Segregation erfahren. Busing hatte dort sehr effektiv gegen die Segregation in den Schulen gewirkt. 1989 gab es im Großraum Wilmington keine stark segregierte Schule mehr (d.h. bei der 90 bis 100 Prozent der Schülerschaft Minderheiten angehören). 2010 lag die Zahl der stark segregierten Schulen jedoch wieder bei 15 Prozent. Durchschnittlich besuchten lateinamerikanische Schüler*innen in Wilmington Schulen, in denen 61 Prozent der Schülerschaft in Haushalten mit niedrigem Einkommen lebten, bei den Schwarzen Schüler*innen waren es 56 Prozent, während durchschnittliche weiße Schüler*innen Schulen besuchten, in denen nur 37 Prozent der Schülerschaft aus einkommensschwachen Haushalten kamen.[33] Während die rassistischen Ungleichheiten bei der Bildungsförderung erneut in Delaware Einzug hielten, zogen Eltern of Color wieder einmal vor die Gerichte in der Hoffnung, gleichberechtigte Bildungschancen für ihre Kinder zu erhalten. In einem Fall von 2018 argumentierte der Bundesstaat Delaware zu seiner Verteidigung, dass die Verfassung nicht vom Bundesstaat verlangt, den Kindern von Delaware ein faires oder »angemessenes« Schulsystem zu bieten.[34]

Wir sehen den Rassismus eines System, wenn wir uns anschauen, was dieses System hervorbringt. Wenn wir Systeme haben, die etwas produzieren, das für Menschen of Color stärkere negative Auswirkung hat als für weiße Menschen, dann haben wir einen rassistischen Effekt, der auf einen rassistischen Ursprung zurückgeführt werden kann. Oftmals ähnelt dieser Rassismus weniger dem stolzen Hass jener Senatoren, mit denen Biden zusammengearbeitet hat, und mehr dem von Bidens weißer Wählerschaft, die sich kein schlimmeres Schicksal für ihre Kinder denken konnten, als auf die Schulen zu gehen, auf die Schwarze Kinder immer gegangen waren. Oder er ähnelt dem Rassismus von Biden selbst, der, um auf den Rassismus seiner weißen Wählerschaft einzugehen, die Erklärungen legitimiert hat, die weiße Menschen benutzt haben, um die böswilligen Gründe für ihre Haltung gegenüber dem Busing zu verstecken, womit er gleichzeitig die Bestrebungen seiner Schwarzen Wählerschaft, eine bessere Bildung für ihre Kinder zu bewirken, massiv untergrub.

Wir sehen auch Rassismus in der Tatsache, dass die »anderen Methoden« zur Schul-Desegregation und zur Bereitstellung gleicher Bildung für Schüler*innen of Color, nachdem das Busing abgeschafft worden war, nie in die Tat umgesetzt wurden. Die Diskussion über die Lösungen, die Anti-Busing-Vorreiter wie Biden versprochen hatten, verschwanden im selben Moment wie das Busing. Schaut man sich die wachsende Resegregation der Schulen überall im Land an, sieht man Generationen von Schüler*innen of Color, denen die hochwertige Bildung verwehrt wird, die sie verdienen, und den herzzerreißenden Rassismus einer Nation, die gegen die eine vorhandene effektive Strategie zur Desegregation mobil machen kann – und dann einfach weggeht und unsere Kinder zurücklässt.

Der Zorn der Bernie-Bros

Im späten Frühjahr 2019 träumte ich von Bernie Sanders. Ich tat in dem Traum, was ich sonst meist tagsüber tue – ich versuchte verzweifelt, eine Abgabe-Deadline einzuhalten. Doch diesmal war Bernie Sanders mit mir im Zimmer. Er lief mir hinterher und versuchte mir zu erklären, dass seine Arbeit für die Schwarzen Menschen Amerikas jetzt noch *besser* sei als damals, als er gemeinsam mit Martin Luther King demonstriert hatte. Wenn ich ihm nur zuhören würde, wie er seine Herangehensweise seit der Wahl 2016 geändert hatte, dann sähe ich es.

»Bernie«, sagte ich, »ich muss ein Buch fertig schreiben.«

Ich versuchte ihn zu ignorieren und mich aufs Schreiben zu konzentrieren, aber jedes Mal, wenn ich auf mein Word-Dokument schaute, ploppte eine Nachricht von irgendjemandem in den sozialen Medien auf, der mir schrieb, »Du solltest dir anhören, was Bernie zu sagen hat«, und: »Wusstest du, dass er mit King gelaufen ist?«.

Ich wachte auf und versuchte meine Sorgen mit einem Lachen abzutun, aber ich konnte es fühlen – die heiße Phase des Wahlkampfs rückte näher.

Ich war nicht die einzige Person in meinem Umkreis mit Sanders-bezogenen Beklemmungen. Ich fragte meine Freundin und Schriftstellerkollegin Imani Gandy, wie es ihr mit der bevorstehenden Wahl 2020 gehe, und sie lachte. »Ich muss buchstäblich innehalten und überlegen, bevor ich irgendetwas über Bernie Sanders sage, denn sonst wird es komplett wahnsinnig.«

Warum hatte ich Angstträume von Bernie Sanders? Warum konnte Imani nicht völlig frei über Sanders reden, ohne »komplett wahnsinnig« zu klingen? Es geht dabei nicht um Sanders selbst – na ja, nicht direkt.

Was auch immer man von Bernie halten mag, er fuhr eine sehr fortschrittliche Wahlkampagne. Es überrascht nicht, dass sich so

viele junge Leute davon angesprochen gefühlt haben. Und viele Menschen, die Sanders unterstützten, legten die Fürsorge und den Respekt für ihre Mitmenschen an den Tag, die man von einer Kampagne erwarten würde, die sich so auf soziale Themen fokussierte.

Doch bei anderen, insbesondere einer Gruppe ausgesprochen lautstarker weißer Männer, hatte die Unterstützung für Bernie einen bitteren Beigeschmack, eine dunklere Note.

Ich spreche von den Bernie-Bros.

Vielleicht hätte ich es Imani gleichtun und meine Sanders-Gedanken für mich behalten sollen, denn als ich aus meinem Traum aufwachte, entschloss ich mich, darüber zu twittern. Ich twittere so ziemlich über alles (fragen Sie meine Kinder; sie sind davon extrem genervt), und ich fand, der Traum sei eine humorvolle Illustration sowohl von Schreibangst als auch Politikangst.

Obwohl viele meinen Tweet lustig fanden, hatten andere anscheinend ihren Sinn für Humor zu Hause gelassen. Auf einmal wurde mein Tweet von Pro-Bernie-Accounts geteilt, und die Reaktionen waren weitaus weniger heiter. Ein paar Beispiele:

»Ich war vor kurzem wegen Diabetes auf der Intensivstation. Danach konnte ich nicht mehr arbeiten gehen. Und du regst dich über einen Traum [über] Bernie Sanders auf. Im Ernst jetzt.«

»Du nutzloser Clown.«

»Ich hab geträumt, dass Politik keine Wüste voller reicher idiotischer demokratischer kleinkarierter Arschgeigen ist, die jeden weingetränkten Schwachsinn aufschreiben, der ihnen so in den Kopf kommt.«

»Ich hab geträumt, dass arme Menschen krankenversichert sind und nicht an heilbaren Krankheiten sterben, und dass wir die Wirtschaft wieder auf Vordermann bringen. Wahrscheinlich wär das ziemlich unpraktisch für egoistische Zombies, die die Politik benutzen, um sich selbst besser zu fühlen und gleichzeitig Leuten mit wirklichen Problemen und Leiden ans Bein zu pissen.«

»›Bestsellerautorinnen‹, die ihre Plattform nutzen, um der Bewegung für eine bezahlbare Krankenversicherung die Dynamik zu rauben, sind genauso bedrohlich für mich und andere wie für dich Nazis.«[35]

Hui.

Was ist ein Bernie-Bro? Der Begriff wurde wahrscheinlich zum ersten Mal von Robinson Meyer in *The Atlantic* verwendet. Er bezeichnet mittlerweile für einige Leute den stereotypen Extremunterstützer von Sanders: einen jungen weißen Mann, der Sanders bei jeder negativen Bemerkung energisch verteidigt – meist durch lange Vorträge darüber, dass die kommentierende Person keine Ahnung von Politik hat oder ihr arme Menschen, Menschen of Color und Frauen egal sind, wenn sie Bernie nicht unterstützt, selbst wenn die Person, die sie gerade belehren, zufällig eine Frau of Color ist.

Arschlöcher gibt es überall, und es scheint, als würden sie immer dann besonders laut in Erscheinung treten, wenn Wahlen bevorstehen – egal, welche kandidierende Person sie unterstützen. Was ist also das Besondere an den Bernie-Bros, dass ihnen unzählige Artikel gewidmet werden, und sogar ein Abschnitt in diesem Buch?

Ein Aspekt ist ihre Wut. Das Stereotyp des weißen Mannes der politischen Linken zeichnete sich meist durch hippie-artige Sorgen um andere aus und wurde oft als uneffektiv (und »weibisch«) abgetan aufgrund seines Bestehens auf Political Correctness und

allgemeine Höflichkeit. Beobachtende waren also überrascht, als sie im Sanders-Lager viele offensichtlich zornige Menschen sahen. Das waren weiße Männer, die sich von unserem System persönlich ungerecht behandelt fühlten und sich nur aus Eigeninteresse Sanders' Kampagne anschlossen. Die Wut, mit der sie sich über die Grausamkeit der »Establishment«-Politik äußerten, ihre Verachtung für »liberale Eliten« und ihr Gefühl der Ausgrenzung durch die heutige »Identitätspolitik« wirkten wie ein Zerrspiegel der Klagen des weißen männlichen Trump-Unterstützers.

Dann war da noch ihre Nutzung der sozialen Medien. In den Jahren vor der Wahl 2016 sorgte die sich rasant verbreitende Nutzung der Plattformen dafür, dass Millionen Menschen unzählige Möglichkeiten bekamen, sich über ihre politischen Grundsätze auszutauschen, zu bemitleiden und zu zanken. Das Internet ermöglichte eine spontane politische Kundgebung durch das Drücken eines Retweet-Buttons. Das bedeutete, dass Schreibende und Kommentierende ständig und sofort eine umfangreiche, laute Antwort auf jede ihrer politischen Ansichten erhielten – aber auch, dass jeder gewöhnliche Mensch, der sich erdreistete, seine Meinung kundzutun, Ziel einer wütenden politischen Opposition werden konnte.

Und die Menschen, die zur Zielscheibe dieser Opposition wurden, waren ein weiterer Faktor, der die Produktion klassifizierender Artikel weiter vorantrieb und jenen Unterstützern Raum gab. Viele der Menschen, die sich von den Bernie-Bros bedrängt fühlten (vor allem im Internet), waren Frauen und Menschen of Color. Die feministische Schriftstellerin Sady Doyle zum Beispiel wurde nach einer Online-Konfrontation mit dem Sanders-Unterstützer Freddie deBoer zum Ziel Hunderter wütender und beleidigender Nachrichten. Ihre Erfahrungen dokumentierte sie auf Tumblr: »Ich bin mittlerweile Gegenstand von Blogeinträgen, in denen ich als ›die extremste Gegnerin der Bernie-Armee‹ bezeichnet werde (ja, es ist jetzt eine Armee), und Adressatin diverser ekliger Bilder von Schweinehoden. Allein heute habe

ich, grob geschätzt, etwas über 100 Nachrichten auf Twitter bekommen.«[36]

Als die Senatorin Jeanne Shaheen während der Kampagne 2016 Hillary Clinton unterstützte, wurde sie von einer Welle von Kommentaren der Sanders-Fans überrollt, die über jede Erwähnung von Clinton in Rage gerieten:

> *»Hey Shaheen, wenn deine Tochter vergewaltigt wird, stehst du dann immer noch hinter Hillary? Du weißt schon, was eine Vergewaltigung ist, oder, Jeanne?«*

> *»Einmal applaus für einen weiteren bezahlten $hillary-troll, genieß deinen aufenthalt hier, jeanne, deine zeit ist abgelaufen. Die revolution macht auch dich platt. #feelthebern«*

> *»Ihre Vaginas treffen schreckliche Entscheidungen!«*[37]

Und dann war da noch der Eifer der Bernie-Bros. Schon eine zaghafte Kritik an Sanders, und man bekam den Zorn Gottes zu spüren: sofortige, wütende Antworten von Sanders-Unterstützern, die in einem krassen Missverhältnis zu dem standen, was zuvor gesagt worden war. Zudem wurde man durch die Kritik seitens dieser Gruppe von Fans auf Lebenszeit als »Feindin« von Sanders abgestempelt und davon, wofür er steht.

Als Imani Gandy öffentlich kritisierte, wie einige Sanders-Fans sich gegenüber Black-Lives-Matter-Demonstrierenden verhielten, die eine Kundgebung von Bernie Sanders gestört hatten, wurde sie schnell zum Ziel besonders beflissener Bernie-Bros. Überall, wo sie im Internet auftauchte, wurde sie belästigt. Blogeinträge wurden über sie geschrieben. YouTube-Videos über sie veröffentlicht. Sie fingen an, in ihrer Vergangenheit zu wühlen. Sie fanden heraus, dass sie im Jahre 2011 ein paar Monate als Anwältin bei Zwangsvollstreckungen gearbeitet hatte. Das genügte, um Gandy, trotz ihres jahrelangen Aktivismus, zur Feindin zu

machen. Von da an kamen regelmäßig Beleidigungen, Drohungen und Angriffe auf ihre Person.

»Ich war etwa zwei Jahre lang durchgehend ihr Ziel«, erinnerte sich Imani in einem Gespräch mit mir, »und es war hässlich und brutal.«[38]

Die extreme Wut in der Verteidigung von Sanders war nicht nur ein Internetphänomen. 2016, als Clinton in einer hitzigen Vorwahl in Nevada mehr Delegierte als Sanders gewann, brach das Chaos aus. Berichterstattenden und Anwesenden zufolge brüllten Sanders-Unterstützer Beleidigungen und warfen mit Stühlen. Einige mussten sogar von Sicherheitsleuten aus dem Saal gebracht werden, als sie sich nach der Versammlung weigerten zu gehen.[39] Obwohl Clinton zum Zeitpunkt der Vorwahlen in Nevada bereits einen ziemlich uneinholbaren Vorsprung an Delegierten hatte, bombardierten wütende Bernie-Fans die Vorsitzende der Demokratischen Partei von Nevada, Roberta Lange, mit gewaltsamen und sexistischen Sprach- und Textnachrichten. Hier eine Kostprobe:

> *»Ich wollte Sie nur wissen lassen, dass ich denke, Menschen wie Sie sollten in öffentlichen Hinrichtungen gehängt werden, um dieser Welt zu zeigen, dass wir diese Korruption nicht dulden. Ich weiß nicht, was man Ihnen bezahlt, aber ich verstehe nicht, wie Sie nachts schlafen können. Sie sind ein krankes, verdorbenes Stück Scheiße, und ich hoffe, Sie werden brennen! […] Sie feiges Miststück, einfach so von der Bühne zu rennen! Ich hoffe, man findet Sie.«*

> *»Du verfickte dumme Nutte! Was zur Hölle soll das? Du bist eine scheiß korrupte Nutte!«*

> *»Oh Roberta, Roberta, Roberta, du alte, hässliche Hexe. Ja, wir haben uns die ganze Sache in Nevada angeschaut. Du bist echt ziemlich am Arsch. Tja. Echt dumm. Fick dich.«*

»Du bist eine Fotze. Fick dich!«

»Antworte mir, du Miststück! Wie viel haben dir Hillarys Leute bezahlt für diese Scheiße? Du warst gestern kein Feigling, also sei jetzt auch keiner! Die größte Fotze in der Politik neben Clinton«

»Du dumme scheiß Nutte. Wir kriegen dich.«[40]

Letztendlich ist da noch Sanders' Politik. Man hätte vielleicht nicht gedacht, dass der Kandidat Bernie Sanders eine solch rassistische und frauenfeindliche Gefolgschaft anziehen würde. Er hatte sich als Bürgerrechtsaktivist hervorgetan und fuhr eine sehr liberale Präsidentschaftskampagne. Er sorgte sich um die Umwelt, er war Kriegsgegner, er war Abtreibungsbefürworter, er wollte Studiengebühren abschaffen. Wenn man jemandem, der die Kandidierenden nicht kannte, alle Kernpunkte von Sanders aufgezählt und diese Person dann gefragt hätte, wer wohl Sanders' lautstärkste Unterstützer*innen seien, wäre die Antwort darauf sicher nicht gewesen »weiße männliche Millennials, die im Internet gerne Frauen of Color anschreien«. Wir sollten doch alle auf derselben Seite stehen, warum fiel es also manchmal so schwer, Bernie-Bros von Trump-Unterstützern zu unterscheiden?

Sanders hat diese extremeren und teilweise beleidigenden Unterstützer nicht erschaffen. Jeder von ihnen hat für sich selbst entschieden, woran er glaubt und was er tut. Aber Sanders hat seine weißen männlichen Privilegien schon immer in seine Politik hineingetragen, selbst wenn es um Themen wie *race* und Klassenzugehörigkeit ging. Das Unbehagen gegenüber einem Schwarzen Präsidenten und dem wachsenden politischen Bewusstsein im Hinblick auf Gender und *race* in Amerika war etwas, das nicht nur konservative weiße Männer empfanden. Die Machtverschiebung hinsichtlich Gender und *race* hatte auch Auswirkungen auf die materiellen Bedingungen innerhalb progressiver politischer

Kreise, und weißen Männern, die lange lauthals eine freiere und egalitärere Zukunft befürwortet hatten, wurde langsam unbehaglich, wenn sie sahen, wie diese Zukunft aussehen könnte und wie gut ihre Chancen auf eine Hauptrolle darin wären.

Die Kandidatur von Sanders, der progressive Themen von weißen Männern der Arbeiter- und Mittelklasse gegenüber denen von Frauen und Menschen of Color priorisierte (wenngleich Sanders und seine Unterstützerschaft wahrscheinlich insistiert hätten, dass die Themen, die für weiße Männer der Arbeiterklasse relevant sind, auch für Frauen und Menschen of Color der Arbeiterklasse gelten), wurde zu einer Gelegenheit für weiße Männer, sich selbst weiterhin als Mittelpunkt einer progressiven Zukunft zu sehen, zumal die Alternative entweder eine weibliche Präsidentin war oder Donald Trump.

Interviews mit Schwarzen Freiwilligen und Angestellten von Sanders' Präsidentschaftskampagne 2016 zeigten, dass selbst innerhalb der Kampagne viele Schwarze Menschen das Gefühl hatten, die Schwarze Community habe nur eine niedrige Priorität für Sanders. Die *New York Times* beschrieb die Erfahrungen des Kampagnenmitarbeiters John Solomon: »Als sich Mr. Solomon der Kampagne Ende 2015 anschloss, hieß es, seine Arbeit würde unter anderem darin bestehen, sich mit der Schwarzen Wählerschaft zu vernetzen und Veranstaltungen in Schwarzen Communitys zu organisieren. Doch fast sofort wurden ihm Aufgaben zugewiesen wie Reisepläne zu erstellen und Ersatzleute herumzukutschieren, Aufgaben, die wenig mit Öffentlichkeitsarbeit zu tun hatten – was ihm das Gefühl gab, nur ›Betreuungspersonal‹ zu sein, sagte er.«[41]

Als Sanders' Kampagne im Morehouse College haltmachte, einer historisch Schwarzen Einrichtung (früher bekannt als eine HBCU, »historically Black college or university«), wollten Schwarze Kampagnenmitarbeiter*innen den Studierenden die Möglichkeit geben, als Erste an Tickets zu kommen, um für eine junge Schwarze Zuhörerschaft die Chancen zu erhöhen, Sanders

sehen zu können. Als die Kampagnenleitung ablehnte, wurde der Großteil der Tickets von weißen Ortsansässigen weggeschnappt, was zu einem mehrheitlich weißen Publikum führte und dazu, dass sich die örtliche Schwarze Community (wie auch Schwarze Kampagnenmitarbeiter*innen) nicht wertgeschätzt fühlten.[42]

In einem Interview für *Splinter News* berichtete der Kampagnenmitarbeiter Danny Glover, der selbst Schwarz ist, von einigen seiner Schwierigkeiten dabei, die Sanders-Kampagne dazu zu kriegen, auf die Schwarze Community zuzugehen. Ihm kam es vor, als wären die Bemühungen der Kampagne um Schwarze Öffentlichkeitsarbeit größtenteils substanzlose Lippenbekenntnisse: »Wir haben einige Ressourcen darauf verwendet, sagen zu können, dass wir das geschafft haben, aber sie haben nicht so viele Leute darauf angesetzt, wie nötig gewesen wäre.«[43]

Glover erzählte, dass nach der Vorwahl in South Carolina Ende Februar auf Sanders' Wahlkampftour Stopps in HBCUs gestrichen wurden. Seine Chefs hätten ihm mitgeteilt, dass dafür nicht genügend Geld vorhanden sei. Die Sanders-Kampagne hatte im März 44 Millionen Dollar gesammelt, bis heute ihr bestes Ergebnis.[44]

Für einige Frauen, die 2016 bei der Kampagne mitarbeiteten, war die Erfahrung ebenfalls enttäuschend, um es milde auszudrücken. Die *New York Times* interviewte Mitarbeiterinnen, die angaben, von männlichen Kollegen sexuell belästigt worden zu sein. Als Giulianna Di Lauro ihrem Vorgesetzten von einer sexuellen Belästigung berichtete, habe der ihr gesagt: »Ich wette, es hätte Ihnen gefallen, wenn er jünger wäre.« Die Kampagnenmitarbeiterin Samantha Davis gab an, geschasst worden zu sein, nachdem sie sich geweigert hatte, zu ihrem männlichen Vorgesetzten aufs Hotelzimmer zu gehen. Masha Mendieta klagte darüber, dass Frauen im Kampagnenteam wie persönliche Sekretärinnen ihrer männlichen Chefs behandelt worden seien; man hatte ihnen aufgetragen, Dinge abzuholen und persönliche Besorgungen zu machen, anstatt ihnen substanzielle Arbeit zu geben. Einige Mit-

arbeiterinnen berichteten auch von ihrem Entsetzen, als sie herausfanden, dass manche von ihnen zum Teil halb so viel Gehalt bekamen wie ihre männlichen Kollegen für die gleiche Arbeit.[45]

Die Frauen berichteten der *Times*, dass sie diese Belästigungen und Diskriminierungen ihren Vorgesetzten innerhalb der Kampagne gemeldet hätten und dass man ihre Anliegen abgetan oder ignoriert habe. Nachdem die *New York Times* 2019 ihren Artikel über diese Anschuldigungen veröffentlicht hatte, entschuldigte sich Sanders.[46]

Sanders fand bei einer jungen Wählerschaft jeder Couleur Anklang, aber er warb besonders um die Gunst einer Sorte von Wählern – junge weiße progressive Männer –, nicht nur, indem er über Themen sprach, die ihm am Herzen lagen, sondern auch, indem er es vermied, sich zu sehr auf Themen zu konzentrieren, die sie (und vielleicht auch er) möglicherweise als bedrohlich empfunden hätten. Viele Menschen of Color waren skeptisch gegenüber Sanders' Standpunkt bei *race*-Fragen, weil er sich gewohnheitsmäßig eher auf Gesellschaftsschichten als auf *race* zu fokussieren schien. Wenn man ihn direkt zu *race*-Themen befragte, insbesondere in Wirtschaftsfragen, fiel das Gespräch schnell wieder auf Klassenzugehörigkeiten. Wir müssen, lautete die Maxime, uns auf Themen konzentrieren, die uns alle angehen, und nicht nur einige wenige.

Sanders hat schon immer das Konzept Gesellschaftsschicht gegenüber *race* priorisiert. 1990 sprach er in einem Interview mit dem *Chicago Tribune* über seinen Politaktivismus in den sechziger Jahren:

> Während dieser Zeit fing ich an, mich in der Friedensbewegung und Bürgerrechtsbewegung zu engagieren. [...] Es gab viele liberale Menschen, die sich mit der Armut befassten, oder sie befassten sich mit Rassismus, oder sie befassten sich mit Militarismus, aber sie taten diese Dinge nie zusammen oder sahen die Verbindung [...] Sie sahen nie, dass die Wur-

zel vieler dieser Probleme in einem Wirtschaftssystem liegen, in dem ein Prozent der Bevölkerung die Hälfte des Vermögens in diesem Land besitzt, in einem Wirtschaftssystem, in dem der Geldadel zu großen Teilen das politische und wirtschaftliche Leben des Landes bestimmt.[47]

Im Bernie Sanders von früher sehe ich in Teilen die Bernie-Bros von heute. Ohne Zweifel ist die wirtschaftliche Ungleichheit eines der wichtigsten Themen dieses Landes. Das bestreite ich nicht, und ich denke auch, dass es ein wirkliches Problem ist, das wirkliche Lösungen verlangt. Aber an Bernies Aussage (und den Aussagen vieler progressiver weißer Männer, die ich treffe) zeigt sich die großspurige Annahme, dass Aktivist*innen – ob nun arm, of Color oder pazifistisch – sich der Rolle nicht bewusst waren, die die wirtschaftliche Ungleichheit bei den Themen spielte, um die es ihnen ging. Es ist die Annahme, dass Menschen, selbst wenn sie sich auf Probleme fokussierten, die auf ihr Leben schwerwiegende Auswirkungen und deshalb für sie höchste Priorität hatten (wie beispielsweise die Schwarzen Menschen, die während der Jim-Crow-Ära* für Gleichberechtigung kämpften), dass diese Menschen trotzdem nicht in der Lage waren zu erkennen, inwiefern ihre Angelegenheiten mit denen anderer Aktivist*innen zusammenhingen.

Auch wenn er heute eine Menge Glaubwürdigkeit für seine Proteste an der Seite von Dr. King einfordert, war Sanders dennoch der Meinung, dass der Aktivismus jener Zeit sich vom Thema *race* wegbewegen sollte. Auf viele Menschen of Color, insbesondere Schwarze Menschen, kann das sehr unaufrichtig

* Der Begriff »Jim-Crow-Gesetze« bezeichnet eine Reihe von Gesetzen, die ab 1877 die Segregation in den USA festlegten. Diese wurden erst durch den Civil Rights Act 1964 endgültig abgeschafft. »Jim Crow« war der Name einer mit rassistischen Stereotypen aufgeladenen Schwarzen Figur in vielen »Minstrel Shows«, d. h. Unterhaltungsshows, bei denen Schwarze gezielt karikiert und verhöhnt wurden. [Anm. d. Übers.]

wirken. Und wenn man eine Schwarze Person ist, die mit Sanders darin übereinstimmt, dass wirtschaftliche Ungleichheit eines der Hauptprobleme dieses Landes ist (und das tue ich), aber auch findet, dass wir *race*-Themen angehen müssen, um wirtschaftliche Gleichberechtigung jedem Menschen zugutekommen zu lassen (und auch das tue ich), dann kann Sanders sehr frustrierend sein (und das ist er). Er scheint nicht zu verstehen, dass das *race*-System so aufgebaut ist, dass es Menschen of Color konstant am unteren Ende der wirtschaftlichen Leiter hält. Und wenn man eine Schwarze Person ist, die weiß, dass wirtschaftliche Ungleichheit eines der Hauptprobleme ist, aber auch von den Kandidierenden verlangt, über Themen wie Polizeigewalt zu sprechen, und wenn man dann hört, wie Sanders dabei zu Arbeitsbeschaffungsprogrammen in der Schwarzen Community abschweift, als würde ein Job eine Kugel aufhalten (wie er es in einem Brief an den Herausgeber der *New York Times* vorschlug, nachdem Michael Brown, ein unbewaffneter Schwarzer Teenager, in Ferguson, Missouri, von einem Polizisten erschossen worden war), dann möchte man sich die Haare raufen.[48]

Sanders schien auch Frauenthemen gegenüber sozioökonomischen Fragen als sekundär zu betrachten. Als Trump 2016 sagte, Frauen sollten für Abtreibungen bestraft werden, antwortete Sanders, Trumps Äußerungen würden von den »wichtigen Themen in Amerika ablenken«.[49] Für viele Frauen (und jeden Menschen mit einer Gebärmutter, unabhängig vom Gender), besonders der politischen Linken, *war* dieser Angriff auf die reproduktiven Rechte ein wichtiges Thema in Amerika. Sanders löste zusätzliches Befremden bei vielen Frauen aus, als er 2016 die Anti-Abtreibungs-Kongressanwärterin Marcy Kaptur unterstützte, und 2017 dann den Anti-Abtreibungs-Gouverneurskandidat Tom Perriello.

Wenn man Sanders direkt mit Gender-Fragen konfrontierte, waren seine Antworten oft ungeschickt, wenn nicht sogar abschätzig. Als ihn eine junge Frau bei einer Veranstaltung fragte,

was sie tun sollte, wenn sie die zweite jemals gewählte Latina-Senatorin werden wolle, antwortete er: »Es reicht nicht aus zu sagen ›Ich bin eine Frau, wählt mich‹. Nein, das reicht nicht. Was wir brauchen, ist eine Frau, die den Mumm hat, sich der Wall Street entgegenzustellen, den Versicherungen, den Arzneimittelfirmen, den Energieunternehmen. Anders gesagt, einer der Kämpfe, denen Sie sich in der Demokratischen Partei werden stellen müssen, dreht sich um die Frage, ob wir über die Identitätspolitik hinausgehen.«[50]

Die Annahme, dass Frauen andere Frauen lediglich wegen ihres Geschlechts wählen würden, ist eine Beleidigung der Intelligenz aller Frauen, ebenso wie die Unterstellung, Kandidatinnen, die sich auf »Frauenthemen« konzentrieren, würden sich nicht um Themen wie die Wirtschaft oder Krankenversicherungen kümmern. Aus dieser Aussage lässt sich auch die leisere, wenn nicht ebenso gefährliche Annahme herauslesen, dass weiße Männer nur Kandidaten wählen, die ihre eigenen weißen männlichen Interessen in den Mittelpunkt stellen.

Diese abschätzige und herablassende Einstellung gegenüber Themen wie *race* und Gender mag viele Frauen und Menschen of Color wie mich verärgert haben, aber sie war exakt das, was junge weiße Männer hören wollten, die sich von einem wachsenden politischen Fokus auf die Bedürfnisse von Minoritäten und marginalisierten Menschen bedroht fühlten.

Jordan, ein 29-jähriger selbsternannter Bernie-Bro, sprach 2019 mit Ruth Graham im *Slate* über die Anziehungskraft, die Sanders auf ihn in einem sich differenzierenden politischen Klima ausübte, das von »Identitätspolitik« regiert zu sein schien:

> Ich nenne es noch nicht mal »Identitätspolitik«, sondern eine Identitätskrise, in der Menschen das Gefühl haben, ihre Identität stärker verteidigen zu müssen als ihre Politik. [...] Ich kann nicht sagen, wie oft ich das in diesem neuen Kongress gehört habe. Ich bin ein weißer Mann, der wirklich

den Großteil seines Lebens ziemlich durchgenudelt worden ist, und mich macht das fertig. Ich hatte nicht das Privileg, dass meine Eltern auf gute Schulen gegangen sind. Wenn man dann hört, dass der Kongress mehr Farbe bekommen soll oder dass die Zukunft weiblich ist, dann weiß ich nicht mal wirklich, was das bedeutet. Für einen Typen klingt das wie »Schafft die Männer ab«.[51]

Diese Aussage, dass die Fokussierung auf Identität von »echter« Politik ablenkt – während man gleichzeitig hervorhebt, dass »Identitätspolitik« weiße Männer tangiert, und dabei behauptet, keine Identitätspolitik zu betreiben –, ist ein Drahtseilakt, den Sanders selbst gerne vollführt. Um es klar zu sagen: Sich auf die Bedürfnisse progressiver weißer Männer der Arbeiterklasse zu konzentrieren, *ist* Identitätspolitik. Sie ist ebenso durchdrungen von individueller Identität wie jene Bewegungen, die sich für Frauen und Menschen of Color einsetzen. Doch sie beinhaltet ein Maß an Privilegiertheit, durch die sie einer genaueren Prüfung entkommt. Hier ist ein Auszug aus einem Interview, das Sanders 2019 dem *GQ*-Magazin gegeben hat:

Es gibt Menschen, die sich sehr für Diversität einsetzen, aber deren Ansichten letztendlich nicht besonders mitfühlend gegenüber der Arbeiterklasse sind, ob sie weiß oder schwarz oder Latino sind. […] Meine zentrale Überzeugung ist es, dass wir eine Koalition von Menschen – von Schwarzen und Weißen und Latinos und asiatischen Amerikanern und Native Americans – um eine progressive Grundausrichtung herum zusammenbringen müssen, die in der Lage ist, sich einer außergewöhnlich mächtigen Schicht von Herrschenden in diesem Land entgegenzustellen. Das ist meine Überzeugung. Viele meiner Gegner teilen diese Überzeugung nicht, und sie glauben, dass wir lediglich Kandidaten brauchen, die schwarz oder weiß sind, die schwarz oder Latinos

oder Frauen oder homosexuell sind, unabhängig davon, wofür sie stehen, und dass das letztendliche Ziel Diversität ist.[52]

Wenn sich Sanders mit dem Thema *race* befasst hat, ist er in einer Weise schnell davon abgedriftet, die *race*-Aspekte von Aspekten »gewöhnlicher« weißer Menschen in Amerika abzukoppeln. Als er gefragt wurde, wie man inmitten der Trump-Skandale die Wählerschaft weiterhin auf die eigenen Diskussionsgegenstände fokussieren könne, war seine Antwort: »Ich meine, ich denke, wir müssen auf zwei Arten vorgehen. Erstens müssen wir uns gegen Trumps Angriffe auf die Umwelt stellen, auf Frauen, auf Latinos und Schwarze und Menschen in der homosexuellen Community, wir müssen uns bei jedem einzelnen dieser Punkte wehren. Aber ebenso wichtig, wenn nicht sogar wichtiger: Wir müssen uns auf die alltäglichen Probleme konzentrieren, die so zentral sind für gewöhnliche Amerikaner.«[53]

Verdammte Scheiße, ernsthaft? Wer genau sind denn diese »gewöhnlichen Amerikaner«, deren Probleme wichtiger sind als die Zerstörung unserer Umwelt und der systemische Rassismus und Sexismus, die Frauen und Menschen of Color in diesem Land wortwörtlich erdrücken? Ein Tipp: Sie sehen nicht so aus wie ich.

2016 wurde Sanders bei einer lokalen Wahlkampfveranstaltung von einer Schwarzen Frau gefragt: »Könnten Sie bitte spezifisch etwas zu Schwarzen Menschen und Reparationen sagen?« Die Forderung nach Reparationen gründet sich nicht nur auf Vermögensungleichheit, sondern insbesondere auf die Geschichte systemischer wirtschaftlicher Ausbeutung Schwarzer Amerikaner über mehr als vierhundert Jahre – angefangen bei der Sklaverei über die Jim-Crow-Gesetze und Masseninhaftierung – durch eine rassistische Regierung. Sanders (der zuvor die Idee von Reparationen als »spalterisch« abgetan hatte) bestand jedoch darauf, das Thema wieder auf Weiße zurückzubringen: »Es geht nicht nur um Schwarze, es geht um Latinos, es gibt Gegenden in armen ländlichen Gegenden in Amerika, wo es um Weiße geht.«

Sanders konzentrierte sich in seinen Aussagen dann darauf, dass er »allen« armen Communitys helfen wolle, und vermied das Thema der Reparationen an die Schwarze Community.[54]

Diese Einstellung, auf der Sanders bestand, war besonders für »progressive« weiße Männer reizvoll, die zwar eher linke und sozialistische Ansichten hegten, aber eine tiefe Angst davor hatten, von Frauen und Menschen of Color aus dem politischen Rampenlicht gestoßen zu werden. Mit Sanders hatten sie einen Kandidaten, den sie unterstützen konnten, der es ihnen ermöglichte, »gut« zu erscheinen – er sprach von Gleichheit, von wirtschaftlicher Gerechtigkeit, von der Beendigung von Kriegen, von allgemeiner Krankenversicherung –, ohne ihren eigenen Platz in den ausbeuterischen, rassistischen und sexistischen Systemen infrage stellen zu müssen.

Die weiße männliche Vorherrschaft der Sanders-Kampagne und seiner Anhängerschaft ist nicht die brutale, offene weiße Suprematie und der Sexismus der Trump-Regierung. Die Sanders-Kampagne will Frauen und Menschen of Color ignorieren. Die Trump-Regierung und ihre Unterstützerschaft wollen Frauen und Menschen of Color Rechte und Privilegien entziehen, und sie wollen Rache nehmen an Frauen und Menschen of Color für deren Rechte, von denen sie meinen, dass sie sie auf Kosten weißer Männer erhalten haben. Das Patriarchat weißer Vorherrschaft unter der Regierung Trumps ist kein Patriarchat und keine weiße Vorherrschaft aufgrund der Bequemlichkeit, Privilegien nicht zu hinterfragen – es ist die vorsätzliche Mission, die Macht von weißen Cis-Hetero-Männern ohne Beeinträchtigungen über Frauen, Menschen of Color, Transmenschen, queere und beeinträchtigte Menschen zu vergrößern.

Doch die unhinterfragten Privilegien von Sanders und vielen aus seiner Anhängerschaft bewirken, dass Privileg und Unterdrückung in die Politik, die sie erschaffen und unterstützen, fest eingewoben sind. Eine politische Bewegung, die sich mit Gesellschaftsschichten befasst und dabei ignoriert, auf welche

spezifischen Weisen *race* für Menschen of Color finanzielles Wohlergehen in diesem Land bestimmt, ist eine Bewegung, die weiße Vorherrschaft aufrechterhält, weil sie nicht in der Lage ist, die besonderen *race*-basierten Systeme zu erkennen und zu thematisieren, die die Hauptursache für die Benachteiligung von Menschen of Color sind. Diskriminierung bei der Gesundheitsfürsorge und auf dem Arbeitsmarkt, der Tunnel von der Schule ins Gefängnis, das tendenziöse Bildungssystem, Masseninhaftierungen, Polizeigewalt, Traumatisierung durch die Community – keines dieser Probleme wird bei einem Ansatz thematisiert, der sich nur mit Gesellschaftsschichten auseinandersetzt. Ein solcher Ansatz wird nur arme Weiße aus der Armut holen und somit weiße Vorherrschaft aufrechterhalten.

Eine politische Bewegung, die sich mit Gesellschaftsschichten befasst und die ignoriert, auf welche spezifischen Weisen Gender in diesem Land für Frauen finanzielles Wohlergehen bestimmt, ist eine Bewegung, die das Patriarchat aufrechterhält. Reproduktive Gerechtigkeit, Diskriminierung auf dem Arbeitsmarkt und bei der Gesundheitsfürsorge, ein tendenziöses Bildungssystem, genderspezifische Gewalt, sexuelle Belästigung – keines dieser Probleme wird bei einem Ansatz thematisiert, der sich nur mit Gesellschaftsschichten auseinandersetzt. Ein solcher Ansatz wird einigen Frauen finanziell helfen, aber nicht weit über den Punkt hinaus, an dem ihr wirtschaftlicher Status an weißer Vorherrschaft hängt. Frauen of Color wird er überhaupt keine große Hilfe sein.

Als Sanders 2016 die Nominierung als demokratischer Präsidentschaftskandidat verlor, war einer der Hauptgründe dafür seine sture Weigerung, wichtige Themen in den Mittelpunkt zu rücken, die einen großen Teil der weiblichen, Schwarzen und lateinamerikanischen Wählerschaft betreffen. Wenngleich Wahltagsbefragungen zeigten, dass sich eine jüngere weibliche, Schwarze und lateinamerikanische Wählerschaft stärker für Sanders begeistern konnte, war Clinton weitaus beliebter bei

der Schwarzen Wählerschaft im Süden und bei der weiblichen, Schwarzen und lateinamerikanischen Wählerschaft über 35 im gesamten Land. Auch wenn man mit der Ansprache weißer männlicher Wähler eine Wahl auf der rechten Seite des politischen Spektrums gewinnen kann (sogar mit weißen Wählerinnen), geht das bei einer landesweiten Wahl jedoch nicht bei der politischen Linken. Und man kann davon ausgehen, dass die übergelaufene Galle während der Vorwahlen – viele Sanders-Fans hatten über Clinton auf dieselbe hasserfüllte, abwertende Weise gesprochen wie Trump-Fans, andere hatten steif und fest behauptet, es gebe zwischen Clinton und Trump keinen Unterschied – zerstörerische Auswirkungen auf Clintons landesweite Kampagne nach ihrer Nominierung hatte. Sanders unterstützte Clinton nach den Vorwahlen und rief seine Anhängerschaft dazu auf, es ihm gleichzutun, aber viele von ihnen hatten gerade ein ganzes Jahr damit zugebracht, Clinton als kriminelle Kriegstreiberin darzustellen, die sich keinen Deut von Trump unterschied, und die Sanders-Kampagne gab sich bis weit nach den Vorwahlen nur wenig Mühe, diese Feindseligkeit zu zügeln. Dieser aufgestachelten Wählerschaft widerstrebte es, Clinton in irgendeiner Weise zu unterstützen.

Nachdem Clinton die Präsidentschaftswahl verloren hatte, waren die Unterstützer*innen sowohl von Clinton als auch von Sanders wütend. Viele aus dem Clinton-Lager beschuldigten das Sanders-Lager für das Wahlergebnis, weil sie glaubten, dass dessen Angehörige so sehr gegen eine Frau im Weißen Haus gewesen seien, dass sie entweder für Trump oder die Kandidatin der Grünen Jill Stein gestimmt hätten. Viele von Sanders' Unterstützer*innen beschuldigten die Clinton-Anhängerschaft und die Demokratische Partei, Sanders die Nominierung der Demokraten »gestohlen« zu haben, den sie für sehr viel wählbarer hielten als Clinton. Der Hashtag #BernieWouldHaveWon (»Bernie hätte gewonnen«) wurde in den sozialen Medien populär, während viele behaupteten, die »Identitätspolitik« der

Clinton-Kampagne hätte sie unwählbar gemacht und Trump damit Wählerstimmen eingebracht. Sie waren überzeugt, dass Sanders Themen wie *race* und Gender zu Recht ausgeklammert hatte.

Als sich das Center of Southern Politics and Society damit befasste, welche Rolle Gender bei den Wahlen 2016 gespielt hatte, kam es zu dem Ergebnis, dass, obwohl Sexismus unter weißen republikanischen Männern verbreiteter war, »etwa 11 Millionen weiße männliche Unterstützer der Unabhängigen und der Demokraten genügend Ablehnung gegenüber arbeitenden Frauen und Feministinnen empfanden, um sie davon abzuhalten, einer von ihnen ihre Stimme zu geben«.[55] Am Ende stimmten zwölf Prozent der Sanders-Anhängerschaft bei der Präsidentschaftswahl für Trump. In einer Umfrage gab fast die Hälfte jener Sanders-Trump-Unterstützer*innen an, dass sie nicht glaubten, weiße Menschen hätten in den Vereinigten Staaten einen Vorteil, während es bei der Clinton-Wählerschaft nur etwa fünf Prozent waren.[56]

Partei-Abtrünnigkeit nach harten Vorwahlen ist nichts Ungewöhnliches. 2008 wählten 15 Prozent derjenigen, die in den Vorwahlen für Clinton gestimmt hatten, in der Präsidentschaftswahl McCain, und viele erinnern sich an die Spannungen zwischen Weißen und Schwarzen bei diesen Vorwahlen fast ebenso lebhaft wie an diejenigen bei der Wahl 2016.[57] Aber die Kombination von aufgeladener Rhetorik bei der Wahl von 2016, von unverhohlenem Sexismus, Ableismus und weißer Suprematie der Trump-Kampagne einerseits und der großen politischen Diskrepanz zwischen Trump und Sanders andererseits ließ viele erwarten, dass die Zahl der Wähler*innen, die bereit waren zu wechseln, um den republikanischen Kandidaten zu unterstützen, sehr viel kleiner sein würde als bei der Wahl 2008.

Wenn man an die Wahl 2016 zurückdenkt, bei der so viel auf dem Spiel stand, kann man sich fragen, warum so viele Menschen in ihrer Unterstützung von einem demokratischen sozialistischen

Kandidaten zu einem offen intoleranten, extrem konservativen und bestürzend inkompetenten Republikaner hinübergewandert sind. Warum hat Sanders speziell diese Untergruppe Abtrünniger angesprochen? Die Antwort lautet, dass er den Themen, die weiße Männer betreffen, gegenüber denjenigen, die Frauen und Menschen of Color betreffen, Priorität eingeräumt hat.

Das »Warum« ist wichtig. Denn eine Nation, in der bisher jeder Präsident bis auf einen ein weißer Mann gewesen ist, in der 2019 nur 24 Prozent unserer Kongressabgeordneten und nur 18 Prozent unserer Gouverneur*innen Frauen waren, in der nur 22 Prozent unserer Kongressabgeordneten und acht Prozent unserer Gouverneur*innen Menschen of Color waren – eine solche Nation muss in der Lage sein, Frauen und Menschen of Color politisch zu stärken, ohne dafür eine Gegenreaktion liberaler weißer Männer befürchten zu müssen; eine Gegenreaktion, die die politische Repräsentation von Minderheitengruppen noch weiter bedroht. Der nächste weiße männliche Kandidat, hinter den sich wütende weiße Männer stellen werden, heißt vielleicht nicht Trump oder Sanders, und die nächste Kandidatin, gegen die sie vorgehen werden, wird wahrscheinlich nicht Hillary Clinton sein. Aber solange wir uns weigern, die Methoden in Angriff zu nehmen, mit denen sich weiße Männer an die politische Macht klammern, sogar zu ihrem eigenen Nachteil, solange wird es immer einen weißen männlichen Politiker geben, der diese weiße männliche Angst vor dem Erstarken von Frauen und Menschen of Color ausnutzen wird.

Die Antwortet lautet, »Identitätspolitik« nicht einfach abzutun – wir können uns nicht von heute auf morgen ein System zaubern, das Minderheitenthemen in Angriff nimmt, indem wir Minderheitenthemen ignorieren. Das zeigen die Zahlen. Wenn wir im Hinblick auf *race*- und Genderthemen Fortschritte machen wollen, und wenn liberale weiße Männer auf der richtigen Seite der Geschichte stehen wollen, dann müssen sie ihre persönliche Einstellung zu den Themen *race* und Gender überdenken.

Ich habe Robin DiAngelo, Autorin von *Wir müssen über Rassismus sprechen*, gefragt, wie sie die Rolle weißer Männer im Kampf gegen Rassismus und Sexismus sieht. Sie stimmte mir zu, dass wir mit weißen Männern einen Weg nach vorne finden müssen: »Wir brauchen sie unbedingt. Es frustriert mich wahnsinnig, dass es bei dieser Arbeit und in diesem Bereich nur sehr wenige Männer gibt. Und gleichzeitig macht mich der Gedanke, sie miteinzubeziehen auch nervös, weil es so einfach für sie ist, in die dominante, Macht ergreifende Rolle hineinzurutschen.«[58]

Viele Frauen of Color sahen dieses In-die-dominante-Rolle-Hineinrutschen bei den weißen Männern, die uns über Sanders belehrten und uns erklärten, wir seien intellektuell nicht in der Lage, zu erkennen, dass Sanders für Frauen und Menschen of Color die beste Wahl sei. Diese Männer waren wirklich davon überzeugt, sie seien Verbündete von Frauen und Menschen of Color, ohne zu bemerken, wie ihre weiße männliche Vorherrschaft ihren Wunsch nach einer gerechteren Welt überschattete – sogar während sie herablassend, verunglimpfend und direkt beleidigend wurden.

In dieser Diskussion steht weiße Männlichkeit immer noch im Mittelpunkt. Was ist mit weißen Männern passiert? Was hat sie motiviert? Was können wir tun, um sicherzustellen, dass wir ihre Unterstützung bei der nächsten Wahl nicht verlieren? Darauf kommt es nämlich an, denn wir müssen eine Koalition einer großen Zahl von Menschen formen, um Volksrepräsentant*innen ins Amt zu wählen, die dann die für Minderheiten-Communitys wichtigen Themen in Angriff nehmen. Doch selbst in dieser Diskussion ist es wichtig, sich klarzumachen, dass der wirkliche Verlust nicht die Unterstützung der weißen Männer wäre, sondern die Sicherheit, die Freiheit und die politische Stimme von Frauen und Menschen of Color.

Vielen Frauen und Menschen of Color, die während der Präsidentschaftswahl 2016 in den sozialen Medien aktiv waren, wird

diese Wahl nicht nur als eine im Gedächtnis bleiben, bei der ein sexistischer White Supremacist ins höchste Amt des Landes gewählt wurde; sie wird auch als eine Zeit im Gedächtnis bleiben, in der diese Menschen von weißen Männern in ihrer eigenen Partei dafür drangsaliert wurden, dass sie es wagten, eine eigene politische Meinung zu haben, die sich von der der Männer unterschied. Dieses Phänomen hat auf viele Menschen of Color in den sozialen Medien ernüchternd gewirkt – selbst auf einige von ihnen, die zuvor Sanders unterstützt hatten.

Imani Gandy hat beschlossen, sich im Vorfeld der Wahlen 2020 nicht öffentlich zu äußern. »Bei dieser Wahl halte ich meinen Mund«, sagte sie mir. »2015 und 2016 habe ich nur gekämpft, und ich habe dafür einen hohen psychischen Preis bezahlt – im Hinblick auf meine seelische Gesundheit … Das ist es einfach nicht wert.«

Nicht nur hat die Wahl von Donald Trump Frauen, Menschen of Color, Menschen mit Behinderung und die LGBTQ+-Community zunehmend gefährdet; sie wurden auch geschädigt und entmündigt durch die reaktionäre Anti-Identitätspolitik-Fraktion der Linken. Viele haben gelernt, dass es sie noch weiter isolieren und gefährden kann, wenn sie sich offen zu Themen äußern, die sie selbst betreffen, und sie haben dies von Menschen gelernt, die vorgeben, Freunde und Alliierte marginalisierter Gruppen zu sein.

»Ich denke, er hat sich zu sehr auf die Schwarzen konzentriert«

Mein Lebensgefährte und ich saßen in einem Uber auf dem Weg zu einer Abendveranstaltung, als uns unser weißer männlicher Fahrer die Frage stellte, die gefragt zu werden ich mehr hasse als so ziemlich jede andere Frage: »Was machen Sie beruflich?«

Ich hasse diese Frage am meisten, wenn sie von einem Mann kommt, dessen Aufgabe es ist, mich sicher von A nach B zu bringen, und der sie mir stellt, wenn ich gerade mit ihm in einem engen Raum sitze und nicht wegkann. Einem Fremden diese Frage zu stellen, ist immer dreist, aber die Antwort ist besonders unangenehm, wenn man eine Schwarze Frau ist, die über das Thema *race* in Amerika schreibt. Ich weiß, die simplere – und spaßigere – Lösung wäre es, sich einfach etwas auszudenken. Ich bin nie sehr abenteuerlustig gewesen, und jedes Mal, wenn ich diese Frage gestellt bekomme, habe ich die Gelegenheit dazu, es doch zu sein – wenigstens für ein paar Minuten –, und jedes Mal lasse ich mir diese Chance entgehen. Die Sache ist, meine Arbeit besteht darin, die Welt so zu dokumentieren, wie ich sie sehe. Ich bin keine gute Lügnerin. Widerwillig (von meiner Seite aus) begann dieses Gespräch also so, wie es meistens beginnt: Er fragte mich, und ich antwortete, ich sei Schriftstellerin. Er fragte mich, was ich schriebe. Ich sagte ihm, es gehe dabei um gesellschaftliche Themen. Er hakte nach: »Was für gesellschaftliche Themen?« Ich atmete tief durch und sagte es ihm. »*Race* und Gender.«

Wir sprachen erst mal über etwas Neutraleres – wie unerträglich Trump ist. Das ist ein ziemlich sicheres Terrain für ein politisches Gespräch mit einer Schwarzen Frau, die einem gerade erzählt hat, dass sie über *race* und Gender schreibt. Ich äußerte regelmäßig »Oh« und »Jep«, während er darüber redete, wie sehr ihn Trumps rassistische und sexistische Rhetorik aufrege. Er war ein freundlicher Fahrer und offensichtlich nicht auf Konfrontationskurs. Aber nach diesem entspannten Einstieg beschloss er, den Beckenrand loszulassen.

»Warum, glauben Sie, hat Hillary verloren?«, fragte er mich.

Wenn der Fahrer mir ins Gesicht geschaut hätte anstatt verantwortungsbewusst auf die Straße, dann hätte er die gesamte Reue meines bisherigen Lebens in meinen Augen aufblitzen sehen – inklusive meiner Entscheidung, an diesem Tag aufzuste-

hen, ein Kleid anzuziehen und eine Mitfahrgelegenheit zu einer Veranstaltung zu buchen, anstatt im Hotel zu bleiben und Eis zu essen.

»Oh … ähm«, stotterte ich. »Ich …«

»Ich glaube einfach, die Leute mochten sie nicht«, warf er ein, bevor ich antworten konnte. Er fing an, alle Gründe dafür aufzuzählen, weshalb die Leute Hillary Clinton nicht mochten. »Sie war nicht sehr sympathisch. Sie wirkte wie eine typische Politikerin.« Zwei gleichermaßen populäre wie bedeutungslose Aussagen.

Meine einsilbigen Antworten klangen anscheinend sehr viel enthusiastischer, als sie klingen sollten, denn der Fahrer wurde jetzt noch offenherziger.

»Also, äh … *race* in Amerika«, begann er. »Das ist echt interessant. Ich bin ein weißer Mann und ich mag Obama, aber ich sag' Ihnen was zu Obama, ich denke, er hat sich zu sehr auf die Schwarzen konzentriert und weiße Männer ignoriert. Ich dachte mir, wer kümmert sich um mich? Ich weiß, ein paar von den Leuten, die Trump gewählt haben, waren Rassisten, aber ich denke, wenn Obama sich mehr auf weiße Menschen konzentriert hätte, dann hätte Trump nicht gewonnen.«

Mein Lebensgefährte drückte reflexhaft meine Hand.

Das Auto hielt an. Wir hatten unser Ziel erreicht. Mein Lebensgefährte öffnete seine Tür, um auszusteigen, aber ich saß einfach nur da. Ich beschloss, auch wenn man mich nicht nach meiner Meinung gefragt hatte, nicht nach den Regeln dieses Typen zu spielen und ihm meine Meinung trotzdem kundzutun. »Obama hat sich nicht zu sehr auf Schwarze Angelegenheiten konzentriert«, sagte ich. Und ich fuhr fort: »Wenn er das getan hätte, dann hätten wir in seiner Amtszeit bei Themen im Zusammenhang mit Schwarzen Communitys sehr viel mehr Fortschritte machen können. Obamas Präsidentschaft hat mir und anderen Schwarzen Menschen viel bedeutet, aber er war ein Politiker der Mitte, der sofort aus dem Amt geflogen wäre, wenn

er auch nur einen Moment lang versucht hätte, ein Schwarzer Präsident zu sein, der sich um die Interessen der Schwarzen kümmert. Überlegen Sie mal, wie viele »Schwarze« Gesetze er durchgebracht hat, da werden Sie nicht viele finden. Überlegen Sie, wie viele »Schwarze« Reden er außerhalb des Februar [»Black History Month« in den USA, Anm. d. Übers.] gehalten hat, und Sie werden ein paar wenige, sehr bedacht formulierte und bewusst inklusive Reden finden in Zeiten verstärkter Unruhe im Zusammenhang mit Polizeigewalt. Obamas größte Leistung war die Gesundheitsreform, und die hat allen genützt, unter anderem Millionen weißer Menschen in Amerika. Und niemand hat gegen Obama gestimmt, weil er sich zu sehr auf Schwarze Menschen konzentriert hat. Nur konnten sich weiße Menschen in Amerika nach Jahrhunderten, in denen weiße Präsidenten in erster Linie die Interessen weißer Menschen verfolgt haben, nicht vorstellen, wie ein Schwarzer Präsident in der Lage sein sollte, sich um die Interessen aller zu kümmern. Aber wenn Sie finden, dass das Thema rassistische Unterdrückung in diesem Land angegangen werden sollte, dann sollten sie sich einen Präsidenten wünschen, der sich sehr viel mehr mit den Themen der Communitys of Color auseinandersetzt, als unsere bisherigen Präsidenten es getan haben.«

Ich dankte dem Fahrer für die Fahrt und stieg aus dem Wagen, während er sich bei mir für das »großartige Gespräch« bedankte. Auf unserem Weg zum Speisesaal atmete ich ein paarmal tief durch, und mein Lebensgefährte sagte leise zu mir: »Weißt du, mein Herz, du musst den Leuten keinen Gratisunterricht geben.«

»Ich weiß«, seufzte ich. »Aber ich konnte ›Trump hat gewonnen, weil Obama weiße Menschen ignoriert hat‹ nicht einfach so stehenlassen.«

Und ich kann diese verletzende, rassistische Unterstellung immer noch nicht einfach stehenlassen. Niemand von uns sollte das. Nach der Wahl Donald Trumps lautete das reflexhafte Nar-

rativ der Linken, dass der jahrelange Fokus auf Schwarzen Menschen, Homosexuellen, Transmenschen und Frauen der Grund war, weshalb Trump gewonnen hat. Black Lives Matter war der Grund, weshalb Trump gewonnen hat. Transgender-Toiletten waren der Grund, weshalb Trump gewonnen hat. Barack Obama hatte sich zu sehr auf diese Dinge konzentriert, anstatt zu sehen, was wirklich wichtig war: das Leid der weißen Männer aus der Arbeiter- und Mittelschicht.

Es war eine Zeit, in der die Wirtschaft beständig wuchs, in der Millionen Menschen, die bis dato keine Krankenversicherung hatten, sie sich endlich leisten konnten, in der der Immobilienmarkt sich nach und nach von der Finanzkrise erholte, in der der durchschnittliche weiße Mensch in Amerika wohlhabender und sicherer war als in den paar Jahrzehnten davor. Welchen »besonderen Fokus« hat denn die Queer-Community bekommen? Das gleiche Recht auf Ehe, das Heteropaare seit Jahrhunderten genossen. »Pride«-Feierlichkeiten im Weißen Haus, die nicht von öffentlicher Feindseligkeit begleitet wurden. Die Gelegenheit, mit unbekannten Cis-Menschen über ihr Recht zu debattieren, gefahrlos öffentliche Toiletten benutzen zu können. Welchen »besonderen Fokus« hat die hispanoamerikanische Community erhalten? Die erste lateinamerikanische Richterin am Obersten Gerichtshof in der Geschichte des Landes. Rekordzahlen bei den Deportationen. Und welchen »besonderen Fokus« hat die Schwarze Community bekommen? Wir bekamen Schlagzeilen und Reden voll von »Respectability Politics«*, wenn wir von Polizisten ermordet wurden. Wir hatten dieselbe Armutskonzentration. Dieselbe Bildungsdiskriminierung. Die-

* »Respectability Politics« bezeichnet die Praxis von Menschen einer marginalisierten Gruppe, andere Angehörige dieser Gruppe für deren Verhalten zu rügen und die Verantwortungen für Ungerechtigkeiten gegen sie bei ihnen selbst zu suchen. Hier z. B.: die Thematisierung Schwarzer Kriminalität als Ursache für die Polizeigewalt gegen Schwarze. [Anm. d. Übers.]

selbe Masseninhaftierung. Und eine höhere Kinder- und Müttersterblichkeitsrate.

Ach, und acht Jahre lang haben wir gesehen, dass jemand, der aussah wie wir, Präsident der Vereinigen Staaten sein konnte.

Und der Preis, den wir dafür zahlen mussten, war der dümmste, hasserfüllteste und unfähigste Präsident, den dieses Landes je gesehen hat.

So wie viele andere Menschen, die marginalisierten Gruppen angehören, sehne ich mich danach, mehr Menschen aus unseren Communitys in Führungspositionen zu sehen und mehr der für unsere Communitys relevanten Themen von den Mächtigen angesprochen zu wissen. Jedoch habe ich nie den Luxus beanspruchen können, allem in unserer Gesellschaft aus dem Weg zu gehen, das nicht zu hundert Prozent auf mich ausgerichtet zu sein scheint.

Ich musste einen Weg finden, Spaß an Filmen und Fernsehsendungen zu haben, deren Drehbücher nicht für mich geschrieben sind und in denen die einzigen Figuren, die aussehen wie ich, nur Beiwerk zur eigentlichen Handlung sind, weil ich in meinem Leben gerne mehr als nur ein paar Filme sehen würde.

Ich musste einen Weg finden, in Büros zu arbeiten, in denen ich nicht als mögliche Anwärterin auf Führungspositionen gesehen wurde, und gleichzeitig den Glauben aufrechtzuerhalten, dass ich eventuell trotzdem befördert werden könnte.

Ich musste Geschichte studieren, die meine Kultur aus ihren Büchern ausradiert hatte, ohne dabei das Gefühl zu haben, selbst ausradiert worden zu sein.

Ich habe Gesetze lernen müssen, die nicht geschrieben worden sind, um mir zu dienen.

Ich musste Wörter einer Sprache schreiben und wertschätzen lernen, die meinen Vorfahren aufgezwungen worden ist.

Nicht nur sind Dinge in Amerika nicht für mich gemacht worden; sie sind *nie* für mich gemacht worden. Und obwohl das für meine Community physisch, finanziell, politisch und seelisch

desaströs gewesen ist, habe ich erkannt, dass es sich auch negativ auswirkt, beigebracht zu bekommen, dass *alles* um deinetwillen geschaffen worden ist, und dass alles, was auch mit Rücksicht auf andere geschaffen wird, von vornherein nachteilig für dich ist. Das ist schädlich für jedes Individuum, das daran glaubt, und es ist schädlich für jedes System, mit dem dieses Individuum interagiert, sollte es doch auf dem Prinzip der Zusammenarbeit aufgebaut sein.

Im Vorfeld der Wahlen 2020, wie auch bei der Wahl 2016, sind wir schier erstickt in dem Gerede darüber, wie wir weißen Männern der Arbeiter- und Mittelschicht das Gefühl des Einbezogenseins vermitteln können, um die konservativen Kräfte zu besiegen. Doch ich muss ehrlich fragen: Was genau *haben* Menschen, die keine weißen Männer sind, womit sie weiße Männer stärker einbeziehen können? Wir haben keinen Einfluss auf unsere Lokalregierungen, unsere Bundesregierung, unsere Schulbehörden, unsere Universitäten, unsere Polizeikräfte, unser Militär, unsere Arbeitsmärkte. Alles, was wir haben, ist unser Kampf. Und trotzdem sagt man uns, dass unser Kampf für Einbeziehung und Gerechtigkeit – und unsere Zelebrierung selbst symbolischer Schritte in diese Richtung – spalterisch und bedrohlich für jene ist, die weit besseren Zugang zu allem haben, als wir uns jemals erträumen könnten. Wenn weiße Männer finden, dass das zu überwältigenden Teilen von weißen Männern kontrollierte System nicht ihren Bedürfnissen entspricht, wieso sind *wir* dann daran schuld?

In einem zunehmend diversen Land können weiße Männer kaum verlangen, dass sich unsere politischen Systeme ausschließlich auf sie fokussieren. Wenn ich mir anschaue, wie abfällig einige liberale weiße Männer unsere kleinen, gelegentlichen Schwerpunktverlagerungen weg von weißer Männlichkeit betrachten, fürchte ich, dass das ein schmerzhafter Wandel sein wird. Aber das muss er nicht. Es ist möglich, eine andere Erwartung an eine erfolgreiche Regierung zu haben als jene, dass alle

darin aussehen wie man selbst und dass die eigenen Bedürfnisse über allem anderen rangieren. Das weiß ich, weil meine Community seit jeher andere Erwartungen an Regierungen gestellt hat. Eine Politik, die nicht immer weiße Männer in den Mittelpunkt stellt, ist etwas, an das sich weiße Männer gewöhnen können – und müssen.

KAPITEL 3

ELITEHOCHSCHULEN UND STEUERVERSCHWENDER

Der Angriff der weißen Männer auf das Hochschulwesen

Damals, als ich aufs College ging, als Facebook hauptsächlich ein Chatroom für Studierende war, als wir noch Hintergrundfarben für unsere Myspace-Seiten aussuchten und bevor irgendjemand das Wort »Twittern« in seinen Wortschatz aufgenommen hatte, gab es schon Fake News. Es herrschte ein Krieg der Anschauungen und Informationen darüber, was in amerikanischen Klassenzimmern unterrichtet werden sollte, und das Internet wurde dazu benutzt, Falschinformationen über die »Gefahren« der Hochschulbildung zu kolportieren. Ich erinnere mich sehr genau an den einen Schwarzen Lehrer im gesamten Fachbereich für Politikwissenschaften, der alle Studierenden, die sich unter falschen Angaben für seine Kurse eingeschrieben hatten, wissen ließ, dass er sich sehr wohl darüber im Klaren sei, von konservativen Gruppierungen wegen seines »unamerikanischen« Unterrichtsstils zu den Themen *race* und Politik beobachtet zu werden, und dass er sich davon nicht einschüchtern lasse. Noch hätten keine reißerischen Schlagzeilen über seinen »umgekehrten Rassismus« oder seine »antikonservative Engstirnigkeit« ihn seinen Job gekostet, aber die studierenden Spione seien herzlich eingeladen, sich an ihm auszutoben, solange

sie ihre Arbeiten fristgerecht einreichten und den Unterricht nicht störten.

Ich erinnere mich, dass ich von der Aggressivität der falschen Berichterstattungen so schockiert war, wie sie meinen Lehrer kaltließen. So sollte es doch am College nicht zugehen. Hochschulen sollten doch ein Ort sein, an dem die Qualität der individuellen Arbeit und Ideen wichtiger war als *race*, Geschlecht, Gesellschaftsschicht oder politische Partei. Klar, als arme Schwarze Frau war das College immer noch meine beste – wenn nicht meine einzige – Chance auf die finanzielle Sicherheit für mich und meine Familie, nach der ich mich sehnte. Aber ich sollte noch herausfinden, wie viel geringer diese Chance für Menschen wie mich war als für weiße Männer. Und auch wenn ich, versunken in meinen Büchern oder inmitten einer Debatte im Klassenraum, einen flüchtigen Blick auf die intellektuelle Utopie erhaschen konnte, die mir versprochen worden war, so sollte ich doch das rassistische, sexistische und klassistische System noch kennenlernen, in das ich eingetaucht war.

Nach meinem College-Abschluss vergaß ich das meiste von dem, was ich gelernt hatte. In meinen Jobs in der Werbung und der Technologiebranche brauchte ich mein Politikwissenschaftsdiplom nicht wirklich. Meine Erinnerungen an die Observierung und Einschüchterung von Hochschullehrer*innen durch konservative Spitzel verblassten größtenteils ebenso wie die Pros und Contras des Keynesianismus.

Erst als ich sah, wie die Regierung die Missouri State University dafür abstrafte, dass sie bei den Protesten Schwarzer Studierender und Football-Spieler nicht hart durchgegriffen hatte, begann ich das Muster zu erkennen, mit dem die politische Rechte seit Jahrzehnten der amerikanischen Hochschulbildung zu Leibe rückt. Es kursieren schon lange Witze über die vermeintliche »Dummheit« von Konservativen. In vielen Artikeln wird gerne darauf hingewiesen, dass Menschen ohne College-Abschluss eher Fox News schauen und die Republikaner wählen. Zahllose linke

Beobachter*innen beklagen die »Verdummung« Amerikas, die für viele durch die politische Rechte repräsentiert wird. Dabei wird die Hochschulbildung oftmals als Musterbeispiel amerikanischer Intelligenz und Tugend hochgehalten. Angeblich ist der Campus der Ort, wo der pure Wissensdurst obsiegt, wo Menschen allein aufgrund ihrer Talente und Bemühungen reüssieren. Wo sich Rassismus und Sexismus unter dem strengen Blick der akademischen Prüfung in Luft auflösen.

Doch die Geschichte des amerikanischen Bildungswesens ist sehr viel komplizierter. In unseren Hochschulen existieren nicht nur dieselben grundlegenden intoleranten Strömungen wie im Rest der Gesellschaft; die Hochschulen sind auch der Ort, wo viele dieser Vorurteile durch vorsätzlich tendenziöse Studien legitimiert werden. Unsere Campus haben sich vielleicht nicht so sehr damit beschäftigt, den armen weißen Mann über die arme Schwarze Frau zu stellen, aber sie haben sich geradezu zwanghaft damit beschäftigt, weiße männliche elitäre Macht an der gesellschaftlichen und politischen Spitze zu halten.

Diese Historie des Elitismus und der Intoleranz gibt denjenigen, die den Wert eines College-Abschlusses untergraben wollen, um die weiße männliche Macht auf breiterer Ebene aufrechtzuerhalten, eine Menge Gründe für ihre Ablehnung des Hochschulwesens.

Auch wenn konservative Republikaner*innen und die Trump-Regierung beim politischen Angriff auf das Hochschulwesen federführend geworden sind, so sind sie doch mitnichten die einzigen Gruppen, die einen politischen Nutzen darin sehen, universitäre Milieus anzugreifen und zu behaupten, sie schadeten weißen Männern. In den letzten Jahren haben linksgerichtete weiße männliche Studenten und Lehrer auf den Campus im gesamten Land die Bestrebungen, Sensibilität im Hinblick auf *race* zu unterrichten, die Inklusion von Transgender-Studierenden und -Personal voranzubringen und sexuelle Belästigungen und Übergriffe zu verhindern, als Angriff auf weiße Männer

und als Beispiel für »zu weit getriebenen« Progressivismus niedergeschrien. Und wenn wütende weiße männliche Professoren zum Beispiel vom Evergreen State College zu den Lieblingen von Fox News werden, um dort vor den Gefahren einer außer Kontrolle geratenen Kultur der Politischen Korrektheit auf den College-Campus warnen, während sich zugleich ihre schutzlosesten Studierenden hintergangen und noch schutzloser fühlen, entsteht die Gefahr, nicht mehr zu erkennen, woher dieser Angriff auf das amerikanische Hochschulwesen eigentlich kommt.

Natürlich haben diejenigen, die hinter den Angriffen auf das Hochschulwesen stecken, *selbst* einen universitären Hintergrund. Die große Mehrheit der Politiker*innen und Fachleute, die auf unseren Bildschirmen auftauchen und uns davon zu überzeugen versuchen, dass eine akademische Bildung unsere Kinder per Gehirnwäsche dazu bringen will, Amerika zu hassen, haben selbst eine sehr gute akademische Bildung genossen. Sie würden nicht mal im Traum daran denken, ihre Kinder nicht aufs College zu schicken. In diesen Institutionen haben sie von klein auf gelernt, wie unsere politischen Systeme und unsere politischen Identitäten funktionieren. Und dort haben sie auch gelernt, dass diese Systeme und Identitäten dazu benutzt werden können, die politische Macht derer zu festigen, die bereit sind, mit den niedersten rassistischen und sexistischen Ängsten weißer Männer zu spielen, ebenso wie mit den Ängsten jener, die von der Nähe zu weißen Männern profitieren.

Die Campus, die von vielen weißen Männern als unmittelbare Bedrohung von Männlichkeit und weißer Vorherrschaft gefürchtet werden, sind dieselben Orte, wo weiße Männer lernen, den Thron weißer männlicher Macht zu erklimmen. Die Angriffe der politischen Rechten auf das Hochschulwesen und die Unzulänglichkeiten des Hochschulwesens, die solche Angriffe erst ermöglichen, gründen in derselben zwanghaften Aufrechterhaltung des Status weißer Männlichkeit über allen anderen. In dieser Debatte gehen Menschen of Color und Frauen, die

College-Abschlüsse benötigen, um zumindest eine Chance auf finanzielle Sicherheit zu haben, völlig unter. Wenn wir nicht verstehen, wie weiße männliche Vorherrschaft mit der Struktur des gesamten Hochschulwesens verwoben ist, dann werden unsere Colleges und Universitäten – und die Diskussion über den Wert der Hochschulbildung selbst – marginalisierte Menschen weiterhin Gefahren aussetzen.

Elitärer Rassismus im frühen Hochschulwesen

[Es] ist allgemein nicht ratsam für einen farbigen Mann, nach Princeton zu kommen.

Woodrow Wilson, Präsident der Universität Princeton, zu einem Schwarzen Mann, als der sich 1909 nach dem Zugang zur Universität erkundigte[1]

Im Jahre 2015 befand sich eine Gruppe von Studierenden der Princeton University in dem Universitätsgebäude Nassau Hall und hatte Angst herauszukommen. Sie hatten das Gebäude zuvor besetzt und planten, dort zu bleiben.

In Nassau Hall befand sich das Büro des Universitätspräsidenten, und Mitarbeiter*innen hatten die Türen abgeschlossen, kurz nachdem die Studierenden es besetzt hatten. »Wir befürchten, dass wir, wenn wir erst einmal gegangen sind, morgen früh nicht wieder hereinkommen dürfen. Deshalb haben wir also nicht vor zu gehen«, berichtete Wilglory Tanjong, eine der Organisatorinnen, der *Washington Post* per Telefon vom Büro des Universitätspräsidenten aus. Die Studierenden blieben 36 Stunden dort, in der Hoffnung, dass die Universität ihre Forderungen erfüllen würde.

Ihr Hauptanliegen: Sie wollten, dass das gesamte Lehr- und sonstige Personal Schulungen zu kultureller Kompetenz absol-

viert, sie wollten Pflichtlehrveranstaltungen über marginalisierte Gruppen und Kulturen einführen, und sie wollten, dass Woodrow Wilsons Name von der »Woodrow Wilson School of Public Policy and International Affairs« gestrichen wird.[2]

Bevor er Präsident der Vereinigten Staaten wurde, war Woodrow Wilson Präsident der Universität Princeton. Ihm wird ein großer Anteil daran zugeschrieben, dass die Universität heute den Status einer der besten Hochschulen der Welt genießt. Doch bis vor kurzem sprach man in Princeton kaum über die weniger rühmlichen Aspekte von Wilsons Erbe. Tatsache ist, dass Wilson ein Rassist war. Während seiner Amtszeit ließ er keinen einzigen Schwarzen Studenten in Princeton zu. Wilson war ein unverblümter Vertreter der Segregation, er entmutigte Schwarze Studenten, sich für ein Studium zu bewerben, und wurde später ein segregationistischer US-Präsident. Er sorgte persönlich dafür, dass Integrationsbestrebungen aus der Zeit des Wiederaufbaus nach dem Amerikanischen Bürgerkrieg zunichte gemacht wurden, und er setzte eine erneute Segregation in den Bundesministerien durch, nachdem weiße Ministerialdirektoren sich darüber beschwert hatten, ihre Arbeitsplätze mit Schwarzen Kollegen teilen zu müssen. Wilson feuerte auch die meisten Schwarzen Aufsichtspersonen, und in Folge wurden im ganzen Land viele Schwarze Angestellte aus ihren Behördenjobs entlassen und durch Weiße ersetzt. Zudem war er ein vehementer Gegner des Wahlrechts für Schwarze und ein Verteidiger des Ku-Klux-Klan. Ein Zitat von ihm über den Klan schaffte es sogar in den bekanntermaßen rassistischen Film *Birth of a Nation*: »Die weißen Männer waren erweckt worden von schierem Selbsterhaltungstrieb … bis dann der große Ku-Klux-Klan das Licht der Welt erblickte, ein wahrhaftiges Imperium der Südstaaten, zum Schutze des Landes im Süden.«[33]

Wilson wurde sogar schon zu seiner Zeit weithin als Rassist gesehen. Wenn es auch nicht überrascht, dass die populäre Kultur keine Aufmerksamkeit auf die rassistische Vergangenheit eines

US-Präsidenten lenken möchte, so sollten doch die Universitäten ein Ort sein, wo Geschichte – sorgfältig recherchierte Geschichte – eine Rolle spielt.

Als Studierende 2015 ihre Anliegen bei der Universitätsleitung vorbrachten, wurde ihnen im Grunde gesagt, dass damals »jeder ein Rassist« gewesen sei – als ginge es um einen populären Modetanz und nicht um die Unterdrückung von Menschen of Color. Princeton weigerte sich, auf die Forderungen der Studierenden einzugehen, und Denkmäler sowie die Einrichtungen, die Wilsons Namen trugen, blieben unverändert erhalten.

Wenn sie mit »jeder« in Wirklichkeit »die meisten unserer Elite-Bildungseinrichtungen« meinten – dann hatten sie recht.

Die frühen Universitäten in Amerika waren religiöse Hochschulen in den Kolonien, deren Aufgabe darin bestand, wohlhabende junge weiße Männer zu Geistlichen auszubilden. Damals war das jedoch nicht unbedingt der ruhige, bescheidene Beruf, an den wir heute vielleicht denken. Das koloniale Amerika war ein sehr religiöser Ort, und sich der Geistlichkeit anzuschließen, war der schnellste Weg zu sozialer und politischer Macht. Auch wenn die Geisteswissenschaften schon immer ein wichtiger Teil der frühen religiösen Ausbildung in Amerika waren (denn eine breit gefächerte Ausbildung zog wahre »Gentlemen« heran, die eher geeignet waren, das gemeine Volk zu führen), erweiterten die religiösen Hochschulen nach der Amerikanischen Revolution ihre Studienbereiche um Fächer wie Medizin und Jura.

Insgesamt schrieben sich daraufhin weniger Studenten in die Hochschulen ein, um Geistliche zu werden, aber die große Mehrheit der Studenten waren immer noch weiße Männer aus Familien der Oberschicht. Universitäten wurden hauptsächlich als Schulen gesehen, in denen wohlhabende weiße Männer den letzten Schliff bekamen, bevor sie das Erbe der Macht antraten, weniger als Orte angewandter Bildung. Tatsächlich wurden früher bei Abschlussfeierlichkeiten für die Studenten Diplome nicht

in der Reihenfolge erbrachter Leistungen oder auch nur des Studiengebiets verliehen, sondern nach dem Status ihrer Familien.[4] Diese Studenten lernten wirklich, wie man führt. Ihre Studien der Philosophie und der Politik sowie ihre engen Kontakte zu anderen mächtigen und elitären Familien bereiteten die jungen Männer darauf vor, ihren Platz an der Spitze der amerikanischen Gesellschaft einzunehmen.

Als die Hochschulen ihr Angebot über die religiöse Bildung hinaus erweiterten und ihre Aufnahmeprozeduren standardisierten, begannen wohlhabende und ambitionierte Familien, denen bisher der Zutritt zu den religiösen Universitäten verwehrt worden war, ihre Kinder an Institutionen wie Harvard, Yale und Princeton zu schicken. Diese zunehmende Diversität brachte für die Eliteuniversitäten ein Problem mit sich: Viele der neuen Studenten waren Juden. In den 1920ern waren etwa 21 Prozent der Studenten in Harvard und 40 Prozent in Columbia Juden.[5] Dem Präsidenten von Harvard, A. Lawrence Lowell, erschien das ausgesprochen besorgniserregend, war es ihm zufolge doch schon schwierig genug, die einkommensschwächeren weißen Studenten zu beherbergen, die jetzt aufgenommen wurden. Die Universität konnte es sich nicht leisten, dass all diese jüdischen und Schwarzen Studenten die weißen christlichen Studenten verscheuchten, die Harvard finanzierten.

Lowell ging das Problem an. Zuerst verwies er die Schwarzen Studenten der Schlaf- und Speisesäle, damit wohlhabende weiße Eltern sich keine Sorgen mehr darum machen mussten, dass ihre Kinder sich mit Schwarzen zusammentaten.[6] Danach machte er es sich zur Aufgabe, die schlauen jüdischen Kinder davon abzuhalten, an die Universität zu kommen.

Lowell ging die Studentenlisten der vorangegangenen zwei Jahrzehnte durch und teilte die Studenten ein in J1 (jüdisch), J2 (wahrscheinlich jüdisch), J3 (vielleicht jüdisch) und »andere«. Wie er vermutet hatte, stellte er einen alarmierenden Anstieg des Anteils jüdischer Studenten an der gesamten Studentenschaft

fest – von 7 auf 21 Prozent innerhalb von nur 20 Jahren. Diese Zahlen legte er 1922 dem Aufsichtsgremium vor, in der Hoffnung, es von der Einführung eines Quotensystems überzeugen zu können, um die Zahl der jüdischen Studenten in der Universität zu begrenzen.[7]

Lowell behauptete von sich selbst, kein Antisemit oder Rassist zu sein; er glaubte nur, dass die zunehmende Anzahl jüdischer Studenten diejenigen Studenten verscheuchen würde, die Antisemiten *waren*. Er erklärte diesen Gedanken einem Philosophieprofessor: »Das Sommerhotel, das durch den Zutritt von Juden ruiniert worden ist, geht nicht zugrunde, weil die Juden, denen es Zutritt gewährt hat, von schlechtem Charakter wären, sondern weil sie damit die Nichtjuden vertreiben. Und wenn die Nichtjuden weg sind, gehen die Juden auch.«[88]

Wenn die rassistischen weißen Studenten weg wären, würde Harvard natürlich für die jüdischen Studenten seinen Reiz verlieren, und wen hätte Harvard dann noch? Die wenigen Schwarzen Studenten, die man zwang, zum Essen und Schlafen woandershin zu gehen? Das wollte niemand.

Harvards Aufsichtsgremium lehnte die von Lowell geforderte strenge Immatrikulationsquote für jüdische Studenten ab. Stattdessen änderten die Verantwortlichen die Aufnahmekriterien und fokussierten sich dabei mehr auf Dinge wie den Geburtsort und den familiären Hintergrund. Sie schenkten auch subjektiven Eigenschaften Beachtung, wie athletischer Begabung und der nebulösen Kategorie »Persönlichkeit«.[9] Während diese Veränderungen von Harvard vorgeblich eingeführt wurden, um eine größere Diversität zu schaffen, ermöglichten sie es der Universität insgeheim, nichtjüdischen Studenten den Vorrang zu geben, da ein Schwerpunkt auf Eigenschaften und Kriterien, wie etwa Sportlichkeit, gelegt worden war, von denen man annahm, dass jüdische Studenten sie weniger besaßen. Es gelang ihnen, verlogene Zulassungsbeschlüsse hinter einer sogenannten Erweiterung ihrer Immatrikulationsinitiativen zu verstecken. (Diese

Debatte wird bis heute geführt, da ähnliche Kriterien in Harvard asiatisch-amerikanische Studierende angeblich benachteiligen, weshalb viele glauben, dass asiatisch-amerikanische Studierende auf dieselbe Weise diskriminiert werden wie früher jüdische. Die aktuelle Debatte wird allerdings durch die Tatsache verkompliziert, dass diese Kriterien Schwarze und hispanoamerikanische Studierende bevorzugen, die in Harvard stark unterrepräsentiert waren und sind.)

Lowells Erbe ist in Harvard bis heute zu spüren. 2019 sagte der Student Richard Yarrow während einer Diskussion über die Frage, ob Lowells Portrait aus einem der Speisesäle entfernt werden solle: »Das Portrait von A. Lawrence Lowell sollte lieber nicht beim Mittagessen oder Frühstück auf die Studierenden hinabblicken. Ich bin ein jüdischer Student. A. Lawrence Lowell war ein offenkundiger Antisemit. Er hat meinem Großvater den Zutritt verweigert.«[10]

Es waren nicht nur die Eliteuniversitäten, die sich wegen der Auswirkungen sorgten, die eine größere Diversität auf die amerikanischen Colleges und Universitäten haben würde. Im Zeitalter der Eugenik (der heutzutage größtenteils angeprangerten »Wissenschaft« von der kontrollierten Züchtung von Menschen mit bevorzugten Eigenschaften zum Zweck der Gesellschaftsverbesserung) fürchteten sich viele wohlhabende weiße Menschen vor den Folgen, die regelmäßige Kontakte – oder sogar, schluck, die *Mischehe* – mit armen, Schwarzen, jüdischen Menschen oder Menschen mit Behinderung auf die Veranlagungen der folgenden Generationen haben würden.[11]

Ein Mann in Princeton, der besonders beunruhigt war, war der Psychologieprofessor Carl Brigham. Brighams Karriere begann im Ersten Weltkrieg im Sanitary Corps, einer medizinischen Militäreinheit, wo er im psychologischen Dienst arbeitete. Das US-Militär sorgte sich um die allgemeine geistige Tauglichkeit seiner Streitkräfte und beauftragte Brigham, psychologische Tests an Soldaten durchzuführen, um deren Intelligenz und die

geistige Gesundheit zu prüfen. Nach dem Krieg ging Brigham nach Princeton und befasste sich intensiver mit der Eugenik-Bewegung; er saß sogar im Eugenik-Beirat. Mit den Tests, die er an Soldaten durchgeführt hatte, untermauerte er seine Forderungen nach Immigrationsstopps und auf *race* basierter Segregation, mit Hilfe derer die Intelligenz von »europäischen nationalen Gruppen« sichergestellt werden sollte. 1923 veröffentlichte er sein bahnbrechendes Werk, *A Study of American Intelligence*, in dem er die weiße Gesellschaft vor den Gefahren einer steigenden Diversität warnte. Brighams Buch wurde genutzt, um alles Mögliche zu rechtfertigen, von fremdenfeindlicher Gesetzgebung bis zur Zwangssterilisation von Menschen, die man als »untauglich« zur Fortpflanzung einstufte: »Der Niedergang der amerikanischen Intelligenz wird schneller vonstatten gehen als der Niedergang der Intelligenz europäischer nationaler Gruppen, was mit der Anwesenheit des Negers zusammenhängt. Das sind die klaren, wenn auch etwas unangenehmen Tatsachen, die unsere Studie zeigt. Der Verfall der amerikanischen Intelligenz ist jedoch vermeidbar, wenn die Öffentlichkeit dazu bewegt werden kann, etwas dagegen zu unternehmen.«[12]

Das Buch hatte großen Einfluss auf die amerikanische Gesellschaft und die akademische Welt, und schon bald wurde Brigham vom amerikanischen Hochschulgremium gebeten, dabei zu helfen, einen neuen Test zu entwickeln, um College-Bewerber auf deren akademische Tauglichkeit zu prüfen: den Scholastic Aptitude Test oder SAT.[13]

Brighams Test wurde den Hochschulen binnen kurzer Zeit zur Verfügung gestellt und im Jahr 1926 bereits in vielen Colleges und Universitäten im ganzen Land eingesetzt, um sie bei der Auswahl derjenigen Studierenden zu unterstützen, die die besten Chancen auf akademischen Erfolg in ihren Hallen hatten. Doch schon 1930 hatte sich Brigham von seinem eigenen eugenikbasierten Test wieder abgewandt. Er hatte fundamentale Fehler in seiner Methodik gefunden. Insbesondere war ihm auf-

gefallen, dass das, was sein Test bei den Kandidaten zeigte, statt reiner Intelligenz nur die Fähigkeit war, Englisch zu sprechen, eine gute Grundschule zu besuchen und sich mit weißer Kultur vertraut zu zeigen. Er verfasste eine Gegenschrift zu seiner früheren Forschung in der Armee, eine Abhandlung mit dem Titel »Intelligence Tests for Immigrant Groups«, und verurteilte den SAT, der auf seiner damaligen Forschung basierte, doch da war es schon zu spät.[14] Der SAT wird bis heute von Colleges und Universitäten in den gesamten Vereinigten Staaten als primärer Test für die Hochschuleignung eingesetzt.[15]

Vor dem Hintergrund der rassistischen Ursprünge des SAT sollte es also nicht überraschen, dass seit seiner Einführung arme, Schwarze, hispanoamerikanische und indigene Studierende bei dem Test konstant Ergebnisse aufwiesen, die im zweistelligen Prozentbereich niedriger als die weißer Studierender waren. Und man weiß seit langem, dass SAT-Punktzahlen kein guter Indikator für die tatsächliche Studierfähigkeit sind. Wenn man bedenkt, was wir über die Voreingenommenheit der Gesellschaft wissen und wie diejenigen, die an der Macht sitzen, immer einen Vorsprung bekommen, war es unvermeidlich, dass ein Test, der so offensichtlich wohlhabendere weiße Studierende bevorzugt, von Bildungseinrichtungen begierig aufgenommen wurde, die nach Möglichkeit den Anteil wohlhabender weißer Studierender hoch und den armer Studierender of Color niedrig halten wollen. Indem armen Studierenden und Studierenden of Color ein Nachteil und weißen Studierenden – mehr aufgrund ihrer *race* denn ihrer tatsächlichen Hochschuleignung oder -bereitschaft – ein Vorteil eingeräumt wurde, hat der SAT ganz wie geplant funktioniert.

Hochschule für alle

Wie wir wissen, sollte die Hochschulbildung nicht für immer das exklusive Privileg reicher weißer Männer bleiben. Im späten 19. Jahrhundert hatte sich die Bundesregierung im Zuge ihrer jüngsten Expansion über den Kontinent mittlerweile so viel Land zu eigen gemacht (hauptsächlich mit Hilfe von Gewalt gegen indigene Völker), dass sie nicht wusste, was sie damit tun sollte. Um eine wirtschaftliche Expansion einzuleiten, die mit der territorialen Expansion einherging, schlug der Abgeordnete Justin Smith Morrill aus Vermont einen nationalen Bildungsplan vor. Morrills Plan sah vor, dass die Bundesregierung große Stücke Land den jeweiligen Bundesstaaten überließ. Die Bundesstaaten konnten das Land dann unter der Bedingung verkaufen, dass sie die Erlöse zur Finanzierung eines Hochschulwesens nutzten, das sich auf Landwirtschaft, Maschinenbau und Veterinärmedizin konzentrierte. Das waren noch nicht die anspruchsvollen geisteswissenschaftlichen Studiengänge wohlhabender weißer Kinder. Das Ziel dieser neuen Colleges war es, der amerikanischen Wirtschaft eine, sagen wir mal, Schicht der »mittleren Führungsebene« zu beschaffen. Im ganzen Land schossen insgesamt 69 neue Colleges und Universitäten aus dem Boden, um den Menschen des amerikanischen Mittelstands die praktische Bildung zuteilwerden zu lassen, die ihnen dabei helfen sollte, das Wirtschaftswachstum in ihren jeweiligen Bundesstaaten anzukurbeln. Einige unserer angesehensten Universitäten (unter anderem die Cornell University, die Purdue University und das Massachusetts Institute of Technology) sind Einrichtungen, die durch diese staatlichen Landschenkungen entstanden sind.[16]

Im Jahre 1890 setzte sich Morrill für einen Gesetzentwurf ein, der die Finanzierung dieser Hochschulen erweitern sollte. Der Entwurf sah vor, dass die Bundesstaaten keine finanzielle Unterstützung für ihre Einrichtungen erhalten sollten, wenn sie bei

ihren Zulassungsprozeduren Afroamerikaner diskriminierten. Um diese Bedingung den Post-Bürgerkriegs-Südstaaten etwas schmackhafter zu machen, wurde den Bundesstaaten auch die Möglichkeit eingeräumt, Schwarze Menschen in separaten Einrichtungen auszubilden, vorausgesetzt, dass die Finanzierung zwischen Schwarzen und weißen Einrichtungen »gleichmäßig aufgeteilt« würde. Auch wenn »gleichmäßig aufgeteilt« als Begriff schwammig genug war, um es den Südstaaten zu ermöglichen, den weißen Hochschulen unverhältnismäßig hohe Anteile der Geldmittel zukommen zu lassen, führte die Förderung doch zur Gründung von 16 Schwarzen »Land-Grant Colleges«, also Bildungseinrichtungen, die aufgrund der Landschenkungen entstanden waren.

Diesen HBCUs (Historically black colleges and universities) wurden die notwendigen finanziellen Mittel verwehrt, um Landwirtschaft und Maschinenbau in dem Umfang anzubieten, wie es ihren weißen Pendants möglich war, also konzentrierten sie sich in erster Linie darauf, zukünftige Pädagogen auszubilden. Der Mangel an Investition in Lehrprogramme im wissenschaftlichen und handwerklichen Bereich sollte der Reputation der HBCUs für Jahrzehnte schaden und dafür sorgen, dass sie bis heute an wichtige Quellen zur Forschungsfinanzierung nicht herankommen.[17] Und obwohl die HBCUs unter ungerechter Verteilung der Finanzmittel und Unterstützung im Land-Grant-Programm litten, ging es ihnen trotzdem besser als Colleges, die für andere Communitys of Color zuständig waren. So gibt es nur zwei hispanoamerikanische Land-Grant Colleges, und indigenen Colleges wurde der Land-Grant-Status sogar bis zum Jahr 1994 ganz verwehrt.[18]

In den folgenden Jahrzehnten baute die US-Regierung die Finanzierung für Land-Grant Colleges erheblich aus, was ihnen ermöglichte, nicht nur mehr Studierende aufzunehmen, sondern auch eine breitere Auswahl an Forschungsbereichen anzubieten. Der massive Ausbau der College-Kapazitäten kam gerade zur

rechten Zeit, da die Vereinigten Staaten einen noch nie da gewesenen Anstieg der Studierendenzahlen erlebten. Der Zweite Weltkrieg neigte sich dem Ende zu, und die Bundesregierung sorgte sich um die Zukunft ihrer heimkehrenden Soldaten. Angesichts einer befürchteten Arbeitslosenzahl von 25 Prozent entwickelte die Regierung ein Förderpaket für Veteranen, das sie für die Arbeit in den Wirtschaftszweigen vorbereitete, die durch die industrielle Expansion während des Kriegs geschaffen worden waren. Die sogenannte »G. I. Bill« war ein umfangreiches Programm verschiedenster Unterstützungsleistungen, die alle darauf ausgerichtet waren, den Soldaten bei ihrer Rückkehr in die Gesellschaft zu helfen, aber eine der meistgenutzten und erfolgreichsten Leistungen war die Bildungsunterstützung.

Mit den neuen Einrichtungen und der neuen Finanzierung konnten weiße Männer der Arbeiter- und Mittelschicht zum ersten Mal in der Geschichte der USA ohne weiteres eine Hochschulbildung genießen. Die G. I. Bill (und der Militärdienst im Allgemeinen) war für Frauen noch nicht breitflächig verfügbar, und die Mehrheit der Colleges nahm, wenn überhaupt, nur wenige Schwarze Studierende auf.

Nach dem Zweiten Weltkrieg brachte die steigende Zahl von gut bezahlten, hoch qualifizierten Arbeitsplätzen den Arbeitern, die eine Hochschulbildung erreichten, höhere Löhne. Für weiße Männer der amerikanischen Arbeiter- und Mittelschicht wurde die College-Ausbildung schnell der beste Weg zum Erfolg. 1964 besuchten weniger als zehn Prozent der Schwarzen und hispanoamerikanischen Menschen im Hochschulalter ein College. 1971 verdienten die überwiegend weißen Männer mit College-Abschlüssen 22 Prozent mehr als gleichaltrige Männer, die nur einen gewöhnlichen Schulabschluss hatten.[19] Diese Differenz war weit größer als die Kosten für eine damals noch relativ bezahlbare Ausbildung. Während die College-Ausbildung von einem Luxusgut zu einer Notwendigkeit für Millionen von Menschen in Amerika wurde, die nach finanzieller Sicherheit

strebten, bauten die Bundesstaatsregierungen und die Nationalregierung ihre jeweilige Investition im Hochschulwesen weiter aus, und im ganzen Land stieg die Anzahl der Colleges und Universitäten stark an, von 1851 auf 3535 in den vierzig Jahren zwischen 1950 und 1990.

Doch in den siebziger Jahren begann der Hochschulenthusiasmus der Oberschicht nachzulassen. Warum? Vielleicht, weil es sich dabei nicht mehr nur um weiße Männer drehte.

Der Genuss einer Hochschulbildung konnte nicht für immer das exklusive Privileg weißer Männer bleiben. In dem Maße, wie Schulen durch Fördermaßnahmen zugunsten von Minderheiten desegregiert und die Förderungsmöglichkeiten für Frauen und Menschen of Color geöffnet wurden, stieg auch die Diversität an den Campus im ganzen Land. Und mit dieser Diversifizierung der Studierenden gingen auch Forderungen nach einer Diversifizierung der Forschungsbereiche einher. Der erste Fachbereich für Frauenforschung wurde 1970 an der San Diego State University eingerichtet, und andere, ähnliche Programme folgten kurz darauf. In den späten sechziger und frühen siebziger Jahren protestierten und streikten Vereinigungen von Studierenden verschiedener *races* und »Ethnizitäten« an Hochschulen der Westküste wie der San Francisco State University und der University of California, Berkeley, für die Schaffung von Fachbereichen für Ethnic Studies, was zum landesweit ersten Programm dieser Art an der San Francisco State University im Jahre 1969 führte.[20]

Durch die erweiterte Verfügbarkeit der Hochschulausbildung begannen sich die extremen finanziellen Vorteile eines College-Abschlusses zu nivellieren. Es gab jetzt mehr hoch qualifizierte Arbeitskräfte als jemals zuvor. Während Frauen und Menschen of Color sahen, dass ihre neuen Hochschulabschlüsse ihnen große finanzielle Vorteile brachten, die ihnen ehemals versagt gewesen waren, stellten weiße Männer fest, dass die Rendite der Investition in eine Hochschulausbildung zwar immer noch signifikant war (und immer noch zu einem Einkommen führte,

das sehr viel höher war als das von Frauen und Menschen of Color), aber nicht im gleichen Maße wuchs.[21]

Auch wenn eine College-Ausbildung beständig weiße Männer, Menschen of Color und Frauen aus der Armut holte, begann sich der Blick auf die Hochschulbildung zu verändern. Als weiße Männer sahen, dass ihnen ihre Abschlüsse keinen so großen Vorsprung vor Frauen und Menschen of Color mehr gewährten, wie es früher der Fall gewesen war, begannen sie infrage zu stellen, ob ein Diplom die damit verbundenen Kosten wert war.

Und wie zum Hohn für weiße Männer verlangten Frauen und Menschen of Color plötzlich außerdem, dass die Hochschulkurse auch ihre Interessen repräsentieren sollten. Studierende fingen an, sich lautstark für einen gesellschaftlichen und politischen Wandel auf dem Campus auszusprechen. Sogar weiße Studierende kamen nach Hause mit dem Kopf voller neuer Gedanken über Frieden und Gleichheit, was weiße Eltern im ganzen Land dazu brachte zu überlegen, dass ein Abschluss vielleicht doch nicht so gut für ihre Kinder war, wie sie einst gedacht hatten.[22]

Der wachsende Zweifel an dem Wert einer Hochschulausbildung gründete nicht nur auf der Ablehnung des wachsenden Status von Frauen und Menschen of Color. Ab den achtziger Jahren fingen die Kosten für Bildung an, in die Höhe zu schnellen. Obwohl eine College-Ausbildung in den achtziger und neunziger Jahren wertvoller war denn je, obwohl Arbeitgeber zunehmend College-Abschlüsse verlangten, bewirkte der Schock beim Blick auf das Preisschild – insbesondere im Vergleich zu dem, was frühere Generationen bezahlt hatten[i] –, dass viele fanden, das College sei wieder etwas für die Reichen geworden. Doch selbst trotz der lauter werdenden Proteste über die Studiengebühren und den scheinbar mickrigen Renditen aus dieser Investition (Proteste, die hauptsächlich aus konservativen Kreisen kamen) stieg die Zahl der Immatrikulationen – insbesondere von Frauen und Menschen of Color.[23]

Auf der Welle der wirtschaftlichen und schulischen Unzufriedenheit im weißen Amerika surfend, begann die Reagan-Regierung zu argumentieren, dass die staatliche Finanzierung der Hochschulen vielleicht wenig mehr sei als ein Verlust von Staatseinnahmen, mit dem junge Arbeitslose dem Steuerzahler auf der Tasche lagen. Sie waren, laut der Reagan-Regierung, »Steuerverschwender.«[24] So wie Reagans berüchtigte Heraufbeschwörung der »Sozialhilfe-Queen« reihte sich auch seine Phrasendrescherei über die Unterstützung des Hochschulwesens in sein Narrativ ein, dem zufolge angeblich unwürdige Menschen die hart arbeitenden Amerikaner ausnutzten.

Reagans Verachtung für das Hochschulwesen – insbesondere für dessen staatliche Finanzierung – war sowohl politischer als auch persönlicher Natur. Bei seiner Kandidatur zum Gouverneur von Kalifornien 1966 war Reagans Kampagne zum Teil deswegen erfolgreich gewesen, weil er versprochen hatte, an der Universität Berkeley »aufzuräumen«. Aus Wut über die Anti-Vietnam-Proteste der sechziger Jahre stellte Reagan die Studierenden als verwöhnte Hippies dar, die lernten, undankbar zu sein, während sie auf Kosten des Steuerzahlers lebten. Als man ihn zum Gouverneur gewählt hatte, ließ Reagan den Präsidenten der Universität, Clark Kerr, feuern, ging mit aller Härte gegen Studentenproteste vor (1969 führte die Reaktion der Polizei auf einen solchen Protest im People's Park in Berkeley zu einem toten und Dutzenden verletzten Studierenden) und begann umgehend damit, die Unterstützungsprogramme in Berkeley, die dafür sorgten, dass das College für alle Studierenden bezahlbar blieb, zu untergraben.[25]

Nachdem er sich am System der University of California ausgetobt hatte, führte Reagan, nun als Präsident der Vereinigten Staaten, seine Bildungsreformen auf nationaler Ebene ein. Er verabschiedete umfassende Steuer- und Ausgabenkürzungen, die die Studienfinanzierungen drastisch reduzierten, wodurch das College teurer und unerreichbar für jene wurde, die es am dringendsten brauchten. Aufgrund des *race*-basierten wirtschaft-

lichen Ungleichgewichts in Amerika waren Studierende of Color abhängiger von den finanziellen Unterstützungs- und Bildungsprogrammen, die die US-Regierung bis dato gefördert hatte, sie waren daher auch diejenigen, die von Reagans Finanzierungskürzungen am härtesten getroffen wurden. Doch zu einer Zeit, als die weiße Arbeiter- und Mittelschicht in Amerika unzufrieden war mit dem langsamen Wirtschaftswachstum und der zunehmenden Konkurrenz im eigenen Land (durch Frauen und Menschen of Color) wie in anderen Ländern (durch die Zunahme der Produktion im Ausland), wurde Reagan politisch nicht dafür bestraft, dass er den unterprivilegierten Studierenden den Boden unter den Füßen weggezogen hatte. Er wurde belohnt – mit seiner Wiederwahl und den besten Umfragewerten seit Franklin D. Roosevelt.[26]

Das wird euch lehren, Amerika zu hassen

Wir nehmen Ihnen 200 000 Dollar ab; als Gegenleistung bringen wir Ihren Kindern bei, unser Land zu hassen. [...] Wir machen sie erwerbsunfähig, indem wir ihnen College-Kurse in Zombiewissenschaften, Unterwasser-Korbflechten und – mein persönlicher Favorit – Baumklettern anbieten.

Donald Trump Jr.[27]

Im Juli 2017 fand das Pew Research Center heraus, dass satte 58 Prozent der Republikaner*innen und rechtslastigen Unabhängigen meinten, Colleges und Universitäten hätten einen negativen Einfluss auf unser Land. Diese Zahl hatte zwei Jahre zuvor noch bei 37 Prozent gelegen. »Warum geht ein junger Mensch heutzutage auf eine große Universität? Viele Republikaner würden sagen, dass sie dort hingehen, um eine Gehirnwäsche zu bekommen und zu lernen, wie sie zu Aktivisten werden, um am

Ende in die Welt hinauszugehen und Ärger zu machen«, erklärte der Trump-Unterstützer Frank Antenori dem *Chicago Tribune*. Tagtäglich scheinen mehr und mehr rechtsgerichtete Menschen in Amerika Antenori zuzustimmen. Obwohl die Mehrheit der Eltern in Amerika weiß, dass ihre Kinder aufs College gehen müssen, um eine Chance auf eine finanziell gesicherte Zukunft zu haben, ist die Universität ein Ort, an den viele konservative Familien ihre Kinder nicht mehr besonders gerne schicken.[28]

Im März 2019 schlug Präsident Trump eine Kürzung unseres gesamten nationalen Bildungsetats um 8,5 Milliarden Dollar vor – unglaubliche zwölf Prozent. Auf dem Spiel standen Schülerhorte, die Finanzierung von Schulbüchern und Beratungslehrer*innen, Weiterbildungsprogramme für Lehrende, Duale Studiengänge, Programme zur Hochschulvorbereitung für benachteiligte Jugendliche, einige staatliche Studienhilfsprogramme und Subventionsprogramme, die verhindern sollen, dass sich Zinsen auf Studienkredite anhäufen, während sich die Empfänger*innen noch in der Ausbildung befinden.[29] Zusätzlich beabsichtigte Trump, Studienkredite stärker zu begrenzen, mit der Begründung, dass dies Colleges und Universitäten zu niedrigeren Studienkosten zwingen würde.[30] Parallel zu diesen massiven Etatkürzungen sollte es eine umfangreiche Aufstockung der Privatschulgutscheine geben, Berufsbildungsprogramme an Hochschulen und Förderung von Berufsschulen, Community Colleges und Ausbildungsprogrammen.[31] Diese Änderungen werden wahrscheinlich nicht durch das mehrheitlich demokratische Repräsentantenhaus kommen; Trumps frühere Versuche, das Hochschulwesen zu demontieren, waren so drastisch, dass sie nicht mal durch ein mehrheitlich republikanisches Repräsentantenhaus kamen, aber man kann davon ausgehen, dass er es weiter versuchen wird.

Trump ist nicht der einzige Republikaner, der sich vorgenommen hat, das amerikanische Hochschulsystem auszuhöhlen, und diese Bestrebungen werden sich wahrscheinlich noch fortsetzen,

lange nachdem Trump der Politik den Rücken gekehrt haben wird. »Verschwenderische«, »gierige«, »elitäre« Colleges sind seit der Reagan-Ära ein rotes Tuch für republikanische Politiker*innen und Funktionär*innen. Studiengebühren steigen schon seit langem schneller als die Inflation, und die Erträge aus dieser immer kostspieligeren Investition scheinen geringer zu werden. Wenn man als Politiker dem liberalen Hochschulwesen – das sich angeblich an Steuergeldern bereichert, um damit Kinder zu Hippies zu erziehen und Frauen und Menschen of Color an die Spitze stellt – die Schuld für alles gibt, dann sind einem die konservativen Wählerstimmen von weißen Männern der Arbeiterklasse geradezu garantiert. Vermissen sie doch die Zeiten, in denen ein Mann auch ohne Collegeabschluss einen gut bezahlten Fabrikjob bekommen konnte.

Wenn man sich die Rhetorik der politischen Rechten zum Thema Hochschulwesen anschaut, erkennt man ein Muster. Einige der Behauptungen wurzeln in echten Problemen, andere in Vorurteilen und Ressentiments:

- *Die Colleges machen deine Kinder zu undankbaren Liberalen, die Amerika hassen.* Ein College-Campus, insbesondere an einer geisteswissenschaftlichen Einrichtung, ist ein Ort, an dem viele junge Menschen zum ersten Mal die Macht bürgerschaftlichen Engagements entdecken. Weil Studierende immer mehr über die Ungerechtigkeiten unserer Systeme lernen und sich durch das gerade erreichte Erwachsenenalter bestärkt sehen, werden sie vielleicht eher ihre Meinung kundtun und sich für Veränderungen einsetzen. Natürlich gibt es auf jedem Campus unterschiedliche Ideologien, aber der Aktivismus an Colleges ist schon seit den sechziger Jahren ein leichtes Ziel für die Konservativen.

- *Obama ist aufs College gegangen.* Man könnte vielleicht meinen, ich denke mir das aus, aber das tue ich nicht. Im Zuge

der Anti-Obama-Bewegung weißer Konservativer nach Obamas Wahl und Wiederwahl wurde sein Abschluss an einer der prestigeträchtigen Ivy-League-Universitäten eines der stärksten Symbole für seinen »realitätsfernen Elitismus« (oder auch, wenn man genau hinhört, seine »Uppityness«*). Obamas Zeit an einem Elite-College stand stellvertretend für das, was Obamas Präsidentschaft Amerika aufzwingen würde: ein aufgeblähtes, überteuertes System, das auf Kosten des Steuerzahlers unsere Kinder zu Kommunisten machen würde und eine Gefahr für die amerikanischen Werte wäre. Die Konservativen wollten einen Präsidenten, mit dem sich der Durchschnittsamerikaner identifizieren konnte, und keinen bourgeoisen Kenianer aus Harvard.

– *Colleges sind viel zu teuer geworden, weil sie Profitmaximierung betreiben wollen, während deine Kinder Abschlüsse in Rhythmischem Schreien und Kulturwissenschaften machen.* Die Kosten für eine Hochschulausbildung sind tatsächlich dramatisch gestiegen, besonders in den letzten zehn Jahren. Im Jahre 2016 betrugen die durchschnittlichen jährlichen Kosten für eine Ausbildung an einer vierjährigen staatlichen Universität fast 52 Prozent des durchschnittlichen Jahreseinkommens eines Mannes und 81 Prozent des Einkommens einer Frau, im Gegensatz zu 20 und 52 Prozent im Jahre 1980.[32] Doch dieser Anstieg ist von den Republikanern gewollt. Als Antwort auf eine wachsende Unzufriedenheit gegenüber dem Hochschulwesen haben republikanische Bundesstaatsregierungen im ganzen Land begonnen, ihre Ausgaben für staatliche Colleges und Universitäten zu re-

* Ein Begriff, der stark mit der Sklaverei und der Segregation in den USA zusammenhängt. Als »uppity« wurden jene Schwarzen bezeichnet, die sich nicht ihrer untergeordneten Stellung entsprechend verhielten, sondern vorlaut, frech waren, ihren weißen »Herren« die Stirn boten. [Anm. d. Übers.]

duzieren. Als die Große Rezession kam und sich die Haushalte der Bundesstaaten im Sturzflug befanden, gehörten die Hochschuletats zu den ersten Posten, die gekürzt wurden; insgesamt reduzierten die Bundesstaaten ihre jährliche Bildungsförderung in den Jahren 2008–2017 um neun Milliarden Dollar. Die Colleges reagierten darauf, indem sie einen Großteil ihrer Ausgabenlast auf die Studierenden abwälzten. Auch wenn die Rezession schon Jahre zurückliegt, haben die meisten Bundesstaaten ihre Bildungsausgaben noch nicht einmal wieder auf den Stand angehoben, den sie vor der Rezession erreicht hatten. Unter Berücksichtigung der Inflation haben die Bundesstaaten im Jahr 2017 immer noch durchschnittlich 10 Prozent *weniger* pro Studierenden für Bildung ausgegeben als 2007.[33]

– *Verglichen mit einem bloßen höheren Schulabschluss bringt Studierenden ein Abschluss an jedem vierjährigen gemeinnützigen College oder jeder staatlichen Hochschule in der Regel einen finanziellen Mehrwert.*[34] Diese Tatsache widerspricht der Behauptung, dass Studierende heutzutage nur Abschlüsse in komplett unbrauchbaren Studienfeldern machen, die reine Geldverschwendung sind. So viel zum Thema Rhythmisches Schreien.

Inmitten all dieser Wut und Unzufriedenheit sollte man sich fragen, was der wirkliche Wert eines College-Studiums ist. Ja, Hochschulbildung ist zu teuer; viele Colleges und Universitäten sind weitaus stärker darauf fokussiert, ihren Gewinn zu steigern, als noch vor zehn Jahren. Doch ein College-Abschluss ist immer noch der sicherste Weg, in Amerika finanzielle Sicherheit zu erlangen. Heute können College-Absolvent*innen davon ausgehen, in ihrem Leben mehr als eine Million Dollar mehr zu verdienen als jemand, der nur einen höheren Schulabschluss hat. Und obwohl die durchschnittliche Verschuldung der Studieren-

den mittlerweile bei 30 000 Dollar liegt, ist das College auf lange Sicht gesehen immer noch ein ziemlich guter Deal.[35]

Wenn es einen Menschen der Post-Obama-Zeit gibt, der ein Studium an einem Elite-College wertschätzt, dann ist es Donald Trump. Er war stolzer Student der Wharton School of Finance der Universität von Pennsylvania, die auch Teil der Ivy League ist. Trump schickte außerdem drei seiner Kinder – Donald Jr., Ivanka und Tiffany – mit großer Freude nach Wharton. Wenn man bedenkt, wie hart er das Hochschulwesen attackiert hat und die »Eliten«, die auf schicke Schulen gehen, hat Trump sich dafür ziemlich häufig mit seiner eigenen elitären Bildung gebrüstet und damit, wie intelligent er folglich seiner Ansicht nach sein muss. Er hat es so oft erwähnt, dass der *Daily Pennsylvanian* darauf aufmerksam wurde und einmal gezählt hat, wie oft seine Ivy-League-Bildung von ihm zur Sprache gebracht wurde. Die Zeitung fand heraus, dass Trump zwischen Mai 2015 und Januar 2018 seinen Hochschulabschluss in beeindruckenden 93 verschiedenen Situationen in Interviews, Reden, Tweets und anderen öffentlichen Äußerungen angesprochen hatte. Trump prahlte mit seiner Bildung in Aussagen wie: »Also, ich bin auf die Wharton School of Finance gegangen, was so ziemlich die beste Wirtschaftsschule ist, okay? Muss man echt schlau sein, wenn man da hinwill, echt schlau. Leute wie Marco Rubio kommen da nicht hin, das ist mal sicher«, und: »Hey, schauen Sie – ich bin auf die Schule gegangen, wo kaum einer reinkommt, die beste Schule, Wharton – das ist nur was für Supergenies und so.«[36]

Wenn ein selbsterklärtes »Supergenie« wie Donald Trump seine College-Ausbildung so hoch wertschätzt, dass er sie in knapp drei Jahren fast hundertmal öffentlich erwähnt, warum arbeitet er so hart daran, das Hochschulwesen für jene Menschen, die er vertritt, zu zersetzen? Die Wahlergebnisse von 2016 geben uns da ein paar wichtige Hinweise. 2016 stimmten 66 Prozent der weißen Wähler*innen ohne einen College-Abschluss für Trump. Bei weißen Männern ohne College-Abschluss beträgt der Anteil

sogar 71 Prozent.[37] Clinton hingegen erhielt von Wähler*innen mit College-Abschluss neun Prozent mehr Stimmen als Trump, und sie erhielt auch mehr Stimmen von weißen College-Absolvent*innen als Mitt Romney 2012.[38]

Zusammengefasst: Menschen mit College-Abschluss wählen eher nicht die Republikaner.

Einige auf der politischen Linken leiten daraus ab, diese Zahlen würden bedeuten, die Wählerschaft der Demokraten sei gebildeter als die der Republikaner. Das ist eine abfällige und falsche Annahme. Man lässt damit die vielen Gründe außer Acht, weshalb Menschen nicht aufs College gehen (oder gar keinen Zugang dazu haben), und ignoriert die verschiedenen Möglichkeiten, wie wir Wissen oder Talent außerhalb der akademischen Welt definieren können.

Es gibt, denke ich, einige Gründe, weshalb weiße College-Absolvent*innen mit größerer Wahrscheinlichkeit die Demokraten wählen als weiße Menschen ohne College-Abschluss.

- *Im College kommt man in engeren Kontakt mit marginalisierten Gruppen, als es im Leben außerhalb des Colleges meist der Fall ist.* Weiße Menschen müssen, als Teil der Mehrheit dieses in Sachen *race* sehr gespaltenen Landes, nur selten wirklich viel Zeit mit Menschen verbringen, die nicht weiß sind. Die Möglichkeit, in einer im Hinblick auf *race* und Kultur homogenen Gesellschaft zu leben, ist ein Luxus, den Minderheitengruppen nicht haben. Diese Trennung ist gewollt. Über Generationen haben weiße Communitys für Menschen of Color Hürden aufgebaut, um ihre Nachbarschaften, Grundschulen und Arbeitsplätze so weiß wie möglich zu halten. Und es hat funktioniert. Der durchschnittliche weiße Mensch in Amerika hat in seinem Freundeskreis weniger als eine Person of Color.[39] Menschen mit verschiedenen Hintergründen und Identitäten kennenzulernen, ist eine der besten Möglichkeiten, Empathie und eine Gemeinschaft mit ihnen

aufzubauen. Anliegen von Communitys of Color werden einem nicht wie die eigenen Anliegen erscheinen, solange man keine Menschen of Color zu seiner eigenen Community zählt. Es ist weitaus einfacher, die Interessen marginalisierter Gruppen als Konkurrenz für die eigenen Interessen zu sehen, als sie als Teil davon wahrzunehmen. Die weiße amerikanische Perspektive erscheint dann wie die »normale«, und alles Übrige wie die »andere« Perspektive. Eine Übereinkunft wird wie ein Verzicht wirken – oder schlimmer noch, wie Diebstahl. Wenn die Mehrheit der Menschen in Communitys of Color und LGBTQ+-Communitys die Demokraten wählen, weil sie denken, dass sich diese Partei stärker um ihre Belange kümmert, dann erscheint die Demokratische Partei eher als Partei von »denen« als von »uns« – solange man marginalisierte Menschen als »die« betrachtet.

– *Im College werden einem die Grundlagen davon beigebracht, wie unser politisches und wirtschaftliches System funktioniert.* Alle geisteswissenschaftlichen Abschlüsse – diejenigen, die am meisten im Visier der Republikaner und der Trump-Regierung stehen – erfordern einige Grundlagenkurse zu Geschichte, Politik oder Soziologie, egal, welches Hauptfach man eigentlich studiert. Eine der zentralen Aufgaben einer geisteswissenschaftlichen Bildungseinrichtung ist die Schaffung einer gebildeten, aktiven Bürgerschaft. Unabhängig von ihrer Partei sind Menschen, die unser politisches System verstehen, weniger anfällig (wenn auch nicht völlig immun) gegenüber einem reaktionären Populismus, der die Schuld für die Verfehlungen eines komplizierten sozioökonomischen Systems »den Schwarzen«, »den illegalen Einwanderern«, »den Schwulen« oder »den elitären Medien« gibt.

– *Wenn man einen College-Abschluss hat, stellen Frauen und Menschen of Color eine weniger große sozioökonomische Bedrohung dar.* Das mag zynisch klingen, aber es ist vielleicht der wichtigste Grund, weshalb Weiße mit einem College-Abschluss seltener die Republikaner wählen. Von den durchschnittlichen Menschen in Amerika sind weiße Arbeitnehmer*innen mit College-Abschlüssen so ziemlich an der Spitze der sozioökonomischen Pyramide. Das Vermögen eines weißen Haushalts, dessen Oberhaupt mindestens einen Bachelor-Abschluss hat, liegt bei fast 400 000 Dollar. Bei hispanoamerikanischen Haushalten mit College-Abschluss beträgt dieser Wert 74 000 Dollar, bei Schwarzen Haushalten lediglich 68 000 Dollar.[40] Die einzige demographische Gruppe, die mehr Geld verdient als weiße Männer mit College-Abschlüssen, sind asiatisch-amerikanische Männer mit College-Abschlüssen, aber da asiatisch-amerikanische Männer nur drei Prozent der US-Bevölkerung ausmachen, stellen sie eine weniger große Bedrohung für die weiße Arbeiterschaft dar als andere Arbeiter*innen of Color. (Abgesehen davon sind asiatisch-amerikanische Menschen regelmäßiger Diskriminierung bei der Einstellung ausgesetzt und erhalten seltener Beförderung über die mittlere Führungsebene hinaus als Weiße mit gleicher Qualifikation, was darauf hindeutet, dass sie tatsächlich doch von ihren weißen Kolleg*innen als Bedrohung gesehen werden.) Insgesamt kann man sagen, weniger weiße Menschen werden mit asiatisch-amerikanischen Menschen zusammenarbeiten – und sich dementsprechend auch mit ihnen messen müssen – als mit Minderheitengruppen anderer *races* und »Ethnizitäten«.

– *Wenn man ein weißer Mann mit einem College-Abschluss ist, muss man sehr viel weniger Angst davor haben, dass einen jemand, den man für vielleicht ungeeignet hält, auf der sozioökonomischen Leiter überholt.* Wenn man im Gegensatz dazu

ein weißer Mann ohne College-Abschluss ist – obwohl der eigene Haushalt dann wahrscheinlich immer noch ein größeres Vermögen hat als ein Schwarzer oder hispanoamerikanischer Haushalt *mit* College-Abschluss (100 000 Dollar gegenüber 74 000 beziehungsweise 68 000 Dollar), und obwohl man wahrscheinlich trotzdem mehr Geld verdient als eine Schwarze oder hispanoamerikanische Frau *mit* College-Abschluss –, dann gehört man zu der demographischen Gruppe, die am ehesten direkt mit Menschen of Color um Arbeitsplätze, Einkommen und Status konkurriert. In dem Maße, wie mehr Menschen of Color auf Hochschulen gehen und der Anteil von Arbeitsplätzen steigt, für die ein College-Abschluss vorausgesetzt wird, nimmt auch die Bedrohung für den sozioökonomischen Status weißer Männer ohne College-Abschluss zu. Man muss in seinem Büro keine Person of Color haben, um zu glauben, dass Frauen und andere Menschen of Color einen überholen. Man muss sich nur auf Facebook einloggen oder den Fernseher anschalten, und schon sieht man jeden Tag mehr Bilder von erfolgreichen Minderheiten. Man wird abgehängt. Wenn man ein weißer Mann ohne College-Abschluss ist, dann sind Trumps Versprechen, gut bezahlte Fabrikjobs zurückzubringen und die Bedeutung von elitärer Bildung zu minimieren, sehr viel attraktiver, als sie es für weiße Menschen mit College-Abschluss sind.

Indem Trump die Hochschulbildung verteufelt – dieselbe Bildung, von der er wollte, dass alle seine Kinder sie erhalten –, kann er seine Beliebtheit bei der weißen Wählerschaft aufrechterhalten, die sich durch den Bedarf nach immer höher ausgebildeten Arbeitskräften außen vor gelassen und vom scheinbar steigenden sozioökonomischen Status von Frauen und Menschen of Color bedroht fühlt. Zudem kann er durch seine Zersetzung des Hochschulwesens für sich selbst und die Republikanische Partei zukünftige Wählerstimmen sichern.

Alles in allem geht es um eine grundsätzliche Konsolidierung von Macht und Wissen durch die Eliten, mit der Intention, dass die Arbeiterklasse gespalten und machtlos bleibt. In einer idealen Welt für Trump (und viele andere republikanische Politiker*innen) würde der durchschnittliche Mensch in Amerika nur gerade so viel Wissen akkumulieren, um seinen jeweiligen Teil zum kapitalistischen System beizutragen, während jene, die mit Privilegien geboren worden sind, an elitären Einrichtungen lernen, wie man die Welt beherrscht.

Genau das war Lowells Ziel, als er Harvard dazu bringen wollte, Juden-Quoten einzuführen. Brigham strebte das Gleiche an, als er den SAT entwarf. Es ist eine Zukunft, an deren Erschaffung die Rechtspopulisten – diejenigen, die jahrzehntelang das Hochschulwesen dämonisiert haben, um so mit der Angst des weißen Mannes vor seiner eigenen Mittelmäßigkeit zu spielen – aktiv beteiligt sind.

Ich hasse es wirklich, mich für das Hochschulwesen einzusetzen

Ich habe in den letzten Jahren sehr viel Zeit auf den College-Campus verbracht. Nach der Veröffentlichung von *So You Want to Talk About Race* (dt. *Schwarz sein in einer rassistischen Welt*) wurde ich an viele Colleges und Universitäten eingeladen, die lernen wollten, besser über das Thema *race* zu sprechen.

Diese Besuche waren nie einfach. Oft traf ich auf widerwillige weiße Professor*innen, die meinten, *race* habe nichts mit dem Thema ihrer Kurse zu tun, und auf ausgebrannte Professor*innen of Color, die versuchten, ihre Kurse zu geben, sich für Studierende of Color zu engagieren und sich mit weißen Kolleg*innen auseinanderzusetzen, die sich weigerten, *race*-Themen in ihrer Arbeit anzusprechen. An jedem College, das ich besuchte – jedem einzelnen –, gab es mindestens eine Lehrkraft

of Color, die in Tränen ausbrach und von ihrem Kampf erzählte, sich in einem so feindseligen Umfeld für ihre Studierenden of Color einzusetzen.

Das Hochschulwesen ist nicht die Diversitätsutopie, vor der die Republikaner Angst haben. Es ist nicht irgendeine bizarre Welt, in der Studierende of Color Macht über ihre weißen Kommiliton*innen und Lehrkräfte ausüben. In seinem Kern ist es ein System weißer Vorherrschaft, so wie alle anderen unserer Systeme. Das spiegelt sich in den Zahlen wider. Schwarze, hispanoamerikanische, indigene und polynesische Studierende haben in Colleges weit mehr Probleme als weiße Studierende – sie werden weniger oft zugelassen, und wenn sie zugelassen werden, machen sie weit seltener einen Abschluss als weiße Studierende.[41]

Ich erinnere mich, wie ich einmal auf einem Campus in Illinois mit einigen Schwarzen Studierenden der Sozialarbeit zusammensaß. Sie erzählten mir, dass sie sich für das Studienfach entschieden hatten aufgrund all der schlechten Erfahrungen, die sie selbst im Laufe ihres Lebens mit Sozialarbeiter*innen und anderen Menschen in ähnlichen kommunalen Autoritätsstellungen gemacht hatten. Sie wollten in der Lage sein, Menschen zu unterstützen, die, so wie sie selbst, von der herkömmlichen Sozialarbeit zurückgelassen wurden. Die Studierenden einte der Kampf, aus Gegenden wie Ferguson, Missouri, herauszukommen und auf ein College zu gehen, während ihnen zugleich viele Leute einredeten, dass sie es nicht schaffen würden. Einige der Studierenden waren während ihrer ersten Jahre im College obdachlos gewesen. Sie sprachen davon, dass alle ihre Lehrkräfte weiß waren und dass diese Lehrkräfte in allen Kursen Menschen pathologisierten, die wie sie aussahen und aus den Communitys kamen, in denen sie aufgewachsen waren. Sie erzählten davon, wie schwer es ihnen fiel, gute Noten in Kursen zu bekommen, in denen man ihnen beibringen wollte, dass Menschen, die aussehen wie sie, von Grund auf einen Defekt hätten. Sie setzten sich diesen Beleidigungen und Erschwernissen aus, um irgendwann

Sozialarbeiter*innen zu werden und den Mitgliedern ihrer Communitys sagen zu können, dass sie keinen Defekt haben.

Ich schreibe das alles nur, um zu verdeutlichen, dass ich es wirklich hasse, mich für das Hochschulwesen einzusetzen. Es ist ein kaputtes System, das marginalisierten Menschen großen Schaden zufügen kann. Trotzdem ist es für unsere jungen Menschen der beste Ort in Amerika, um ihr soziales und politisches Bewusstsein zu formen. Es ist wirklich traurig.

Ich habe meine Zeit an der Western Washington University geliebt. Ich habe sie geliebt, auch wenn ich spezielle Kurse zu *race* und Politik belegen musste, um überhaupt in Politikwissenschaftskursen Diskussionen über *race* zuhören zu können. Ich liebte die Zeit, auch wenn ich in einem Meer aus weißen Lehrkräften nur eine Schwarze und eine asiatisch-amerikanische Lehrkraft hatte. Auch wenn ich in jedem einzelnen meiner Kurse die einzige Schwarze Person war. Trotzdem liebte ich das College. Ich glaube, tief in mir drinnen gab es das Bewusstsein, dass das Forschungspapier, das von einem Wissenschaftler of Color geschrieben worden war, das Kapitel zu queerem Aktivismus in der Politik der siebziger Jahre, die kurze Einführung zu Intersektionalität und der Arbeit von Kimberlé Crenshaw – dass diese wenigen Momente, in denen die Forschung von Frauen, Menschen of Color, Menschen mit Behinderung und LGBTQ+-Menschen gewürdigt und anerkannt wurde, jene Momente waren, in denen ich einem Amerika, das Menschen respektiert und wertschätzt, die nicht weiß und männlich sind, so nah kam wie sonst nie. Und wenn ich meine Kommiliton*innen anschaute, wie sie sich über die Schriften Schwarzer Frauen und queerer Frauen beugten, sie eingehend studierten und respektvoll diskutierten – dann wusste ich, dass viele von ihnen dem Respekt vor den Meinungen und Perspektiven von nichtweißen, nichtmännlichen Menschen nie wieder so nahe kommen würden wie zu diesem Zeitpunkt. Wenn wir das verlören, wo wären wir dann?

Ich verteidige das Hochschulwesen nicht, weil ich diese Insti-

tution liebe oder auch nur mag. Ich verteidige es, weil wir ohne es verloren sind. Und weil ich in meiner eigenen akademischen Vergangenheit und in den vielen auf den Campus im ganzen Land verbrachten Stunden gesehen habe, was das Hochschulwesen sein *könnte*.

Wenn es sich Mühe gäbe, könnte es wirklich der Ort sein, den wütende weiße Männer hassen und fürchten. Es könnte ein Ort sein, an dem man wagt zu glauben, dass sich die Welt nicht um weiße Männer dreht. Es könnte ein Ort sein, an dem die Vorstellung verbreitet wird, dass Menschen, die keine weißen Männer sind, genauso das Recht und die Fähigkeiten haben, unsere Zukunft nach ihrem Bilde zu formen, wie es weiße Männer getan haben. Es könnte ein Ort sein, an dem wir lernen, gegenseitiges Einverständnis und Personalpronomen zu respektieren, wo wir etwas über Intersektionalität lernen, wo wir die Wahrheit über unsere korrupten Systeme erfahren und anfangen, Veränderungen zu fordern, wo wir lernen, Menschen zu respektieren und wertzuschätzen, die anders sind als wir, wo wir beginnen, Gerechtigkeit für die Unterdrückten einzufordern, wo wir unsere Geschichte der Vorurteile und der Engstirnigkeit unter die Lupe nehmen. Das alles könnte das Hochschulwesen sein, und die Welt wäre ein besserer Ort.

Die Angriffe gegen das Hochschulwesen kommen sowohl von außen als auch von innen. Trump und andere Rechte versuchen die Hochschule zu delegitimieren, während gleichzeitig konservative Menschen in Lehrkörper und Verwaltung schon lange versuchen, Lehrkräfte und Fakultäten zu delegitimieren, die sich der sozialen Gerechtigkeit in ihren Bereichen verschrieben haben. Während die Förderung für Hochschulen in den unterschiedlichsten Bundesstaaten gekürzt wird, gehen konservative Thinktanks auf die Institutionen zu und bieten ihnen finanzielle Hilfe an – allerdings nur für konservative Lehrkräfte und Kurse.[42] Überall im Land werden den Lehrenden von *race* und Gender Studies die Etats gestrichen und die Fachbereichsleiter*innen

genommen, sodass ihre Fachbereiche von »seriöseren« wie Naturwissenschaft, Technologie oder Wirtschaft geschluckt werden können.

Trump und andere Rechte wollen dafür sorgen, dass weiße Männer aus der Arbeiterschicht weder aufs College gehen noch denen vertrauen, die es tun, und konservative Lehrende wollen dafür sorgen, dass Menschen aus marginalisierten Communitys auch nicht aufs College gehen wollen. All das läuft ganz wie beabsichtigt. Es soll sichergestellt werden, dass wir mehrheitlich den Kopf unten behalten und uns darauf konzentrieren, unsere 40-Stunden-Jobs zu überleben, keine Fragen zu stellen und nichts Zusätzliches von einem System zu verlangen, das uns vieles schuldet. Der Niedergang des amerikanischen Hochschulwesens wird zuerst die Schwächsten von uns treffen, aber sein Ziel ist es nicht nur, uns zu schädigen und zu unterdrücken – diese Arbeit übernehmen unsere Systeme schon in vollem Umfang. Das Ziel dieses Niedergangs ist die fortgesetzte Unterdrückung und Ausbeutung des wichtigsten Werkzeugs der weißen Vorherrschaft: des wütenden weißen Mannes der Arbeiterklasse.

KAPITEL 4

WIR HABEN BEI WEITEM ZU VIELE NEGER

Wie sehr das weiße Amerika von Menschen of Color abhängig ist

Selbst der glühendste Rassist in Amerika muss sich mit der Tatsache abfinden, dass es ohne Menschen of Color keine Vereinigten Staaten gäbe. Das Blut, mit dem diese Erde getränkt wurde, um sie Amerika nennen zu können, war das Blut der Ureinwohner. Die ersten Techniken der lokalen Landwirtschaft wurden den weißen Kolonisatoren von eben jenen Ureinwohnern beigebracht. Auf den Farmen arbeiteten dann Menschen of Color. Die Gebäude, Straßen und Eisenbahnschienen wurden von Schwarzen Amerikanern, Hispanoamerikanern und asiatisch-amerikanischen Menschen gebaut. Jeder White Supremacist, der behauptet, die Vereinigten Staaten seien ein weißes Land, ist sich bewusst, dass die weißen Siedler schneller den Kältetod gefunden hätten, als man »Pocahontas« sagen kann, wenn die Ureinwohner nicht gewesen wären.

Und ein weißer Mann, der die Rockmusik liebt, die Schwarze Musiker*innen erfunden haben, der auf der Arbeit am Wasserspender Dave Chappelle zitiert, der jeden Montagabend auf dem Weg nach Hause chinesisches Essen besorgt, um dann Football zu schauen, wird sich trotzdem nicht zu schade sein, zu sagen, dass es ihm ohne uns besser ginge.

Der weiße Mann, der mir in einer E-Mail schreibt, dass mein Volk unsere Gesellschaft aussaugt, hätte keinen Computer, wenn es keine Schwarzen und asiatischen Menschen gäbe – weder die Maschine noch die elektronischen Komponenten noch die Mathematik, die der Programmierung zugrunde liegt. Die Mathematik selbst würde nicht existieren, gäbe es nicht den Nahen Osten. Das Gummi der Sohlen seiner Tennisschuhe würde nicht existieren ohne die Ureinwohner. Seine Oma wäre schon tot ohne den Herzschrittmacher, den Schwarze Menschen erfunden haben. Und wenn er dann im Haus seiner Mutter aus dem Keller kommt, nachdem er den ganzen Tag über Videospiele gespielt hat – auf einer Konsole, die ohne asiatische Menschen nicht existieren würde –, um sich ein Erdnussbuttersandwich zu machen, dann bleibt ihm die Tatsache, dass dieser Aufstrich ohne Schwarze Menschen nicht existieren würde, wie ein Kloß im Hals stecken.

Ich suche mir diese wütenden weißen Männer nicht aus. Ich kenne keine Menschen of Color, die das tun. Und trotzdem finden sie uns. Sie schicken uns aus heiterem Himmel Nachrichten, in denen sie uns mitteilen, dass sie finden, sie seien besser als wir. Sie schreien uns aus ihren Autos zu, dass wir dahin zurückgehen sollen, wo wir hergekommen sind. Die meisten weißen Menschen in Amerika haben vollständig weiße Freundeskreise – drei Viertel der weißen Menschen in Amerika sind mit weniger als einer Person of Color befreundet.[1] Trotz der Segregation, die in unserer Gesellschaft herrscht, scheinen manche weiße Menschen mehr als erpicht darauf, sich aus ihren sozialen Kreisen herauszubewegen, um Menschen of Color zu finden, die sie anschreien können. Es wundert mich, dass diejenigen, die behaupten, sie seien ohne uns besser dran, uns offensichtlich nicht in Ruhe lassen können.

Das weiße Amerika braucht uns nicht nur für das, was wir zu Kultur, Wissenschaft und Kunst beitragen. Es braucht uns als Ventil für seine Wut. Ich habe bemerkt, dass es für einen

Teil der weißen Männer absolut wichtig ist, sauer auf mich und andere zu sein, die wie ich aussehen: Männer, die sich an die Vorstellung von sich klammern, sowohl besser als ich zu sein, als auch durch meine Existenz benachteiligt zu werden. Warum müssen diese weißen Männer wütend auf uns sein? Menschen of Color – insbesondere Schwarze, hispanoamerikanische, indigene Menschen und jene mit einem nahöstlichen Hintergrund – sind einfache Sündenböcke für weiße Menschen, die von ihrem Leben enttäuscht sind. Wir sind es auch, auf die die Mächtigen zur Ablenkung zeigen, um nicht die Schuld für die riesigen Wohlstands- und Chancenungleichheiten zugeschoben zu kriegen.

Die Angst vor Amerikaner*innen of Color ist fast vollständig ein Phantasiekonstrukt des weißen Amerika. Für den durchschnittlichen weißen Menschen in Amerika ist es schon immer wahrscheinlicher gewesen, von einem anderen weißen Menschen körperlich verletzt zu werden als von einer Person of Color. Der durchschnittliche weiße Mensch in Amerika verliert seinen Arbeitsplatz eher an eine andere weiße Person als an eine Person of Color. Dem durchschnittlichen weißen Menschen in Amerika wird der Studienplatz an seinem Traum-College eher durch einen anderen weißen Menschen weggenommen als durch eine Person of Color. Die Behauptung, es sei genau andersherum, wurde nicht von Menschen wie mir in die Welt gesetzt.

Im Zeitalter des Internets kann diese Feindseligkeit durch soziale Medien und zweifelhafte Nachrichtenquellen einfacher erzeugt und verbreitet werden denn je. Eine Geschichte über das Verbrechen eines Schwarzen, die früher vielleicht ein weißes Viertel in Aufruhr versetzt hätte, kann jetzt als Argument gegen Integration und Diversität im ganzen Land instrumentalisiert werden. Und während diese Sensationsgeschichten die Angst vieler weißer Menschen am Leben erhalten, perpetuieren sie auch eine Identität der Benachteiligung, die ein Gefühl der Gemein-

schaft und Zugehörigkeit erzeugt. Die weiße Vorherrschaft ist eben gut fürs Geschäft. Fabrizierte Angst ist eine günstigere und verlässlichere Quelle von Klicks und medialen Marktanteilen als differenzierte und genau recherchierte Nachrichten.

Viele von uns schütteln den Kopf darüber, wie schnell Hass und Fehlinformation sich in dieser neuen digitalen Welt verbreiten, aber nichts davon ist neu. Die weiße amerikanische Identität gründet auf ihrem Gegensatz zu Menschen of Color, insbesondere Schwarzen Menschen. Schon lange vor dem ersten großen Blockbuster Amerikas, dem Film *Birth of a Nation* von 1915; vor der berüchtigten »Willie-Horton-Anzeige« von George H. W. Bush, bei der die Geschichte eines Schwarzen Mörders benutzt wurde, um einer weißen Wählerschaft so viel Angst zu machen, dass sie nicht für einen liberalen Kandidaten stimmte, der »zu nachlässig beim Thema Kriminalität« wäre; vor der Dämonisierung Schwarzer Menschen in den Nachrichten der Kabelsender; vor den heutigen rassistischen Memes und Fake News, die darauf abzielen, anti-Schwarzen Rassismus in den sozialen Medien zu befeuern – lange vor all diesen Phänomenen hat die Fiktion der Schwarzen Brutalität über Jahrhunderte vielen weißen Menschen in Amerika Angst, Wut, Unterhaltung, ein Gemeinschaftsgefühl und Profit beschert. Obwohl es ihnen Beklemmungen bereitet hat, wenn ihre Angst angestachelt wurde, wollten die weißen Menschen in Amerika mehr davon. Obwohl dieser Mythos sie davon abgelenkt hat, sich um die Dinge zu kümmern, die ihnen wirklich schadeten, wollten sie mehr.

Durch sein Vermächtnis der Sklaverei und deren Fortführung in der heutigen Gefängnisindustrie ist das Verhältnis Amerikas zum Schwarzsein einzigartig. Es ist eine aktive Form von gewaltsamem Rassismus, der damit begonnen hat, dass weiße Amerikaner*innen auf die erzwungene, unentgeltliche Arbeit Schwarzer Menschen angewiesen waren, die ihre Plantagen beackerten und ihre Kinder aufzogen, und der in der erzwungenen, unentgelt-

lichen Gefangenenarbeit weiterbesteht, die weißen Männern und ihren Investoren saftige Profite verschafft.

Und so ist das Weißsein in den Vereinigten Staaten schon immer verbittert und krankhaft an das Schwarzsein gebunden.

Die Selbstzerstörung des Südens

Politisch betrachtet gibt es bei weitem zu viele Neger, aber aus industrieller Sicht ist noch Platz für viele mehr.

Südstaatenpolitiker im Interview über den Exodus Schwarzer Südstaatler, frühes 20. Jhd.[2]

Was passiert, wenn man schreckliche Angst davor hat, neben seinen Nachbarn zu leben, aber noch größere davor, ohne sie zu leben? Das war ein Dilemma, dem sich weiße Südstaatler zum Ende des Bürgerkriegs ausgesetzt sahen.

Mit dem festen Vorsatz, dem am Boden zerstörten Süden so schnell und friedlich wie möglich wieder auf die Beine zu helfen, investierte die US-Regierung nach dem Krieg sehr viel in den Wiederaufbau der dortigen Infrastruktur. Doch mit den Investitionen kamen auch Bestrebungen, das Wahlrecht der vor kurzem befreiten Schwarzen Menschen in Amerika einzuführen. Der größte und schändlichste Albtraum der weißen Südstaatler wurde wahr. »Nigger, die wählen, Nigger in offiziellen Ämtern, Nigger als Geschworene – alles von Übel«, verkündete der *Columbus Democrat*, eine Zeitung aus Mississippi.[3] Aber das war eine Demütigung, die sie nicht lange würden ertragen müssen. Als der Bundesregierung schon bald das Geld ausging, ließ auch ihre Entschlossenheit nach, den Wiederaufbau des Südens zu beaufsichtigen, und Washington übergab die Zügel den Bundesstaaten.

Und die Bundesstaaten machten alles dem Erdboden gleich.

In der Ära der heute sogenannten »Post-Reconstruction-Südstaaten« begaben sich Weiße auf einen mörderischen Amoklauf mit dem Ziel, die *race*-Hierarchie wiederherzustellen, die sie zuvor genossen hatten. Mehr als 2400 Schwarze wurden zwischen 1882 und 1930 von Weißen in den Südstaaten umgebracht.[4] Die meisten Schwarzen Südstaatler hatten keine Verbindungen zum Norden und keine Möglichkeit, dorthin zu gelangen. Wie immer saßen Schwarze Menschen in der Falle. Bis es eines Tages so weit war.

> *Sehr geehrter Herr: Ich schreibe Ihnen mit der Bitte, meine Bewerbung freundlicherweise in der Zeitung zu veröffentlichen. Ich bin eine Kammerdienerin und ein wohlerzogenes Hausmädchen. Meine Haare sind Schwarz und meine Augen sind Schwarz und glatte Haut und hell und braun, gute Zähne und kräftige und gute Gesundheit und mein Gewicht beträgt 136 Pfund.*
>
> Brief einer Schwarzen Frau aus Natchez, Mississippi, an den *Chicago Defender*, auf der Suche nach Arbeit im Norden, 1917[5]

Das Land war wieder im Krieg, diesmal in Übersee. Millionen von Amerikanern kämpften im Ersten Weltkrieg, der Zustrom europäischer Immigranten ließ nach, und der industrialisierte Norden litt auf einmal an einem Mangel an Arbeitskräften, als sie gerade am dringendsten gebraucht wurden. Die wenigen Schwarzen, die zuvor aus Verzweiflung in den Norden geflohen waren, besetzten jetzt viel begehrte Arbeitsplätze in Fabriken, wo sie das Sechsfache dessen verdienten, was sie auf den Feldern im Süden bekommen hatten. Sie ließen ihre Freunde und Verwandten in der Heimat wissen, dass es einen Weg aus der Angst, der Verzweiflung und der bitteren Armut gab, in der sie sich gefangen fühlten.

Schwarze Südstaatler zogen in Scharen los. Anwerber aus dem

Norden beschleunigten diesen Weggang noch, indem sie Löhne zum Lebenserhalt versprachen, Bildungszugang und eine Umgebung ohne den rassistischen Terror, den es in den Südstaaten nach dem Wiederaufbau gegeben hatte. In den Südstaaten brach bei weißen Gemeindevorstehern Panik aus. Die Landwirtschaft um die Jahrhundertwende war noch immer sehr abhängig von menschlicher Arbeit. Ohne eine große Zahl billiger Arbeitskräfte konnte die Industrie nicht überleben. Und auch wenn die Abschaffung der Sklaverei bedeutete, dass die Arbeit Schwarzer Arbeitskräfte nicht mehr kostenlos war, waren diese, weil es finanziell und logistisch die einzig realistische Option für weiße Plantagenbesitzer war, immer noch stark unterbezahlt.

Die Weißen im Süden versuchten auf verschiedenen Wegen, Schwarze dort zu halten. Sie kürzten Schwarzen Arbeitskräften die Löhne, sodass sie sich die Übersiedlung in den Norden nicht mehr leisten konnten. Sie weigerten sich, Lohnschecks von Schwarzen einzulösen, wenn sie vermuteten, dass das Geld für eine Reise in den Norden benutzt werden sollte. Abgeordnete machten die Anwerbung Schwarzer Arbeitskräfte für den Norden illegal und fingen an, Anwerber ins Gefängnis zu stecken, wenn sie in Städten im Süden auftauchten. Sie druckten Gruselgeschichten über das Leben im Norden in den Zeitungen. Sie weigerten sich, Bus- und Zugtickets an Schwarze Reisende zu verkaufen. Sie verhafteten Schwarze an Busstationen wegen Landstreicherei. Sie fingen an, Schwarze Menschen zu prügeln, die sie bei der Abreise erwischten.[6]

Es überrascht kaum, dass nichts davon die Schwarzen wirklich überzeugen konnte, im Süden zu bleiben. Sie flohen in Massen. Zwischen 1916 und 1930 zogen mehr als eine Million Schwarze nach Norden in der Hoffnung, Arbeit, Bildung und Sicherheit zu finden. Als die Menschen im Süden ihre Taktik änderten und sich entschieden, die Arbeits- und Lebensbedingungen der Schwarzen zu verbessern, anstatt sich die Schwarzen zu Feinden zu machen, war es längst zu spät. Die Baumwollindustrie im Sü-

den war am Boden. Weil die Südstaateneliten ihr gesamtes finanzielles Glück von dieser einen Industrie abhängig gemacht und gleichzeitig die Arbeitskräfte vertrieben hatten, die der Region hätten helfen können, sich auf neue Industriezweige zu verlegen, sollte der Süden nie das blühende Vorbild werden, als das er sich selbst einmal gesehen hatte. Zum Ende der Großen Migration hatten mehr als sechs Millionen Menschen den Süden verlassen, was ihn für immer verändern sollte.

Zu Beginn der Großen Migration hatten 90 Prozent der Schwarzen in den Vereinigten Staaten im ländlichen Süden gelebt. 1970 lebten nur noch 47 Prozent der Schwarzen im Süden. Heutzutage zeigt sich das Erbe der Sklaverei im Süden nicht nur in den verbliebenen Plantagen und den Konföderierten-Flaggen. Der Süden, indem er den politischen und wirtschaftlichen Fortschritt vermeidet, der die weiße Vorherrschaft gefährden würde, weil er sowohl Schwarzen als auch Weißen zugutekäme, hat sich selbst einen Fluch auferlegt. Von den zehn ärmsten Bundesstaaten der USA liegen acht – West Virginia, Kentucky, Arkansas, Louisiana, Mississippi, Alabama, Georgia und South Carolina – im Süden.[7] Von den zehn Bundesstaaten mit der größten Ernährungsunsicherheit und dem größten Hungerproblem in den USA liegen ebenfalls acht – West Virginia, Kentucky, Oklahoma, Arkansas, Louisiana, Mississippi, Alabama und North Carolina – im Süden.[8]

Sklaverei und brutale weiße Suprematie sind fester Bestandteil der Vergangenheit, Gegenwart und wahrscheinlich auch der Zukunft des Südens. Als sich Forscher*innen der Harvard Business School 2017 die sozioökonomische Geschichte verschiedener Regionen in den Vereinigten Staaten anschauten, um herauszufinden, welche Faktoren wirtschaftliches Wachstum und Innovation begünstigten, zeigten sich mehrere interessante Muster. Sie fanden heraus, dass Gegenden, die wirtschaftlich und gesellschaftlich offener gegenüber Diversität waren, besser im Hinblick auf Innovationen im Geschäfts- und Technologiebereich

abschnitten. Sie erkannten außerdem, dass Bundesstaaten, in denen ehemals Sklaven gehalten wurden, oftmals ein stagnierendes wirtschaftliches Wachstum aufwiesen, verglichen mit den Wachstumsmustern der Vergangenheit.[9]

Einem unglaublich verbreiteten Narrativ zufolge sind der Bürgerkrieg und die Aggression des Nordens immer noch die tiefe Wunde des Südens. Sogar als ich vor kurzem durch die Südstaaten reiste, wurde mir bewusst, wie fest die Vorstellung in uns verankert ist, dass der Süden ohne den Bürgerkrieg so viel mehr hätte sein können. Doch das System der Sklaverei hätte nicht für immer aufrechterhalten werden können – auch der rassistischste weiße Südstaatler muss zugeben, dass es auf Dauer nicht haltbar war und nicht viel länger hätte bestehen können, als es der Fall gewesen ist. Aber selbst, wenn es dem Süden gelungen wäre, sich an die Besitzsklaverei zu klammern, bis er sich auf einen anderen Industriezweig verlegt hätte, wäre es ein aussichtloser Kampf für die Region gewesen. Der Norden war mit der Industrialisierung schon viel weiter, und in dem Moment, in dem es einen Ort gegeben hätte mit nur geringfügig besseren Bedingungen als den Schrecken der Sklaverei, wären die Schwarzen sofort gegangen. Letztendlich hat die Große Migration das Schicksal des Südens stärker besiegelt als der *Lost Cause*, die aussichtslose Sache, die man dort glorifiziert hat.

Der Süden führte den Bürgerkrieg, weil er sich ein Leben ohne Schwarze Arbeitskraft nicht vorstellen konnte. Es war etwas, für das es sich lohnte, Hunderttausende weiße Südstaatler zu opfern. Die Ironie dabei ist, obwohl der Süden sich ein Leben *ohne* die Arbeit von Schwarzen nicht vorstellen konnte, sollte er – durch sich selbst – eine zweite Niederlage erleiden, weil er sich ein Leben *mit* Schwarzen Menschen ebenso wenig vorstellen konnte.

Die andere Migration

Unter weißen Menschen besteht eine Gleichheit aufgrund der Präsenz einer niedrigeren Kaste, die dort nicht existieren kann, wo weiße Menschen diejenigen Positionen einnehmen, die hier durch die Sklavenrasse besetzt sind.

Jefferson Davis, Präsident der Konföderierten Staaten von Amerika[10]

Wenn man sich mit einem stolzen Südstaatler auf eine Diskussion über Rassismus und Sklaverei in den Südstaaten einlässt, ist es sehr wahrscheinlich, dass er behaupten wird, die große Mehrheit der Menschen im Süden seien keine Sklavenhalter gewesen. Vielleicht sagt er, dass viele arm gewesen und von den weißen Eliten als Bürger zweiter Klasse behandelt worden seien, und dass die Nordstaatler auf alle weißen Südstaatler herabgeblickt hätten, unabhängig davon, ob sie Sklaven gehalten hätten oder nicht. Diese Aussagen werden oft vorgebracht, um das Argument zu stützen, dass es keine wirkliche Geschichte von tief sitzendem Rassismus im Süden gebe, und vielleicht sogar, dass es beim Bürgerkrieg nicht um die Sklaverei gegangen sei. Die einzelnen Punkte dieser Argumentation stimmen an sich. Die große Mehrheit der weißen Südstaatler besaß keine Sklaven. Schwarze Menschen waren, als Sklaven, Besitz. Wir waren Wohlstand. Und wie jede andere Form von Wohlstand in einem kapitalistischen System wurden auch wir von einer kleinen Elite gehortet. Nur 25 Prozent der weißen Haushalte in den Südstaaten besaßen Sklaven (es ist so komisch zu schreiben, dass »nur« 25 Prozent einer Gruppe von Menschen eine andere Gruppe von Menschen besessen hat), und die Mehrheit der Sklaven wurde von den wohlhabendsten sieben Prozent der weißen Haushalte besessen.[11]

Der durchschnittliche Mensch in den Südstaaten besaß keine

Sklaven. Der durchschnittliche Mensch in den Südstaaten war nicht reich, und der durchschnittliche Mensch in den Südstaaten wurde oft von denselben Eliten ausgebeutet, die Schwarze versklavten. Aber obwohl das alles stimmt, bedeutet das nicht, dass der durchschnittliche arme weiße Mensch in den Südstaaten gegen die Sklaverei war. Ganz im Gegenteil. Ja, arme Weiße in den Südstaaten standen weit unten auf der sozioökonomischen Leiter, sie wurden von weißen Eliten ausgebeutet und fungierten als der unterbezahlte starke Arm, der die Peitsche hielt. Aber es war eine Leiter, die sie emporsteigen wollten, und die obersten Sprossen waren nur knapp außerhalb ihrer Reichweite.

Weiße Suprematie ist ein Schneeballsystem, und ist es immer gewesen.

> *Unter uns wird der arme weiße Arbeiter als gleichwertig angesehen. Seine Familie wird freundlich, rücksichtsvoll und respektvoll behandelt. Er gehört nicht zur untergeordneten Klasse. In keiner Weise ist der Neger mit ihm gleichwertig. Er fühlt und weiß das. Er ist Teil der einzig wahren Aristokratie, der Rasse des weißen Mannes.*
>
> James Henry Hammond, Sklavenhalter, ehemaliger Gouverneur, US-Senator und Abgeordneter für den Bundesstaat South Carolina[12]

Auf die armen, ungebildeten weißen Vorsteher im Süden, die für reiche weiße Sklavenhalter arbeiteten, wurde von vielen im Norden mit Verachtung herabgeschaut. Sogar Schwarze Sklaven empfanden für sie besondere Ablehnung und Zorn. In seinem Buch *Gebrandmarkt. Die wahre Geschichte des Rassismus in Amerika* erzählt Ibram X. Kendi, dass der Begriff *»white trash«* – »weißer Müll« – möglicherweise von Schwarzen Sklaven als Bezeichnung für arme Weiße geprägt worden ist, die für wohlhabende Sklavenhalter die Drecksarbeit machten.[13]

Arme weiße Südstaatler hatten ihre Seele für das Gefühl der Überlegenheit über Schwarze verkauft, und viele von ihnen hatten sonst überhaupt nichts. Sie gaben es also nicht einfach so auf.

Der Süden hat dafür gekämpft, die rassische Integrität beizubehalten. Haben wir die verloren? Wir haben für die Aufrechterhaltung der weißen Herrschaft gekämpft. Haben wir die verloren?

Duncan Fletcher, US-Senator aus Florida, 1931[14]

Auch wenn schon viel geschrieben worden ist über die Große Migration Schwarzer Südstaatler nach Norden und Westen, so ist es doch wichtig, darauf hinzuweisen, dass nicht nur Schwarze geflohen sind. Arme weiße Südstaatler hatten wenig Grund, in einem wirtschaftlich vernichteten Süden zu bleiben, und dafür umso mehr Gründe wegzugehen, um in Fabriken im Norden die gleichen Chancen zu bekommen, für die auch die Schwarzen weggingen. Die Große Migration prägte das Aussehen der Vereinigten Staaten auf unmittelbare, sichtbare Art, indem zum ersten Mal in der Geschichte im ganzen Land Schwarze Communitys entstanden, aber die Migration von weißen Südstaatlern prägte die amerikanische Landschaft auf eine Art und Weise, die wir möglicherweise erst jetzt beginnen zu verstehen. Letztendlich gingen doppelt so viele weiße wie Schwarze Menschen aus dem Süden fort.

Als die armen Weißen den Süden verließen, nahmen sie ihre Wut und ihre Verbitterung mit. Sie waren besiegt, beschämt und gezwungen, ihre Heimat zu verlassen, und wurden dann zusätzlich schikaniert durch die Ablehnung, mit der sie von den etablierten Menschen im Norden und Westen empfangen wurden. Viele frühe Berichte von weißer Migration zeigen, dass die Weißen aus den Südstaaten Schwierigkeiten hatten, sich an das Stadtleben zu gewöhnen, dass ihre Kinder in den strengeren Schulen Probleme hatten und dass sie sich von ihren neuen Vor-

gesetzten ungerecht behandelt fühlten. Dazu kam, dass sie oft mit Schwarzen um dieselben Arbeitsplätze konkurrierten und teilweise sogar mit ihnen zusammenarbeiten mussten. Die Nöte weißer Migrant*innen aus den Südstaaten wurden in Büchern wie *Früchte des Zorns* kanonisiert. Die Geschichte des Leids und der Misshandlung weißer Südstaatler wurde zu einem Teil der Identität nicht nur derer, die im Süden blieben, sondern auch derer, die weggingen.

Aber die Geschichte vom sinnbildlichen gebrochenen »Okie« (gerade zu Zeiten der Großen Depression eine Bezeichnung für Einwohner*innen Oklahomas), war eher ein Produkt der Phantasie von Schriftstellern wie John Steinbeck, als dass sie der Wirklichkeit entsprach. Ja, es gab einige gierige und skrupellose Farm- und Fabrikbesitzer, die darauf aus waren, verzweifelte Migrant*innen auszubeuten. Ja, weiße Menschen aus den Südstaaten hatten Schwierigkeiten, sich an die gesellschaftlichen Normen im Norden und Westen anzupassen. Zu Anfang. Aber Studien zeigen, dass sich weiße Migrant*innen relativ schnell in ihren neuen Communitys einlebten. Und die durchschnittlichen weißen Südstaaten-Migrant*innen erhielten fast sofort bessere Löhne und Jobchancen als zuvor im Süden. Nach einer Generation verdienten sie in etwa so viel wie jene Weiße, die im Norden oder Westen geboren worden waren; sie wurden bei der Vergabe besser bezahlter Arbeit konstant Schwarzen vorgezogen.[15]

Ob sie nun aus dem Süden kamen oder nicht, diese Migrant*innen waren letztendlich eben Weiße.

> *Und in den Augen der Menschen steht das Versagen; und in den Augen der Hungernden steht ein wachsender Zorn. In den Herzen der Menschen wachsen die Früchte des Zorns und werden schwer, schwer und reif zur Ernte.*
>
> John Steinbeck, *Früchte des Zorns,* 1939

In den Betrieben und Fabriken des Nordens und Westens begannen die Auseinandersetzungen zwischen Menschen verschiedener *races* nicht erst mit dem Zustrom weißer Südstaatler. Ebenso wenig begannen sie mit dem Zustrom Schwarzer Arbeitskräfte im Zuge der Großen Migration. Schwarze, asiatische und mexikanische Arbeitskräfte waren für weiße Arbeiter*innen immer ein rotes Tuch gewesen. Vom Beginn der US-Westexpansion bis zum Industriezeitalter brauchten die Vereinigten Staaten immer mehr Arbeitskräfte, als die weißen Bewohner*innen dieses relativ jungen Staates bereitstellen konnten. Und wenn die Unternehmen die dreckigen und gefährlichen Arbeiten für so wenig Geld wie möglich erledigen lassen konnten, umso besser.

Wo immer weiße Arbeitskräfte mit nichtweißen Arbeitskräften um ähnliche Jobs konkurrierten, gab es Ärger. Streiks, Ausschreitungen, sogar Morde waren nichts Ungewöhnliches in Gegenden, in denen weiße Männer glaubten, es bestehe die Gefahr, dass Menschen of Color sie ersetzten – obwohl die Firmen, die ihre Löhne zahlten, nicht überlebensfähig gewesen wären ohne die Arbeit von Menschen of Color.

Und auch wenn sich weiße Nordstaatler*innen schon lange an der Präsenz von Menschen of Color gestoßen hatten, waren weiße Menschen aus dem Süden der zusätzlichen Schmach ausgesetzt, sich mit Menschen abgeben zu müssen, die sie eigentlich besitzen sollten. Dazu kam, dass ihre soziale Stellung so niedrig war wie die von Schwarzen Arbeiter*innen. Ihre ganze Welt war auf den Kopf gestellt – sie waren von Sklavenhaltern in Ausbildung zu gewöhnlichen, arbeitenden Niemanden geworden. Wie sollte man als weißer Mann ein Mann sein in einer Welt, die darauf hinzuarbeiten schien, ihn zu entmachten?

Die Wut des Nordens

Viele weiße Menschen glauben gerne, dass Rassismus in Wirklichkeit nur ein Problem der Südstaaten ist. Klar, dumme Leute laufen überall herum und ja, hin und wieder gibt es einen rassistischen Zwischenfall in Kalifornien oder New York, aber das sind Ausnahmen. Die Südstaaten waren der Ort, wo man die Sklaverei *wollte*, und der Rest des Landes hat dafür gekämpft, sie abzuschaffen, oder nicht? Wie schlimm kann es also sein, wenn man erst mal aus dem Süden raus ist?

Die Antwort ist: sehr schlimm. Rodney King wurde nicht in den Südstaaten geprügelt; er wurde in Los Angeles geprügelt. Eric Garner wurde nicht in den Südstaaten erwürgt; er wurde in New York erwürgt. Laquan McDonald wurde nicht in den Südstaaten mit sechzehn Kugeln erschossen, während er vor Polizisten weglief; er wurde in Chicago erschossen. Ich könnte, zu meiner großen Verzweiflung, noch lange so weitermachen.

Weiße Menschen in den fortschrittlicheren Städten und Gemeinden unseres Landes mögen sich vielleicht dafür auf die Schulter klopfen, noch nie jemanden »Nigger« genannt zu haben, aber viele von ihnen hoffen auch, dass wir die strikte Segregation von Stadtvierteln und Schulen nicht bemerken, die übermäßige Polizeipräsenz in Schwarzen Vierteln, die Diskriminierung auf dem Arbeitsmarkt, das konstante, auf *race* basierte Wohlstandsgefälle. Das Konzept *race* wurde in Amerika zur Unterwerfung Schwarzer Menschen zum scheinbaren Nutzen der Weißen erschaffen. Es gibt keine gesellschaftlichen Inseln in Amerika, die frei davon sind, keine liberalen Utopien, wo es sich anders verhält.

Die Geschichte des Elends der Menschen of Color in diesem Land endet nicht mit dem Weggang Schwarzer Menschen aus den Südstaaten, und die Geschichte der gewaltsamen weißen männlichen Vorherrschaft macht nicht an der die Nord- und Südstaaten trennenden Mason-Dixon-Linie halt.

Weder das ganze Grundstück noch ein Teil davon soll an eine Person verkauft werden, deren Blut teilweise oder zur Gänze der mongolischen, malaiischen oder der äthiopischen Rasse angehört, und ebenso wenig soll dieses oder ein Teil davon an Personen jener Rassen vermietet werden.

Aus der Kaufurkunde eines Grundstücks in Seattle, Washington, Ergänzung von 1929[16]

Während der Großen Migration zogen Schwarze in einem nicht abreißenden Strom aus dem Süden nach Washington, D.C., Baltimore, Philadelphia, New York City, Boston, St. Louis, Chicago, Cleveland, Detroit, Los Angeles und Oakland. Schwarze Arbeiter*innen, Schwarze Familien waren auf der Suche nach Arbeit, Bildung und Würde.

Die Briefe der Schwarzen Migrant*innen in die Heimat, in denen sie von ihren Erfolgen berichteten, bestärkte andere zur Flucht aus dem Süden. »Ich hätte hier schon vor zwanzig Jahren herkommen sollen. Ich fange an, mich wie ein Mann zu fühlen. Es ist so ein Genuss zu wissen, dass man einige Privilegien hat. Meine Kinder gehen auf dieselbe Schule wie die Weißen, und ich muss keinem gegenüber unterwürfig sein«, schrieb ein begeisterter Migrant an einen alten Freund im Süden.[17] Einige der bedeutendsten Künstler*innen, Sportler*innen und Anführer*innen – unter anderem James Earl Jones, Zora Neale Hurston, Malcolm X und Ella Baker – waren aus den Südstaaten migriert oder stammten aus Familien, die aus dem Süden gekommen waren.[18]

Doch diese Flitterwochen dauerten nur kurz. Während viele Unternehmen und Städte durch den Zustrom dringend benötigter Arbeitskräfte wirtschaftlich florierten, waren die örtlichen Weißen nicht auf solch schnelle Veränderungen ihrer Communitys vorbereitet. Zwischen 1910 und 1930 wuchs die Schwarze Bevölkerung von Chicago um 600 Prozent. Im selben Zeitraum wuchs die Schwarze Population von Detroit um astronomische

2000 Prozent, von 6000 auf 120 000 Menschen.[19] Als immer mehr Soldaten aus dem Ersten Weltkrieg zurückkehrten, kamen viele weiße Männer in eine Heimat, in der sie zum ersten Mal in ihrem Leben in direkter Konkurrenz zu Schwarzen Arbeitskräften standen. Schwarze Migrant*innen sahen sich einer Feindseligkeit gegenüber, die sie sehr an das erinnerte, was sie im Süden erlebt hatten. Auf einmal war es ihnen nicht mehr gestattet, in weißen Geschäften einzukaufen, sie erhielten selten Arbeitsplätze, wenn weiße Männer sie auch haben wollten, und Arbeitgeber, die sie doch einstellten, bekamen oftmals die Wut der weißen Arbeiternehmer zu spüren.

Der weiße Zorn brach sich im Sommer 1919 Bahn, dem sogenannten Roten Sommer. Überall im Land gab es Aufstände gegen Schwarze, in Städten wie East St. Louis, Chicago, Omaha und Houston. In schätzungsweise 25 Städten gab es groß angelegte gewalttätige Ausschreitungen Weißer gegen Schwarze Einwohner*innen.[20]

Bei den Krawallen in Chicago war das erste Opfer der rassistischen Gewalt ein Schwarzes Kind. Der 17-jährige Eugene Williams spielte an einem heißen Sommertag am Lake Michigan, als sein Floß über die inoffizielle Grenze zwischen dem weißen und dem Schwarzen Strandabschnitt trieb. George Stauber, ein 24-jähriger weißer Mann, war entrüstet von Williams' Fehlverhalten, und bewarf ihn so lange mit Steinen, bis er ertrank.[21] Als die Polizei eintraf und Schwarze Augenzeug*innen Stauber als Verantwortlichen für Williams' Tod identifizierten, weigerte sich die Polizei, ihn festzunehmen.[22] Es kam zu einer gewalttätigen Auseinandersetzung zwischen Schwarzen und Weißen am Strand, die sich bald bis in die Stadt ausdehnte, wo sie den schon lange anhaltenden Groll der Weißen darüber, dass sie mit Schwarzen um Arbeitsplätze in der Fleischindustrie konkurrieren mussten, entzündete. Überall im südlichen Chicago flammte die Gewalt auf und brach über die Schwarzen Viertel herein. Die achtjährige Juanita Mitchell war mit ihrer Schwester und ihrer Mutter

gerade erst aus New Orleans in den Norden zu Juanitas Onkel in Chicago gekommen, als sie den Roten Sommer miterlebte. Fast hundert Jahre später, im Alter von 107, erinnerte sie sich noch gut daran: »Wir waren im Wohnzimmer. Da sah ich meinen Onkel am Fenster stehen und hörte, wie er mit rauer Stimme sagte: ›Da kommen sie!‹ Ich hatte keine Ahnung, wovon er sprach. Ich sagte: ›Was ist los?‹ Mein Onkel sagte: ›Die Rassenunruhen. Die Weißen laufen die 35th Street entlang, mit geladenen Waffen.‹«[23]

Nach fünf Tagen der Gewalt waren 23 Schwarze und 15 weiße Einwohner*innen Chicagos tot und 520 (größtenteils Schwarze) verletzt. Eintausend Schwarze Familien waren obdachlos. Eine prosperierende Schwarze Community war psychologisch und wirtschaftlich zerrüttet.

Der Rote Sommer setzte sich fort und breitete sich nach Westen aus. In East St. Louis hatten sich schon lange Spannungen um die Arbeitsplätze bei der Aluminum Ore Company zusammengebraut. Als die Arbeiter streikten, wurden Schwarze Arbeiter, die kein Recht auf Mitgliedschaft in der Gewerkschaft hatten, als Streikbrecher eingesetzt. Dieser wenig beneidenswerten Situation sahen sich viele Schwarze Fabrikarbeiter im ganzen Land ausgeliefert.[24] Die Konsequenzen für die Schwarzen Streikbrecher ließen nicht lange auf sich warten. Lokalzeitungen veröffentlichten unwahre Geschichten über eine Welle von Verbrechen, begangen von Schwarzen Migrant*innen gegen weiße Menschen. Weiße fuhren nachts durch Schwarze Viertel und schossen auf Geschäfte und Häuser von Schwarzen. Schwarze Bewohner*innen bewaffneten sich zum eigenen Schutz.

Am Abend des 1. Juli 1919 schossen Schwarze Anwohner auf ein Fahrzeug, das aussah wie eines, das früher am Abend schon einmal durch das Viertel gefahren war und dessen Insassen auf die Häuser der Schwarzen geschossen hatten. Die zwei Männer im Fahrzeug wurden dabei getötet. Sie gehörten nicht zu den gefürchteten Terroristen in der Gegend – es waren zwei verdeckte Ermittler der Polizei.[25]

Am nächsten Tag begann ein blutrünstiger Amoklauf weißer Einwohner*innen von East St. Louis. Schwarze Menschen wurden verprügelt, erschossen, vergewaltigt, gelyncht. Häuser wurden niedergebrannt, East St. Louis stand drei Tage lang in Flammen. W. E. B. Du Bois und Martha Gruening reisten nach East St. Louis, um Überlebende für *The Crisis* zu interviewen, und gaben eine düstere Beschreibung der dortigen Geschehnisse: »Von der Mittagszeit bis Mitternacht; sie töteten und prügelten und mordeten; sie schlugen Kindern die Köpfe ein und rissen Frauen die Kleider vom Leib; sie trieben ihre Opfer in die Flammen und hängten die Hilflosen an den Laternen auf.«[26] Historiker*innen schätzen, dass mehr als hundert Schwarze ermordet wurden und siebentausend verängstigte Schwarze in nahe gelegene Städte flohen.

Doch die Gewalt gegen Schwarze Migrant*innen ging über die körperliche Drangsalierung hinaus. Eine der am weitesten verbreiteten Arten, wie Schwarzen Communitys Schaden zugefügt wurde – und immer noch wird –, ist die durch rassistische Wohnungsbauvereinbarungen, sogenannte »Covenants«. Nachdem der unverblümte Ausschluss von Minderheiten aus weißen Vierteln durch den Einsatz von Bauverordnungen 1917 als verfassungswidrig eingestuft worden war, schlossen sich weiße Communitys und Stadtentwickler zusammen, um Wohnungsbauabkommen zu formulieren, die sie in ihre Grundstücksurkunden und Gemeinschaftssatzungen aufnahmen. Diese Covenants verhinderten in der Regel, dass Grundstückseigentümer ihre Immobilien an nichtweiße Menschen verkauften oder vermieteten.

Im gesamten Norden und Westen der Vereinigten Staaten wurden Menschen of Color auf der Suche nach einem besseren Leben für sich und ihre Familien in kleinere, weniger begehrenswerte und dicht besiedelte Gegenden getrieben. Der Einsatz dieser Abkommen war so weit verbreitet, dass im Jahre 1940 bereits 80 Prozent der Flächen von Los Angeles und Chicago Schwarze ausschlossen.[27] Wohnungsbauprojekte in Schwarzen Vierteln

waren schon bald gefährlich überbelegt, randvoll mit Familien, die nirgendwo sonst hinkonnten. Auch die für diese segregierten Schwarzen Communitys zuständigen Schulen waren bald überfüllt. Die Wohnhäuser verfielen zusehends, und es bildeten sich innerhalb der Städte Gebiete, die von zerbröckelnder Infrastruktur und geballter Armut gekennzeichnet waren.

Dr. Martin Luther King Jr. ging 1965 nach Chicago, auf Einladung des Chicago Freedom Movement, einem Zusammenschluss von Bürgerrechtsorganisationen, die sich dem gerechten Wohnungsbau für Schwarze in der Stadt widmeten. Als King mit seiner Familie in eine heruntergekommene Wohnung im Westteil der Stadt zog, einem typischen Beispiel für die Art von Unterkunft, wie sie Schwarzen zur Verfügung stand, lenkte die Berichterstattung darüber die landesweite Aufmerksamkeit auf das Thema der Diskriminierung von Schwarzen beim Wohnraum in Chicago. King demonstrierte mit Mitgliedern des Chicago Freedom Movement in weißen Vierteln für die Öffnung des Wohnungsbaus in der Stadt. Den Demonstrierenden schlug Gewalt entgegen. Wütende weiße Anwohner*innen beleidigten die Protestierenden rassistisch und bewarfen sie mit Steinen. Einer der Steine traf Dr. King so hart am Hinterkopf, dass er zu Boden fiel.

King war schockiert von der extremen Gewalt und dem Hass, den er in Chicago sah – einer Region, die angeblich sehr viel weniger rassistisch war als die Südstaaten. »Ich habe viele Demonstrationen im Süden gesehen«, sagte King. »Aber so etwas Feindseliges und Hasserfülltes wie hier und heute habe ich noch nie erlebt.«[28]

Quasi überall, wo sich Schwarze für eine stärkere Integration in die breitere Gemeinschaft und für eine Öffnung der Wohnungsbaupolitik einsetzten, wurden sie von den weißen Nordstaatlern mit gewaltsamem Widerstand empfangen. Weiße Nordstaatler sind stolz darauf gewesen, in Sachen Sklaverei auf der richtigen Seite der Geschichte zu stehen. Die Sklaverei war für sie ein

Problem des Südens. Sie war jedoch ein Problem des Südens, weil weiße Nordstaatler anscheinend davon ausgegangen waren, dass befreite Schwarze weiterhin an den Süden gekettet bleiben würden. Als Schwarze anfingen, nach Norden zu migrieren, wurden sie von Weißen in Gegenden gezwungen, wo sich Armut und Elend konzentrierten. Dann zeigten sie mit dem Finger auf die Lebensbedingungen Schwarzer Menschen in Amerika – und damit auf deren Verzweiflung – und nutzten diese, um weitere Diskriminierung zu rechtfertigen.

Doch in dem Maße, wie Schwarze Arbeitskräfte im Süden gebraucht worden waren, um die Landwirtschaft am Leben zu erhalten, wurden sie jetzt im Norden gebraucht, um die Industrie zu unterstützen. Der Bedarf des Nordens nach Schwarzer Arbeitskraft und der Hass des Nordens auf Schwarze Menschen waren nichts Neues, ebenso wenig wie die Tatsache, dass die Schwarzen beides überlebten.

Segregation für immer

George [Wallace] speist uns nicht mit irgendwelchem schönfärberischem »Einerseits so, andererseits so«-Quatsch ab. Er sagt, was Sache ist, und wenn er damit ein paar Regierungsbürokraten und großmäulige Bürgerrechtshetzer verärgert, was soll's? Er macht sich gerade und kämpft für die wahren Amerikaner.

Wallace-Unterstützer, 1968[29]

Wenn George Wallace zum Präsidenten gewählt wird, dann wird er diese ganzen Nigger in einer Reihe aufstellen und erschießen.

Wallace-Unterstützer, 1968[30]

Mit der Wut ist es so, dass sie einen Adressat braucht. Wenn man wütend ist, weil man ein weißer Mann ist, der in seiner Karriere feststeckt – sich in der verändernden Welt unwohl fühlt und einer finanziellen Ungewissheit gegenübersteht –, dann ist es sehr schwer, ein konkretes Ziel für die eigene Wut zu finden. Wenn die Gesellschaft einem immer wieder sagt, dass man keines dieser Probleme haben sollte, weil man ein weißer Mann ist, dann wird die eigene Wut einen davon überzeugen, dass einem *irgendjemand* das gestohlen hat, was einem gehört. Die Gefahr dieser Art von Wut wird am deutlichsten, wenn ein gerissener Populist beschließt, dieses Ziel für einen zu benennen. In den sechziger Jahren hieß der Opportunist, der die Angst und die Wut weißer Männer für sich ausnutzte, George Wallace.

Wallace hatte sich als Gouverneur von Alabama einen Namen gemacht mit seiner theatralischen, hasserfüllten Anti-Integrationspolitik. Auch wenn ihn seine großspurigen Possen – wie sich vor die Universität von Alabama zu stellen, um Schwarze Studierende am Hineinkommen zu hindern – bei Weißen in den Südstaaten populär gemacht hatten, waren sich Fachleute und Politiker*innen einig, dass eine derart kontroverse Person auf der landesweiten Bühne keine Chance haben würde. Diese Art von aggressivem Rassismus würde im Norden und Westen nicht funktionieren. Ihre massive Unterschätzung des George Wallace und der Macht eines himmelschreienden Rassismus sollte die Politik in Amerika für immer verändern.

Es ist wichtig zu verstehen, dass Wallace, auch wenn er zweifelhafte Berühmtheit erlangt hatte für das Hinausschreien rassistischer Slogans wie »Segregation jetzt, Segregation morgen, Segregation für immer«, wahrscheinlich nicht viel rassistischer war als der durchschnittliche weiße Politiker – besonders im Süden. In erster Linie war Wallace ein Opportunist.

Als Wallace 1958 zum ersten Mal für den Posten des Gouverneurs in Alabama kandidierte, fuhr er eine relativ fortschrittliche Kampagne. Er sprach sich offen gegen den Ku-Klux-Klan aus

und wurde von der NAACP unterstützt. Und bei den Vorwahlen verlor er haushoch gegen den offen rassistischen Kandidaten John Malcolm Patterson. Der geschlagene Wallace lernte daraus, dass sein Weg zum Erfolg bei der Wählerschaft nicht über den Kampf für Frieden und Freundschaft führte. Nach der Wahl sagte er angeblich zu seinem Freund Seymore Trammell, »John Patterson hat mich *überniggert*. Und ich sage dir hier und jetzt, niemand wird mich jemals wieder *überniggern*.«[31]

Als Wallace 1962 wieder als Gouverneur kandidierte, schaffte er es, sich mit Hilfe seiner »Segregation für immer«-Kampagne einen Erdrutschsieg auf seine Weise zu »überniggern« – wobei ihm der massenhafte Ausschluss Schwarzer vom Wahlrecht in Alabama zugutekam. Als er sich 1968 an einer Präsidentschaftskampagne versuchte, erkannte Wallace, dass die Wut, die die Wählerschaft von Alabama angetrieben hatte, bei weißen Männern der Arbeiterklasse im ganzen Land verbreitet war – insbesondere an Orten, die sich an einen Zustrom Schwarzer Industriearbeitskräfte anpassen mussten, und vor allem unter weißen Südstaatenmigranten im Norden. Wallace überarbeitete sein Vokabular, um seine Wählerschaft zu erweitern, aber wenn man genau hinhörte, war die Botschaft noch immer dieselbe. »Die Gefahren der Integration« wurden ersetzt durch weniger problematische Ersatzbegriffe wie »die Notwendigkeit von Recht und Gesetz« und »die Bekämpfung des Busing«. »Böse Kommunisten und Bürgerrechtsaktivisten« wurden zu »bösen Kommunisten und Hippies«. »Aggressoren aus dem Norden« wurden zu »Eliten in Washington« und zur »liberalen, ignoranten Presse«.

Es ging kaum um Politik; selbst die Mitglieder von Wallace' Kampagnenteam musste sich eingestehen, dass sie nicht wirklich wussten, was sie tun würden, wenn Wallace tatsächlich ins Amt gewählt würde. Man kann davon ausgehen, auch wenn man seinen Fanatismus kurz vergisst, dass er ein wirklich schlechter Präsident gewesen wäre. Wallace' Kampagne mangelte es an jedweder substanziellen politischen Aussage, dafür wurde reichlich

Hass gegen Schwarze gesät, gegen Hippies und die politische Elite. Sogar eine von Wallace' Kampagnenmitarbeiterinnen sagte, dass sie nicht glaube, Wallace habe »wirklich darüber nachgedacht, Präsident zu sein, im Sinne davon, ein Land zu führen«.[32] Doch Wallace brauchte kein starkes, durchdachtes politisches Programm. Mit großer Geste versprach er, sich die Hippies und Kommunisten und Aktivisten und elitären Politiker vorzuknöpfen. Das genügte den weißen Männern, die einen Sündenbock gesucht hatten. Wallace' Kampagnenslogan versicherte, dass er sich »Für Amerika erheben« würde – und es war klar, für wessen Amerika er sich erheben und gegen wen er sich stellen würde.

Die Experten waren überrascht, als Wallace Unterstützung aus Städten wie Akron, Ohio, erhielt, aber höchstwahrscheinlich war das für Wallace und sein Team keine große Überraschung. Anfangs erhielt Wallace dort die meiste Unterstützung, wo weiße Migrant*innen aus den Südstaaten hingezogen waren. Wallace sprach ihre Sprache, und ihr anfänglicher Enthusiasmus half dabei, seiner Kampagne Legitimation zu verleihen und ihn bei einem größeren Publikum bekannt zu machen. Wallace' dürftig verschleierter Rassismus fiel bei weißen Männern der Arbeiter- und Mittelschicht allgemein auf fruchtbaren Boden. Als die Unterstützung für Wallace, der als Unabhängiger kandidierte, prozentuale Zweistelligkeit erreichte, geriet sein republikanischer Gegner, Richard Nixon, in Panik. Dieser Emporkömmling schöpfte ihm einen großen Teil seiner Wählerschaft ab, und Nixons Lager fürchtete, Wallace könnte ihm so viele Stimmen abspenstig machen, dass der Demokrat Hubert Humphrey gewinnen würde.

Als Antwort auf Wallace' Erfolg bei der weißen Wählerschaft der Arbeiterklasse entschieden sich Nixon und sein Team, Wallace mit einer sogenannten Südstaatenstrategie zu »überniggern«. Indem sie den Fokus der Kampagne auf Recht und Gesetz verschoben, auf den Schutz der Rechte der Bundesstaaten und das Versprechen, Amerika den einfachen Arbeitern zurückzugeben,

gebrauchten sie leicht zu entschlüsselnde Chiffren (die noch heute verwendet werden) für »Wir werden eure Vormachtstellung gegenüber Schwarzen Menschen wiederherstellen«.

Nixons Richtungswechsel hin zu einer Kampagne der weißen Vorherrschaft, zusammen mit der Macht der Republikanischen Partei, reichte aus, um sowohl Wallace als auch Humphrey zu schlagen und ihm die Präsidentschaft zu verschaffen. Nixons Sieg enthielt eine deutliche Botschaft: Wer die weiße amerikanische Arbeiterklasse mobilisieren will, muss eine Erweiterung der wirtschaftlichen und politischen Macht über Communitys of Color zumindest andeuten. Viele zukünftige Präsidenten – von Reagan über Clinton bis hin zu Trump – nahmen sich das zu Herzen.

»Vielleicht besetzen wir gerade illegal dein Haus«

Meine Familie ist innerhalb von drei Häuserblocks die einzige Schwarze Familie. Das war schon so, als wir vor fünf Jahren in dieses Arbeiterviertel gezogen sind. Und ich bin hier wegen der Diversität hingezogen. Wir leben in Seattle – und in Seattle ist Diversität relativ. Ja, die Bevölkerung in unserem Vorort ist nur zu etwa sechs Prozent Schwarz, aber es gibt nur zwei High Schools in unserem Bezirk, folglich können sie nicht so segregiert werden wie viele andere Schulen in und um Seattle. Das ist Diversität nach Seattle-Art. Ich glaube nicht, dass ich dieselbe Karriere als Schriftstellerin gemacht hätte, wenn ich nicht im Großraum Seattle aufgewachsen wäre. Diese Stadt hat mich gezwungen, all die ungesagten Dinge über *race* und Rassismus in Amerika zu verstehen.

Seattle liegt in einer wunderschönen Landschaft, mit Gewässern, Bergen und Bäumen so ziemlich überall, wo man hinschaut. Es ist eine Stadt, in der jeder seinen Müll trennt und jeder die

Demokraten wählt. Es ist eine Stadt, die mit Hilfe mehrerer Technologie-Booms eine viele Jahrzehnte andauernde Periode von Wohlstand und Sicherheit erlebt hat.

Das Einzige, was die Menschen von Seattle noch mehr lieben, als ihren Müll zu trennen, ist es, sich neue Wege auszudenken, um nicht über *race* und das Rassismusproblem in der Stadt zu reden.

Selbst ich, die ich auf die vierzig zugehe, werde in Geschäften von Sicherheitsleuten verfolgt. Ich werde von der Polizei verfolgt, wenn ich Auto fahre. Ich werde bei privaten oder Arbeitsveranstaltungen angestarrt. Auf den Parkplätzen der Lebensmittelläden höre ich das verlässliche »Klick« der Autotüren anderer Leute, wenn ich an ihren Autos vorbeigehe.

Mein gesamtes Leben in Seattle hat von mir verlangt, damit umzugehen, dass Weißsein sich weigert, sich selbst anzuerkennen, und gleichzeitig darauf besteht, sich zu behaupten, wann immer es mit Menschen of Color konfrontiert wird.

Wenn ich über diese alltäglichen Dinge mit meinen weißen Nachbar*innen spreche, reagieren sie entweder mit wütender Leugnung oder affektierter Erschütterung und Betroffenheit. Wenn ich sage, dass ich gerne am helllichten Tag über einen Parkplatz laufen können würde, ohne zu hören, wie die Autotüren abgeschlossen werden, wenn ich näher komme, dann werde ich überschüttet mit Erklärungen dafür, warum diese Türen wahrscheinlich abgeschlossen werden – und, Überraschung, keine dieser Erklärungen hat etwas mit meiner Hautfarbe zu tun. Oder ich muss mir eine demonstrative Bekundung übermäßiger Tugendhaftigkeit der Weißen darüber anhören, dass Seattle die schlimmste Stadt der Welt sei und sie Mitleid mit mir haben, dass ich an so einem Ort leben muss.

Doch diese kleinen Herabwürdigungen sind nur die Spitze eines viel größeren rassistischen Eisberges, über den das weiße Seattle nicht sprechen möchte.

Als Charleena Lyles 2017 in Seattle von Polizisten erschossen

wurde, in ihrer eigenen Wohnung, umgeben von ihren vier Kindern und schwanger mit dem fünften, war ich am Boden zerstört. Lyles und ihre Kinder hatten in einem Wohnkomplex für Familien gewohnt, die aus der Langzeitobdachlosigkeit herauswollen. Viele der Menschen, die dort leben, haben durch ihre Entbehrungen tief sitzende Traumata erlitten. Viele sind Menschen of Color.

Ich hatte die Organisation, der diese Wohnsiedlung gehörte, lange finanziell unterstützt. Als ich einmal an einem »Tag des Spendens« in der schicken Technologie-Firma teilnahm, bei der ich arbeitete, schaute ich der Präsentation eines Vorstandsmitglieds der Organisation zu. Als im Verlauf dessen ein Foto des Wohnkomplexes gezeigt wurde, erkannte ich darin meine Kindheit wieder. Bevor das Gelände zu einer Unterbringung für ehemals obdachlose Menschen umgestaltet worden war, hatten dort alte Militärbaracken gestanden, die in den achtziger und neunziger Jahren Familien mit niedrigem Einkommen als günstige Unterkünfte dienten. Ich hatte als Kind dort gelebt.

Ich erinnerte mich daran, wie ich am Strand unten am Hügel gespielt und am Kiosk Kaubonbons gekauft hatte. Ich erinnerte mich an den Gemeinschaftsgarten, mit dessen Hilfe wir uns gesund ernährt haben, wenn es im Lebensmittelladen kein Obst und Gemüse gab oder wir es uns nicht leisten konnten.

Ich las die Artikel über Charleena und hörte auf den Tonaufnahmen der Polizei, wie die Beamten in kurzer Zeit entschieden, Charleenas Leben zu beenden und das ihrer Kinder zu gefährden, ich sah den Kummer ihrer Familie in den Nachrichten. Das alles sah ich und ich wusste, dass das liberale, selbst ernannte »antirassistische« Seattle ein paar erschütterte Sprüche auf Facebook posten würde, und das wäre es dann gewesen. Es würde keine Protestmärsche geben wie die in Ferguson. Es würde keine lauten Rufe nach Gerechtigkeit geben. Und wenn man entscheiden würde, gegen die beiden Polizisten, die siebenmal auf Lyles ge-

schossen hatten, keine Anklage zu erheben, dann gäbe es in den Straßen nur vereinzelte kleine Ausschreitungen.

Die Schwarzen Menschen von Seattle wären außer sich. Die Schwarzen Menschen von Seattle würden Gerechtigkeit fordern. Aber es gab nicht genügend von uns, als dass man uns hören würde. Und das war auch so vorgesehen.

Als ich im nördlichen Seattle aufwuchs, war ich das einzige Schwarze Kind in meiner gesamten Grundschulzeit, bis auf das eine Jahr, das wir in den Niedriglohnunterkünften in Lyles' Viertel verbrachten. Abgesehen von diesem Jahr hatte ich bis zur sechsten Klasse keine Schwarzen Freund*innen. Ich hatte auch keine Schwarzen Lehrer*innen, bis ich aufs College kam, und dann auch nur einen.

Mein Lebensgefährte, der in dem heute immer schneller verschwindenden historischen Schwarzen Viertel der Stadt aufgewachsen ist, hatte nur Freund*innen of Color. Er hatte Schwarze Lehrer*innen. Außerdem ging er auf chronisch unterfinanzierte Schulen und wurde regelmäßig von der Polizei schikaniert.

Er wuchs in der Unsichtbarkeit des »Schwarzen Viertels« in einer weißen Stadt im Norden auf: der sozialen und strukturellen Auslöschung einer gesamten Community, die eintritt, sobald alle Schwarzen Anwohner*innen in einen kleinen Winkel gedrängt worden sind, weit weg von allen anderen. Ich wuchs in der Hypersichtbarkeit der »Schwarzen Familie« in einer weißen Stadt im Norden auf, dem Schwarzen Vorzeigehaushalt, dessen Anwesenheit dem Viertel erlaubte, sich selbst als divers zu bezeichnen.

Die Segregation in meiner Stadt und vielen anderen Städten im Norden und Westen der Vereinigten Staaten ist kein Zufall. Denken wir an die Wohnungsbauabkommen, die Covenants. Weiße Anwohner*innen haben sich zusammengetan, um Menschen of Color aus ihren Vierteln herauszuhalten, und diese Bemühungen wurden oft unterstützt – wenn nicht sogar initiiert – von Lokal- und Bundesregierungen. Unsere Regierung hat dort segregierte Niedriglohnwohnprojekte ins Leben gerufen,

wo einst integrierte gestanden hatten, und dadurch arme Weiße und Schwarze voneinander getrennt. In vielen Vierteln, wo diese rassistischen Covenants heute existieren, gab es früher Wohnungen, die zu Krediten der Federal Housing Administration berechtigt und damit zum Teil von unserer Bundesregierung finanziert waren. Doch die Wohnungsbaudiskriminierung hat nicht nur Schwarze und weiße Familien voneinander separiert. Sie hat auch viele Schwarze davon abgehalten, überhaupt ein Haus oder eine Wohnung zu kaufen. In der Nachkriegszeit, als die Regierung aktiv versuchte, den Hausbesitz in der Bevölkerung zu stärken, kamen Förderprogramme wie die Federal Housing Administration oder die G. I. Bill Schwarzen weit weniger zugute als Weißen. Banken wollten nichts mit ihnen zu tun haben, und Schwarze wurden durch die Covenants davon ausgeschlossen, in den Gegenden mit den erschwinglicheren neuen Häusern zu wohnen. Der Verlust von generationenübergreifendem Wohlstand durch den Ausschluss Schwarzer Familien von der Möglichkeit, im Immobilienboom der Nachkriegsjahre Häuser zu kaufen, war der Grundstein für das riesige Wohlstandsgefälle, das heute zwischen Schwarzen und weißen Familien herrscht.[33]

Heute, Jahrzehnte, nachdem die rassistischen Wohnungsbauabkommen abgeschafft worden sind, führen viele weiße Viertel ihre Segregation mit weniger offensichtlichen Mitteln fort, aber insgesamt mit demselben Ergebnis. Die erbitterten Kämpfe gegen bezahlbaren Wohnraum in wohlhabenderen und sogar Mittelstandsvierteln haben verhindert, dass Menschen mit niedrigerem Einkommen in weiße Viertel ziehen. Auch wenn sich der Diskussionsgegenstand weg von *race* und hin zu sozialen Schichten verschoben hat, zeigt sich in der Wucht des Kampfes gegen bezahlbaren Wohnraum oftmals die rassistische Absicht. Als ProPublica, eine Organisation für Non-Profit-Journalismus, Bewohner*innen wohlhabender weißer Ortschaften in Connecticut dazu befragte, weshalb sie sich gegen den Bau von Wohnsiedlungen für Menschen mit unterschiedlichem Einkom-

men in ihren Vierteln stellten, waren die Zwischentöne nicht zu überhören.

»Es ist eine Herausforderung für unsere Gemeinschaft nicht nur im Hinblick auf den Charakter unseres Viertels, sondern auch auf die Einsatzfähigkeit von Feuerwehr und Polizei, potenziell auf die Kapazität der Bildungseinrichtungen, der Unterstützung im Sozialwesen und auf unsere Tradition als Gemeinschaft von Einfamilienhäusern«, sagte Jim Marpe, erster Stadtrat von Westport.

»Die Drogenabhängigen werden herkommen, glauben Sie mir«, meinte der Anwohner William Woermer. »Es wird eine Menge Gesindel kommen. Und dann wird es mit einem Projekt wie diesem dazu kommen, dass man hier Sicherheitsleute braucht.«

»Bestimmt könnten sie ihre kleinen Parkplätze haben, aber wenn jemand eine Party schmeißt oder es ist der Cinco de Mayo oder irgend so was, dann kann man hier schon bald nicht mehr parken«, äußerte George Temple in Sorge darüber, was eine bezahlbare Wohnsiedlung für Auswirkungen auf die Parksituation im Viertel bedeuten würde.[34]

Es gab noch mehr altbekannte, chiffrierte Aussagen wie die, bezahlbarer Wohnraum würde laute Musik und Kriminalität in die Stadt bringen. Er würde die Testergebnisse an den Schulen nach unten treiben.

Diese Art des Widerstands gegen Niedriglohnwohnungsbau sieht man im ganzen Land, sogar im liberalen Seattle. Schwarze und Braune Menschen wurden auf diese Weise davon abgehalten, in Gegenden zu ziehen, die möglicherweise näher an ihren Arbeitsstellen lagen. Die Armut konzentrierte sich auf Viertel of Color, in der Folge litten Schulen, die von Vermögenssteuern abhängig waren, an Unterfinanzierung. Unternehmen, denen es ein Anliegen ist, genügend weiße Arbeitskräfte zu rekrutieren, wurden dadurch von Schwarzen und Braunen Vierteln ferngehalten. Solcher Widerstand hat, gemeinsam mit anderen will-

kürlich konzipierten Formen der systemischen Unterdrückung, dafür gesorgt, dass Generationen von Schwarzen und Braunen Familien in der Armut gefangen bleiben.

Dieses Schema hat sogar schon von ganzen Bundesstaaten seinen Tribut gefordert. Armutsnischen verbinden sich und sorgen für eine Konzentration von Kriminalität in Vierteln mit großer Armut und wenigen Ressourcen, damit belasten sie das Gesundheits- und Sicherheitswesen in Gegenden mit niedrigen Steuereinnahmen. Wenn ich über *race* und Armut spreche, dann ist eine häufige Taktik weißer Trolle, mich zu fragen: »Was ist mit Chicago? Da erschießen sich die Schwarzen gegenseitig. Und da gibt's keine Weißen, die sie in der Armut halten. Wie erklärst du dir das?« Ich höre das, und ich stelle mir Dr. King vor, wie er von weißen Chicagoern mit einem Stein zu Boden geworfen wurde, die wütend über die Dreistigkeit waren, mit der er für das Recht Schwarzer Chicagoer kämpfte, die Ghettos zu verlassen und ihre Lebenssituation zu verbessern. Ich denke an die niedergebrannten Schwarzen Viertel in East St. Louis. Ich denke an die Gewalt und den Terror gegen Schwarze in Schwarzen Vierteln in Omaha, Houston, Indianapolis, Washington, D.C., und Dutzenden anderen Städten im ganzen Land. Ich denke an das Massaker der Black Wall Street in Tulsa, Oklahoma. Ich denke an die Bombardierung des MOVE-Gebäudes in Philadelphia. Ich denke an all die Situationen, in den Schwarze Menschen in Amerika dafür kämpften, Gemeinschaften aufzubauen und eine wirtschaftliche Basis für diese Gemeinschaften zu schaffen, nur um danach wieder ganz von vorne anfangen zu müssen.

Als ich die historischen Hausbesitzerabkommen des Großraums Seattle recherchierte und nach solchen suchte, die die Integration von Menschen of Color in weißen Vierteln verhinderten, war ich nicht überrascht, einige davon in dem Viertel zu finden, in dem ich lebe. Mein Lebensgefährte schlug vor, dass ich ins Archiv gehen und mir eine Kopie meiner Grundstücksur-

kunde besorgen solle, um zu schauen, ob ich ein solches Abkommen darin finde.

»Vielleicht besetzen wir gerade illegal dein Haus«, sagte er mit einem Augenzwinkern.

Wenn mein Grundstück zu irgendeinem Zeitpunkt einer Vereinigung im Viertel gehört hat, die Menschen of Color ausgeschlossen hat, könnte es gut sein, dass die Vereinbarungsklausel noch immer in meiner Grundstücksurkunde stünde. Man hätte sie nicht gestrichen. Sie wäre von Generation zu Generation weitergereicht worden, lange nachdem Seattle all das angeblich hinter sich gelassen hat, was es selbst als seine kleinen Vorstöße in den systemischen Rassismus bezeichnet. Erst seit Januar 2019 können Hausbesitzer*innen verlangen, dass man die rassistischen Covenants aus ihren Grundstücksurkunden streicht.

Aber ich brauche keinen Papierkram, der mir sagt, dass ich mein Viertel illegal besetze – alle Menschen of Color in dieser Stadt wurden seit weit über hundert Jahren immer als Besetzer*innen gesehen.

KAPITEL 5

FEUERT DIE FRAUEN

Der zweckdienliche Gebrauch und Missbrauch von Frauen am Arbeitsplatz

»Während Sie weg waren, haben wir uns ein paar Änderungen ausgedacht.«

In der Komödie *Warum eigentlich … bringen wir den Chef nicht um* von 1980 beschreiben Doralee Rhodes (gespielt von Dolly Parton) und Judy Bernly (Jane Fonda) die Verbesserungen, die sie und ihre Kollegin Violet Newstead (Lily Tomlin) am Büro vorgenommen haben, während ihr übergriffiger und sexistischer Boss Franklin Hart (Dabney Coleman) … weg war. Besser gesagt hatten die Frauen Hart sechs Wochen lang gefesselt in einem Schlafzimmer festgehalten, um die Änderungen umzusetzen.

Sie kommen in ein geschäftiges Büro mit einer ausgesprochen »femininen« Atmosphäre. Der Raum ist hell und belebt. Die Frauen sehen bei der Arbeit glücklich und entspannt aus. Während sie an frisch gestrichenen Wänden in hellen Farben vorbeilaufen, erklären sie die neuen Programme, die sie umgesetzt haben, wie Arbeitsplatzteilung, Gleitzeit und eine hauseigene Kinderbetreuungseinrichtung.

Hart ist außer sich und schwört, alles wieder in den vorherigen Zustand zurückzuversetzen, bis Russell Tinsworthy, der Aufsichtsratsvorsitzende, unerwartet auftaucht, um Hart zum

zwanzigprozentigen Produktivitätsanstieg seiner Abteilung in nur sechs Wochen zu gratulieren.

Hart heimst nervös den Ruhm für die Verbesserungen ein, die Doralee, Judy und Violet eingeführt, und die der Firma solchen Erfolg beschert haben. Als Tinsworthy Hart abermals gratuliert, beugt er sich vor und sagt verschwörerisch, »Nur die Sache mit dem gleichen Gehalt für alle – die muss aufhören.«

Hart erhält als Belohnung für seinen Erfolg eine neue Stelle in Brasilien, wo er von »einem Amazonen-Stamm« gekidnappt wird und für immer verschwindet, sodass Doralee, Judy und Violet endlich ihr neues, arbeitnehmerfreundliches Umfeld genießen können, ohne Harts Pöbelei. Normalerweise würde mich diese verdrehte, rassistische Darstellung von Menschen of Color, die einen Weißen kidnappen, wütend machen, aber ich will mal gnädig sein und annehmen, dass die brasilianischen Indios schon genug Scheiße von reichen weißen Männern wie Hart haben ertragen müssen und getan haben, was wir alle schon vor langer Zeit hätten tun sollen.

Warum eigentlich … erhielt von männlichen Kritikern eher mäßigen Applaus. Roger Ebert schrieb in der *Chicago Sun-Times* eine der etwas freundlicheren Rezensionen, gab dem Film drei Sterne und nannte ihn eine »nur einigermaßen erfolgreiche Komödie«. Seine positivsten Aussagen bezogen sich auf Dolly Parton und ihre Darstellung der Doralee. Ebert wies gewissenhaft darauf hin, dass er Parton nicht für ihre berühmte Oberweite lobe, und schrieb sogar, sie scheine »in diesem Film kaum als sexuelles Wesen zu existieren« – um dann jedoch zu erklären, er müsse erst wieder seine Contenance zurückgewinnen, um die Rezension fertig zu schreiben.[1]

Vincent Canby bedachte in der *New York Times* nur den männlichen Star des Films mit Lob und schrieb: »Wenn man den Kampfgeist von *Warum eigentlich …* bedenkt, ist es vielleicht ganz passend, dass die witzigste schauspielerische Leistung von Dabney Coleman kommt, der Franklin Hart Jr. spielt.« Er

beschreibt, wie unfassbar komisch all die widerlichen Arten sind, wie Hart Mitarbeiterinnen belästigt und beleidigt. Offenbar fand Canby, dass sein Vergnügen an jenen Teilen des Films, die bei der Mehrheit der Frauen im Publikum Schauder der unangenehmen Vertrautheit auslösten, ein Denkanstoß sein sollte. Für Frauen. Er beschloss seine Rezension mit den Worten, »Man kann eine gewisse Erkenntnis aus der Tatsache ziehen, dass die größten Lacher in *Warum eigentlich* ..., wie auch in diversen anderen feministischen Komödien, dem enthusiastischen, unverfrorenen Sexismus gelten.«[22]

Trotz der meckernden Kritiker war *Warum eigentlich ... bringen wir den Chef nicht um* ein Erfolg. Die Komödie fand bei vielen Frauen Anklang. An Arbeitsplätzen im ganzen Land hatten sie schon Erfahrungen mit ihren eigenen Versionen eines Franklin Hart machen müssen – eines inkompetenten männlichen Chefs, der Frauen im Büro wie Dreck behandelt und gleichzeitig von ihrer Kompetenz abhängig ist, um selbst gut dazustehen. *Warum eigentlich* ... war eine Rachephantasie, sicher verpackt in eine absurde Komödie. Viele Frauen hatten wahrscheinlich selbst schon davon geträumt, den Männern die sexuellen Belästigungen bei der Arbeit heimzahlen zu können. Ich zweifle auch nicht daran, dass sich viele Frauen in den brachliegenden Talenten von Doralee, Judy und Violet wiedererkannten und wussten, dass sie, wenn man sie jemals ließe, ihre Arbeitsplätze umfassend würden verbessern können.

Während die Verbesserungen, die Doralee, Judy und Violet bei den fiktiven »Consolidated Companies« machten, sehr auf den Veränderungen am Arbeitsplatz basierten, die viele Frauen im wirklichen Leben schon seit Jahrzehnten forderten, war der Film eine Komödie – und dazu nur eine Phantasie. *Warum eigentlich* ... war nicht nur absurd, weil drei Frauen einen reichen und mächtigen weißen Mann kidnappten und ihn tagelang gefangen hielten, ohne dafür auch nur eine Sekunde im Gefängnis zu verbringen, sondern auch, weil sie eine Firma leiteten. Frauen – die

erfolgreich eine Firma leiteten! Den Mitarbeiter*innen zuhörten! Eine firmeneigene Kinderbetreuung einrichteten! Was denken sich die in Hollywood wohl als Nächstes aus?

Auch wenn *Warum eigentlich …* elf Tage vor meiner Geburt in die Kinos kam, hinterließ der Film doch einen bleibenden Eindruck bei mir, als ich ihn zum ersten Mal als junge Erwachsene schaute, als Neuling in der Arbeitswelt. Ja, die Kleidung und die Autos waren veraltet, aber ich hatte selbst schon Jahre der sexuellen Belästigung am Arbeitsplatz hinter mir, angefangen bei meinem ersten Job mit sechzehn. Ich hatte bereits erlebt, wie man Frauen unterbrach und übersah. Als ich dann Kinder hatte und eine arbeitende Mutter war, wurde mir noch bewusster, wie weit wir noch von den Verbesserungen am Arbeitsplatz entfernt waren, die den Angestellten der »Consolidated Companies« im Film so viel Zufriedenheit und Produktivität bescherten.

Jahrhundertelang hatte die westliche Gesellschaft versucht, Frauen von der Arbeit abzuhalten. Männer geboten über Regierungen, Büros, Mühlen, Fabriken, Großraumbüroabteile und vieles mehr – die Orte der Macht –, während Frauen zu Hause arbeiteten. Die Definition des Erfolgs einer Mittelklassefamilie war ein Mann, der genug Geld verdiente, um seine Frau zu ernähren, die die Kinder großzog.

Natürlich hat es immer Situationen gegeben, in denen Frauen arbeiten mussten, um ihren Lebensunterhalt zu verdienen oder weil das Einkommen des Mannes nicht reichte, um die Familie zu versorgen. Sogar in solchen Fällen wurde üblicherweise eine strikte Geschlechtertrennung bei der Arbeit durchgesetzt. Hausarbeit, Pflege, Lehrtätigkeit und irgendwann auch Büroarbeit waren typische Frauenberufe. So ziemlich alles andere war Männerarbeit. Mit dieser Trennung ging auch ein deutlicher Unterschied in der Wertschätzung und Entlohnung der Arbeit einher. Frauen bekamen weniger Geld, und ihre Tätigkeiten galten als weniger qualifiziert, weniger notwendig, körperlich weniger anspruchsvoll und weniger intellektuell als die Arbeit der Männer.

Diese Einteilungen waren immer das Ideal einer weißen Arbeiter- und Mittelschicht, und sie passten nie so ganz zu ärmeren Haushalten und Haushalten of Color. Arme Frauen und Frauen of Color haben immer körperlich anspruchsvolle – und oftmals sehr gefährliche – Arbeiten ausgeführt. Frauen und Mädchen haben als Köchinnen und Dienstmädchen endlose, zermürbende Schichten geschoben. Es gab die Wäscherinnen, die bei ihrer Arbeit regelmäßig Verletzungen erlitten (unter anderem Verbrennungen) und Krankheiten bekamen, und die »Radium Girls«, die bei der Arbeit in den Uhrenfabriken ihr Leben ließen oder für immer entstellt wurden. Frauen und Mädchen starben bei Fabrikbränden und in einstürzenden Gebäuden. Sexarbeiterinnen waren häufig Misshandlungen und Krankheiten ausgesetzt. Bei all diesen Tätigkeiten hielten Frauen regelmäßig die sexuellen Übergriffe und Missbräuche aus, die ihre männlichen Chefs, Kollegen und andere Männer an ihnen verübten, weil sie den niedrigen sozioökonomischen Status der Frauen als offene Einladung verstanden, ihre gewaltsamen Launen an ihnen auszuleben. Frauen und Mädchen, die anspruchsvolle Arbeiten aufnehmen mussten – insbesondere jene, die nach der Hochzeit noch weiterarbeiten mussten –, wurden bemitleidet oder ignoriert. Sie passten nicht zur Vorstellung der Gesellschaft von sich selbst. Und weil sie unsichtbar waren, konnte man sie ausbeuten. Sie arbeiteten oft unter Bedingungen, die Männer nicht mal im Traum akzeptiert hätten, und bekamen dafür nur einen Bruchteil des Lohns.

Aber Frauen haben schon immer ihre intellektuellen und Führungsfähigkeiten unter Beweis gestellt. Schon vor der Zeit der Pharaonen waren Frauen leidenschaftliche Anführerinnen, kluge Politikerinnen und erfahrene Lehrerinnen. Frauen haben Meisterwerke erschaffen, seit die ersten Höhlenmenschen ihre Wände bemalten. Frauen haben einige unserer wichtigsten Geräte erfunden, waren bei einigen unserer wichtigsten wissenschaftlichen Errungenschaften federführend, haben Weltliteratur geschrieben.

Sie haben die Kranken geheilt und über die großen Fragen der Welt philosophiert. Unsere gesamte Geschichte hindurch hat die Arbeit von Frauen der Gesellschaft große Dienste geleistet – selbst im Angesicht von Ablehnung, Spott und Feindseligkeit durch ihre männlichen Kollegen.

Die Vorstellung, dass Frauen nicht für die Arbeit geschaffen sind, stimmt nur insoweit, wie Männer sichergestellt haben, dass die Arbeit nicht für Frauen geschaffen war. Männer haben Büros gebaut, die nicht den Bedürfnissen von Frauen entsprachen, haben Arbeitszeiten eingeführt, die mit der Kindererziehung nicht vereinbar waren, haben Bildungs- und Ausbildungsprogramme entwickelt, die die Ambitionen von Frauen in männlich dominierten Gebieten konstant niedergedrückt haben, haben auf Golfplätzen und in Männerclubs Patenschafts- und Netzwerkbeziehungen aufgebaut, an Orten, wo Frauen nicht willkommen sind oder sich unbehaglich fühlen – oder nicht einmal geduldet sind.

Männer haben diese bewusst so gestalteten Umgebungen genutzt, um zu zeigen, warum Frauen von Natur aus für die Arbeitswelt »nicht geeignet« sind. Stillende Mütter, die nicht an Orten arbeiten können, die keine Milchpumpen zur Verfügung stellen, sind »offensichtlich nicht so an dem Job interessiert«. Frauen, die flexible Arbeitszeiten benötigen, um sich um ihre Kinder zu kümmern – in einer Gesellschaft, die noch immer von Frauen verlangt, den Großteil der Kindererziehung zu übernehmen, ungeachtet ihres Beschäftigungsstatus –, »bringen nicht die notwendige Arbeitsmoral auf, um in dem Job die erforderliche Arbeit zu leisten«. Frauen, die schon immer Mathematik geliebt haben, aber seit der Grundschule zu hören bekommen, dass sie besser in Englisch und Kunst seien als in Naturwissenschaften und Maschinenbau, »interessieren sich anscheinend nicht für MINT-Berufe«. Und Männer, die all ihre Geschäftsbeziehungen im Country Club oder über ihre alten Kumpel aus der Studentenverbindung schließen, »finden einfach keine

Frau, die für einen Job in ihrer Firma so qualifiziert ist wie die Männer«.

Indem Beförderung um Beförderung Männern zufällt, indem Männer dazu ermutigt werden, Geschäfte zu gründen, Frauen aber nicht, indem Männer in die Geschäftsbereiche drängen, die ihnen offener stehen, wird die Definition eines idealen Arbeiters und Anführers noch stereotypischer männlich – selbst wenn diese »idealen« Eigenschaften und Fähigkeiten nicht unbedingt die vorteilhaftesten sind.

Die Art, wie Frauen in der Arbeitswelt ausgebremst worden sind, schadet nicht nur Frauen. Wenn man Frauen keinen gerechten Lohn bezahlt, leidet der gesamte Haushalt, der auf dieses Geld angewiesen ist. Arbeitgeber, die es versäumen, Frauen weiterzubilden oder Netzwerke aufzubauen, die Frauen einschließen, verpassen die Chance, die Talente zu nutzen, die Frauen bieten können. Arbeitgeber, die sich weigern, Probleme mit Sexismus und sexueller Belästigung anzugehen, müssen nicht nur mit einer höheren Fluktuation bei ihren Mitarbeiterinnen rechnen, sondern auch mit einer niedrigeren Produktivität bei allen Angestellten, unabhängig von ihrem Geschlecht. Arbeitgeber, die Frauen nicht befördern oder sie in ihren Führungspositionen nicht voll unterstützen, lassen sich die Vielfalt von Gedanken, Fähigkeiten und Ansätzen entgehen, die durch eine größere Zahl von Frauen auf der Führungsebene entstehen kann. Arbeitgeber, die Eigenschaften und Fähigkeiten wie Empathie, Kommunikation und Kooperation abwerten, also solche, die zu besitzen Frauen stärker sozialisiert sind, überbewerten fast immer Eigenschaften wie extremes Konkurrenzdenken, Aggression und Impulsivität, die zu besitzen Männer stärker sozialisiert sind, selbst wenn solche Eigenschaften das Arbeitsumfeld belasten.

Es zeigt sich ein – wenn auch sehr kontraproduktives – Muster darin, wie Männer Frauen in der Arbeitswelt behandeln. Frauen müssen darum kämpfen, ins Berufsleben treten zu kön-

nen. Wenn dann Männer Frauen brauchen – ob nun dafür, die Familie während einer wirtschaftlichen Krise über Wasser zu halten, einen Arbeitskräftemangel auszugleichen oder eine neue Geschäftsstrategie zu implementieren, weil traditionelle männliche Ansätze gescheitert sind –, werden Frauen die notwendigen Mittel und die Unterstützung verweigert, die ihr erlauben, ihr gesamtes Potenzial auszuschöpfen. In vielen Fällen ist es so: Je mehr eine Frau am Arbeitsplatz gebraucht wird, desto feindseliger scheinen sich die Männer ihr gegenüber zu verhalten – selbst, wenn diese Feindseligkeit ihre eigene Lebensgrundlage gefährdet.

Die Wurzel dieses anscheinend sinnfreien Verhaltens ist das fast pathologische Bedürfnis von Männern, ihre Identitäten als grundsätzlich verschieden von – und über – der weiblichen zu sehen – insbesondere am Arbeitsplatz, der schon lange die primäre Quelle für amerikanische Männeregos ist und ein Ort, an dem Frauen eigentlich gar nicht sein sollten. Ausgrenzung und Abwertung des Weiblichen in der Arbeitswelt sind durch die Populärkultur noch bestärkt worden und replizieren sich Generation um Generation, zu unser aller Schaden.

Diese Machtstruktur wird in erster Linie von weißen Männern erschaffen und aufrechterhalten. Nicht weil Männer of Color von Natur aus weniger den Drang haben, Frauen zu kontrollieren, als weiße Männer – sondern weil weiße Männer ihre Macht über Menschen of Color als ebenso wichtig für ihre Identität betrachten wie die Macht über Frauen. In der Öffentlichkeit herrschen weiße Männer über Menschen of Color, und zu Hause herrschen sie über Frauen. Der Umfang, in dem sie das tun können, definiert ihren Erfolg als weiße Männer. Die Anwesenheit von Frauen am Arbeitsplatz unterminiert nicht nur die weiße männliche Autorität dort, sie verringert auch die Möglichkeiten der Männer, Frauen zu Hause zu dominieren. Die Macht und das Ego von verwöhnten weißen Männern – die noch immer die große Mehrheit der Regierungsämter, Geschäftsführerbüros,

Aufsichtsräte und anderer Machtbereiche fest in der Hand haben – sind weiterhin die größten Hürden, die Frauen in ihren Karrieren bewältigen müssen.

Die Große Depression und die Unterdrückung weiblicher Arbeitskraft

Feuert einfach die Frauen, die sollten sowieso nicht arbeiten, und stellt Männer ein. Und zwar plötzlich!

Norman Cousins, 1939[3]

Die Große Depression war eines der verheerendsten wirtschaftlichen Ereignisse in der Geschichte unseres Landes. Eine ganze Generation wurde durch den rasanten wirtschaftlichen Verfall und die Unsicherheit nachhaltig traumatisiert. Meine Urgroßmutter Inez bestand bis zu ihrem Tod 2019, im Alter von 104 Jahren, darauf, die roten Plastikteller, die man für Picknicks und Partys benutzt, abzuwaschen und wiederzuverwenden, denn »wenn man einmal die Depression durchgestanden hat, wirft man nichts mehr einfach so weg«.

Sie lebte in demselben kleinen Haus, das sie achtzig Jahre zuvor mit ihrem Mann zusammen gekauft hatte. Sie deckte all ihre Möbel mit Plastikfolie ab und ersetzte Dinge nur, wenn sie wirklich auseinanderfielen. Sie kaufte in ihrem ganzen Leben nur ein einziges neues Auto, da war sie schon weit über achtzig. Ich kenne viele Leute, die ähnliche Geschichten von der unglaublichen Sparsamkeit ihrer Großeltern und Urgroßeltern erzählen können, die dadurch entstanden ist, dass sie die Große Depression erlebt haben.

Nicht nur die Menschen dieser Generationen wurden durch die Depression geformt; ein großer Teil der gegenwärtigen Wirtschaftstheorien und Wirtschaftspolitik entwickelte sich als Ant-

wort auf die Depression. Es ist die Krise, an der sich alle anderen Krisen in Amerika messen müssen. Waren die Ölkrisen der siebziger Jahre ein Anzeichen für eine neue Große Depression? Nein, eher nicht. Und als in den neunziger Jahren die Technologieblase platzte? Nein, das hatte nicht so große Auswirkungen. Und was ist mit der Immobilien- und der Weltfinanzkrise in den frühen 2000er Jahren? Schon eher, aber nein.

Bis zum heutigen Tag sind sich Wirtschaftswissenschaftler*innen uneinig darüber, was die Große Depression ausgelöst hat. Manche sagen, es sei der Rückgang der Exporte nach Europa infolge des Ersten Weltkriegs gewesen, als die gewaltige Nahrungsmittelproduktion in den USA zur Versorgung des kriegsgebeutelten Europa plötzlich und stark reduziert wurde. Das führte zu einer riesigen Überschussproduktion, die die Landwirtschaft und andere angeschlossene Gewerbe zugrunde richtete.[4] Einige behaupten, es sei das wachsende ökonomische Missverhältnis in der amerikanischen Gesellschaft gewesen und das zügellose Anhäufen von Wohlstand derjenigen, die an der Spitze standen. 1929 besaßen die oberen 0,1 Prozent der amerikanischen Haushalte so viel wie die unteren 42 Prozent. Weil eine solch riesige Menge an verfügbarem Geld dem Umlauf entzogen war und so den unteren Gesellschaftsschichten zu wenig zum Ausgeben blieb, gab es nicht mehr genug überschüssigen Wohlstand für den durchschnittlichen amerikanischen Haushalt, um das Konsumniveau aufrechtzuerhalten, das für eine gesunde Wirtschaft nötig war.[5] Viele geben auch dem damals unkontrollierten Wild-West-Milieu der Wall Street die Schuld. Die Wall Street war damals ein Ort, wo alle glaubten, ein Vermögen mit Aktien machen zu können, und die Menschen (wie auch Firmen und Banken) spekulierten hemmungslos auf Aktien und verkauften sie ohne Deckung wieder, unabhängig von ihrem finanziellen Know-how oder davon, ob sie das Einkommen hatten, um das Risiko abzusichern, das sie eingingen.

Es gibt mittlerweile noch viele andere Theorien – von umwelt-

bedingter Zerstörung von Rohstoffen bis hin zu Handelskriegen in Übersee. Doch egal, welcher wirtschaftlichen Denkrichtung man angehört, egal, welchen Ursprung man sich für die Krise aussucht – wenn es eines gibt, auf das wir uns alle einigen können sollten, dann, dass die Große Depression menschengemacht war.

Beziehungsweise manngemacht. Genauer gesagt, von weißen Männern gemacht. Der sozioökonomische Ausschluss von Frauen und Menschen of Color von politischen Entscheidungen, vom Aktienmarkt und von Geschäftsführungen bedeutet, unabhängig davon, wo man die Schuld an der Großen Depression sucht, es werden dort wahrscheinlich ein paar weiße Männer sein.

Und während der Großen Depression gab es eine Menge Schuld zu vergeben. Menschen zeigten mit dem Finger auf die undankbaren Europäer, auf gierige und inkompetente Geschäftsinhaber und Geschäftsführer und auf verantwortungslose und selbstsüchtige Aktienmarktplünderer wie den Gründer von General Motors, William Durant. Doch ein riesiges Maß an Schuld wurde auch einer Gruppe von Menschen zugeschoben, die absolut *nichts* zur Großen Depression beigetragen haben: den Frauen.

Zu Beginn der Depression waren 24,3 Prozent aller Arbeitskräfte in den USA Frauen. Zum Ende der Depression waren es 25,1 Prozent.[6] Zu einer Zeit wachsender männlicher Arbeitslosigkeit machte ein Anstieg des Prozentsatzes der Arbeiterinnen, selbst ein Anstieg um weniger als ein Prozent, den Eindruck, als würden die Frauen den Männern die Arbeitsplätze wegnehmen. Männer wurden wütend, verängstigt und verzweifelt, als sich die Vorstellung verbreitete, dass Arbeiterinnen, wenn sie schon nicht der primäre Grund für die Große Depression waren, so doch das Problem zumindest verschlimmerten.

»Es haben heute etwa 10 000 000 Menschen in den Vereinigten Staaten keine Arbeit; gleichzeitig gibt es 10 000 000 oder mehr Frauen, verheiratet oder unverheiratet, die eine Arbeit

haben. Feuert einfach die Frauen, die sollten sowieso nicht arbeiten, und stellt Männer ein. Und zwar plötzlich! Keine Arbeitslosigkeit. Keine Fürsorge. Keine Depression.« Das waren 1939 die Worte von Norman Cousins, und er fasste zusammen, was viele weiße Amerikaner dachten. Cousins, weithin als intelligenter und gebildeter Journalist bekannt, hätte auf jeden Fall wissen können, dass seine Argumentation, nun ja, Unsinn war. Tatsache war, dass sich zu dieser Zeit Frauen und Männer nicht auf dieselben Arbeitsplätze bewarben. Frauen saßen nicht in den industriellen Betrieben und Fabriken. Sie arbeiteten nicht im Handelswesen. Das waren die Bereiche, in denen der Großteil der Verluste von Arbeitsplätzen und Einkommen zu spüren war. Frauen arbeiteten als Haushälterinnen, Lehrerinnen, Näherinnen und Wäscherinnen. Das waren »Frauenarbeiten«, und nicht einmal die finanzielle Verzweiflung konnte Männer dazu bringen, in die nächste Schule oder das nächste Hotel zu gehen, um dort mit Frauen um schlecht bezahlte und noch schlechter angesehene Jobs zu konkurrieren.

Der Anteil von weiblichen Arbeitskräften erhöhte sich, denn in dem Maße, wie Männer ihre Arbeit und ihr Einkommen verloren, mussten immer mehr Frauen in die Berufswelt eintreten, um ihren Haushalt mitzuversorgen. Wenn ein Ehemann oder Vater seine Arbeit verlor oder gezwungen war, eine Lohnkürzung in Kauf zu nehmen, dann konnte das Einkommen einer Ehefrau oder Tochter vielleicht helfen, dass die Familie gerade so über die Runden kam. (Gleichwohl waren die Gehälter von Frauen nicht mal annähernd hoch genug, um das Einkommen der Männer zu ersetzen – insbesondere, wenn diese Einkommen verringert wurden von Firmen, die den dahinsiechenden Arbeitsmarkt ausnutzten, um die Gehälter der männlichen Arbeiter bis ins Bodenlose herunterzudrücken.)

Ironischerweise waren Arbeiten, die als »Frauenarbeit« oder »Arbeit für Farbige« angesehen wurden (hauptsächlich Dienstleistungen und häusliche Arbeit) weit weniger von der Großen

Depression betroffen. Eine Ausnahme waren urbane Regionen in den Nordstaaten, wo der geringe Schwarze Bevölkerungsanteil eine Klassifikation von »Arbeit für Farbige« obsolet machte, was bedeutete, dass Schwarze Menschen – vor allem Schwarze Frauen – in dem Augenblick, als die Arbeitsplätze knapp wurden, massenweise Jobs an weiße Arbeiter verloren.[7] Es wäre schlau gewesen, wenn junge weiße Männer schon vorher Arbeit in diesen Bereichen angestrebt hätten. Aber weiße Männer konnten sich nicht dazu herablassen, die Arbeiten zu verrichten, die Frauen und Menschen of Color erledigten. Sie hätten auch ihre Ehefrauen und Töchter dazu ermutigen können, in solchen Bereichen zu arbeiten, um das Familieneinkommen aufzustocken, aber viele konnten es einfach nicht billigen, dass mehr und mehr Frauen arbeiten gingen, während so viele Männer auf der Suche nach »angemessener« Arbeit waren. (Und sie sagen, *wir* seien irrational.)

Missgunst gegenüber arbeitenden Frauen während der Großen Depression war ausschließlich ein weißes Problem. In vielen Schwarzen Haushalten hatten Frauen schon immer gearbeitet, um etwas zu den diskriminierend geringen Gehältern beizutragen, die Schwarze Männer bekamen, und um die Auswirkungen der weitreichenden Jobdiskriminierung auszugleichen, die Schwarze Arbeitskräfte aus vielen Arbeitsbereichen heraushielten. Man erwartete von Schwarzen Frauen nicht, dass sie nur aufgrund irgendwelcher verfehlten Bestrebungen, die Arbeitsplätze für Schwarze Männer freizuhalten, ihre Arbeit aufgeben würden.

»Der Neger wurde in die Depression geboren. Es war keine allzu schlimme Sache für ihn, die Große Amerikanische Depression, wie Sie es nennen. So etwas gab es für ihn nicht«, erzählt Clifford Burke in *Hard Times: An Oral History of the Great Depression*.[8] »Er konnte es höchstens zu einem Hausmeister bringen oder zu einem Portier oder Schuhputzer. Es wurde erst zu einem offiziellen Problem, als der weiße Mann betroffen war. Wenn Sie mir sagen können, worin für einen Schwarzen Mann der

Unterschied zwischen der Depression heute und der Depression von 1932 liegt, würde ich ihn gerne erfahren.«[9]

In Wirklichkeit hatten weiße Männer während der Großen Depression nicht mehr Grund als Schwarze Männer, Frauen aus der Arbeitswelt zu drängen, aber sie taten es trotzdem. Als sich die Anti-Arbeiterinnen-Rhetorik verschärfte, nahm auch die Jobdiskriminierung der Arbeitgeber gegenüber verheirateten Frauen zu (die ja, der sexistischen Theorie zufolge, eigentlich gar nicht arbeiten sollten, weil sie verheiratet waren – und also nur aus Selbstsucht arbeiteten, zu ihrer persönlichen Bereicherung). Ab 1932 verlangten die bundesstaatlichen Bemühungen um den wirtschaftlichen Aufschwung, dass, wenn in einer Ehe sowohl Mann als auch Frau für die Regierung arbeiteten, eine*r von beiden kündigen oder entlassen werden sollte. Dreimal dürfen Sie raten, wer von beiden dann meist arbeitslos wurde.

Vor der Großen Depression gab es nur in neun Bundesstaaten Gesetze, die die Beschäftigung von verheirateten Frauen einschränkten. 1940 waren es schon 26 Bundesstaaten.[10] Das Argument gegen die Beschäftigung verheirateter Frauen war sowohl ein wirtschaftliches als auch ein moralisches. Eine Resolution von 1935 aus Wisconsin gegen die Einstellung verheirateter Frauen besagte: »Die große Zahl von Ehemännern und Ehefrauen, die für den Bundesstaat arbeiten, wirft eine ernst zu nehmende moralische Frage auf, da dieses Komitee befürchtet, dass dadurch die Praktik der Geburtenkontrolle gefördert wird, und dass die Selbstsucht, die aus dem Einkommen zweier arbeitender Ehepartner erwächst, die Zivilisation und eine gesunde Stimmungslage zu zerstören verspricht.«[11]

In den dreißiger Jahren gab es in 77 Prozent der Schulbezirke im gesamten Land die Vorgabe, keine verheirateten Frauen als Lehrerinnen einzustellen, und in 50 Prozent der Bezirke mussten Lehrerinnen entlassen werden, wenn sie heirateten.[12] Arbeitenden Müttern wurde die Schuld dafür gegeben, wenn junge Leute die Schule schwänzten oder sonstiges schlechtes Verhal-

ten an den Tag legten, sowie für den allgemeinen Niedergang der Gesellschaft. Frauenmagazine wie *True Story* veröffentlichten haarsträubende Geschichten von arbeitenden Frauen, deren Selbstsucht sie in einen Abgrund aus sexueller Freizügigkeit, Scheidung und Unfruchtbarkeit führte.[13]

Verheiratete, nicht arbeitende Frauen beteiligten sich an der gesellschaftlichen Ächtung von verheirateten arbeitenden Frauen. Frances Perkins, die Arbeitskommissarin von New York, hielt 1930, als es gerade mit der Wirtschaft bergab zu gehen begann, eine Rede, in der sie verheirateten arbeitenden Frauen vorwarf, selbstsüchtig zu sein und sich nur um ihr persönliches Wohlergehen zu kümmern, und zwar auf Kosten derer, die eine Arbeit bitter nötig hatten: »Die Frau, die für ein Taschengeld arbeitet und dabei mit dem notgedrungen arbeitenden Mann konkurriert, ist eine Bedrohung für die Gesellschaft, ein selbstsüchtiges, kurzsichtiges Wesen, das sich schämen sollte.«[14]

Viele Frauen behielten ihre Arbeit, denn trotz der öffentlichen Meinung und der gesellschaftlichen Missbilligung mussten sie weitermachen, um ihre Familien zu ernähren. Doch zahlreiche Frauen wurden aufgrund des gesellschaftlichen Drucks aus den dringend benötigten Jobs herausgedrängt – dank der verqueren Vorstellung, dass eine Frau, die arbeitete, einen Mann den Job kostete.

Frauen waren nicht die einzigen Sündenböcke während der Großen Depression. Auch wenn die Schwarze Arbeitslosigkeit während der Depression insgesamt nicht annähernd so stark anstieg wie die der weißen Arbeiterschaft (was daran lag, dass Schwarze Arbeitskräfte im Süden lange Zeit aus den Industrien ausgeschlossen gewesen waren, die am stärksten betroffen waren), gab es unter Schwarzen Fabrik- und Dienstangestellten im Norden sofortige und umfassende Entlassungen, weil man ihre Jobs weißen Arbeiter*innen geben wollte. Im Westen der USA nutzten fremdenfeindliche Politiker*innen und Einheimische

die wirtschaftlichen Ängste dazu, mexikanisch-amerikanische Arbeitskräfte zu vertreiben. Wie auch schon bei Schwarzen und weiblichen Arbeitskräften waren die wenigen Stellen, die von mexikanischstämmigen Menschen in Bundesstaaten wie Kalifornien besetzt werden konnten, in der Regel nicht sehr beliebt bei Weißen, selbst während der Großen Depression. Trotzdem gab es eine zunehmende Angst davor, dass mexikanischstämmige Arbeiter*innen »amerikanische« Jobs wegnehmen würden und dass eine »notleidende« mexikanisch-amerikanische Bevölkerung die wenigen Ressourcen aus dem Land saugen würde, die den weißen Menschen in Amerika während harter wirtschaftlicher Zeiten zur Verfügung stehen sollten. Regierungsbeamte, unter anderem Arbeitsminister James Doak, vertrat die Ansicht, dass die Deportation lateinamerikanischer Amerikaner*innen die Jobprobleme im Westen lösen würde. Auf der Jagd nach solchen Immigrant*innen ohne Papiere autorisierte Doak die Durchsuchung von Privathäusern, Geschäften und Kirchen und die Deportation Tausender Menschen, ohne ihnen eine gerichtliche Anhörung zu gewähren.[15]

Noch verheerender als Doaks Deportationsbemühungen war die groß angelegte »Heimführung« von mexikanischstämmigen Amerikaner*innen nach Mexiko. Zwischen 1931 und 1934 wurden mehr als 300 000 mexikanisch-amerikanische Menschen genötigt, bedroht oder gezwungen, die Vereinigten Staaten zu verlassen und nach Mexiko zu gehen – was etwa einem Drittel der mexikanisch-amerikanischen Bevölkerung entsprach. Das sollten wir einen Moment sacken lassen: *Ein Drittel* der mexikanisch-amerikanischen Menschen wurden gegen ihren Willen aus dem Land getrieben, weil weiße Männer, die die Wirtschaftskrise nicht in den Griff bekamen, die sie selbst verursacht hatten, sich entschlossen hatten, ihren Frust in einem Anfall des Fremdenhasses an Arbeiter*innen auszulassen, die irgendwelche familiären Bindungen nach Mexiko hatten. Sechzig Prozent der »Heimgeführten« waren in den USA geboren.[16] Ganze mexi-

kanisch-amerikanische Communitys wurden durch diese breit angelegte und oftmals gewaltsame Diskriminierung und Abschiebung dezimiert und sollten sich noch viele Jahrzehnte nicht davon erholen.

Jose Lopez, ein US-Bürger, der als Kind zusammen mit seiner Familie zwangsweise nach Mexiko abgeschoben worden war, legte später bei einer Anhörung vor dem kalifornischen Parlament Zeugnis ab über die niederschmetternden Folgen, die die Deportation für seine Familie und seine Gemeinschaft hatten. »Ich war fünf Jahre alt, als man uns zwang wegzuziehen«, sagte er. »Ich [...] wurde sehr krank, ich bekam Keuchhusten, es war sehr schlimm, ich konnte kaum atmen. [...] Die Lebensbedingungen in Mexiko waren schrecklich, wir lebten in tiefster Armut. Meine Familie aß lange Zeit nur Tortillas und Bohnen. Manchmal gab es nur eine Mahlzeit am Tag.« Lopez' Eltern und einer seiner Brüder starben in Mexiko, bevor er und seine überlebenden Geschwister es 1945 schafften, wieder in die Vereinigten Staaten zurückzukommen.[17]

Die schlechte Behandlung von arbeitenden Frauen und Arbeitskräften of Color endete nicht, nachdem die Große Depression vorbei war. Frauen und Menschen of Color waren vom Großteil der Arbeitsbeschaffungsmaßnahmen im Rahmen des New Deal ausgeschlossen. Schwarze Farmpächter, Pachtbauern und Hausangestellte wurden bei den staatlichen Hilfsmaßnahmen, Beschäftigungsprogrammen und Mindestlohnbestrebungen im Großen und Ganzen übergangen. Viele Arbeitsprogramme für Jugendliche und junge Erwachsene weigerten sich, Schwarze aufzunehmen.[18] Viele Jobchancen, wie diejenigen beim Civilian Conservation Corps, konnten nur von Männern wahrgenommen werden, wodurch jungen Frauen die regelmäßige Arbeit bei Bundesbehörden wie dem National Park Service genommen wurde.[19] Andere Programme wie die Works Progress Administration (WPA) stellten Millionen von Menschen in ganz Amerika für verschiedene Bauarbeiten an öffentlicher

Infrastruktur ein. Schwarze und Braune Menschen mussten feststellen, dass die besten Stellen dabei an Weiße gingen, und viele der Arbeiten galten als ungeeignet für Frauen. Außerdem gab es eine Begrenzung von einem WPA-Job pro Haushalt, wodurch Frauen faktisch ausgeschlossen wurden, wenn der Mann der Familie Arbeit brauchte.[20]

Die Feindseligkeit gegenüber arbeitenden Frauen und Menschen of Color fing nicht erst mit der Großen Depression an, doch selbst in dieser von weißen Männern verursachten Katastrophe wendeten weiße Männer einen beträchtlichen Teil ihrer Zeit und Ressourcen dafür auf, Frauen und Menschen of Color klarzumachen, dass die amerikanische Arbeitswelt – ob nun in Fabriken, Betrieben oder Büros – nur für weiße Männer gemacht war.

Der Zweite Weltkrieg und der Bedarf nach ziemlich vielen guten Frauen

Das Patriarchat ist unterdrückend, brutal, destruktiv, ineffizient und – manchmal – ziemlich absurd. Ein paar Jahre nach der Großen Depression befand sich die Redaktion des Magazins *True Story* in einer etwas verzwickten Situation. Wie konnte eine Zeitschrift, die jahrelang arbeitende Frauen in skandalösen, angeblich wahren (aber eigentlich fiktiven) Geschichten diffamiert hatte, jetzt dabei helfen, Frauen *in* die Arbeitswelt zu bringen? *True Story* und andere »Bekenntnis«-Magazine hatten ihr Geld damit verdient, sich schreckliche Geschichten von Frauen aus den Fingern zu saugen, die auf der Suche nach Abenteuern oder einer Karriere (zwei Dinge, die ausschließlich Männern vorbehalten waren) in einen Abgrund aus Unfruchtbarkeit, Fehlgeburt, Scheidung – sogar sexuellen Übergriffen – rutschten. Kurz vor dem vollständigen Ruin taten diese Frauen dann Buße für ihre Sünden, sprich: Ambition und Dreistigkeit, und wurden

dann erbarmungsvoll begnadigt mit der Möglichkeit, das Leben anzunehmen, das für sie bestimmt war – das einer glücklichen, gefügigen und dankbaren Ehefrau und Mutter.

Diese Formel erfüllte den Zweck, weibliche Leserinnen während ihrer oft langen und spannungslosen Tage als Hausfrau und Mutter mit Skandalen und Spannung zu versorgen. Obendrein wurde ihnen damit eingebläut, dass dies der einzige Nervenkitzel in ihrem Leben zu sein hatte. Aber diese Formel erfüllte ihren Zweck nicht für das Magazine Bureau, ein 1942 eingerichtetes Regierungsamt, das die Kriegsberichterstattung und Propaganda hauptsächlich in Frauenmagazinen wie *Women's Day*, *Ladies' Home Journal* und *True Story* koordinieren sollte.[21]

Aus den USA gingen mehr als elf Millionen Männer nach Übersee, um im Zweiten Weltkrieg zu kämpfen. Dadurch entstand ein massives Arbeitskräftedefizit im Bereich der militärischen Unterstützung ohne Kampfeinsatz, also in Munitionsfabriken und vielen anderen Beschäftigungen innerhalb der Kriegsindustrie, genau zu dem Zeitpunkt, als der Bedarf in der Industrieproduktion wuchs. Firmen versuchten verzweifelt, die freien Stellen zu besetzen und konzentrierten sich auf Menschen, die sie sonst eher nicht rekrutiert hätten: Frauen und Menschen of Color. Es war nicht schwierig, Schwarze und lateinamerikanische Arbeiter*innen dazu zu kriegen, sich auf diese Jobs zu bewerben. Ihre Communitys waren lange von der besseren Bezahlung und der Arbeitsplatzsicherheit der qualifizierten Fabrikarbeit ausgeschlossen gewesen, und viele stürzten sich auf diese neue Chance. Schwieriger war es, Fabrikbesitzer, Geschäftsführer und Mitarbeiter davon zu überzeugen, mit Menschen of Color zusammenzuarbeiten. Viele weiße Arbeiter*innen protestierten und es kam zu Ausschreitungen infolge der neuen Diversität am Arbeitsplatz.[22]

Aber es gab nicht genügend Arbeitskräfte of Color, um alle freien Stellen zu besetzen. Selbst wenn es sie gegeben hätte, hätten Menschen of Color wahrscheinlich nach Kriegsende, wenn

die weißen Soldaten zurückkehrten und Arbeit suchten, ihre Jobs behalten wollen. Die US-Regierung brauchte Arbeitskräfte, die ihre Stellen freudig aufgeben würden, wenn der Krieg vorbei wäre. Die Regierungsbeamten fanden diese Arbeitskräfte bei sich zu Hause: Frauen. Insbesondere verheiratete weiße Frauen. Die verheirateten Frauen, die man während der Großen Depression für ihre Arbeit verteufelt hatte, weil sie ganz offensichtlich nicht arbeiten *mussten*, wurden die idealen Kandidatinnen für Beschäftigungen in Kriegszeiten, und zwar aus demselben Grund – sie mussten nicht arbeiten! Sie waren nicht durch persönliche Bedürfnisse oder Ambitionen motiviert, sie würden nur arbeiten, weil es ihre patriotische Pflicht war und um den Kampf ihrer Männer in Übersee zu unterstützen. Außerdem würden sie, so nahm man an, ihre Jobs mit einem Lächeln aufgeben, wenn ihre Männer wiederkämen. Und die Frauen machten sich an die Arbeit: 6,5 Millionen Frauen traten während der Kriegsjahre ins Berufsleben ein, fast eine von vier Frauen arbeitete jetzt außerhalb ihres Zuhauses. Die Frauen arbeiteten nicht nur – sie arbeiteten in Positionen, die ihnen bis zum Krieg versagt gewesen waren. Maureen Honey schreibt in ihrem Buch *Creating Rosie the Riveter*: »Am Ende des Jahres 1943 machten Frauen bereits einen Anteil von 34,2 Prozent der Arbeitskräfte in der Munitionsherstellung aus, 10,6 Prozent in der Stahlproduktion, 10 Prozent im Transportwesen, 8 Prozent bei der Eisenbahn und 40 Prozent in der Luftfahrtindustrie.«[23] Frauen stellten bei den heimischen Kriegsanstrengungen eine entscheidende Kraft dar.

Wie ermutigt man also Frauen dazu, zu arbeiten, nachdem man sie ein Jahrzehnt lang entmutigt hat – und stellt gleichzeitig sicher, dass sie nicht länger arbeiten wollen, als die Regierung von ihnen verlangt? Nun, Magazine wie *True Story* dazu zu bringen, Frauen nicht mehr zu sagen, dass Arbeit zu Scheidung, Unfruchtbarkeit und sexuellen Übergriffen führt, war schon mal ein Anfang.

Das Magazine Bureau wandte sich an die Verlage, um die

Veröffentlichung von Geschichten zu koordinieren. Es setzte einen *Magazine War Guide* ein, um die Kriegsberichterstattung zu steuern und beliebten Frauenmagazinen Tipps zu geben, wie man dabei helfen konnte, die gesellschaftliche Meinung gegenüber arbeitenden Frauen zu verbessern. Zuerst musste man die Vorstellung abschaffen, dass Frauen, die in der Kriegsindustrie arbeiteten, das gleiche skandalöse Schicksal ereilen würde, das vielen arbeitenden Frauen in früheren *True-Story*-Bekenntnissen zuteilgeworden war. Die Beamten beim Magazine Bureau schrieben: »Wir empfehlen darauf zu achten, dass nicht der Eindruck entsteht, Frauen in jedweder Position im Kriegsarbeitsdienst, ob nun im Armeedienst, in zivilen Kriegsbehörden oder in der Kriegsindustrie, seien einer größeren Versuchung ausgesetzt, außerehelichen Tändeleien nachzugehen, als andere.«[24]

Die Bekenntnis-Magazine wurden gebeten, ihre Ansprachen so anzupassen, dass arbeitende Frauen dazu angeregt wurden, sich für die Erfüllung ihrer patriotischen Pflicht zu begeistern sowie eine tiefere und befriedigendere Liebe in der Unterstützung ihrer Männer in Übersee zu finden – anstatt wie in den bisherigen Geschichten nur Tod und Zerstörung heraufzubeschwören. Die *True Story* wollte jedoch ihr bewährtes Schema Sünde–Untergang–Rettung nicht ganz aufgeben und dachte sich zwei neue Formen von Geschichten aus: die selbstlose Frau, die Befriedigung, Freude und Liebe darin findet, die Soldaten schneller nach Hause zu bringen, und die selbstsüchtige Frau, die nur zu ihrem eigenen Nutzen arbeitet und dafür wie üblich Kummer, Fehlgeburten und Gewalt erntet.

Ein Beispiel: In der Geschichte »Phantasie-Heirat« von 1944 müht sich eine Frau ab, die Verpflichtungen in ihrer Ehe und ihre Arbeit im Rahmen der Kriegsanstrengungen unter einen Hut zu bekommen. Aber sie ist stolz darauf, dass sie die Soldaten unterstützt, und es gibt ihr Kraft, zu wissen, dass sie, sobald der Krieg vorbei ist, endlich wieder ganz Hausfrau sein kann. Im Gegensatz dazu möchte die selbstsüchtige Frau in »Das Ge-

löbnis« (im selben Jahr veröffentlicht), die als OP-Schwester arbeitet, nur ihren eigenen Ambitionen folgen, und sagt von sich: »Mit 23 hatte ich kein Leben, das über die großen Mauern der Barmherzigkeit hinausging – und begehrte auch keines. Meine Arbeit war meiner Seele Speis und Trank.« Sie verliebt sich in einen Patienten und heiratet ihn, aber durch ihre Hingabe an ihre Karriere zerbricht die Ehe, und sie erleidet eine Fehlgeburt. Zuletzt jammert sie: »Wir hätten den Rausch unserer Flitterwochen unendlich ausdehnen können, wenn ich nur in den wunderschönen kleinen Zimmern geblieben wäre und meine Zeit darauf verwendet hätte, uns ein Heim zu schaffen.«[25]

Viele Bemühungen der Regierung, arbeitende Frauen zu rekrutieren und sie für die Zeit des Krieges zu beschäftigen, waren demselben Zwiespalt unterworfen. Frauen, die nie daran gedacht hatten, zu arbeiten, mussten rekrutiert und während der Arbeit bei Laune gehalten werden. Aber sie mussten ihre Jobs auch sofort wieder aufgeben, wenn die Männer zurückkamen. Zu diesem Zweck wurden die Arbeitsbedingungen für Frauen auf einmal sehr viel besser, als sie es vor dem Krieg gewesen waren. Weil man verstand, dass von Frauen weiterhin verlangt wurde, sich um ihre Familien und Haushalte zu kümmern, fingen Fabrikbesitzer an, Kindertagesstätten einzurichten. Die Räumlichkeiten wurden den Bedürfnissen von Frauen angepasst, und es wurden spezielle Ausbildungsprogramme für sie geschaffen. Um die angebliche Sensibilität und Feinheit der Frauen zu schützen, wurden sie hauptsächlich in Betrieben eingestellt, in denen wenige oder gar keine männlichen Kollegen arbeiteten (abgesehen von Aufsichtspersonen und Führungskräften, die weiterhin in erster Linie Männer waren). Man befürchtete, die niedrigen Löhne, die man Frauen üblicherweise zahlte, würden Arbeitgeber davon abhalten, sie nach Kriegsende wieder zu feuern, weshalb sich die Gewerkschaften für konkurrenzfähige Gehälter einsetzten. Diese Erhöhung der Löhne wurde den Frauen oft verweigert, und die meisten von ihnen verdienten immer noch um eini-

ges weniger als Männer – aber ihre Löhne stiegen, als sich die Gewerkschaften einmischten. Frauen erlebten eine traumhafte Arbeitswelt, wie sie sie noch nie gesehen hatten – und nie wiedersehen würden.

Um einer riesigen Arbeitslosigkeit nach dem Ende des Krieges entgegenzuwirken, begann die Regierung sich auf die Millionen von Soldaten vorzubereiten, die Arbeit benötigen würden, wenn sie nach Hause kämen, sie entwarf schon bei Kriegseintritt einen Plan für diese Situation. Alle Studien, Untersuchungen und Strategiemeetings, die der Frage der Nachkriegsarbeitslosigkeit nachgingen, gründeten auf der Vorstellung, dass die einzigen Arbeiter, die zählten, Männer waren – insbesondere weiße Männer. Es wurden keine Strategien zur Zukunft der arbeitenden Frauen entwickelt, abgesehen von jener, wie man sie am schnellsten und einfachsten aus den Arbeitsplätzen herausdrängen konnte, um Platz für Männer zu machen.[26] Die US-Regierung gab Studien zur bestehenden Meinung über arbeitende Frauen in Auftrag, und wie mit ihnen verfahren werden sollte, wenn der Krieg vorbei wäre.

Weil es der Regierung nicht reichte, nur die öffentliche Meinung einzuholen, arbeitete sie daran, sie selbst zu gestalten. Propaganda wurde auf Frauen ausgerichtet (wie die, die das Magazine Bureau entwickelt hatte), aber es wurden auch Flugblätter und Kurzfilme für Männer produziert, um deren Meinung über arbeitende Frauen zu beeinflussen. Ein vom Kriegsministerium bei der American Historical Association (AHA) in Auftrag gegebener Prospekt mit dem Titel *Wollen Sie, dass Ihre Frau nach dem Krieg arbeitet?* war eine Art Gesprächsleitfaden, der die G. I.s zum Nachdenken darüber bringen sollte, wie sie mit der Anwesenheit von arbeitenden Frauen umgehen würden, wenn sie nach Hause kämen. In dem Prospekt waren verschiedene historische Auffassungen einbezogen und die Probleme der früheren Animositäten gegenüber arbeitenden Frauen hervorgehoben (jedoch gleichzeitig betont, wie verständlich solche Ansichten seien), um die ab-

lehnende Haltung der Männer gegenüber arbeitenden Frauen abzumildern. Es fand sich darin auch ein fiktives Gespräch zwischen zwei Soldaten mit den Pros und Contras zum Thema arbeitende Frauen. Der eine Soldat argumentiert, dass, auch wenn die meisten Frauen glücklich damit seien, Ehefrauen und Mütter zu sein, sie doch auch die Anregung und die Erfüllung einer außerhäuslichen Beschäftigung bräuchten. Er spricht von den finanziellen Vorteilen und der Sicherheit, die eine Frau mit eigenem Einkommen auch für den Ehemann mit sich brächte. Der andere Soldat meint hingegen, dass arbeitende Frauen in direkter Konkurrenz zu heimgekehrten Soldaten stünden, und dass sie ihre ehelichen und mütterlichen Pflichten vergäßen, um einen Job zu behalten, den eigentlich ein Mann bekommen sollte. »Was ist, wenn diese Frauen eine Konkurrenz darstellen, weil sie einen Job behalten wollen, um damit Typen wie dich zu unterstützen?«, argumentiert der zweite Soldat. »Sie werden es schwerer für mich machen, die Dinge selbst in die Hand zu nehmen.«

Auf den ersten Blick scheint diese Diskussion das Thema ausgeglichen widerzuspiegeln – wenn man die Tatsache ignoriert, dass die gesamte Debatte nur um die Bedürfnisse, Wünsche und Meinungen von Männern kreist. Der letzte Abschnitt des Prospekts – mit dem Titel »Einige Versuche, das Frauenproblem zu lösen« – führte eine Liste verschiedener Möglichkeiten auf, was man mit arbeitenden Frauen nach dem Krieg tun könnte, auch jenen, die weiterarbeiten wollten. Lösungsansätze waren unter anderem, Hausarbeit und Kindererziehung stärker wie »einen Beruf« zu behandeln und Ausbildungsprogramme zur Haushaltsführung einzurichten. Ein anderer war, Frauen dafür zu bezahlen, *nicht* zu arbeiten. Die Überlegung, dass Frauen weiterarbeiten könnten, solange Männer ihnen bei den häuslichen Pflichten zur Hand gingen, um ihnen etwas von der Arbeit abzunehmen, wird kurz ins Spiel gebracht, dann aber gleich wieder verworfen, weil dabei die »traditionelle Art, die Dinge zu machen«, zu

sehr durcheinandergebracht würde.[27] Obwohl die Broschüre zu Anfang als unparteiisches Dokument zur Unterstützung der Kriegsbemühungen dargestellt wurde, stellt die American Historical Association fest, dass sie selbst und andere vergleichbare Organisationen Teil der Kriegsmaschinerie waren, die die öffentliche Meinung formen sollte, anstatt sie nur zu beurteilen oder abzubilden. Die AHA gesteht ein, dass sie »ihre Broschüren so gestaltet hat, dass sie ein idealisiertes Bild der Nachkriegswelt zeichneten, in der es quasi keine Minderheiten gab, die Frauen freudig aus den Fabriken und zurück in die Küche gingen, und Amerika im Großen und Ganzen die Welt dominierte«.[28]

Ich bin sicher, dass viele im Kriegsministerium sich selbst auf die Schulter klopften für den Erfolg ihrer Propagandakampagnen (und sie als Beweis für das beeinflussbare Naturell der Frauen feierten). Aber es ist wahrscheinlich, dass viele der 6,5 Millionen Frauen deshalb arbeiteten, weil sie sich und ihre Familien versorgen mussten. Vielleicht hatten sie schon immer arbeiten wollen, aber zuvor keine vernünftig entlohnten Jobs bekommen.[29] Warum auch immer sie damit angefangen hatten – als der Krieg vorbei war, wollten viele Frauen weiterarbeiten. Die Bemühungen der US-Regierung hatten zwar die allgemeine öffentliche Ablehnung von Frauen, die nach dem Krieg noch arbeiteten, gefestigt; in einer Umfrage sagten 48 Prozent der Befragten, man solle nach dem Krieg die arbeitenden Frauen »feuern«, und weitere 36 Prozent meinten, man solle sie »feuern, es sei denn, sie haben Angehörige oder sind Kriegswitwen oder es gibt genügend Arbeitsplätze«. Die Regierung war jedoch weit weniger erfolgreich darin, die Frauen dazu zu bringen, ihre Arbeitsplätze bereitwillig wieder aufzugeben.[30] Studien und Umfragen unter arbeitenden Frauen zeigten 1944, dass 75–80 Prozent von ihnen ihre Jobs nach dem Krieg behalten wollten.[31] Offensichtlich hatten sie sich entschieden, die Gefahren von Scheidung, Unfruchtbarkeit oder Tod zu riskieren, vor denen die *True Story* sie gewarnt hatte, sollten sie es wagen, aus irgendeinem

anderen Grund zu arbeiten, als dem, Soldaten nach Hause zu holen.

Ungeachtet dessen, wie unverzichtbar die Arbeit von Frauen für die Kriegsbemühungen gewesen war, die einzigen Jobs, die zu retten sich die US-Regierung und die Fabrikbesitzer nach dem Krieg bemühten, waren jene von Männern – auch wenn ein großer Teil der wiederkehrenden Männer noch nie in einer Produktionsanlage oder einer Fabrik gearbeitet hatte. Bei Kriegsende wurden eine Million Frauen gefeuert, zwei weitere Millionen verließen den Arbeitsmarkt, und viele wurden in schlechter bezahlte »Frauenarbeiten« abgeschoben. Weiße Frauen wurden auf Büroarbeiten und schlechter bezahlte, niedriger qualifizierte Fertigungsarbeiten umgelenkt, und Schwarze Frauen wurden Hausangestellte und Wäscherinnen.[32] Frauen, die versuchten, in anderen Bereichen zu arbeiten und nicht sofort gefeuert wurden, mussten erkennen, dass die Kinderbetreuungsangebote und das freundliche Arbeitsumfeld verschwunden waren, Gewerkschaften sich nicht mehr um den Schutz ihrer Gehälter kümmerten und sie nicht die Beförderungen erhielten, für die sie gearbeitet hatten. Oft wurden sie auf die niedrigste Gehalts- und Qualifikationsstufe herabgesetzt, die es in ihren Betrieben und Fabriken gab. Nachdem Frauen aus den besser bezahlten Positionen gedrängt worden waren, von denen viele vor dem Krieg überhaupt nicht existiert hatten (insbesondere in Fabriken und Betrieben, die für die kriegswichtige Produktion gebaut worden waren oder die neue, in Kriegszeiten entwickelte Technologien einsetzten), wurden sie schon bald von Männern ersetzt – die dann die Karriereleiter emporstiegen, die die Frauen mit aufgebaut hatten.

Heimkehrende Soldaten, die keinen dieser vielversprechenden Arbeitsplätze ergattern konnten, ließ man nicht im Regen stehen. Die G. I. Bill versorgte sie mit Bildung, Ausbildung, finanziellen Entlastungen, Hypotheken, Kleinunternehmerkrediten und vielem mehr. Mit Hilfe dieser Unterstützungen und mit den neuen Qualifikationen und Geschäftszweigen, die durch die

Kriegsproduktion entstanden waren, und mit der finanziellen Unterstützung durch die US-Regierung, befanden sich auf einmal viele Männer auf dem Weg zu finanzieller Sicherheit – sogar Wohlstand. Die Einschreibungen in den Colleges, die vor dem Krieg hauptsächlich wohlhabenden und mit guten Verbindungen ausgestatteten Söhnen vorbehalten gewesen waren, schnellten in die Höhe, ebenso wie der Hausbesitz. Fast die Hälfte der Kriegsveteranen gründeten ein eigenes Geschäft.[33]

Frauen waren von den Beihilfen der G. I. Bill fast vollständig ausgeschlossen. Von den acht Millionen Veteranen des Zweiten Weltkriegs, die die G. I. Bill in Anspruch nahmen, waren nur etwa 65 000 Frauen.[34] Das sind 0,8 Prozent. Gleichzeitig sah sich der durchschnittliche Schwarze Kriegsveteran durch die G. I. Bill einfach wieder in seine niedrige wirtschaftliche Kaste zurückversetzt. College-Hilfen wurden auch Schwarzen Veteranen angeboten, aber nur in der Theorie; die große Mehrheit der Colleges und Universitäten in den USA weigerte sich, Schwarze Studierende aufzunehmen, und diejenigen, die es doch taten, nahmen nur so wenige Studierende auf, dass die wenigsten Schwarzen Veteranen von den Beihilfen zum Studium profitieren konnten. Die Unterstützung für das Eigenheim nutzte den Schwarzen Veteranen sogar noch weniger, weil sich die Banken weigerten, mit Schwarzen Hauskäufer*innen zusammenzuarbeiten und weil die Städte Schwarze Familien in Viertel abschoben, die darauf ausgelegt waren, die Rentabilität ihrer Investitionen so gering wie möglich zu halten. Die G. I. Bill war ein Gesetz, das nur weißen Männern zugutekommen sollte.

Sogar die Arbeitslosenunterstützung half den Schwarzen Veteranen nicht. Als sie nach Hause zurückkehrten mussten sie erkennen, dass ihnen von den neuen, vielversprechenden Jobs nur die gefährlichsten, am schlechtesten bezahlten, und solche, für die keinerlei Qualifikationen notwendig waren, angeboten wurden – und sie waren gezwungen, sie anzunehmen. Wenn sie diese gefährlichen und dürftig entlohnten Jobs abgelehnt hätten,

hätte man sie dem Department of Veterans Affairs gemeldet, ihre Leistungen wären gestrichen worden, und ihnen wäre nichts geblieben.[35]

An nahezu jedem Beispiel umfassenden gesellschaftlichen Fortschritts oder der Chancenschaffung für Frauen und Menschen of Color sehen wir große Bemühungen der weißen Männer, diesen Fortschritten Garantien ihres eigenen Machterhalts abzutrotzen. Vielen gilt der Zweite Weltkrieg immer noch als ein Wendepunkt für arbeitende Frauen, weil in dieser Zeit mehr Frauen gearbeitet haben als je zuvor. Und es stimmt, dass viele Frauen auch nach dem Krieg noch weitergearbeitet und so dazu beigetragen haben, das Bild der arbeitenden Frau zu verfestigen. Doch wenn wir uns die großen Anstrengungen und Ausgaben anschauen, die die Regierung auf die Entwicklung von Propaganda und auf Gesetzgebungen wie die G. I. Bill – die bis heute gefeiert wird – verwendet hat, sehen wir auch, wie damals sexistische und rassistische Normen generalüberholt und in der Nachkriegswirtschaft zementiert worden sind. Durch die Zusammenarbeit der Bundesregierung und der Arbeitgeber wurde die strenge Definition von »Frauenarbeit« erweitert, um die wachsende Zahl weiblicher Angestellter einzubeziehen – auch wenn diese schlecht bezahlten und niedrig qualifizierten Tätigkeiten nicht diejenigen waren, die sie anstrebten. Menschen of Color wurden abermals in Jobs und Wohnviertel gedrängt, die weiterhin die ärmlichen Lebensbedingungen boten, denen sie immer ausgesetzt gewesen waren. Und weiße Männer bekamen mehr Chancen als je zuvor, hoch qualifizierte und gut bezahlte Berufe, Bildung, sichere Wohnverhältnisse und unternehmerische Möglichkeiten in Anspruch zu nehmen – einfach nur, weil sie weiße Männer waren.

Frauen als Ultima Ratio, aber nicht wirklich: Die Gläserne Klippe

Als die *New York Times* im Sommer 2011 ankündigte, Jill Abramson zu ihrer neuen Chefredakteurin zu machen, überraschte das kaum jemanden. Sie war durch ihre vorherige Arbeit als Redaktionsleiterin quasi zur Thronerbin geworden, und nach mehreren Skandalen um weiße männliche Chefredakteure und Schwierigkeiten der Zeitung, sich an die digitale Welt anzupassen, repräsentierte Abramson sowohl die Veränderung als auch die Stabilität, die die *Times* brauchte. Normalerweise interessiert es niemanden sonderlich, wenn die Person, von der alle wissen, dass sie den Job bekommt, den Job bekommt. Aber Abramsons Beförderung wurde in großem Maße besprochen und gefeiert.

Warum? Weil die altehrwürdige Zeitung in ihrem mehr als 150-jährigen Bestehen zum ersten Mal von einer Frau geführt wurde.

Man sollte meinen, dass die *New York Times* beschämt darüber sein müsste, dass sie so lange brauchte, um eine ihrer vielen talentierten Frauen ans Steuer zu lassen. Man sollte meinen, dass in den über fünfunddreißig Jahren, seit die Zeitung von einer großen Zahl von Mitarbeiterinnen wegen Belästigung und Diskriminierung verklagt worden ist, irgendwann mal der Groschen gefallen sein müsste. Doch anstatt die sexistische Altlast der Zeitung hervorzuheben, wurde die *Times* dafür gelobt, nur sechzehn Dekaden für die Entscheidung benötigt zu haben, dass eine Frau sie auch mal leiten könnte. Und wenn man sich anschaut, wie andere Firmen in den letzten Jahrhunderten Frauen behandelt haben, kann man verstehen, dass Abramson wie eine phantastische Erscheinung behandelt wurde, anstatt wie eine hart arbeitende, kompetente, hoch qualifizierte Mitarbeiterin, die eine wohlverdiente Beförderung erhielt.

Auch wenn keine Firma in den USA heutzutage offen gegen

arbeitende Frauen sein kann, ohne dafür Probleme mit ihrer Kundschaft und große Gerichtsverfahren fürchten zu müssen, haben Frauen insgesamt nicht die außergewöhnlichen Verbesserungen in der Arbeitswelt erreicht, die jene erhofften, die in den vierziger Jahren für ihr Recht auf Arbeit gekämpft haben. Frauen erhalten immer noch deutlich geringere Gehälter als Männer; Schwarze, indigene und hispanoamerikanische Frauen erhalten gerade mal die Hälfte dessen, was weiße Männer verdienen. Studien zeigen, dass 30 bis 80 Prozent der Frauen angeben, schon einmal bei der Arbeit sexuell belästigt worden zu sein. Die meisten Frauen arbeiten für Firmen, die immer noch keine Kindertagesstätten oder angemessen bezahlten Urlaub zur Pflege kranker Kinder anbieten. Die durchschnittlichen Programme zum Mutterschaftsurlaub in diesem Land sind eine Schande im Vergleich zu denen in den meisten europäischen Ländern. In Washington, meinem Heimatbundesstaat, bekommen frischgebackene Eltern nur einen garantierten bezahlten Urlaub von zwölf Wochen nach der Geburt oder Adoption eines Kindes.[36] In Schweden erhalten Eltern eines neugeborenen Kindes 16 *Monate* bezahlte Elternzeit.[37]

Ich kenne das alles aus eigener Erfahrung. Ich erinnere mich, wie ich unter Tränen meinen nur vier Wochen alten Sohn für neun Stunden in einer Kindertagesstätte ließ, weil ich von den 50 Prozent Mutterschaftsgeld, die mir meine Firma zahlte, nicht leben konnte. Ich erinnere mich, wie ich in einer Abstellkammer der Frauentoilette Muttermilch abpumpte, weil dafür keine separaten hygienischen Räumlichkeiten angeboten wurden. Abgesehen von einem kurzen Intermezzo mit Anfang zwanzig in einem Frauenbekleidungsgeschäft habe ich noch in keiner einzigen Firma gearbeitet, in der ich nicht von einem Vorgesetzten oder einem Kollegen sexuell belästigt worden bin. Ich wurde angegrapscht, geküsst und angebaggert – alles ohne Einladung oder Einverständnis. Ich wurde bei Beförderungen übergangen, weil ich nicht »stark genug für eine Führungsposition« und von

Meetings ausgeladen, weil ich »zu rechthaberisch« war. Und ich habe über die Jahrzehnte zahllose Freundinnen und Kolleginnen das Gleiche und noch viel Schlimmeres erleben sehen.

Auch wenn es heutzutage in der Arbeitswelt mehr Frauen gibt als je zuvor, auch wenn Frauen heutzutage eher einen College-Abschluss machen als Männer, und auch wenn wir uns heutzutage die Leitlinien so ziemlich jedes Unternehmens anschauen können und darin irgendetwas zum Thema »Geschlechtergerechtigkeit« finden werden – die Arbeitsstätten im gesamten Land sind allgemein weiterhin frauenfeindlich. Das amerikanische Geschäftsleben ist heute immer noch eine Welt, die von weißen und für weiße Männer geführt wird. Frauen werden bestenfalls ignoriert, schlimmstenfalls wie feindliche Eindringlinge oder Sexobjekte behandelt. Nach vielen Jahrzehnten des Kampfes sind wir nach wie vor so weit von wirklicher Gleichstellung entfernt, dass wir sie nicht einmal sehen können.

Im Jahre 2019 hatten nur fünf Prozent der 500 größten Unternehmen in den USA eine weibliche Geschäftsführerin. Fünf Prozent. Und das, obwohl Frauen etwas mehr als die Hälfte der Gesamtbevölkerung ausmachen. Es gibt mehr Typen mit dem Vornamen John an der Spitze großer Unternehmen als Frauen.[38]

Als Jill Abramson also zur Chefredakteurin der *New York Times* befördert wurde, war das traurigerweise eine große Sache. Viele, mich eingeschlossen, sahen Abramsons Beförderung als Zeichen eines positiven Wandels in der Verlagswelt. Und als man sie nur zwei Jahre später öffentlichkeitswirksam und überraschend entließ, wurde vielen von uns klar, dass man sie – und den Rest von uns – vielleicht in eine Falle gelockt hatte.

Wenn man Frauen nicht mehr länger hinhalten kann, und man sie nicht alle zwingen kann, Sekretärinnen oder Lehrerinnen zu werden, weil die moderne Politik verlangt, zumindest so zu tun, als würde man Geschlechtergleichstellung am Arbeitsplatz unterstützen, was kann man dann tun, um Frauen aus den Machtpositionen in der Wirtschaft herauszuhalten? Man kann

dafür sorgen, dass sie scheitern – oder genauer gesagt, man kann dafür sorgen, dass sie fallen.

Man nennt das die »Gläserne Klippe«, ein Begriff, der 2005 von Michelle K. Ryan und S. Alexander Haslam von der University of Exeter geprägt worden ist. Ihre Recherche war ausgegangen von einem Artikel in der *Times* (die aus London, nicht New York), in dem behauptet wurde, weibliche Geschäftsführerinnen hätten negative Auswirkungen auf den Aktienkurs. Vielleicht roch die Sache für Ryan und Haslam ein bisschen zu sehr nach Bullshit. Sie fragten sich, ob es stimmen konnte, dass Frauen den von ihnen geführten Firmen Tod und Verderben brachten, oder ob es einen anderen Grund dafür gab, dass man in Führungspositionen notleidender Unternehmen überproportional viele Frauen sah. Sie fanden heraus, dass Frauen tatsächlich eher als Männer Führungspositionen in problembehafteten Firmen innehatten, aber sie sahen auch, dass diese Probleme nicht auf das Konto der Frauen gingen. Als sie sich die hundert Firmen an der Londoner Börse genauer ansahen, um die es in dem Artikel in der *Times* gegangen war, erkannten sie, dass Frauen, wenn auch in den Vorständen insgesamt extrem unterrepräsentiert, am ehesten in die Firmenvorstände berufen wurden, wenn die Firmen in ernsthaften Schwierigkeiten steckten. Diese Firmen hatten schon seit Monaten schlechte Zahlen und liefen Gefahr, vollends unterzugehen, *bevor* sie Frauen in ihre Vorstände holten.[39]

Als Alison Cook und Christy Glass von der Utah State University diese Forschung weiterführten und sich Firmen in den USA anschauten, entdecken sie ebenfalls ein Muster, das sich auf Frauen und Menschen of Color im Geschäftsleben auswirkte: Frauen und Menschen of Color wurden am ehesten an die Spitze einer Firma gesetzt, wenn diese bereits unterzugehen drohte; weiße Männer nahmen seltener Führungspositionen an in Firmen, die ein Konkursrisiko aufwiesen; und wenn Frauen oder Menschen of Color es nicht schafften, die Krise binnen kurzer Zeit abzuwenden, wurden sie meist durch weiße Männer ersetzt.

Frauen und Menschen of Color erhalten oft nur die Möglichkeit, Schiffe zu steuern, die von weißen Männern bereits in Eisberge gerammt worden sind. Und wenn das Schiff dann sinkt, berichten die Medien, dass Frauen schlechte Kapitäninnen sind.

Als Marissa Mayer zur neuen Kapitänin von Yahoo ernannt wurde, waren viele der Ansicht, dass das Schiff bereits gesunken war. Nach Jahren fataler Geschäftsentscheidungen und einer zunehmenden Irrelevanz in einer sich ständig wandelnden digitalen Welt schien der Internetgigant von einst dem Untergang geweiht. Dennoch feierten viele ihre neue Position als einen Schritt vorwärts für Frauen in der Geschäftswelt, auch wenn sie wussten, dass ihre Erfolgsaussichten bestenfalls gering waren. Ellen Paos Ernennung zur vorläufigen Geschäftsführerin von Reddit überraschte so ziemlich alle – sogar sie selbst. Doch infolge des plötzlichen Weggangs des vorherigen Geschäftsführers brauchte die Social-Media-Plattform einen Richtungswechsel, wenn sie hinauswachsen wollte über ihre Reputation als dunkler, muffiger Ort für Typen, die über Videospiele redeten und darüber, wie sauer sie waren, dass ihnen Frauen keine Blowjobs gaben.

Wenn Sie hier ein Muster erkennen, dann deshalb, weil es eines gibt. Nachdem man alles andere versucht hat (»alles« im Sinne von: mehrere mittelmäßige weiße Typen) und die Zeit langsam knapp wird, stelle ich mir vor, dass die Leute verrückte Sachen sagen wie, »Warum probieren wir's nicht mal mit einer Frau?« oder »Was, wenn's mal jemand mit dunkler Haut versucht?«. Frauen und Menschen of Color sind oft das, was man im Sport einen *Hail Mary* nennt, einen letzten Versuch, den dringend benötigten Umschwung im Spiel zu bewirken. Man schleudert sie mit geschlossenen Augen und gedrückten Daumen über das Feld, mit wenig mehr Zielgenauigkeit als der eines Gebets dafür, dass das Team hinterher besser dastehen möge als jetzt.

Warum nehmen Frauen und Menschen of Color diese zum Scheitern verurteilten Rollen an? Passen wir nicht richtig auf? Sind wir zu risikoanfällig? Sind wir nicht schlau genug, die Ka-

tastrophe zu sehen, die uns erwartet? Ich denke, es ist ziemlich einfach: Wir glauben, dass wir keine andere Wahl haben. Wir können davon ausgehen, nie wieder die Chance auf eine Führungsposition zu bekommen, es sei denn, wir werden wahrscheinlich versagen. Wir wissen, dass uns diese Chance vermutlich verwehrt wird, wenn die Firma gerade auf sicheren Füßen steht. Also beten wir zum Himmel und setzen alles aufs Spiel in der Hoffnung, dass es sich vielleicht für uns und die Firma auszahlen wird.

Doch dann, wenn eine Frau oder eine Person of Color auf die Führungsposition einer Firma befördert wird, passiert etwas Komisches. Weiße männliche Manager arbeiten nicht mehr mit ihren Kolleg*innen zusammen – insbesondere mit ihren Kolleg*innen of Color. Warum erbringen weiße Männer schlechtere Leistungen, wenn eine Frau oder eine Person of Color die Firma führt? Weil sie sich auf einmal ihrer Firma weniger verbunden fühlen.[40] Wenn Sie sich jetzt aufgrund dieser Tatsache an die weiße männliche Reaktion auf die Präsidentschaft von Barack Obama zurückerinnern sollten und an die Rhetorik der Präsidentschaftswahl von 2016 – ja, geht mir ähnlich.

Das ist nicht alles, was passiert, wenn Frauen es an die Spitze schaffen. Oft werden sie für die »weiblichen« Eigenschaften kritisiert, die ein Symbol für den »Wandel« waren, den sich die Firmen erhofft hatten, als sie entschieden hatten, dass ein Wandel nötig sei. Viele Journalist*innen und Berichterstattende kritisierten Marissa Mayer für ihre Jugend und ihre modische Kleidung, auch wenn Yahoo unbedingt ein junges, modeinteressiertes, interneterfahrenes Publikum ansprechen wollte. Wenn sie Interviews gab, die von den Nachrichtenkanälen angefragt worden waren, wurde sie dafür kritisiert, das Scheinwerferlicht zu suchen (ähnliche Kritik wurde auch gegenüber Abramson geäußert). Selbst Mayers Stimme wurde unter die Lupe genommen.

Frauen, die ihre Führungspositionen auf »männlichere« Art ausüben, werden nicht besser behandelt. Oft werden Frauen für

dieselben Persönlichkeitseigenschaften bestraft, die bei Männern gelobt werden. Weniger als ein Jahr nach Abramsons Aufstieg zur Chefredakteurin der *New York Times* veröffentlichte Dylan Byers in *Politico* einen vernichtenden Enthüllungsbericht über ihren Führungsstil mit dem Titel »Turbulenzen bei der *Times*«. In dem Beitrag wurde behauptet, viele bei der *Times* könnten Abramson wegen ihrer »brüsken« und »schwierigen« Art nicht leiden. Der Artikel begann mit dem Bericht einer angeblichen Auseinandersetzung zwischen Abramson und ihrem Stellvertreter Dean Baquet, die damit endete, dass Baquet aus ihrem Büro stürmte und mit der Faust gegen eine Wand schlug. Dieser Streit wurde als erstes Beispiel für Abramsons offensichtlich provokative Art angeführt. Anonyme Quellen hatten zu Byers gesagt, »Wenn Baquet so angefressen aus ihrem Büro gestiefelt ist [...] dann wahrscheinlich, weil Abramson unverschämt gewesen ist.«[41] Allerdings war Abramson nicht diejenige, die auf eine Wand einschlug. »Unverschämtes« Verhalten von Frauen rechtfertigt offenbar gewalttätiges Verhalten von Männern.

Marissa Mayer wurde auf ähnliche Weise kritisiert. Sie war zu brüsk und nicht partnerschaftlich genug. Sie war eine Perfektionistin und verlor sich in Details. Die Eigenschaften, für die Abramson und Mayer kritisiert wurden, sind Eigenschaften, die Männer in ihren Bereichen zu Legenden machen. Man stelle sich vor, ein männlicher Chefredakteur einer umtriebigen Zeitung sei »zu brüsk«. Genau das ist das Stereotyp eines Zeitungsredakteurs, seit es Zeitungen gibt. Wo wäre Steve Jobs gewesen ohne seine Eigenheiten, seinen Perfektionismus, seinen kompromisslosen Führungsstil und sein persönliches Augenmerk auf Details?

Wenn Frauen versuchen, den Wandel herbeizuführen, für den man sie eingestellt hat, haben sie oft eine offene Meuterei am Hals. So erging es Ellen Pao bei Reddit. »Alles war Sisyphusarbeit. Wir hatten keine technische Unterstützung für Handys. Ich sagte: ›Wie kann man denn Handys ignorieren?‹ Aber keiner im Team glaubte an die Handysparte«, erklärte mir Pao.[42] Wir

sprachen darüber, wie sie daran gearbeitet hatte, Reddit massenkompatibler und benutzerfreundlicher zu gestalten durch entscheidende Neuerungen wie zum Beispiel diejenige, die Seite für Menschen zugänglich zu machen, die ihre Mobiltelefone für die sozialen Medien nutzen wollten.

Reddit hatte Schwierigkeiten, seine Mitarbeiter- und Benutzerdemographie zu diversifizieren, also veränderte Pao die Personalpolitik, vergab mehr Stellen an Frauen und Menschen of Color und wandte sich von langjährigen Gepflogenheiten ab, etwa jener, neue Arbeitskräfte nur aus den Mitwirkenden der Reddit-Seite, sogenannten »Redditors«, zu rekrutieren. Ebenso schaffte sie Gehaltsverhandlungen ab und bot zukünftigen Mitarbeiter*innen stattdessen die Möglichkeit für Gesamtvergütungen, da Studien gezeigt hatten, dass Frauen bei Gehaltsverhandlungen oft benachteiligt werden, was zu Gehaltsgefällen beitragen kann. Als sich die Demographie im Büro zu wandeln begann, sahen einige der Angestellten die Veränderungen als Bedrohung für die Reddit-Kultur: »Es gab Forderungen wie zum Beispiel, ›Wir wollen, dass nur langjährige Redditors bei Reddit arbeiten‹«, erzählte mir Pao. »Und diese langjährigen Redditors waren größtenteils weiße Männer, größtenteils introvertiert, hatten größtenteils diese Perspektive von ›Wir können sagen, was immer wir wollen, wir können tun, was immer wir wollen, wir müssen nicht inklusiv sein, und wir mögen nur Menschen, die so sind wie wir.‹« Reddit war das Reich des weißen Mannes.

Man kann sagen, dass die bedeutendsten Faktoren, die die Diversifikation der Nutzerbasis von Reddit verhinderten, der ungezügelte Rassismus und Sexismus, die Homophobie, die Transphobie und der Ableismus waren, die sich in den Threads auf der Plattform wiederfanden. Auf Reddit werden Diskussionen in thematische Gruppen eingeteilt, sogenannten »Subreddits«, und als Pao beschloss, unverhohlen beleidigende Subreddits dichtzumachen – mit reizenden Namen wie »r/FatPeopleHate«, »r/HamPlanetHatred«, »r/ShitNiggersSay« und »r/Transfags« –,

waren viele weiße Männer, die die Plattform nur aufsuchten, um sich in ihrem Hass gegen andere zu suhlen, außer sich vor Wut. Die geschlossenen Subreddits wurden schon bald ersetzt durch andere mit Namen wie »r/EllenPaoIsACunt«.

Die Reaktionen auf Paos Versuche, die Bürokultur zu ändern, waren vielleicht extrem, aber wahrscheinlich keine große Überraschung für jede Frau, die schon mal versucht hat, in ihren Büros Gleichberechtigung oder Inklusion zu stärken, das gilt besonders für Frauen of Color. In der Realität ist es so: Auch wenn viele Frauen glauben, sie müssten für eine stärkere Inklusion an ihren Arbeitsplätzen kämpfen, sowohl um ihr eigenes Überleben zu sichern als auch das ihrer Kolleginnen, werden sie fast immer dafür abgestraft. Frauen und Menschen of Color, die sich für Diversität und Gleichberechtigung einsetzen, werden in Beurteilungen durch ihre Kolleg*innen, ihr Team und ihre Geschäftsführung oft bestraft. Fun fact: Die Menschen, die für ihre Bemühungen in den Bereichen Diversität und Gleichberechtigung nicht bestraft werden, sind – und jetzt alle zusammen – weiße Männer.[43]

Die Berufslaufbahn von Frauen, die es an die Spitze schaffen, ist von Kämpfen gezeichnet. Sie müssen oft gegen High-School-Lehrkräfte und College-Dozierende kämpfen, die sie von MINT- oder Wirtschaftsbereichen abbringen und hin zu den Geisteswissenschaften drängen wollen (nichts gegen Geisteswissenschaften – mein geisteswissenschaftlicher Abschluss hat mir gute Dienste geleistet), und sie müssen um die Aufmerksamkeit kämpfen, die den jungen Männern im Saal bereitwilliger gewährt wird. Dann müssen sie sich durch sexistische Arbeitsumfelder kämpfen, wo sie vielleicht stark unterrepräsentiert und in ihren Teams isoliert sind. Sie müssen den beschränkten Zugang zu Praktika, Mentoraten und Bürofreundschaften bewältigen, die viele Männer dazu nutzen, sich Chancen zu eröffnen. Sie müssen gegen die obere Führungsebene und Untergebene ankämpfen, in deren Augen sie nicht zum Management taugen. Und all das tun sie für ein niedrigeres Gehalt als ihre männlichen Kollegen.

Nach diesen auslaugenden Kämpfen müssen sich Frauen auf schwierige und risikobehaftete Führungspositionen in scheiternden Unternehmen stürzen, weil sie wissen, dass das höchstwahrscheinlich die einzigen Chancen sind, die sie bekommen werden. Wenn sie dann an der Spitze stehen, müssen sie sich mit einem Team von weißen männlichen Führungskräften auseinandersetzen, die auf einmal keine Lust mehr haben, so hart zu arbeiten wie zuvor. Sie müssen einen Weg finden, »Führungsstärke« an den Tag zu legen, ohne dabei wie ein »Miststück« rüberzukommen. Sie müssen dafür kämpfen, die Veränderungen durchzudrücken, für die man sie eingestellt hat, auch wenn sie nur minimal sind. Und währenddessen geht es in den Nachrichtenartikeln, die sich mit ihrer Arbeit befassen, um ihr Aussehen, ihre Stimme, ihr Alter.

Wenn wir uns anschauen, wie Frauen in der Geschäftswelt und in der Unternehmensführung behandelt werden, wird uns nicht überraschen, wie es Abramson, Pao und Mayer in ihren Führungspositionen ergangen ist. Als Abramson sehr öffentlichkeitswirksam gefeuert wurde, ohne Rücksicht auf die Jahre, die sie schon bei der *Times* gearbeitet hatte (während frühere Chefredakteure der *Times*, die in schwere Verfehlungen und Skandale verwickelt gewesen waren, sehr viel würdevoller aus ihren Positionen herausgehebelt worden sind), sahen Frauen im Zeitungswesen deutlich die Hände, die Abramson von der Gläsernen Klippe gestoßen hatten. Sie hatte in vielerlei Hinsicht phantastische Arbeit geleistet. Bevor sie das Ruder übernahm, hatte die Zeitung, wie viele traditionsreiche Zeitungen, Schwierigkeiten gehabt, ihre Leserschaft online anzusprechen, während die Popularität und Wirtschaftlichkeit von Druckerzeugnissen branchenweit immer weiter nachließen. Unter Abramsons Führung halfen Experimente mit interaktiven, multimedialen Artikeln, die *Times* als Leitmedium im digitalen Nachrichtenbereich zu etablieren, und die Zeitung erhielt unglaubliche vier Pulitzer-Preise für investigativen Journalismus, Hintergrundberichterstattung,

Auslandsberichterstattung und Feature Writing.[44] Letztendlich gab der Herausgeber der *New York Times*, Arthur Sulzberger Jr., als Gründe für Abramsons Entlassung eine »Reihe von Problemen« an, unter anderem »willkürliche Entscheidungsfindung«, »mangelhafte Kommunikation« und »öffentliche Fehlbehandlung von Kollegen«. Abramson wurde durch Dean Baquet ersetzt, den Mann, der bei einer Meinungsverschiedenheit mit ihr gegen eine Wand geboxt hatte.

Marissa Mayers Sturz schien schon festzustehen, bevor sie überhaupt den Job bei Yahoo angenommen hatte, doch er wurde von aktivistischen Aktionären noch beschleunigt. Wenige Tage, nachdem sie Zwillinge zur Welt gebracht hatte, schmiss Eric Jackson von der Vermögensverwaltung einen metaphorischen Ziegelstein in ihr Fenster in Gestalt einer 99-seitigen Präsentation, die er an die Yahoo-Aktionär*innen schickte und in der er sich sehr negativ über das Unternehmen und Mayers Führungsstil äußerte. Jackson hoffte, andere Teilhaber*innen dafür zu gewinnen, mit ihm gemeinsam Mayers Entlassung zu fordern. Mayer überlebte Jacksons Versuch, sie vom Thron zu stürzen, nur um dann von einem anderen aktivistischen Aktionär zu Fall gebracht zu werden, der zur gleichen Zeit an ihrer Absetzung gearbeitet hatte. Jeffrey Smith von Starboard Value beschloss, dass Mayer Yahoo nicht retten konnte – niemand könne das –, und er nutzte seinen Einfluss, um Yahoo unter Druck zu setzen, sich selbst zu zerschlagen und seine profitablen Beteiligungen zu verkaufen.

Es mag extrem erscheinen, wenn zwei voneinander unabhängige aktivistische Aktionäre einen ins Visier nehmen – es sei denn, man ist eine Frau, die ein Unternehmen führt. Eine Studie der University of Missouri fand heraus, obwohl Frauen nur fünf Prozent der Geschäftsführerinnen der 500 größten Unternehmen in den USA stellen, dass aktivistische Aktionäre eher bei von Frauen geführten Firmen versuchen, Einfluss auf die Entscheidungen des Managements zu nehmen, sogar bei der

Überwachung der Unternehmensleistung. Das bedeutet, dass aktivistische Aktionäre an frauengeführte Unternehmen herantreten mit dem Ziel, ihnen diese Führung abzunehmen – weil sie Frauen sind.[45] Mayer wurde letzten Endes gezwungen, die Abwrackung von Yahoo zu beaufsichtigen, und damit das Ende ihrer eigenen Arbeit.

Ellen Pao wurde durch einen Tornado tobender Redditors gestürzt. Die Moderator*innen der populärsten Subreddits schalteten ihre Seiten aus Protest gegen Paos Führungsentscheidungen auf Privat, wodurch die Plattform für die Mehrheit ihrer User faktisch geschlossen wurde. Inmitten dieser Krise überraschte der Reddit-Vorstand Pao mit neuen und unrealistischen Zielen für das Unternehmen und verlangte, dass die Zahl der User bis zum Ende des Jahres von 135 Millionen auf 350–500 Millionen wachsen solle. Pao verstand. Reddit wollte sie weghaben.

Als Pao zurücktrat, übernahm Steve Huffman ihren Posten, der Mitbegründer von Reddit. Er machte die Veränderungen, die Pao eingeführt hatte, nicht rückgängig – jene Veränderungen, die bei den Redditors so viel Empörung ausgelöst hatten –, aber aus irgendeinem mysteriösen Grund ließ die Empörung nach. Die Proteste wurden beendet; die populären Subreddits wurden wieder freigeschaltet. Es gab keine Welle neuer Subreddits mit dem Titel »r/SteveHuffmanIsACunt«. Schon bald ergriffen auch Facebook und Twitter Maßnahmen, um beleidigende Accounts von ihren Plattformen zu nehmen, aber trotzdem gab es nie das große Aufbegehren gegen ihre männlichen Geschäftsführer, wie Pao es zu spüren bekommen hatte. Und obwohl die ambitionierten Ziele im Hinblick auf die Userzahlen anscheinend so wichtig waren, dass sie Pao zur Kündigung gezwungen hatten, brauchte Reddit nach Paos Weggang über drei Jahre, um die 500-Millionen-Marke zu knacken, die man ihr 2015 vorgegeben hatte.

Ich will hier nicht den Mythos der tadellosen Frau entwerfen, die von beschissenen Männern aus der Geschäftsleitung ge-

drängt wird. Abramson, Mayer und Pao waren bei weitem nicht ohne Makel. Abramson gab selbst zu, dass sie nicht die beste Redakteurin ist. Und sie machte diese Aussage in ihrem Buch *Merchants of Truth*, in dem sich nicht nur gravierende Fehlurteile, sondern auch Verstöße gegen die Ethik zeigten, als öffentlich wurde, dass sie höchstwahrscheinlich Teile ihres Buches plagiiert hatte. Aber Abramson wurde nicht wegen Fehleinschätzungen oder Plagiatsvorwürfen gefeuert – sie wurde gefeuert, weil sie … schwierig war. Und Marissa Mayer traf, trotz einer Bilanz, die sowohl innerhalb als auch außerhalb von Yahoo überschwänglich gelobt wurde, einige Entscheidungen, von denen viele glaubten, dass sie nicht klug waren, speziell im Hinblick auf die von ihr beaufsichtigte rasante Übernahme von mehr als fünfzig Firmen durch Yahoo innerhalb von nur vier Jahren. Ich sage nicht, dass wenn alle Geschäftsführerinnen Frauen wären, jedes Unternehmen besser funktionieren würde. Aber es ist auch nicht so, als hätten weiße Typen immer so großartige Arbeit geleistet. Warum kriegen also Frauen keine wirkliche Chance?

Die bittere Wahrheit ist: Die Eigenschaften, die die meisten Unternehmen und ihre Vorstände, Aktionär*innen, Führungskräfte und Angestellten mit Menschen assoziieren, die als potenzielle Führungspersonen gelten – Eigenschaften, die meist mit weißen männlichen Führungskräften in Verbindung gebracht werden –, sind in Wirklichkeit schlecht fürs Geschäft. Aggressivität und Übermut, die als »Stärke und Führungsqualität« gesehen werden, können bewirken, dass Führungskräfte ihre Unternehmen in ausweglose Situationen bringen, und die entsprechenden Katastrophen könnten abgewendet werden, wenn man Vorsicht walten ließe und Beiträge anderer anhören würde. Diese Eigenschaften verschleiern außerdem mangelnde Kompetenz, Wissen und Erfahrung und können dazu führen, dass Führungspersonen eigene Fehler nicht einsehen und nötige Richtungswechsel nicht einleiten. Sie verhindern nachhaltige Geschäftspartnerschaften und ein gemeinschaftliches Betriebsklima. Diese Eigenschaften

bringen vielen Unternehmen potenzielles und tatsächliches Unheil.

Und trotzdem werden weiße Männer, die diese Eigenschaften zur Schau stellen, als großartige Geschäftsleute in den Himmel gelobt, selbst wenn sie vor den Augen aller scheitern. Ja, Trumps unzählige Insolvenzen und Geschäftsfiaskos sind ein gutes Beispiel, ebenso wie aber auch die öffentlichen Misserfolge von Martin Shkreli, der von seiner Gefängniszelle aus immer noch Unternehmen leitet und von vielen jungen Geschäftsleuten als eine Art Rockstar gesehen wird, selbst nachdem seine Betrügereien Leben ruiniert haben; oder Elon Musk, der anscheinend zu beschäftigt damit ist, Menschen über Twitter zu beleidigen und U-Boote zu verschenken, um Tesla effektiv zu führen; und John Schnatter, der letztendlich bei Papa John's Pizza ausgestiegen ist, nachdem er der NFL die Schuld für seine schlechten Bilanzen gegeben und in Telefonkonferenzen rassistische Ausdrücke verwendet hatte.

Dabei geht nicht nur das Potenzial einer neuen und veränderten Geschäftsführung verloren, sondern die allgemeine Wertschätzung weiblicher Führungskräfte – oder zumindest die Ansicht, dass sie mit derselben Wahrscheinlichkeit wie weiße Männer ein Unternehmen zum Erfolg oder in die Krise führen können – und das, was eine solche Wertschätzung für die Millionen arbeitender Frauen in Amerika bedeuten würde. Viele Menschen würden nicht wollen, dass diese Frauen Geschäftsführerinnen werden, aber Frauen werden nicht nur als Geschäftsführerinnen abwertend behandelt; sie werden in jedem Winkel der amerikanischen Arbeitswelt abwertend behandelt. Frauen werden in jeder Branche herabgewürdigt, abgewiesen, beleidigt und unterbezahlt. Das alles schadet individuellen Frauen, ihren Familien und den Unternehmen, für die sie arbeiten.

Viele der Schwierigkeiten, denen Frauen im Arbeitsleben begegnen, gründen in der Überbewertung weißer Männer. Wie oft in den vergangenen Jahren haben Sie das Argument gehört,

ein Mann solle für sexuelle Belästigungen oder anderes grobes Fehlverhalten nicht gefeuert werden, weil man damit »seine Zukunft gefährden« oder »sein Potenzial verschenken« würde? Jeder weiße Mann in der Geschäftswelt ist ein einziges großes Potenzial. Jeder weiße Mann, vom unbezahlten Praktikanten bis zum Geschäftsführer, könnte unser nächster großer Anführer sein, unser nächster großer Vorkämpfer. Die Laufbahn eines weißen Mannes zu stören – egal, wie inkompetent er ist, egal, wie viele Frauen und Menschen of Color er dabei niedergetrampelt oder angegrapscht hat –, wäre ein zu großes Risiko.

Doch was sind Frauen wert? Wie würde es aussehen, wenn man uns und unser Potenzial wertschätzen würde? Welches Risiko geht man ein, wenn man unsere Karrieren zerstört, bevor sie überhaupt angefangen haben?

Branchen und Institutionen – und größere Gesellschaften –, die an das Führungspotenzial von Frauen glauben, auch wenn es anders aussieht als das, was uns die Tradition vorgibt, müssen in weibliche Karrieren von Anfang bis Ende investieren. Sie müssen sich darum kümmern, wie Mädchen in der Schule unterrichtet werden; sie müssen Praktikumsmöglichkeiten schaffen, die Frauen bei ihrem Weg helfen; sie müssen die Stärken einzelner Frauen suchen und fördern. Sie müssen Programme zur Elternzeit und zur Kinderbetreuung schaffen, die es Frauen erlauben, ihre Karrieren weiterzuführen, ohne ihre Familien dafür zu opfern; sie müssen starke und aktive Richtlinien einführen, die sexuelle Belästigungen und Übergriffe am Arbeitsplatz thematisieren, sodass sie Frauen sicher fühlen können und ihre Energie nicht neben ihrer Arbeit noch darauf verwenden müssen, zu verhindern, von einem Vorgesetzten angegrapscht zu werden. Wenn wir daran glauben, dass Frauen Führungspositionen einnehmen können und sollten, dann müssen wir ihre Fähigkeiten, Talente und ihr Potenzial in den Vorstandsetagen und in den Geschäftsführungen wertschätzen, aber auch in der Produktentwicklung, bei den Finanzen, in der Werbung, im Konstruktionswesen und

überall sonst. Wenn wir glauben, dass Frauen Führungspositionen einnehmen können und sollten, dann setzen wir damit das Potenzial der Hälfte der amerikanischen Arbeiterschaft frei. Selbst wenn wir nicht garantieren können, dass jede weibliche Geschäftsführerin bessere Ergebnisse beim Unternehmenswachstum oder der Profitabilität aufweisen wird als ihre männlichen Pendants, werden die großen Zugewinne davon, Frauen in Machtpositionen zu heben, für die Arbeitsplätze und die Gesellschaft als Ganzes immer das Risiko wert sein, es zu versuchen.

KAPITEL 6

SOZIALISTINNEN UND QUOTEN-QUEENS

Wenn Frauen of Color den politischen Status quo infrage stellen

»Was ist dein Hauptfach?«

Diese Frage wird einem College-Studierenden öfter gestellt, als man zählen kann. Als ich noch aufs College ging und die Frage mit »Politikwissenschaften« beantwortete, war die darauffolgende Frage immer: »Wirst du dann eines Tages in die Politik gehen?«

Ich antwortete immer ohne zu zögern mit Nein. Ich studierte Politikwissenschaften, weil ich ein Politiknerd war, der sich das Wahlverfahren mit derselben Faszination anschaute wie ein Naturwissenschaftsnerd eine chemische Reaktion. Ich antwortete, dass ich hoffte, vielleicht ein paar Jahre als politische Analystin zu arbeiten und dann eventuell als Lehrerin. Die Arbeit hinter den Kulissen lag mir mehr.

Und außerdem, sagte ich scherzhaft, würde ich niemals den Hintergrundcheck zu meiner Person überleben, dem ich während eines Wahlzyklus ausgesetzt wäre.

Ich war mir sehr bewusst, dass ich eine Schwarze Frau war. Ich war eine Schwarze alleinerziehende Mutter mit einer beschisse-

nen Kreditwürdigkeit, ein paar zweifelhaften Entscheidungen in meinem vergangenen (und zukünftigen) Liebesleben und ein paar ziemlich liberalen politischen Ansichten, mit denen ich irgendwie allen auf die Nerven ging. Eine meiner frühesten politischen Erinnerungen ist zuzusehen, wie Anita Hill und Lani Guinier von den Mainstreammedien zerrissen wurden. Ich sah, wie ihre politischen Vorstellungen verdreht und gegen sie verwendet wurden. Ich sah, wie man ihre Privatleben zur Schau stellte. Ich sah, wie sich die Menschen aus ihrem Umfeld gegen sie wandten. Das wollte ich nicht für mich und meine Kinder.

Statt einer politischen Analystin oder Lehrerin wurde ich irgendwann Schriftstellerin. Und auch wenn ich nicht für die politische Fachwelt schreibe, wie ich es mir ausgemalt habe, schreibe ich doch über politische Themen. Meine Bildung hat mir bei dieser Karriere gute Dienste geleistet, selbst wenn sie nicht das ist, was ich ursprünglich für mich vorgesehen hatte. Außerdem passt sie gut zu meiner introvertierten und zugleich sehr rechthaberischen Persönlichkeit, wie es auch ein Job als Analystin getan hätte. Ich verbringe viel Zeit damit, zu beobachten, zu überlegen und zu kommentieren. Ich muss keine Kompromisse im Hinblick auf meine Prinzipien machen oder meine Botschaft abmildern, um Freundschaften zu schließen oder einen Arbeitsplatz zu behalten (ich habe zweifellos den ein oder anderen Auftrag nicht bekommen, aber das Schöne an der freiberuflichen Arbeit ist, dass die Menschen in Redaktionen ein kurzes Gedächtnis haben und man dann einfach versucht, an jemand anders zu gelangen). Den Großteil meiner Arbeit mache ich ungestört von zu Hause aus – und ich muss dafür nicht mal eine Hose anziehen.

Die persönlichen Beleidigungen und Verleumdungen haben ziemlich früh angefangen. In den Kommentarspalten unter meinen Artikeln nannte man mich ein »dummes Miststück« oder einen »hässlichen Nigger«. Schon bald veröffentlichten Leute auch meine persönlichen Informationen in den Kommentaren – Informationen zu meinen Kindern und meinen früheren Jobs.

Die Morddrohungen kamen auch ziemlich bald, wenn auch nicht so zahlreich. Soweit ich weiß, wurde ich 2017 zum ersten Mal »gedoxt«. Doxing bedeutet, dass jemand deine Privatadresse, E-Mail-Adresse, Telefonnummer, Bankdaten – so ziemlich alles, was er über dich findet – online postet, damit die Menschen dann damit machen können, was sie wollen.

2019 wurde mein Zuhause geswattet. Swatting ist, wenn jemand von einer Telefonnummer in deinem Viertel aus die Polizei anruft und sagt, dass es bei dir eine gewalttätige Auseinandersetzung gibt oder sie sich anbahnt, damit ein bewaffnetes SWAT-Team zu dir nach Hause kommt. 2017 führte eine Swatting-Aktion in Kansas zum Tod eines Mannes, weil er den Fehler gemacht hatte, seine Arme herunterzunehmen, als aus dem Nichts ein SWAT-Team bei ihm zu Hause auftauchte. In meinem Fall gab der Anrufer bei der Polizei an, mein Sohn zu sein, und dass er gerade seine Eltern erschossen habe. Sechs mit Gewehren bewaffnete Polizeibeamte schleiften meinen Sohn um sechs Uhr morgens aus dem Haus und durchsuchten unser Zuhause.

Wenn ich nicht schon vorher mitbekommen hätte, dass meine persönlichen Daten online gestellt worden waren, hätte die Situation sehr viel schlimmer enden können. Aber mir war mitgeteilt worden, dass meine Adresse (und die meiner Mutter, meiner Schwester und meines Bruders) auf einer Webseite veröffentlicht worden waren, die Swatting bewusst anspornt. Ich hatte meine örtliche Polizeibehörde angerufen und sie darüber informiert, dass man sie für mögliche Swatting-Versuche zu mir rufen würde. Nichtsdestotrotz schickte die Polizei bewaffnete Einsatzkräfte zu mir nach Hause, aber sie tat es in dem Wissen, dass sie bei uns wahrscheinlich keine zwei Leichen finden würden. Das bedeutete, dass sie, als mein verschlafener Teenager-Sohn die Tür aufmachte, die Polizisten sah und die Tür dann schnell wieder schloss, um sich seine Schuhe anzuziehen, nicht das Feuer eröffneten. Ich kann nicht sagen, wie oft ich seit diesem Tag in meinem Kopf schon andere, schlimmere Szenarien durchgespielt habe.

Die Webseite, auf der meine persönlichen Daten veröffentlicht wurden, bezeichnete mich als »anti-weiße« Schriftstellerin und fügte Links zu meinen Artikeln über Rassismusbekämpfung und mein letztes Buch *Schwarz sein in einer rassistischen Welt* bei, um zur Belästigung und sogar Gewalt gegen mich anzustiften.

Ein paar Tage, nachdem die Polizei vor meiner Tür gestanden hatte, wurde meine Mutter bei sich zu Hause belästigt. Wiederum ein paar Tage später twitterte jemand meine Sozialversicherungsnummer.

In meiner Laufbahn als Schriftstellerin habe ich Gelegenheit gehabt, deutlicher über gesellschaftliche und politische Themen zu schreiben als jede andere Schwarze Frau, die ich kenne. Ich muss keine Angst haben, aus meinem Job gefeuert zu werden; es ist buchstäblich mein Job, meine Meinung zu sagen. Ich muss keine Angst haben, Freund*innen zu verlieren – diejenigen, die sowieso wegwollten, habe ich alle schon vor ein paar Hundert Artikeln verloren.

Aber meine Kinder und ich müssen immer mal wieder zu unserer eigenen Sicherheit ein paar Nächte woanders verbringen. Meine E-Mails wurden gehackt und meine Finanzdaten öffentlich gemacht. Die Schulen meiner Söhne mussten dafür sorgen, dass es dort Sicherheitspläne für sie gibt. Ich habe schon so viele Morddrohungen per E-Mail erhalten, dass sie ihren eigenen Ordner bekommen haben (den ich »Fanpost« genannt habe). Bewaffnete Polizisten wurden zu mir nach Hause geschickt, um nach meiner Leiche zu suchen.

Und doch ist das nichts im Vergleich zu dem, was viele Frauen of Color, die politische Ämter bekleiden – Frauen wie Ilhan Omar, Rashida Tlaib, Alexandria Ocasio-Cortez und Ayanna Pressley – jeden Tag erleben. Sie sind Morddrohungen, Beleidigungen und Schikanen in einem Umfang ausgesetzt, wie ich es mir noch nicht einmal vorstellen kann. Und all das nur, weil sie Frauen of Color sind, die es wagen, ihre Wählerschaften zu repräsentieren und damit den Status quo infrage zu stellen.

Zwölf Jahre nach meinem College-Abschluss kann ich immer noch selbstbewusst sagen, dass ich nie im Leben in die Politik gehen werde.

Während ich das hier schreibe, sitzen weiße Männer in wichtigen politischen Ämtern, die glauben, dass die Erderwärmung nur ausgedacht sei. Es gibt weiße Männer in wichtigen politischen Ämtern, die meinen, dass Diversität schlecht für Amerika sei. Weiße Männer in wichtigen politischen Ämtern, die glauben, dass Frauen durch Vergewaltigungen nicht schwanger werden können. Weiße Männer in wichtigen politischen Ämtern, die finden, dass nichts Schlimmes daran ist, ein White Supremacist zu sein. Es sitzen weiße Männer in wichtigen politischen Ämtern, die der sexuellen Gewalt bezichtigt worden sind. Weiße Männer in wichtigen politischen Ämtern, die in der Öffentlichkeit rassistische Beleidigungen ausgesprochen haben. Es gibt weiße Männer in wichtigen politischen Ämtern, die der Meinung sind, dass Muslime nicht ins Land gelassen werden sollten. Und weiße Männer in wichtigen politischen Ämtern, die Angehörige der Presse tätlich angegriffen haben.

Diese weißen Männer können jene Dinge tun und sagen, ohne sich große Sorgen um ihre Karrieren machen zu müssen. Für manche dieser Männer *ist* das sogar ihre Karriere. Selbst für die öffentliche Verteidigung von White Supremacists wird man kaum mehr als zurechtgewiesen. Ein weißer Mann in einem öffentlichen Amt zu sein – ein heterosexueller körperlich nicht beeinträchtigter weißer Cis-Mann –, bedeutet, sich nie entschuldigen zu müssen und trotzdem wiedergewählt zu werden.

Diese Freiheit bedeutet, dass eine ganze Bandbreite an weißen männlichen Anliegen und Perspektiven im Mittelpunkt unserer Regierung stehen. Wer sich um die weißen männlichen Wählerstimmen bemüht, kann sowohl die weißen männlichen Umweltaktivisten ansprechen als auch die weißen männlichen Klimawandelleugner. Sie können den sozialliberalen weißen Mann repräsentieren oder den wirtschaftskonservativen weißen

Mann. Sie können sich für den weißen männlichen Sozialisten einsetzen oder für den weißen männlichen Sexisten. Weiße Männer können sich auf Grundlage ihrer tiefsten, kühnsten Überzeugungen auf ein Amt bewerben – oder sie können die abgegriffensten Parteiphrasen dreschen. In jedem Fall wird es ihnen wahrscheinlich nicht passieren, dass man ihr gesamtes Privatleben gegen sie benutzt; sie erhalten wahrscheinlich kein endloses Trommelfeuer an Drohungen für die Dreistigkeit, gehört werden zu wollen. Sie können die radikalsten Positionen vertreten, ohne jemals als zu radikal zu gelten. Sie können das brutalste Vorgehen an den Tag legen, ohne jemals als brutal zu gelten. Das rassistischste Vorgehen, ohne als Rassist zu gelten. Sie können sich fast ausschließlich auf die Bedürfnisse weißer Männer fokussieren, ohne als exklusionistisch oder spalterisch zu gelten.

Frauen, Menschen of Color, Menschen mit Behinderung, LGBTQ+-Menschen – sie alle werden nicht so gnädig behandelt. Diejenigen, die ein politisches Amt bekleiden wollen, müssen ein tadelloses Privatleben aufweisen. Wir müssen unsere politischen Ansichten immer abmildern. Wir müssen Abschlüsse von traditionell weißen Hochschulen vorweisen können oder beweisen, dass unsere Bildung an Schulen of Color uns nicht radikalisiert hat. Wir dürfen nicht einmal wütend wirken. Wir müssen immer wieder beweisen, dass wir gewillt sind, in unserer Arbeit den Problemen weißer Männer Priorität einzuräumen, egal, wie wenige von ihnen es in unserem Wahlkreis gibt.

Während also so ziemlich jede Schattierung des weißen Mannes in Amerika zumindest ein paar Abgeordnete in der Regierung stellt, kann sich der Rest von uns glücklich schätzen, überhaupt repräsentiert zu werden. Eine lateinamerikanische Person, die ein Regierungsamt bekleidet, soll die Bedürfnisse der gesamten lateinamerikanischen, Schwarzen, asiatisch-amerikanischen, indigenen und polynesischen Wählerschaft vertreten. Eine Frau in einem Regierungsamt soll die Frauen jeder *race* und »Ethnizität«, Sexualität, Gesellschaftsschicht und politischen Ideologie vertreten.

Sich in seinem eigenen Land nie in Führungspositionen widergespiegelt zu sehen, bringt seelische Schäden mit sich. Es schränkt unser Gefühl der Staatsbürgerschaft ein, und es begrenzt die Möglichkeiten, die wir für uns selbst und unsere Kinder sehen. Es erzeugt ein Gefühl der Unsicherheit. Von den Menschen of Color, mit denen ich in meiner Kindheit befreundet war, kann ich diejenigen an einer Hand abzählen, für die ein politisches Amt eine Option war, geschweige denn ein Ziel.

Noch schädlicher als der seelische Tribut ist jedoch, dass diese Exklusion die Bandbreite an Gedanken einschränkt, die bis in unsere Regierung vordringen. Die Diversität der diskutierten Probleme, möglichen Lösungen und debattierten Prioritäten in unserer Regierung geht oftmals nicht über die der weißen Männer hinaus – und davon meist die der privilegiertesten weißen Männer. Die politischen und sozialen Verfehlungen unserer Gesellschaft treffen in der Regel die marginalisierten Bevölkerungsteile am ehesten und härtesten. Unsere Gemeinschaften haben aus Mangel an gesellschaftlicher und politischer Hilfestellung unsere eigenen Mechanismen dafür entwickelt, diese Themen zu identifizieren und anzugehen. Unsere Lösungen sind oft, aufgrund unserer politischen Exklusion, unkonventionell. Unsere Arbeit und unsere Kreativität haben uns am Leben gehalten und uns dabei geholfen, allen Widrigkeiten zum Trotz Erfolg zu haben.

Diejenigen von uns, die in der amerikanischen Politik systemisch marginalisiert werden, sind mit Sicherheit nicht die Einzigen, die mit unserer aktuellen Regierung unzufrieden sind. Wir sind nicht die Einzigen, die finden, unsere Regierung sei weltfremd, antiquiert, schwerfällig und unkreativ. Das System ist so aufgebaut, dass es so *scheint*, als würde es dem durchschnittlichen Amerikaner dienen, während es gegen die Interessen der Mehrheit der amerikanischen Menschen arbeitet, ungeachtet *race* oder Gender. Doch selbst der Vorwand, den »durchschnittlichen weißen Mann« zu repräsentieren, hat mehr Anziehungskraft als die politischen Vorstellungen derer, die keine weißen Männer sind,

selbst wenn ihre Vorstellungen den weißen Männern stärker zugutekommen würden.

Wenn ein Thema, das Grund zur öffentlichen Besorgnis bietet, sich um die Belange von armen Communitys oder solchen of Color dreht – selbst wenn dasselbe Thema auch weiße oder wohlhabendere Communitys betrifft –, dann gilt es als sekundär. Die zerbröckelnde Infrastruktur, die zu Verschmutzungen im Trinkwasser der Bevölkerung von Flint, Michigan, führt, ist ein nationales Thema, das viele arme Communitys betrifft – arme weiße Communitys und arme Communitys of Color. Wahrscheinlich wird es auch Mittelschicht-Communitys in dem Maße betreffen, in dem unsere Infrastruktur veraltet und wir es weiterhin vermeiden, Gelder für ihre Instandhaltung bereitzustellen. Doch wenn die am stärksten geschädigte Community eine mehrheitlich Schwarze Bevölkerung aufweist, dann kann das Problem leicht so lange als ein »Schwarzes« Problem abgetan werden, bis es irgendwann zu groß ist, als dass man es noch ignorieren oder beheben könnte.

Auf ähnliche Weise richtet Polizeigewalt verheerende Schäden in Communitys und Familien an, unabhängig von *race* und »Ethnizität«. Für Schwarze und indigene Menschen ist das Risiko, bei einem Zusammenstoß mit der Polizei zu sterben, etwa drei- bis viermal höher als für weiße Menschen – doch in den Jahren 2015 und 2016 wurden 1158 weiße Menschen in Amerika von Polizeikräften umgebracht.[1] Mehr als die Hälfte aller Menschen, die durch die Polizei umgebracht werden, haben irgendeine Form von körperlicher oder physischer Beeinträchtigung. Obwohl Polizist*innen jedes Jahr viele Hundert Menschen umbringen, wurden in den Jahren 2005 bis 2018 nur 35 von ihnen im Zusammenhang mit dem Tod von Zivilpersonen verurteilt; nur drei dieser Urteile wurden für Mord verhängt.[2] Wir sollten alle besorgt sein über den Mangel an wirklicher Aufsicht und Rechenschaftspflicht bei unseren Polizeikräften. Dieser Mangel macht uns weniger sicher und unterminiert unsere Demokratie.

Doch weil die Menschen, die am ehesten von der Polizei umgebracht werden, Schwarz und Braun sind, und weil die Menschen, die am ehesten bei der Polizei arbeiten, weiß sind, und weil die Polizei schon lange dafür bekannt ist, die Interessen der Weißen in Amerika zu vertreten, haben viele weiße Menschen entschieden, dass es anti-weiß ist, sich für die Rechenschaftspflicht bei der Polizei auszusprechen, und dass diejenigen, die wirkliche Lösungen zum Beenden der Polizeigewalt anbieten, die Feinde sind.

Dann ist da noch das politische Gerrymandering, die Manipulation von Wahlbezirksgrenzen, die unsere Demokratie schon seit Jahrhunderten aushöhlt. Wenn die politische Kontrolle in einem Bundesstaat in der Zeit zwischen den alle zehn Jahre stattfindenden Volkszählungen von einer Partei zur anderen wandert, dann beeilen sich die Abgeordneten, die Grenzen der Wahlkreise neu zu zeichnen, um den Einfluss ihrer Wählerschaft zu maximieren und diejenigen Menschen an den Rand zu drängen, die höchstwahrscheinlich für die gegnerische Partei stimmen werden. Durch diese Methode werden überall im Land große Teile der Bevölkerung bei der Wahl zum Schweigen gebracht. Menschen jeder politischen Partei und jeder *race* leben in Bezirken, die dem Gerrymandering zum Opfer fallen, und damit wird beeinflusst, wie Leistungen und Gelder verteilt werden und wer politische Ämter bekommt, sowohl auf bundesstaatlicher als auch auf nationaler Ebene. Diese Praktik ermöglicht es gewählten Abgeordneten auch, große Segmente ihrer Wahlkreise faktisch links liegen zu lassen, um sich auf die Interessen derjenigen zu fokussieren, die ihnen und ihrer Partei vermeintlich den meisten Nutzen bringen. Weil das Gerrymandering am effektivsten von der Republikanischen Partei eingesetzt worden ist, um die Schwarze und lateinamerikanische Wählerschaft zu schwächen, und weil diejenigen, die am lautesten gegen die schlimmen Folgen der Wahlkreisschiebung protestieren, oft Menschen of Color sind, ist es ein Thema, das zu ignorieren für viele weiße Menschen in

Amerika unproblematisch ist, selbst für solche, die sich stark mit den Werten der amerikanischen Demokratie identifizieren.

Ich habe dieses Phänomen bei meiner eigenen Arbeit gesehen. Ich gehöre nicht zu denen, die geglaubt haben, mit der Wahl Barack Obamas zum Präsidenten 2008 sei der Rassismus abgeschafft worden. Nur sehr wenige Menschen of Color haben das geglaubt. Ich habe Jahre damit zugebracht, über *race-* und Geschlechterthemen in den USA zu schreiben. Ich und viele andere Autor*innen, die sich mit gesellschaftlichen Angelegenheiten auseinandersetzen, haben schon lange den gewaltsamen Rassismus und Sexismus in diesem Land angeprangert, und die Formen, in denen sie in den verschiedenen Winkeln des Internets und in sozialen Medien gefördert werden. Doch als mit der Wahl 2016 ein frauenfeindlicher White Supremacist ins höchste Amt kam, wurde ich von E-Mails liberaler weißer Menschen überflutet, die fragten: »Wie konnte das passieren?« Über Nacht war ich von einer Frau, die über »Schwarze Themen« schrieb, zu einer Frau geworden, die über ihre Themen schrieb. Die Leute kamen zu mir auf der Suche nach Antworten, und alles, was ich tun konnte, war, auf das hinzuweisen, was ich und so viele andere Autor*innen und Redner*innen of Color buchstäblich seit Jahrhunderten gesagt hatten, und fragen: »Wo seid ihr gewesen?«

Ich sollte nichts hiervon schreiben müssen. Die Tatsache, dass diese Probleme Communitys of Color beeinträchtigen, sollte ausreichen. Es sollte uns nicht egal sein, wenn etwas unseren Mitmenschen schadet, selbst wenn es nur ihre Gemeinschaften betrifft und nicht unsere eigenen. Dadurch sollte es auch uns schaden. Es ist beschämend, dass ich in der Hoffnung, dass mehr Leute Anteil nehmen, darauf hinweisen muss, inwiefern diese Dinge auch weißen Menschen in Amerika schaden.

Das Problem ist nicht nur, dass viele weiße Menschen in Amerika keinen Anteil nehmen; das Problem ist, dass viele von ihnen so unmittelbar an der politischen Exklusion jener Menschen

beteiligt sind, die keine weißen Männer sind, dass sie jeder politischen Veränderung aktiv entgegenwirken werden, die Frauen, Menschen of Color, LGBTQ+-Menschen und Menschen mit Behinderung nachhaltig stärken würde – selbst, wenn sie sich des potenziellen Schadens bewusst sind, den sie damit ihrem eigenen Wohlergehen zufügen. Viele haben entschieden, dass der Balsam für die Seele, zur Regierung zu schauen und einen Raum voller weißer Männer zu sehen, den sehr realen Preis wert ist, den sie für ihr finanzielles und körperliches Wohlbefinden zahlen. Aus irgendeinem Grund, auch wenn die Geschichte es längst widerlegt hat, können sich viele weiße Menschen in Amerika immer noch einreden, dass es sich für sie letztendlich auszahlen wird, den gleichen Menschen zuzuhören, denen sie schon immer zugehört haben.

Währenddessen werden diejenigen, die daran arbeiten, die Stimmen der marginalisierten Menschen zu repräsentieren und neue Ideen in unsere Regierung einzubringen, nicht nur bei jedem Schritt, den sie dabei tun, von ihren Mit- und Gegenspieler*innen bekämpft, sie sehen sich auch einer Lawine von Drohungen ausgesetzt. Und trotzdem stemmen sie sich gegen den Status quo, der ihnen verwehren will, gehört zu werden – nicht nur, weil sie wirklich an das glauben, was sie beizutragen haben, sondern weil sie wissen, dass ihre Gemeinschaft verzweifelt auf ihren Kampf angewiesen ist.

Shirley Chisholm fasst sich ein Herz

Ich glaube nicht, dass die große Mehrheit der Menschen in Amerika im Jahre 1972 solch engstirnige und belanglose Vorurteile aufrechterhalten wird. Ich bin überzeugt, dass das amerikanische Volk gewillt ist, die Politik und die politischen Persönlichkeiten der Vergangenheit ad acta zu legen. Ich glaube, dieses Volk wird 1972, und

auch danach, seine Bereitschaft unter Beweis stellen, unabhängige Entscheidungen über einen bestimmten Kandidaten zu treffen, die auf der Intelligenz, dem Charakter, der körperlichen Eignung, der Kompetenz, Integrität und Ehrlichkeit des jeweiligen Kandidaten beruhen.

Shirley Chisholm, aus ihrer Rede zur Verkündung ihrer Präsidentschaftskampagne, 25. Januar 1972[3]

Shirley Chisholm kandidierte 1972 für das Präsidentenamt und eroberte das Land kurzzeitig im Sturm. Wenn Sie noch nicht allzu viel über Shirley Chisholm gehört haben, dann überrascht das nicht. Schwarze Frauen, die Geschichte schreiben, werden oft aus ihr herausgestrichen. Doch Chisholms Präsidentschaftskampagne und die Reaktion darauf veränderte die amerikanische Politik und zeigte gleichzeitig, dass uns in diesem Land der fehlende kollektive Glaube an die Möglichkeit eines gesellschaftlichen Fortschritts, in dem weiße Männer nicht im Mittelpunkt stehen, immer aufhalten wird.

Ende 1971, Anfang 1972 bereiteten sich Schwarze männliche politische Anführer darauf vor, den ersten bedeutenden Schwarzen US-Präsidentschaftskandidaten ins Rennen zu schicken. Es war schon seit Jahren darüber gesprochen worden, aber das Chaos infolge der Ermordung von Dr. Martin Luther King Jr. im Jahre 1968 hatte es schwierig gemacht, sich auf einen Kandidaten zu einigen. Während die Anführer debattierten, wer wohl der beste Kandidat wäre, wann er antreten würde und wie, schien es, als würden sie die Wahl 1972 verpassen. Die Schwarzen Eliten versuchten verzweifelt, eine Lösung zu finden, als Shirley Chisholm sie alle plötzlich mit ihrer Verkündung verblüffte, dass sie kandidieren würde.

»Sie standen alle herum und keiner traute sich«, berichtete einer von Chisholms Kampagnenhelfern der *New York Times* kurz nach Chisholms Verkündung ihrer Kandidatur, »also sagte

Shirley irgendwann, was soll's, und stellte eine Kampagne auf die Beine.«[4]

Chisholm kandidierte mit einem Wahlprogramm, das so kühn war wie ihre Kandidatur, insbesondere zur damaligen Zeit. Sie setzte sich für Frauenrechte ein, für die Beendigung des Vietnamkrieges, für eine Reform der Wahlkampffinanzierung, Umweltschutz, eine Reform der Kongresslegislaturen, den Schutz individueller Rechte gegen Überwachung durch die Regierung, eine Polizeireform, die Unterstützung von Veteranen, ein Mindestfamilieneinkommen und vieles mehr.[5] Ihr Programm würde wahrscheinlich auch heute noch immer als progressiv gelten, denn viele der Themen, die sie ansprach, sind für eine progressive Wählerschaft bis heute von großer Bedeutung. Ich hätte mit Sicherheit für sie gestimmt.

Obwohl die Verkündung ihrer Kandidatur für die Medien und die politischen Eliten ein Schock gewesen sein mag, überraschte Shirley Chisholms bahnbrechender Ansatz diejenigen, die ihre politische Karriere verfolgt hatten, wahrscheinlich weniger. Sie hatte sich bereits als kompetente und selbstbewusste Reformerin bewiesen. Als von Quäkern erzogene Lehrerin mit einem Pädagogik-Masterabschluss, die sich seit langem für eine Bildungsreform und eine Kinderwohlfahrt ausgesprochen hatte, war Chisholm schon seit über zehn Jahren in der Lokalpolitik aktiv. Nach jahrelanger Arbeit in politischen Vereinen und Komitees wurde sie 1965 in die New Yorker State Assembly gewählt. Drei Jahre später kandidierte sie für das Repräsentantenhaus und errang einen 2-zu-1-Erdrutschsieg, wodurch sie zur ersten in den US-Kongress gewählten Schwarzen Frau wurde.[6]

Im Kongress machte sich Chisholm schnell einen Namen. Sie sprach sich lautstark gegen den Vietnamkrieg aus und war eine von nur 19 Abgeordneten, die für eine Anhörung zu diesem Thema stimmten. Sie war Mitbegründerin des Congressional Black Caucus und des Congressional Women's Political Caucus, zwei Zusammenschlüssen Schwarzer bzw. weiblicher Kongress-

abgeordneter.[7] In ihrer Anfangszeit im Kongress brachte sie auch Themen wie Ernährungssicherung und Veteranenangelegenheiten aufs Tableau. Chisholms Stab im Kongress bestand zu einer Zeit, als Regierungsämter mit überwältigender Mehrheit mit weißen Männern besetzt waren (wie zu jeder anderen Zeit auch – inklusive der heutigen), nur aus Frauen, und davon zur Hälfte aus Schwarzen Frauen.[8]

Damals, als Chisholm kandidierte, setzten sich Menschen aller *races* und Geschlechter für Veränderungen ein. Der nicht mehr zu gewinnende Vietnamkrieg wurde von der Bevölkerung zunehmend abgelehnt, und die Popularität von Präsident Richard Nixon, der von einer breiten Öffentlichkeit beschuldigt wurde, den Einsatz von US-amerikanischen Bodentruppen im Krieg verstärkt zu haben, befand sich, umgeben von einer Aura von Korruption und politischer Einschüchterung, im Sturzflug. Ein unpopulärer Krieg, eine steigende Inflation, Arbeitslosigkeit und die Einschränkung von Bürgerrechten zur Bekämpfung politischer Proteste (die sich zum Beispiel in den umstrittenen »No-knock-warrants« äußerte, den unangekündigten, zur Not gewaltsam durchgesetzten Durchsuchungsbefehlen) führten dazu, dass sich viele Menschen in Amerika von der Regierung vergessen und missbraucht fühlten. Chisholms Kampagnenprogramm der progressiven Reformen hätte eine breite Zustimmung in der gesamten politischen Linken haben sollen – vor allem bei Frauen, Menschen of Color und allen Menschen der Arbeiter- und Mittelschicht.

Shirley Chisholm erkannte auch selbst die potenziell große Anziehungskraft ihrer Kampagne. »Ich stehe heute vor Ihnen als Kandidatin für die demokratische Nominierung zur Präsidentin der Vereinigten Staaten von Amerika«, sagte sie 1972 bei ihrer Verkündungsrede.

> Ich bin nicht die Kandidatin der Schwarzen in Amerika, obwohl ich Schwarz bin und stolz darauf. Ich bin nicht die Kandidatin der Frauenbewegung in diesem Land, obwohl

ich eine Frau bin und ebenso stolz darauf. Ich bin nicht die Kandidatin irgendeiner bestimmten politischen Agenda oder der Bonzen oder einiger Interessenverbände. Ich stehe heute hier, ohne die Unterstützung vieler großer Politiker oder Berühmtheiten oder sonst irgendwelcher Steigbügelhalter; ich habe nicht vor, Ihnen dieselben abgenutzten Floskeln vorzutragen, die schon viel zu lange auf unserer politischen Bühne toleriert worden sind. Ich bin die Kandidatin des amerikanischen Volkes.[9]

Die Mainstream-Medien reagierten wie erwartet. Sie behaupteten, dass sich Schwarze Kandidat*innen nur mit »Schwarzen« Themen auseinandersetzen könnten und dass sich weibliche Kandidatinnen nur mit »Frauenthemen« auseinandersetzen könnten, und dadurch wäre Chisholm, weil sie sowohl Schwarz als auch eine Frau war, nicht in der Lage, die weiße Mehrheit zu repräsentieren. Die *New York Times*, die Zeitung aus Chisholms eigenem Bundesstaat, veröffentlichte Dutzende von Artikeln zu Chisholms Kandidatur. In den meisten wurde sie als Kandidatin einer weiblichen Wählerschaft, einer Schwarzen Wählerschaft oder beides dargestellt. In nur vier der dreißig Artikel über ihre Kampagne wurde eine mögliche Anziehungskraft für eine weiße Wählerschaft erwähnt. Drei dieser vier Artikel waren von Menschen of Color geschrieben.[10]

Vieles von der sexistischen Kritik und Ablehnung, die heute Frauen entgegengeschleudert werden, die sich auf politische Ämter bewerben, wurde 1972 auf Shirley Chisholm abgeladen. Ihre äußere Erscheinung war regelmäßig Gegenstand der Berichterstattung. Nicht nur war Chisholm Schwarz, sie war auch sehr dunkelhäutig, hatte eine breite Nase und kleidete sich, nun ja, wie eine Lehrerin an einer Quäker-Schule. Abgesehen von ihrem Aussehen gab es die generell abwertende Meinung von Männern, Frauen hätten in der ernsten Welt der Politik nichts verloren. In einer Befragung des *Chicago Defender*, einer wichtigen Schwar-

zen Zeitung, die seit 1905 gedruckt wird, beschuldigten verschiedene Männer Chisholm, sie würde sich »vaginaler politischer Winkelzüge« bedienen.[11] Ein Kolumnist bei der *Beaver County Times* aus Pennsylvania klagte, die Wählerschaft sei verdammt »zu einer Ära der weiblichen Einmischung in den politischen Prozess«, aber zollte Chisholm Anerkennung für ihre »realistische« Einschätzung ihrer Wahlchancen.[12]

Chisholm war bei ihrer Präsidentschaftskampagne nicht nur dem Sexismus, sondern auch dem schlimmsten Rassismus damaliger Zeit ausgesetzt. Der rassistische Grundton war fast augenblicklich wahrzunehmen, als ein Kampagnenmitarbeiter nach einer Reise am Flughafen die Kisten, in denen sich Broschüren befunden hatten, beschmiert mit den Worten »Hau ab, Nigger« zurückbekam.[13] Die Drohungen gegen Chisholm wurden so aggressiv, dass der Secret Service ihr Schutz anbot.[14]

Wie man leider beim *Chicago Defender* gesehen hat, waren es nicht nur weiße Männer, die Chisholms Präsidentschaftskandidatur nicht ernst nahmen. Chisholm erkannte, was viele Schwarze Frauen erkennen, wenn wir versuchen, als Anführerinnen in Erscheinung zu treten: Wir sind die Einzigen, die an uns glauben. Trotz ihres starken bisherigen Einsatzes für Themen von Frauen und der Schwarzen Community war die Unterstützung für Chisholm aus den breiteren feministischen und Schwarzen politischen Kreisen bei weitem zu gering. Viele glaubten, nur ein weißer Mann könne gegen Nixon gewinnen. Viele Schwarze Spitzenpolitiker entschieden sich, den Favoriten George McGovern anstelle von Chisholm zu unterstützen. Auch die Frauen gingen lieber auf Nummer sicher. Chisholm hatte 1968 mit Gloria Steinem geholfen, die National Organization for Women (NOW) ins Leben zu rufen, und obwohl Steinem ihre persönliche Unterstützung für Chisholm aussprach, entschied sich die Organisation dafür, offiziell McGovern zu unterstützen. In der amerikanischen Politik hatte sich die Vorstellung, nur weiße Männer könnten wirkliche politische Macht innehaben,

so stark etabliert, dass sogar Frauen und Menschen of Color Schwierigkeiten hatten, sich eine solche Abweichung von der Norm auszumalen, wie sie eine Schwarze Präsidentin darstellen würde. In vielen Fällen waren Missgunst und persönliche Vorurteile wahrscheinlich ein Hinderungsgrund für die Unterstützung von Chisholm. Auch wenn weiße Feministinnen vielleicht gerne eine Frau als Präsidentin gesehen hätten und Schwarze Männer vielleicht einen Schwarzen Präsidenten, erzeugte bei einigen, die aufgrund ihrer *race* oder ihres Geschlechts auf der sozioökonomischen Leiter höher als Chisholm standen, der Versuch einer Schwarzen Frau, sie beim Vorstoß ins höchste Amt des Landes einfach zu überholen, vermutlich Ablehnung.

Chisholm war, wie der sexistische Kolumnist bei der *Beaver County Times* festgestellt hatte, eine Realistin. Doch dieser Realismus beinhaltete eine Vision für radikalen Wandel. Obwohl sie eine ernsthafte Kampagne betrieb, glaubte Chisholm nicht, dass ihre Bemühungen sie ins Weiße Haus bringen würden. Aber ebenso wenig war ihre Kampagne ein Ausdruck von Stolz oder Protest. Sie mag keine Chance gehabt haben, Präsidentin zu werden, doch es gab eine reelle Chance darauf, dass ihr Programm genügend Erststimmen bekäme, um eine hohe Anzahl von Delegierten zu gewinnen. Wenn diese Anzahl groß genug gewesen wäre, hätte sie diese Delegierte als Einfluss nutzen können, um beim demokratischen Nominierungsparteitag einen erfolgversprechenden Kandidaten zu unterstützen. Wenn Chisholms Wählerstimmen das Zünglein an der Waage zur Sicherung der demokratischen Nominierung gewesen wären, dann hätten ihre politischen Vorstellungen an Bedeutung gewonnen, und sie hätte die Gelegenheit gehabt, einige ihrer progressiven Kernpunkte in das nationale Parteiprogramm der Demokraten hineinzuschreiben. Die Möglichkeit, dass diejenigen, die sich schon zu lange marginalisiert gefühlt hatten, ihre Bedürfnisse im Parteiprogramm des nächsten Präsidentschaftskandidaten wiedergefunden hätten, bot die Gelegenheit für einen bedeut-

samen politischen Wandel. Dieser Wandel konnte jedem derjenigen Menschen zugutekommen, die Chisholms Programm stärken sollte. Ihre Strategie, mit Hilfe ihrer Unterstützung den demokratischen Kandidaten unter Druck zu setzen, damit dieser Positionen einnähme, von denen Frauen, Menschen of Color und die Menschen in den Armuts- und Arbeiterschichten profitieren würden, widersprach diametral der Vorstellung, dass es sinnlos – und sogar schädlich – für progressive Belange sei, für Chisholm zu stimmen. Und trotzdem setzte sich das Narrativ der »Schädlichkeit« durch. Nur wenige befassten sich ernsthaft mit der politischen Macht, die gewonnen werden könnte, wenn man Shirley Chisholm mit einer großen Anzahl von Delegierten zum Nominierungsparteitag schicken würde.

Letztendlich bekam Chisholm nicht die Delegierten, die sie erhofft hatte, und McGoverns deutlicher Sieg der demokratischen Kandidatur bedeutete, dass er keinen Grund hatte, auf irgendeines ihrer Anliegen einzugehen, sein Programm inklusiver oder progressiver zu gestalten.

Nur selten führen uns die weißen Männer, die wir gegenüber Schwarzen Frauen vorziehen, letztendlich zu dem sicheren Sieg, den wir anstreben. McGovern stellte sich nicht als der starke weiße Mann heraus, den die Partei vermeintlich brauchte, um Nixon zu besiegen – nicht mal ansatzweise. Die Entscheidung, Thomas Eagleton quasi ungeprüft als Kandidaten für die Vizepräsidentschaft ins Boot zu holen, endete in einem Desaster, als Eagletons langer und zu der Zeit immer noch aktueller Kampf mit psychischen Problemen an die Öffentlichkeit gelangte. McGovern sprach sich dennoch stark für Eagleton aus (lobenswert), nur um ihm diese Unterstützung wenige Tage später wieder zu entziehen (weniger lobenswert) – wodurch er sowohl unvorbereitet für das Präsidentenamt als auch wie ein illoyaler Opportunist wirkte. Das Vizepräsidenten-Fiasko dominierte die Nachrichten in einer Gesellschaft, die, damals wie heute, einen tiefen Ableismus hegt und alle Menschen mit psychischen Pro-

blemen stigmatisiert, und McGoverns Chancen auf die Präsidentschaft lösten sich in Luft auf. Seine demütigende Niederlage war die zweitschlimmste in der Geschichte der US-amerikanischen Präsidentschaftswahlen. Nixon blieb im Amt, bis er 1974 inmitten des Watergate-Skandals abdankte, was bis heute als eines der größten Präsidentschaftsdesaster in den Vereinigten Staaten gilt. Während Chisholms Kandidatur verpönt und abgetan worden war, hatten die weißen männlichen Kandidaten mit ihrem beschämenden Maß an Inkompetenz und Korruption letztendlich Geschichte geschrieben.

Shirley Chisholm hingegen verlegte sich wieder darauf, in ihrem Job saugute Arbeit zu leisten. Sie ging zurück in den Kongress und kümmerte sich erneut um die Themen, die ihrer Wählerschaft am meisten am Herzen lagen. Bei ihren Kolleg*innen und ihrer Anhängerschaft war sie sehr beliebt, und 1982 zog sie sich als eines der wichtigsten Mitglieder aus dem Kongress zurück. Nach ihrer Pensionierung fing sie wieder an zu unterrichten, diesmal am Mount Holyoke College, wo sie eine gefragte Professorin zu Themen von *race* und Gender in der Politik war.

Eine Studie der Columbia University hat gezeigt, dass sich Menschen weniger genau an die Gesichter und die Aussagen von Schwarzen Frauen erinnern können als an die von Schwarzen Männern oder weißen Frauen. Das erklärt vielleicht unsere Amnesie im Hinblick auf das politische Erbe Shirley Chisholms, das bei den Mainstream-Medien schnell in Vergessenheit geriet. Als Jesse Jackson 1984 Präsident werden wollte, erklärten viele ihn zum ersten ernst zu nehmenden afroamerikanischen Präsidentschaftskandidaten. Jahrelang erschien in keinem größeren Verlag eine gedruckte Biographie über Shirley Chisholm.

Zwar wurde Chisholm schnell aus vielen Geschichtsbüchern gestrichen, ihr Einfluss auf die nationale Politik für Schwarze Amerikaner*innen und Schwarze Frauen war jedoch maßgeblich. Chisholm war die Erste. Jemand musste es machen, und

sie fasste sich ein Herz und zeigte, dass ein Schwarzer Mensch in Amerika – eine Schwarze *Frau* – eine ernst zu nehmende Präsidentschaftskampagne anführen konnte, bis hin zum Nominierungsparteitag. Der Geist Shirley Chisholms kam wieder zum Vorschein, als Barack Obama 2008 der erste Schwarze US-Präsident wurde. 2015 wurde Chisholm posthum mit der Freiheitsmedaille des Präsidenten ausgezeichnet. »Als sie gefragt wurde, wie sie gerne in Erinnerung bleiben würde, hatte sie diese Antwort: ›Ich möchte, dass sie sagen, Shirley Chisholm hatte Mumm‹«, erzählte Obama bei der Verleihungszeremonie. »Und ich bin stolz, sagen zu können: Shirley Chisholm hatte Mumm.«[15]

Wenn ich an Shirley Chisholm denke, dann denke ich an ein anderes Zitat von ihr darüber, wie sie gerne in Erinnerung bleiben würde: »Ich würde gerne in die Geschichte eingehen nicht als die erste Schwarze Frau, die in den Kongress gewählt wurde, nicht als die erste Schwarze Frau, die für die Präsidentschaft der Vereinigten Staaten kandidierte, sondern als eine Schwarze Frau, die im zwanzigsten Jahrhundert gelebt und sich getraut hat, sie selbst zu sein.«[16]

Chisholm traute sich, als Schwarze Frau in Amerika absolut sie selbst zu sein: eine starke, talentierte Frau, die leidenschaftlich dafür eintrat, alle Menschen in Amerika am amerikanischen Traum teilhaben zu lassen. Für ihre Bemühungen erntete sie Hohn und Drohungen, doch sie half auch dabei, einen Wandel in Gang zu setzen, der das Leben unzähliger Amerikaner*innen verbessern sollte, durch ihre Arbeit im Kongress, ihre Bildungsarbeit und ihre Vorreiterrolle als Schwarze Frau, die gewillt war, den weißen männlichen Status quo infrage zu stellen. Wir kämpfen noch immer für viele der Reformen, die die Grundpfeiler von Chisholms Präsidentschaftsprogramm waren, doch vielleicht werden wir sie eines Tages nicht mit posthumen Medaillen ehren, sondern mit der breiten Akzeptanz der nächsten Schwarzen Frau, die auf den Stufen Washingtons auftaucht, bereit dazu, das Land in eine inklusivere und gerechtere Zukunft zu führen.

Lani Guinier erdreistet sich, demokratischere Wahlen zu fordern

Wir haben uns schon sehr weit auf Guiniers Ideal einer Nation von Beschwerdevereinigungen hinbewegt, die ihren begehrten Status als »Opfer« (von Amerikas Bösartigkeit) ausnutzen, um besondere Rechte und Ansprüche geltend zu machen [...] Menschen wie Guinier, die jedem Detail ihrer politischen Agenden den Stempel »Bürgerrechte« aufdrücken, haben ihn zu einer leeren Phrase verkommen lassen – einer Klassifizierung, die nicht mehr klassifiziert. Dies ist ebenfalls eine Konsequenz des »progressiven« Gedankens: »Critical Race Theory«.

George Will, 1993[17]

Am 29. Januar 1993 gab die Clinton-Regierung bekannt, dass man Lani Guinier als Leiterin der Bürgerrechtsabteilung des Justizministeriums nominiert hatte. Die damals 42-jährige Guinier war eine angesehene Rechtsexpertin zum Thema Stimmrecht und Juraprofessorin an der University of Pennsylvania sowie eine persönliche Freundin von Bill Clinton. Wochen bevor die Regierung diese Nominierung verkündete, hatten konservative Lobbygruppen Clinton gewarnt, wenn er Guinier nominiere, würden sie sich ihrer Ernennung erbittert entgegenstellen und Guiniers öffentlich bekannte Meinung zum Voting Rights Act, dem Wahlrechtsgesetz von 1965, ausgiebig zum Thema machen. Clinton ließ sich nicht beirren und nominierte sie trotzdem.

Das war die Gelegenheit, auf die Clint Bolick, ein konservativer Rechtsaktivist, nur gewartet hatte. Am nächsten Tag veröffentlichte Bolick im *Wall Street Journal* einen Gastkommentar mit der Überschrift »Clinton's Quota Queens«.

Der Artikel trat eine mediale Lawine los, die Guinier für Mo-

nate mit Hass, Vorurteilen und Lügen überschüttete, bis es irgendwann damit endete, dass ihr langjähriger Freund Bill Clinton sie hinterging.

Bolick gab später der *Washington Post* gegenüber offen zu, dass er keine Ahnung gehabt hatte, wer Guinier war und vor ihrer Nominierung für das Justizministerium keinen besonderen Groll gegen sie gehegt hatte. Er hatte nach einer Möglichkeit gesucht, sich an der politischen Linken zu rächen, der er die Schuld für die brutalen Senatsanhörungen gab, die sein Freund Clarence Thomas infolge von Anita Hills Vorwürfen wegen sexueller Belästigung hatte über sich ergehen lassen müssen.[18] Als er davon hörte, dass Clinton plante, eine »aktivistische« Schwarze Anwältin mit kontroversen Ansichten hinsichtlich des Wahlverfahrens zu nominieren, erschuf er einen haarsträubenden Spitznamen für Guinier, der ihre Nominierung sowohl im Kongress als auch innerhalb der amerikanischen Wählerschaft schnell zum Streitpunkt machte.

»Quoten-Queen« ist eine Bezeichnung, die in ihren rassistischen Konnotationen geradezu beeindruckend ist. »Quoten« hatten bei weißen Menschen – und speziell weißen Männern – in Amerika seit dem Einsatz von »Affirmative Action«, also den positiv diskriminierenden Fördermaßnahmen zugunsten von Minderheiten in den sechziger Jahren, große Panik ausgelöst. »Queen« ist eine Anspielung auf die höchst effektive – und höchst rassistische, sexistische und klassistische – Ausschlachtung des Falles um die »Sozialhilfe-Queen« Linda Taylor, der Frau, die »80 Namen, 30 Adressen, 15 Telefonnummern« benutzt hatte, um sich Sozialleistungen zu erschleichen. Taylor war allem Anschein nach eine sehr versierte Betrügerin (und vielleicht eine Mörderin und Kidnapperin – googeln Sie sie mal bei Gelegenheit, das ist faszinierend), und ihr außergewöhnlicher Fall wurde von Ronald Reagan missbraucht, um ein Szenario von weitverbreitetem Betrug zu zeichnen, der angeblich im gesamten Wohlfahrtssystem stattfand, und der den Steuerzahlenden Mil-

lionen von Dollar aus der Tasche zog – und das alles unter den Augen einer gutmenschlichen liberalen Regierung. Mit seinem Versprechen einer Wohlfahrtsreform errang Reagan den Sieg der Präsidentschaftswahlen.[19]

Indem er zwei klassische, wenn auch falsche Narrative über die »Minderheiten, die die hart arbeitenden Amerikaner bestehlen«, in nur einem Namen unterbrachte, triggerte Bolick direkt die weiße amerikanische Wut. Und Guinier, eine erfolgreiche Schwarze Frau, die kontroverse politische Ansichten vertrat, war die perfekte Zielscheibe. Plötzlich tauchten Hunderte von Artikeln über Guinier auf, in denen ihre Befürwortung von »*race*-Quoten« im Wahlprozess thematisiert wurde, mit deren Hilfe Menschen of Color – und insbesondere Schwarze Menschen – angeblich Macht über Weiße erhalten sollten.

»Guinier, die ehemalige Wahlrechtsbeauftragte für den Rechtshilfe- und Bildungsfonds des NAACP, strebt eine Gesellschaft an, in der die Minderheit der Mehrheit ihren Willen aufzwingen kann«, schrieb Lally Weymouth in der *Washington Post*.[20]

Der demokratische Abgeordnete Dave McCurdy hielt es für nötig, die Menschen daran zu erinnern (in einem bizarren Gleichnis, das er offensichtlich nicht ironisch meinte), dass Guinier nie im Leben den Posten bekäme, für den sie nominiert war, denn: »Die Mehrheitsregel ist das Fundament dieses Landes. Wir sind hier nicht in Südafrika.«[21]

Natürlich gab es hier und da Mängel in der wütenden Argumentation gegen Guiniers Nominierung. »Niemanden interessierte es, dass ich tatsächlich gar nichts mit diesen Quoten zu tun hatte«, erklärte Guinier rückblickend.[22]

Wenn sich Guinier in Wirklichkeit nicht für diese *race*-Quoten einsetzte, für was setzte sie sich dann ein?

Guinier war unzufrieden mit den Auswirkungen, die die Konzepte »Ein Mensch, eine Stimme« und »Der Gewinner kriegt alles« auf die politische Repräsentation von Menschen of Color bei den Wahlen hatte. Wenn Minderheiten in einem Gebiet poli-

tisch nicht sehr auf einer Linie mit der Mehrheit der Bevölkerung waren, würden sie nie gewählte Repräsentant*innen bekommen, die ihre Interessen wirklich repräsentierten. Wenn eine kandidierende Person für einen Sieg mehr als 50 Prozent der Stimmen brauchte, dann war es fast nie eine gute Idee, den Bedürfnissen einer Minderheitengruppe Priorität einzuräumen, sofern die Mitglieder dieser Gruppierung der kandidierenden Person nicht genügend Stimmen zum Wahlsieg verschaffen konnten. In einer Wahl nach dem »Der Gewinner kriegt alles«-Prinzip kann eine Amtsperson 51 Prozent ihrer Wählerschaft repräsentieren und 49 Prozent ihrer Wählerschaft *nicht* repräsentieren, und trotzdem wäre es noch eine repräsentative Demokratie. Weil es in Systemen der einfachen Mehrheit oft nur zwei Wahlmöglichkeiten gibt, sind die beiden kandidierenden Personen außerdem dazu gezwungen, sich in zentralen Streitpunkten so weit entfernt wie möglich von ihrem Gegenüber zu positionieren, um sicherzustellen, keine unentschiedenen Wähler*innen an die Gegenseite zu verlieren.

In diesen Szenarios, vor allem wenn die Gewinnerpartei die Grenzen der Wahlkreise neu ziehen und damit Minderheiten zusätzlich marginalisieren kann, wird Minderheitengruppen weiterhin das Mitspracherecht versagt. Das ist mehr als nur eine Theorie; die überwältigende Mehrheit der weißen Männer in unseren gewählten Regierungen ist der lebende Beweis dafür.

Als mögliche Lösung schlug Guinier ein System der »Stimmhäufung« vor. Das ist keine neue Idee und wird in Ländern auf der ganzen Welt erfolgreich angewandt, sowie in vielen Städten und Landkreisen in den USA. Stimmhäufung ist eine Möglichkeit, um die Vertretung von Minderheiten zu erhöhen, indem mehrfache Stimmen über eine größere Gruppe von kandidierenden Personen verteilt und Sitze im Parlament auf Grundlage der gesammelten Stimmen vergeben werden.

Ich will mal den Nerd raushängen lassen und kurz runterbrechen, wie es funktionieren könnte.

Anstatt eines kleinen Wahlkreises, in dem man letztendlich nur zwei Wahlmöglichkeiten hätte, würde man die Wahlkreise zu sehr viel größeren Wahlkreisen zusammenschließen, und alle Wähler*innen hätten jeweils eine festgelegte Anzahl von Stimmen. Wenn es in einem großen Wahlkreis sechs Kandidat*innen für drei Ämter gibt, könnte man zum Beispiel sechs Stimmen haben.

Mit diesen Stimmen kann man tun, was man will. Befürwortet man eine Kandidatin sehr und ist überzeugt, dass die Gemeinschaft, wenn sie sich verbündet, genügend Stimmen zusammenbekommen könnte, um die Kandidatin unter die ersten drei zu kriegen? Dann sollte man alle seine sechs Stimmen dieser einen Kandidatin geben und seine Gemeinschaft davon überzeugen, es einem gleichzutun. Mag man einen Kandidaten sehr, aber weiß, dass es noch einen zweiten Kandidaten gibt, mit dem man auch gut leben könnte, wenn der erste nicht genügend Stimmen bekommen sollte? Dann sollte man dem ersten zum Beispiel vier Stimmen geben und dem zweiten zwei. Am Ende der Wahl gewinnen die drei kandidierenden Personen mit den meisten Stimmen.

Anstatt dass man nach der Wahl große Minderheiten in der Bevölkerung hat, die in ideologischem Gegensatz zu ihren Abgeordneten stehen, hätte man dann eine Abgeordnete, die die Mehrheit genügend schätzte, um sie ins Amt zu wählen, und einen anderen Abgeordneten, der eine ausreichend breite Koalition unter Minderheiten bilden konnte, um auf dem zweiten oder dritten Platz zu landen. Dadurch würde die Zahl von Menschen angehoben werden, die sich durch ihre Regierung repräsentiert fühlen. Wenn ich von »Minderheiten« spreche, dann meine ich damit nicht nur Minderheiten im Hinblick auf *race*. Diese Form der Wahl würde eine stärkere Repräsentation für alle Menschen bedeuten, die das Gefühl haben, dass ihre Stimmen nicht gehört werden, weil ihre Bedürfnisse sich von denen der Mehrheit unterscheiden. Zusätzlich würde durch dieses Wahlprozedere der

extremen Spaltung durch die Zwei-Parteien-Politik entgegengewirkt werden, denn anstatt einer dritten kandidierenden Person, die möglicherweise für die kandidierende Person, der sich die Minderheiten ideologisch am stärksten verbunden fühlen, den Untergang bedeutet, gäbe es für sie eine sinnvolle dritte Möglichkeit, die in einem größeren Wahlkreis genügend Stimmen erhalten könnte, ohne dabei den stärksten Kandidat*innen Stimmen wegzunehmen. Die kandidierenden Personen würden für das Schließen von Allianzen belohnt statt bestraft werden, und extreme Kandidat*innen, deren Ziel es ist, »der Basis einzuheizen«, hätten Schwierigkeiten, ihre Wählerschaft in zentralen Streitpunkten für sich zu gewinnen, wenn diese Wählerschaft gleichzeitig immer weiß, dass es noch die Option gibt, für andere vernünftige Kandidat*innen zu stimmen, die ihnen ideologisch nicht diametral gegenüberstehen.

Auch wenn dieses System ein deutlich anderes politisches Klima erzeugen würde, als wir es jetzt haben, ist es kein Quotensystem, es ist nicht »Südafrika«, und es ist immer noch sehr demokratisch.

Guinier warb als Jura-Wissenschaftlerin und -Professorin dafür, diese Systeme in Betracht zu ziehen, doch sie hatte nicht dafür plädiert, solche Veränderungen umzusetzen, wenn sie für das Justizministerium arbeiten würde, abgesehen davon, dass sie auch gar nicht die Möglichkeit zur Umsetzung solch tiefgreifender Veränderungen gehabt hätte. Guinier versuchte, der Presse das Konzept der Stimmhäufung zu erklären, und bemühte sich, den Menschen zu versichern, dass sie weder die Intention noch die Möglichkeit hätte, als Assistentin des Justizministers den Wahlprozess der USA zu verändern, aber nichts von dem, was sie sagte, spielte eine Rolle.

»Der Begriff ›Quoten-Queen‹ machte jede weitere Erklärung überflüssig«, erzählte Guinier später gegenüber dem Sender C-SPAN. »Er ließ keinen Zweifel, welche Agenda ich als Schwarze Frau hatte, die aus der Reihe tanzte. Ich würde

den Weißen das antun, was die Weißen jahrhundertelang den Schwarzen angetan hatten.«[23]

Politiker der Republikaner, der Unabhängigen und sogar ein paar Demokraten forderten Clinton auf, ihre Nominierung zurückzuziehen.

Während Präsident George H. W. Bush, der Clarence Thomas für den Obersten Gerichtshof nominiert hatte, im Zuge der Vorwürfe wegen sexueller Belästigung gegen Thomas dessen unerschütterlicher Unterstützer blieb, schien Clinton im Angesicht eines starken Gegenwindes nicht sehr geneigt, Guinier zu verteidigen, als sie es wagte, die Unterdrückung der Minderheitenwählerstimmen anzusprechen. Seine erste Reaktion auf die Kontroverse war eine halbherzige Zurückweisung. »Der Senat sollte mit einer kleinen Kontroverse zum Wohle der Bürgerrechte klarkommen«, sagte Clinton der Presse im Mai.[24] Als die Anfeindungen nicht abrissen und man Guinier immer weiter zu einer Weiße hassenden Black Supremacist hochstilisierte, verhielt sich Clinton weitestgehend ruhig.

Clintons Lager fing an, Guinier unter Druck zu setzen, auf den Posten im Justizministerium zu verzichten, doch sie lehnte ab. Guinier versuchte sich mit Clinton zu treffen, um über die Nominierung und die Kontroverse zu sprechen, doch nicht einmal das gewährte er ihr. Er sprach nicht mehr persönlich mit ihr bis kurz vor seinem öffentlichen Widerruf ihrer Nominierung. Guinier hatte versucht, Clinton davon zu überzeugen, dass man ihr wenigstens die Möglichkeit einer Anhörung vor dem Rechtsausschuss im Senat geben solle, damit man dort eine unabhängige Entscheidung über ihre Nominierung treffen könne, aber er hatte abgelehnt. So viel Aufwand war eine Schwarze Frau nicht wert.

Am 3. Juni 1993 gab Clinton bekannt, Guiniers Nominierung zurückzuziehen. Obwohl die beiden seit ihrer Studienzeit befreundet gewesen waren und obwohl man Clinton vor der Nominierung explizit wegen Guiniers »kontroversen« Texten zum

Thema Wahlprozess gewarnt hatte, behauptete Clinton, er habe Guiniers Arbeiten bis kurz zuvor nicht gelesen, was bedeutet, dass er entweder gefährlich vergesslich ist, extrem verantwortungslos oder ein Lügner – Sie haben die Wahl. Clinton sagte, bei der Lektüre von Guiniers Texten habe er darin »Ansichten gefunden, die ich nicht akzeptieren kann«, und fügte hinzu: »Hätte ich sie gelesen, bevor ich sie nominiert habe, dann hätte ich es nicht getan.«[25]

Mit Guiniers Nominierung war es vorbei, wie auch mit ihrer langjährigen Freundschaft mit den Clintons, die keinen Versuch unternahmen, die kaputte Beziehung zu reparieren. Als sie Jahre später in einem Interview zu ihrer Nominierung und ihrem Verhältnis zu Bill Clinton befragt wurde, antwortete Guinier wohlwollend, aber ehrlich: »Ich respektiere ihn. Ich bewundere ihn. Aber ich denke, ich möchte ihm nicht begegnen – nicht ohne ein paar vorausgehende Gespräche.«[26]

Guinier sollte später eine glanzvolle Karriere als Dozentin in Harvard hinlegen. Im Jahre 2018 fand in Harvard ein Symposium statt, bei dem Guiniers Beiträge zur Universität und zu den Rechtswissenschaften gewürdigt wurden. »Sie hat nichts weniger getan, als zu verändern, wie wir über das Gesetz nachdenken«, sagte der Dekan der juristischen Fakultät von Harvard, John Manning. »Und sie hat uns die grundsätzliche Verbindung zwischen *race* und der Verteilung politischer Macht in unserem System überdenken lassen. Sie ist eine phantastische Wissenschaftlerin, eine phantastische Dozentin und eine unendlich großherzige Kollegin.«[27]

Die Professorin der juristischen Fakultät der Columbia University und ehemalige Jurastudentin in Harvard Patricia Williams erinnerte sich an die damalige Zeit, 25 Jahre zuvor, als sie zuschaute, wie ihre Kollegin der allgemeinen Wut und den Anschuldigungen ausgesetzt war für Dinge, die sie nie gesagt hatte: »Ich erinnere mich, dass ich sie im Fernsehen sah, ihre Lippen bewegten sich, aber man hörte nie ihre Stimme. Menschen spra-

chen über sie hinweg, sprachen darüber, wie gefährlich sie sei, und sagten, was sie [angeblich] sagte – aber sie sprachen nie darüber, wofür sie wirklich stand. Ich dachte darüber wieder nach, als ich sah, wie Elizabeth Warren mundtot gemacht wurde. Es zeigte, dass die Wahrung der ›Ehre‹ einiger das Verstummen anderer ist.«[28]

Ocasio-Cortez, Pressley, Tlaib und Omar: Die gefährlichsten Frauen im Kongress

Wir haben bisher nicht erkennen können, dass die Sprecherin Pelosi irgendeine Art von Kontrolle ausübt oder dass sie auch nur weiß, wie sie diese Sozialistinnen kontrollieren kann.

Die republikanische Abgeordnete Liz Cheney[29]

Im Herbst 2019 hielt ich einen Vortrag bei einer Konferenz in Idaho, bei der die Diversität im Kampf zur Beendigung von Gewalt gegen Frauen zelebriert werden sollte. Die Teilnehmenden waren größtenteils Frauen, und ich schätze, etwa 20 Prozent von ihnen waren Frauen of Color. Wenn man bedenkt, dass die Bevölkerung von Idaho zu 91 Prozent weiß ist, war das ein ziemlich diverses Publikum. Mein Vortrag handelte davon, wie unsere Bemühungen im Kampf gegen Rassismus sich nicht um das Weißsein drehen sollten. Nach dem Vortrag leitete ich noch einen Workshop zum selben Thema.

Als die Workshopteilnehmer*innen sich für Gruppenarbeiten aufgeteilt hatten, saß ich an einem freien Tisch und bereitete mich auf den nächsten Abschnitt des Workshops vor. Während ich dort saß und still in meinem Notizbuch schrieb, kam ein weißer Teilnehmer auf mich zu. Er fragte mich nicht, ob es gerade ein guter Zeitpunkt sei; es schien ihm egal zu sein, dass ich offensichtlich gerade arbeitete. Er setzte sich einfach neben mich

und sagte, »Oh, gut, jetzt kann ich ja mit Ihnen reden. Ich habe eine Frage.«

Der Mann wartete nicht auf mein Einverständnis zu diesem Gespräch. Er legte einfach los. Er erzählte mir von einigen Gruppen, in denen er sich politisch engagierte, es ging dabei hauptsächlich um Umweltschutz. Er ging zu Benefizveranstaltungen und nahm an Gruppentreffen und Demonstrationen teil. Noch am selben Abend wollte er zu einem Wohltätigkeitsdinner zum Thema Umweltschutz gehen. Er erklärte, dass es sich um eine exklusive Veranstaltung handle, bei der man Abendgarderobe trage. Und er war sich sicher, dass dort, wie bei jeder anderen Veranstaltung, an der er teilgenommen hatte, ausschließlich weiße Menschen anwesend sein würden. Er würde sich wünschen, bei diesen Veranstaltungen mehr Menschen of Color zu sehen, sagte er, aber es seien einfach nie welche da.

»Warum«, fragte er mich abschließend, »interessieren sich Menschen of Color nicht stärker für wichtige politische Themen?«

Viele weiße Männer sehen eine politische Landschaft, die von weißen Männern dominiert wird, und denken, das liege daran, dass weiße Männer eben einfach politisch interessierter sind. Sie glauben, dass die Abwesenheit von Frauen und Menschen of Color an Orten der Macht ihnen selbst geschuldet sei. Sie fragen sich nicht, wie abweisend diese Orte, die sie selbst geschaffen haben, sein könnten. Sie fragen sich nicht, ob die Gespräche, die sie an diesen Orten führen, inklusiv sind und zielführende Debatten für Frauen und Menschen of Color bewirken. Sie fragen sich nicht, ob vielleicht andere, ebenso wichtige Gespräche an anderen Orten stattfinden. Und sie fragen sich nicht einmal, ob jemand dran gedacht hat, den Ort für andere zugänglich zu machen. Sie schauen sich den Ort an und sagen, Frauen und Menschen of Color seien dort nicht anwesend, weil Frauen und Menschen of Color daran auch nicht interessiert seien. Und dann führen sie dieses angebliche Desinteresse als Beleg dafür

an, dass Frauen und Menschen of Color nicht qualifiziert genug sind, an diese Orte eingeladen zu werden.

Ich versuchte die Überlegung einzuwerfen, dass ein Raum voller weißer Menschen in einem der weißesten Bundesstaaten des Landes für Menschen of Color möglicherweise nicht sehr einladend sei. Ich versuchte ihm zu versichern, dass Menschen of Color sich nicht nur um die Umwelt sorgten, sondern dass der Umweltschutz, den er gerade für sich beanspruchte, in Wirklichkeit sogar von indigenen Völkern erfunden worden sei. Aber er wollte mir nicht zuhören. Schlussendlich schüttelte er den Kopf und sagte: »Na ja, wir müssen uns ja nicht über alles einig sein.«

Als er wegging und ich mich wieder dem Workshop zuwandte, stellte ich mir vor, wie dieser Mann reagieren würde, wenn die Menschen of Color, die schon seit langem für den Schutz der Umwelt und den Schutz der Menschen of Color vor den verheerenden Folgen der Umweltzerstörung durch den Kapitalismus der weißen Vorherrschaft kämpften, einfach bei dem nächsten Treffen seines Umweltschutzvereins auftauchen würden. Ich glaube, er fände das gar nicht so toll, wie er vorgab.

Auch wenn wir gerne Lippenbekenntnisse für die Diversität und die Chancengleichheit in unserer Politik aussprechen, ist die Wahrheit doch, dass der Großteil des weißen Amerikas die politischen Leben von Menschen of Color – und besonders Frauen of Color – komplett ausblendet. Man sieht uns oft als verlässliche demokratische Wählerkoalition, die man alle vier Jahre hervorholt, damit wir für einen mittelmäßigen weißen Kandidaten der Demokraten stimmen, und die man dann wieder bis zur nächsten Wahl in einer Schublade verschwinden lässt. So sehen uns zumindest die weißen Demokraten. Viele weiße Republikaner*innen sehen uns ebenso als verlässliche demokratische Wählerkoalition, die man um jeden Preis davon abhalten sollte, ihr Wahlrecht auszuüben. Sicher, eines der beiden Konzepte ist schlechter als das andere, aber beide sind ziemlich scheiße.

Sowohl die weiße politische Linke als auch die weiße politi-

sche Rechte gehen gerne davon aus, dass unsere Angelegenheiten eben nur »unsere Angelegenheiten« sind und dass wir sie gerne in unseren kleinen Vereinen ansprechen sollen, aber dass für sie auf der nationalen politischen Bühne kein Platz ist. Alle Menschen of Color, die auf nationaler Ebene für ein Amt kandidieren, müssen selbstverständlich ihre *race*-Identität ablegen, um das »wahre« Amerika wirklich vertreten zu können. Und niemals könnte eine Frau of Color, die darauf besteht, ihre Gemeinschaft und ihre Werte in vollem Maße zu repräsentieren, je genügend Stimmen erhalten, um eine wichtige Wahl zu gewinnen.

Das ist schon lange so gewesen. Und viele Jahre lang haben Frauen of Color, die versuchten, ihre politischen Ämter mit wirklich progressiven Anschauungen auszuführen und sich weigerten, die Angelegenheiten ihrer Community links liegen zu lassen, nur selten eine Wahl gewonnen. Lange Zeit reichte es aus, ein selbsterklärter progressiver weißer Mann zu sein, um eine Wahl zu gewinnen. Das hat dazu geführt, dass viele weiße Männer in ihrer Politik und in ihrem Bezug zu ihrer Wählerschaft faul geworden sind.

Doch dann eroberte eine Handvoll Frauen of Color das Repräsentantenhaus und die Nation im Sturm.

Nur wenige Menschen außerhalb ihres treuesten Unterstützerkreises glaubten, dass Alexandria Ocasio-Cortez, eine 28-jährige demokratische Sozialistin und Erstkandidatin, den langjährigen Amtsinhaber Joe Crowley besiegen könnte, als sie bei den Vorwahlen der Demokraten zum Kongressabgeordnetensitz für New Yorks 14. Wahlbezirk gegen ihn antrat.

Ocasio-Cortez war selbst so überrascht, dass der Moment, als sie von ihrem Sieg bei den Vorwahlen erfuhr, Fernsehgeschichte schrieb: Bei CNN war sie zu sehen, wie sie mit weit aufgerissenen Augen auf einen Fernseher starrte, während sie die Abstimmungsergebnisse zum ersten Mal sah. »Ich habe gewonnen!«, kreischte sie und schlug dann ungläubig die Hände vor dem Mund zusammen.

Doch vielleicht sollte es uns nicht überraschen, dass Ocasio-Cortez in der Lage war, gegen Crowley zu gewinnen, der bestenfalls sein Standardrepertoire abgespult hatte. Er hatte sich für unbesiegbar gehalten. Crowley war, als viertwichtigster Demokrat im Kongress, seit vierzehn Jahren in den Vorwahlen nie durch einen Gegenkandidaten herausgefordert worden. Er war ohne Schwierigkeiten immer und immer wiedergewählt worden von einer alternden Gruppe regelmäßiger lokaler Wähler*innen, auf die man bei einer Vorwahl zählen konnte, auch wenn gerade niemand für die Präsidentschaft kandidierte.

Crowleys offenbare Unfähigkeit, Ocasio-Cortez als Konkurrentin für voll zu nehmen, schien sie nicht zu entmutigen. Als er zu ihrer ersten Debatte nicht erschien, debattierte sie enthusiastisch mit einem leeren Stuhl. Als er bei einer weiteren Debatte nicht auftauchte und stattdessen eine Vertreterin schickte, fragte sich selbst die *New York Times* langsam, ob Crowley aufgehört hatte, seine Rolle als Kongressabgeordneter ernst zu nehmen.[30]

Indem sie also Klinken putzte und wirklich mit den Menschen über deren Probleme sprach, schaffte es Ocasio-Cortez, die Wählerschaft auf eine Weise zu mobilisieren, wie es die etablierten Politiker*innen nicht konnten. Sie entschied, ihre Zeit und Energie auf die Wählerschaft zu verwenden, von der sie glaubte, dass Crowley sie vernachlässigt hatte, insbesondere jüngere Wähler*innen und solche mit Migrationshintergrund. Die Hälfte der Bevölkerung des 14. Kongresswahlbezirks war außerhalb der USA geboren, und 70 Prozent waren Menschen of Color.[31] Sie konzentrierte sich auf die Themen, die ihrer Meinung nach für jüngere, linksorientierte Wähler*innen im Jahr 2018 von Relevanz waren: Arbeitsplätze, Abschaffung der Studiengebühren, Umweltschutz. Ocasio-Cortez stellte sich Leuten vor, an deren Tür noch nie eine Person geklopft hatte, die für den Kongress kandidierte, und sie ermutigte sie, sich für die Demokraten zu registrieren, damit sie bei den Vorwahlen abstimmen konnten.

»Wenn die Menschen das Gefühl haben, dass man sie direkt anspricht«, sagte Ocasio-Cortez in der Sendung *CNN Newsroom*, »dann glaube ich, dass … dann passiert es, dass sie zu den Vorwahlen gehen, auch wenn gerade kein großes Wahljahr ist.«[32]

Als Ilhan Omar, eine 33-jährige amerikanische Muslima, die als Kind aus ihrem kriegsverheerten Geburtsland Somalia geflohen war, antrat, die Wählerschaft des fünften Kongresswahlbezirks von Minnesota zu vertreten, gaben ihr nur wenige Menschen außerhalb ihres Bezirks eine Chance. Doch Omars Wahl hätte weniger überraschend sein sollen als die von Ocasio-Cortez. Sie war in der Politik von Minnesota oder der örtlichen Community kein Neuling; sie war in ihrer Jugend in die Gegend gezogen und hatte in der Landesregierung von Minnesota als Abgeordnete gearbeitet. Omar hatte bereits bewiesen, dass sie Wahlen gewinnen konnte, indem sie mit den Menschen sprach, die vom Bundesstaat vernachlässigt wurden, und unglücklicherweise waren das sehr viele Menschen. In Minnesota herrscht landesweit eine der größten *race*-basierten Ungleichheiten in Bezug auf Einkommen und Vermögen, und 115 000 Menschen in Omars Wahlbezirk – wovon die Mehrheit Menschen of Color waren – lebten an oder unter der Armutsgrenze.[33]

Omar erlangte schnell Bekanntheit für ihre Fähigkeit, eine Verbindung zur Wählerschaft aufzubauen, ungeachtet deren Alter, sozialer Schicht oder *race*. Manche glaubten, Omar würde sich auf ihre Zugehörigkeit zur größten Minderheiten-Community in der Gegend verlassen (in Minnesota leben landesweit die meisten somalisch-stämmigen Amerikaner*innen), doch sie verbrachte viel Zeit damit, sich mit so vielen Wähler*innen im gesamten Kongresswahlbezirk wie möglich von Angesicht zu Angesicht zu unterhalten. Omar sprach über Themen der Wählerschaft aus der Arbeiterklasse, der Communitys of Color, der jungen Menschen, der alleinerziehenden Mütter. Als muslimische Schwarze Frau nutzte sie ihre Erfahrung als Angehörige einer mehrfachen Minderheit, um eine Verbindung zu einer großen

Bandbreite von Menschen in Minnesota aufzubauen, die marginalisiert wurden.

Zu einer Zeit, als Trump es sich zu einem persönlichen Anliegen gemacht hatte, Muslime und Menschen of Color als Terroristen und Gangster hinzustellen, zahlten sich Omars Bemühungen aus, eine breite Koalition mit progressiven Werten aufzubauen. Sie gewann ihre Wahl mit dem besten Ergebnis, das je eine Frau in der Geschichte des US-Repräsentantenhauses erreicht hatte, und dem drittbesten Ergebnis einer erstmalig kandidierenden Person aus Minnesota.[34]

Ebenso ging die palästinensisch-amerikanische, in Detroit geborene Rashida Tlaib siegreich aus den Wahlen 2018 hervor. Wie bei Omar hätte ihre Wahl keine große Überraschung sein sollen: sie war in ihrer vorherigen Rolle als Abgeordnete im Bundesstaat sehr bekannt und angesehen, und galt als jemand, der bereit war, energisch für Detroit einzustehen. Sie war den großen Unternehmen, die versuchten, Detroit auszubeuten oder zu vernachlässigen, ein Dorn im Auge, und ein noch größerer Dorn im Auge Donald Trumps. Als Tlaib die Wahl zur Kongressabgeordneten für Michigans 13. Wahlbezirk gewann, wurde sie zur ersten palästinensisch-amerikanischen Frau im Kongress. Damit waren sie und Omar im Kongress die ersten beiden Muslimas.

Ayanna Pressley hatte bereits 2009 Schlagzeilen gemacht, als sie als erste Frau of Color in den Stadtrat von Boston gewählt wurde. Doch außerhalb der Stadt war ihr die Unterstützung bei einer Kandidatur zur Kongressabgeordneten bei weitem nicht garantiert. Boston hat eine lange Geschichte des Rassismus und der Segregation, vor allem in der Politik. Ebenso wie Ocasio-Cortez forderte auch Pressley einen langjährigen Amtsinhaber heraus. Michael Capuano, ihr Gegner, saß bereits seit zehn zweijährigen Legislaturperioden im Kongress. Pressley und Capuano standen sich ideologisch näher, als es bei Ocasio-Cortez und Crowley der Fall gewesen war, wodurch die Chancen für die jüngere Politikerin, den allseits beliebten Capuano zu

besiegen, noch geringer ausfielen. Anstatt sich nur auf die Stadt zu konzentrieren, wo ihr die Wählerschaft geneigter war, startete Pressley eine breite Kampagne, die sich über den gesamten Kongresswahlbezirk erstreckte, und wandte sich Wähler*innen jeglicher *race* und »Ethnizität« zu. Pressleys erfrischende Energie, die in ihrem Wahlslogan »Der Wandel kann nicht warten« perfekt eingefangen wurde, brachte bei der Wählerschaft eine Saite zum Klingen. Sie belohnte Pressleys Anstrengungen mit dem Triumph eines überraschenden zweistelligen Vorsprungs bei den Vorwahlen, wodurch Pressley der Wahlsieg sicher war. Ohne einen republikanischen Herausforderer zu haben, wurde Pressley die erste Schwarze Frau, die als Abgeordnete für den Bundesstaat Massachusetts im Kongress saß.

Und so gewannen vier Frauen of Color verdient ihre jeweiligen Wahlen. Dabei hatten sie junge Wähler*innen und Wähler*innen of Color mobilisiert und waren augenblicklich zu Zielscheiben der politischen Linken und Rechten geworden. Sie hatten für Ämter kandidiert mit dem Versprechen, ihre Werte und ihre Wählerschaft zu repräsentieren, und genau das taten sie auch. Kongressleute haben keine sechs Jahre Zeit, um sich an das Leben in der Regierung zu gewöhnen, wie es bei Senatsmitgliedern der Fall ist, und Frauen of Color im Repräsentantenhaus wissen, dass ihnen die Wiederwahl, mit der weiße Männer selbstbewusst rechnen können, weit weniger sicher ist. Wenn sie also ihre Versprechen an die Wählerschaft einhalten wollen, müssen sie schnell handeln. Rashida Tlaib kam in den Kongress mit dem festen Vorsatz, sich für die Bevölkerung von Detroit einzusetzen. Sie reichte während ihrer ersten vier Monate im Amt 153 Anträge auf Fördermittel ein und eröffnete vier Nachbarschaftszentren in ihrem Wahlbezirk.[35] Sie tat sich auch regelmäßig mit Ocasio-Cortez, Omar und Pressley zusammen, um im Kongress progressive Standpunkte zu Themen wie Umweltschutz, Gesundheitswesen und Reproduktive Gerechtigkeit durchzusetzen.

Wie Tlaib machte sich auch Ilhan Omar sofort an die Arbeit.

Sie hatte schon bald den Ruf, Mitglieder der Trump-Regierung furchtlos zur Rechenschaft zu ziehen und unbequeme Fragen zu stellen, die sich viele altgediente Demokrat*innen nicht zu fragen trauten. Als Trumps neuer Sondergesandter Elliott Abrams, ein langjähriger Mitarbeiter des Außenministeriums, dessen Arbeit mit Menschenrechtsverletzungen in El Salvador in Zusammenhang gebracht wurde, vor dem Repräsentantenhaus auftrat, fragte Omar ihn unverhohlen: »Finden Sie, dieses Massaker war eine fabelhafte Leistung, die unter unserer Beobachtung stattfand?«[36]

Schon nach wenigen Monaten hatte sich Omar stark für die Allgemeine Krankenversicherung (»Medicare for All«) eingesetzt, den »PRO Act« zum Schutz des Organisationsrechts der Gewerkschaften unterstützt und die Arbeit an Wohnungsbauinitiativen begonnen, die zum Ziel hatten, eine Million Wohnungen zu bauen, um damit »den Menschen die Möglichkeit zu geben, einen würdevollen, sicheren Ort zum Leben zu haben«. Sie hatte außerdem angefangen, mit dem Congressional Black Caucus zusammenzuarbeiten, um sich bisher vernachlässigten Themen anzunehmen wie der Jugendsuizidrate, psychischer Gesundheit und der Müttersterblichkeit.[37]

Pressley hatte eine Vielzahl von Gesetzesentwürfen eingebracht oder unterstützt, seit sie in den Kongress gekommen war. Im Dezember 2019 schlug sie gemeinsam mit den Abgeordneten Omar und Bonnie Watson Coleman ein Gesetz vor, das die Kriminalisierung und Marginalisierung von Schwarzen und Braunen Mädchen in amerikanischen Schulen beenden sollte.[38] Im selben Monat brachte sie einen Gesetzesentwurf zu einer tiefgreifenden Reform der Strafjustiz ein, in deren Zuge Sexarbeit entkriminalisiert sowie das System der Kautionszahlungen, die Einzelhaft und die Todesstrafe abgeschafft werden sollten. Wenn dieses Gesetz durchkommt, würde es einige der Arten, wie unsere Strafjustiz Menschen of Color und marginalisierte Menschen benachteiligt, zurechtrücken. Bei der Vorstel-

lung des Gesetzesentwurfs sagte Pressley: »Schon viel zu lange waren diejenigen, die dem Schmerz am nächsten standen, nicht der Macht am nächsten, was zu einem rassistischen, fremdenfeindlichen, skrupellosen und grundsätzlich fehlerhaften Strafjustizsystem geführt hat«, und sie fügte hinzu: »Unser Beschluss fordert eine deutliche Umwälzung des Status quo – er ist dem Vorsatz gewidmet, die Ungerechtigkeiten zu zerschlagen, damit dieses System überschaubarer wird, sicherer, weniger bestrafend und dafür humaner.«[39] Im Januar 2020 stellte Pressley ein Gesetz zur Reform des Kreditwürdigkeitssystems vor, das zum Ziel hat, Menschen zu helfen, schneller aus finanziellen Notsituationen herauszukommen, indem es den Schutz vor ungerechten Kreditvergabepraktiken verstärkt, die Möglichkeit, Arbeitsplätze in Abhängigkeit von der Kreditwürdigkeit zu vergeben, einschränkt und die Zeit verkürzt, die ein negativer Eintrag in der Kreditauskunft verbleibt.[40]

Ocasio-Cortez arbeitete in ihren ersten Monaten im Amt an Gesetzen zum Abbau von Beschränkungen bei der Nutzung von psychedelischen Drogen in der medizinischen Forschung, damit psychische Krankheiten und Depressionen in Zukunft besser behandelt werden können; sie unterstützte ein Gesetz zur Bereitstellung frei verkäuflicher, von der Krankenkasse bezahlter Empfängnisverhütung. Sie kämpfte gegen Trumps Bestrebungen, Fragen zur Staatsbürgerschaft in den US-Zensus aufzunehmen (was viele für einen Versuch hielten, Daten zu Zahlen von Immigranten of Color zu erhalten), war eine offene Gegnerin von Plänen der Firma Amazon, ihr Hauptquartier nach New York auszuweiten, und vor allem war sie eine Unterstützerin und lautstarke Befürworterin der Umweltschutzreform Green New Deal.

Bei ihrer Ankunft in Washington wurde Ocasio-Cortez sowohl als naiver Grünschnabel abgetan als auch als gefährliche Sozialistin dämonisiert. Ihre Kleidung wurde kritisiert; ihre jugendliche, für die Bronx typische Sprache wurde verhöhnt. Doch nichts

brachte ihr mehr Wut ein als der Green New Deal. Schauen wir uns den Green New Deal genauer an, damit wir verstehen, wie bescheuert die Reaktion der Republikaner darauf war. Der Green New Deal ist eine unverbindliche Resolution, um der dramatischen globalen Verschlimmerung der Klimakrise Einhalt zu gebieten. Er beinhaltet mehrere Ziele, die zusammengenommen den Ausstoß von Treibhausgasen senken sollen, darunter der Umstieg auf erneuerbare Energien, die Verbesserung der Energieeffizienz bestehender Gebäude und die Investition in E-Autos und den schienengebundenen Nahverkehr. Ziel des Green New Deal war es, all das zu erreichen und gleichzeitig die gefährdeten Communitys zu schützen, die wirtschaftlich von fossilen Brennstoffen abhängig sind, indem dort Berufsausbildungen angeboten und konkrete Ziele für die wirtschaftliche Entwicklung gesetzt werden.[41]

Allerdings wirkte selbst die Sprecherin des Repräsentantenhauses Nancy Pelosi sowohl misstrauisch als auch abschätzig gegenüber den Vorstößen der jungen demokratischen Sozialistin: »Einige Leute mögen große Zahlen von Twitter-Followern haben, was aber hier wichtig ist, sind große Zahlen von Wählerstimmen im Saal des Repräsentantenhauses«, erklärte Pelosi Reportern in augenscheinlicher Ablehnung von Ocasio-Cortez' Internet-Popularität und der Gesetze, die zusammenzustellen sie geholfen hatte.[42]

Die Republikaner, wie man sich denken kann, behandelten Ocasio-Cortez' Green New Deal wie papiergewordenen Terrorismus. Keines der folgenden Zitate ist ausgedacht. Das sind echte Worte von erwachsenen Menschen, die gewählt worden sind, das amerikanische Volk zu repräsentieren.

Senator Tom Cotton aus Arkansas sagte, der Green New Deal würde die Menschen in Amerika dazu zwingen, »in Hochgeschwindigkeitsbahnen herumzufahren, die wahrscheinlich mit Einhorntränen angetrieben werden«. Trump behauptete, dass das Gesetz den Menschen ihre »Flugzeug-Rechte« nehmen würde.

Der Senator von Wyoming, John Barrasso, sprach die vielleicht bizarrste dieser schlimmen Warnungen zum Green New Deal aus, als er den Menschen riet, Rindfleisch und Eiscreme zu hamstern, denn mit dem Green New Deal würden »Nutztiere verboten werden«.[43]

Auch Tlaib wurde mit noch nie da gewesenem Misstrauen und Hass im Hinblick auf ihre Arbeit – und ihre bloße Existenz – konfrontiert. Sie war oft die Zielscheibe politischer Empörung – nicht nur weil sie den Präsidenten einen »Motherfucker« nannte (was für mich einer der wahrscheinlich schönsten Momente dieses Jahres war), sondern auch wegen ihres muslimischen Glaubens und ihrer offenen Unterstützung des palästinensischen Volkes. Immer, wenn Tlaib über Themen im Zusammenhang mit Israel oder Palästina sprach, wurde sie hinterher von links wie rechts heftig attackiert.

Pressley sah sich wegen ihres öffentlichen Zelebrierens ihrer Identität großer Ablehnung ausgesetzt, insbesondere im Juli 2019, als sie es wagte, darüber zu sprechen, dass sie eine stolze Schwarze Frau im Kongress sei. Bei einer Veranstaltung der progressiven Vereinigung Netroots Nation forderte Pressley Abgeordnete, die marginalisierten Gruppen angehörten, dazu auf, ihre Identitäten und ihre Kulturen in ihrer Arbeit wirklich zu vertreten, anstatt die Bedürfnisse ihrer jeweiligen Community dem Status quo zu opfern:

> Ich möchte mich nicht an einen alten Tisch setzen. Es ist Zeit, an dem Tisch zu rütteln. Es ist Zeit, den Tisch neu zu definieren. Denn wenn man sich an diesen Tisch setzt – wer auch immer ein politisches Amt anstrebt – und dann nicht bereit ist, seine Stimme zu repräsentieren, dann sollte man nicht an diesen Tisch kommen, denn wir brauchen nicht noch mehr Braune Gesichter, die keine Braune Stimme sein wollen. Wir brauchen keine Schwarzen Gesichter, die keine Schwarze Stimme sein wollen. Wir brauchen keine Muslime,

die keine muslimische Stimme sein wollen. Wir brauchen keine queeren Menschen, die keine queeren Stimmen sein wollen. Wenn man Angst davor hat, marginalisiert oder stereotypisiert zu werden, soll man bitte nicht herkommen, denn wir brauchen Menschen, die ihre Stimme repräsentieren.[44]

Augenblicklich brach Entrüstung darüber los, dass Pressley die Menschen dazu aufrief, die Interessen all jener zu vertreten, die keine weißen – und damit in Regierungskreisen schon lange extrem einflussreichen – Männer waren. Pressley wurde beschuldigt, spalterisch zu sein, sogar rassistisch. In einem Artikel im *Washington Examiner* mit dem Titel »Ayanna Pressley's Disturbing Progressive Threat« nutzte Stephen Kent die Aussagen Pressleys, um seinen Standpunkt zu vertreten, dass »Diversität schon immer eine Bedrohung für die Vision der Progressiven von Amerika gewesen ist, seit sich ihre Bewegung unter Präsident Woodrow Wilson formiert hat«, und fügte hinzu: »Es sollte eine resolutere Antwort geben auf die radikal identitäre Politik von Pressley und ihren Verbündeten.«[45] Die republikanische Abgeordnete Liz Cheney beschuldigte Pressley unumwunden des Rassismus und behauptete, Pressley habe gesagt, politische Stimmen seien nur legitim, wenn die jeweilige Person »eine zuvor abgenickte Auswahl an Überzeugungen vertritt«.[46]

Doch von den vier Frauen ist Ilhan Omar wahrscheinlich diejenige, die von Demokraten und Republikanern am meisten diffamiert worden ist. Als Schwarze, muslimische und selbstbewusste Frau ist sie aufgrund ihrer Kritik an Israel und dem israelischen Lobbyismus ein leichtes Ziel gewesen – auch weil ihre Kritik hin und wieder salopp formuliert und verschieden interpretierbar war. Nachdem sie in einem Tweet angedeutet hatte, dass der Einfluss des Geldes vom American Israel Public Affairs Committee (AIPAC) verantwortlich dafür sei, dass die Republikaner sich so auf ihre Meinung zu der Politik Israels gegenüber

dem palästinensischen Volk fokussierten, beschuldigte man sie, antisemitische Vorurteile über die Macht jüdischen Wohlstands zu hegen – obwohl man sich beim AIPAC um offenkundig antisemitische Äußerungen von Republikaner*innen nicht weiter kümmerte. Die Republikaner suhlten sich in ihrer Empörung. Trump sagte, Omar solle zurücktreten. Die Gegenreaktionen zu dem Tweet waren so heftig, dass Omar von Anführer*innen ihrer eigenen Partei öffentlich gerügt wurde.

Indem Omar weiterhin ihre Meinung kundtat und die Standpunkte vertrat, die für sie und ihre Wählerschaft von Bedeutung waren, war sie auch weiterhin dem Hass ausgesetzt. Trump setzte sogar den Mitschnitt einer Rede von Omar neu zusammen, in der sie über die Auswirkungen der Anschläge vom 11. September auf die muslimischen Menschen in Amerika sprach, und kombinierte sie mit Videomaterial der Anschläge, sodass es wirkte, als würde Omar mit den Terroristen sympathisieren, was eine Welle rassistischer, islamfeindlicher Entrüstung nach sich zog. Als man Trump fragte, ob er angesichts der Drohungen, die sie erhalten hatte, bereue, ein solch hetzerisches und irreführendes Video gepostet zu haben, antwortete er: »Überhaupt nicht!« Und er fügte hinzu: »Sie hat was an sich, das sehr, sehr schlimm ist, denke ich, für unser Land. Sie ist extrem unpatriotisch und extrem respektlos gegenüber unserem Land.«[47]

Ocasio-Cortez, Tlaib, Pressley und Omar sind Figuren des öffentlichen Lebens und demokratisch gewählte Abgeordnete. Manche mögen sagen, dass sie sich durch ihre Kandidatur für ein politisches Amt bewusst für ein Leben unter ständiger Beobachtung und Bewertung entschieden haben. Aber sie sind auch Menschen, und kein Mensch sollte dem hasserfüllten Sturm ausgesetzt werden, den sie haben ertragen müssen.

Manchmal ist die Gleichgültigkeit das Niederschmetterndste. Im Juni 2019 las Tlaib eine der zahllosen Drohungen, die sie seit ihrem Amtsantritt im Januar desselben Jahres erhalten hatte, dem FBI-Beamten Michael McGarrity vor, als sie ihn

zum Thema Inlandsterrorismus befragte: »›Ich war total begeistert, und ich habe mich gefreut, als ich las, dass in Neuseeland 49 Moslems getötet und viele‹« – Tlaib stockte kurz und holte unter Tränen Luft – »›viele weitere verletzt worden waren. Das ist ein großartiger Anfang. Hoffen wir und beten wir, dass das hier in den guten alten USA so weitergeht. Nur ein toter Moslem ist ein guter Moslem.‹«

Sie fragte den Beamten, weshalb das FBI keine Mittel habe, solche Drohungen zu untersuchen. »Wir kriegen so viele von diesen Drohungen, und ich frage mich immer, was passiert dann?«, sagte sie. »Was passiert dann mit diesen Individuen? Und ich bin offen mit Ihnen. Ich bin eine Mutter. Und ich möchte abends nach Hause kommen zu meinen zwei Jungs.«[48]

Sogar im Angesicht des nicht abreißenden Stroms aus Hass und Vorurteilen setzen sich Pressley, Ocasio-Cortez, Tlaib und Omar weiter für die progressiven Standpunkte ein, die zu vertreten sie gewählt worden sind. Sie formulieren Verfassungszusätze und unterstützen Gesetzesentwürfe, die ihren Wählerschaften nützen. Sie stellen der Trump-Regierung, den Republikanern und ihrer eigenen Partei unangenehme Fragen. Als sie darüber sprach, wie erbittert diese vier Frauen seit dem Beginn ihrer Zeit in Washington haben kämpfen müssen, klang Omar kühn und bestimmt: »Ich denke, wir haben Stress mit so ziemlich allen hier, weil es einfach an Mut mangelt. Es wirkt so, als wären wir alle radikal, weil uns die Menschen, die wir vertreten, wirklich am Herzen liegen und wir alles für sie geben möchten.«[49]

Die Fähigkeit der vier Frauen, trotz allem produktiv und positiv zu bleiben, gründet sich zum Teil auf ihrer Unterstützung füreinander. Ocasio-Cortez, Pressley, Tlaib und Omar haben sich gegenseitig im Laufe der Auseinandersetzungen den Rücken gestärkt. Ihren gemeinsamen politischen Ansichten und ihrer gegenseitigen Fürsprache liegt eine Freundschaft zugrunde, die ihnen geholfen hat, selbst die schlimmsten Beleidigungen und Drohungen zu überstehen.

»Als ich hier anfing, wurde ich Teil dieser phantastischen Gruppe von Menschen, die nicht nur die progressiven Werte vertreten, die auch mir am Herzen liegen, sondern die auch Menschen sind, mit denen ich mich solidarisch fühlen kann«, erklärte Omar im Gespräch mit Ava DuVernay. »Unser Alltag ist von Strapazen gezeichnet, da ist es gut, miteinander etwas zu teilen oder andere zu sehen, wie sie etwas teilen und sich einfach gegenseitig positive Energie geben.«[50]

Die Wahlsiege dieser vier jungen, offen progressiven Frauen of Color schlugen 2018 und Anfang 2019 in den Medien hohe Wellen. Wenn ich mir ihre Wahlen anschaue, muss ich daran denken, was Lani Guinier über die Macht der Unterstützung für eine kandidierende Person of Color gesagt hat, die ihre Wählerschaft wirklich repräsentiert, wenn sich diese Person nur bewusst darüber ist, dass sie genügend Wählerstimmen bekommen kann, wenn sie die Wertvorstellungen der marginalisierten Gemeinschaften direkt anspricht. Alle vier Wahlkreise dieser Frauen waren fest in der Hand der Demokraten und hatten große Bevölkerungen of Color, die sich von ihren jeweiligen Bundesstaaten und ihrem Land übergangen fühlten. In allen vier Wahlbezirken zeigte das große finanzielle Missverhältnis zwischen Menschen of Color und der größeren weißen Bevölkerung in ihrem Bundesstaat, dass das Gefühl, übergangen zu werden, mehr als nur ein Gefühl war.

Drei der Frauen – Ocasio-Cortez, Omar und Tlaib – waren in den Gegenden aufgewachsen, die sie vertreten wollten, und hatten feste Bindungen zu den Communitys dort aufgebaut. Pressley hatte zu dem Zeitpunkt, als sie für den Kongress kandidierte, seit fünfzehn Jahren in Boston gelebt. Ihre Vorstellungen sprachen eine große Gruppe unterprivilegierter Menschen innerhalb ihrer Wählerschaften an. Und sie mussten niemanden außen vor lassen, um eine sichere Mehrheit zu erlangen.

Im Zuge ihrer Mission mit dem Ziel, den Themen Priorität einzuräumen, die die marginalisierten Gemeinschaften inner-

halb ihrer Wählerschaften am stärksten betreffen, haben sie sich standhaft für jene Belange eingesetzt, von denen viele Demokraten sagen, dass sie sich wünschten, mehr Abgeordnete ihrer Partei würden sie vertreten. Sie konzentrierten sich auf den Umweltschutz, die Gesundheitsversorgung, bezahlbare Bildung, Reproduktive Gerechtigkeit, bezahlbaren Wohnraum, Arbeitnehmerrechte und weitere progressive Kernpunkte. Und das, während sie gleichzeitig die Einflussnahme von Lobbyismus und Vermögen auf die Politik bekämpften – sowie Trumps ausgrenzende und zunehmend autoritäre Agenda.

Doch als ich eine Liste ihrer Bemühungen und Erfolge zusammenstellen wollte, musste ich mich erst durch Tausende von Suchergebnissen wühlen, die sich hauptsächlich mit den Kontroversen befassten, die sie umgaben. Ich hoffe, wenn ihre Wähler*innen schauen wollen, was Ocasio-Cortez, Tlaib, Omar und Pressley für sie getan haben, können sie inmitten all des Unsinns überhaupt finden, was sie suchen.

Wenn ich darüber nachdenke, in welche Richtung sich unsere Gesellschaft entwickeln sollte – was man uns in der Schule darüber beigebracht hat –, und mir dann anschaue, wie wenig sich diese Richtung mit der Art und Weise deckt, wie wir Frauen of Color behandeln, die es wagen, unseren politischen Status quo infrage zu stellen, dann bin ich bestürzt. Ich bin nicht nur bestürzt, weil es scheint, als würden Frauen of Color in der Politik heute die gleiche, wenn nicht eine größere Ablehnung zu spüren bekommen, den gleichen offenen Rassismus und Sexismus und den gleichen unverblümten Hass, den schon Shirley Chisholm ertragen musste –, sondern ich bin auch bestürzt, weil der Status quo, für dessen Infragestellung man sie so hart angegangen hat, so unverändert fortbesteht. Wir preisen den Fortschritt, und wir sprechen über die größer werdende Diversität in unserer Regierung. Doch in unserem Kongress sitzen immer noch überwiegend weiße Männer; unsere bisherigen Präsidenten waren immer noch überwiegend weiß und durchgehend männlich.

Und die wichtigen Fortschritte, für die Shirley Chisholm 1972 gekämpft hat – Themen wie Umweltschutz, Schutz vor einer Überwachung durch die Regierung und einer Verletzung der Privatsphäre, eine Reform der Finanzierung politischer Kampagnen und gleiche Löhne für Frauen – sind allesamt Veränderungen, für die wir heute noch immer kämpfen. Wenn wir wieder und wieder die Chance vertun, jenen zuzuhören, die unter den Missständen in unseren Systemen am meisten leiden, und stattdessen immer wieder jene belohnen, die von den Systemen am meisten profitieren, dann machen wir am Ende überhaupt keinen Fortschritt.

»Hört Schwarzen Frauen zu!«

Die Arbeit der Bürgerrechtstheoretikerin Lani Guinier fand im Zuge der Wahl 2016 ihren Weg zurück in ein paar Schlagzeilen. Nein, nicht weil man aus irgendeinem Grund Hillarys Kandidatur mit Bill Clintons Verfehlungen in Zusammenhang brachte, sondern weil Guiniers Überlegungen zur Stimmhäufung – also das Prinzip, für mehr als eine Person zu stimmen und dadurch Präferenzen abzustufen – plötzlich nicht mehr so abwegig erschienen.

Es fing bei der politischen Rechten an. Man kann sich nur noch schwer daran erinnern, aber es gab mal eine Zeit, als sogar Republikaner*innen über Trumps wachsende Popularität verzweifelt waren. Man sah mit Sorge, wie durch das große Feld der republikanischen Kandidat*innen die Unterstützung der moderaten Wählerschaft auf viele kandidierende Personen verteilt wurde, während Trump die komplette Unterstützung von Rechtsaußen erhielt. Also brachte man Guiniers Konzept eines Wahlprozederes mit Stimmhäufung wieder aufs Tableau, das verhindern würde, dass jemand wie Trump zum Präsidentschaftskandidaten der Republikaner gemacht würde.[51]

Durch Stimmhäufung würden kandidierende Personen mit einer großen Popularität zwischen den anderen populären Kandidat*innen nicht untergehen; das System würde als Schutz davor dienen, dass jemand gewählt wird, der nur die randständigen Interessen der Partei bedient. Ein Kandidat, der für einige die erste Wahl und für andere die zweite oder dritte Wahl gewesen wäre, hätte gegen Trump bei den republikanischen Vorwahlen möglicherweise in vielen Bundesstaaten gewinnen können.

Nach der Präsidentschaftswahl waren es die Linken, die Guiniers Arbeit thematisierten. Das Prinzip der Stimmhäufung hätte die Feindseligkeit bei den Vorwahlen der Demokraten abmildern und den Wähler*innen die Vorzüge sowohl von Clinton als auch von Sanders aufzeigen können. Zudem hätte es ihnen das Gefühl vermittelt, dass sie einen Anteil an einem Sieg hätten, wer auch immer die Vorwahl letztendlich gewonnen hätte. Bei der Präsidentschaftswahl hätten durch Stimmhäufung die Wahlstimmen für die Kandidatin der Grünen Jill Stein weniger Auswirkungen gehabt – die Menschen hätten ihre Unzufriedenheit über das Zwei-Parteien-System durch einige Stimmen für die Grünen zum Ausdruck bringen, aber sich gleichzeitig mit einer Stimme für Clinton absichern können.[52]

Bei jedem Schritt des Wahlprozederes hätte uns das Konzept der Stimmhäufung vielleicht aus dem Schlamassel geholt, in dem wir jetzt stecken, wo wir einen Präsidenten haben, der weniger Stimmen als Clinton erhalten hat und der uns jeden Tag einem Krieg und einem autoritären Staat ein Stückchen näher bringt.

Doch Guiniers Konzept wurde als radikaler Versuch gesehen, Schwarze Wählerstimmen über weiße Wählerstimmen zu stellen – weil sie eine Schwarze Frau war. Wenn sie keine Schwarze Frau gewesen wäre und Stimmhäufung als etwas anderes präsentiert hätte als die Möglichkeit, die Repräsentation von Schwarzen Menschen in Amerika zu stärken (auch wenn sie mehrfach dargelegt hat, dass Stimmhäufung allen unterrepräsentierten Gruppen helfen und eine repräsentativere Regierung für alle

Menschen schaffen würde), hätte man ihr vielleicht zugehört. Vielleicht hätte ihr Konzept Schule gemacht. Doch trotz all der Verzweiflung seit der Wahl 2016 glaube ich, dass Guinier ihre Ansichten selbst heute nicht auf nationaler Ebene würde präsentieren können, ohne dafür genauso gekreuzigt zu werden, wie es 1993 der Fall war. Sie wäre immer noch eine Schwarze Frau mit Ansichten, die die weiße männliche Macht fundamental infrage stellen. Auch wenn wir es so teuer bezahlt haben, sie zu ignorieren, sind wir immer noch lange nicht bereit, ihr zuzuhören.

Im Jahre 2018 wurden vier selbstbewusste, talentierte, kompromisslose junge Frauen of Color in den US-Kongress gewählt, und die Welt ist komplett ausgerastet.

Das wirkt vielleicht bizarr, in unserer heutigen Zeit so etwas zu schreiben, aber wenn ich mir die Politik der vergangenen Jahre anschaue, beschreibt das ziemlich genau die Angst, die Wut und den totalen Hass, den viele Menschen in Amerika gegenüber Frauen of Color empfinden, die es wagen, politische Macht anzustreben, ohne sich irgendwann der weißen männlichen Vorherrschaft zu unterwerfen. Im Jahre 2018, mehr als 45 Jahre, nachdem Shirley Chisholm »vaginaler politischer Winkelzüge« beschuldigt und ihr Wahlkampfmaterial mit den hasserfüllten Worten »Hau ab, Nigger« beschmiert wurde, und 25 Jahre, nachdem Lani Guinier für ihre Dreistigkeit als »Quoten-Queen« gebrandmarkt wurde, die Vision eines Wahlprozesses zu haben, der Wähler*innen of Color nicht entrechtete – in diesem Jahr mussten sich Alexandria Ocasio-Cortez, Ilhan Omar, Rashida Tlaib und Ayanna Pressley sagen lassen, sie seien Rassistinnen und Terrorsympathisantinnen, weil sie zu glauben wagten, ihre Communitys seien es wert, dass man sie repräsentiert und für sie kämpft.

»Hört Schwarzen Frauen zu!« »Hört Frauen of Color zu!« Das ist von so vielen Menschen der politischen Linken seit den Wahlen 2016 gepredigt worden. Wir sind die Gruppe, die mehr als jede andere gegen Trump gestimmt hat. Wir sind die, die ver-

hindert haben, dass Roy Moore* ein Amt innehat. Fast täglich bekomme ich Nachrichten von Weißen mit der Aufforderung: »Sag mir, was ich tun soll, und ich werde es tun.« Als würde ich nicht seit Jahren darüber schreiben. Als ob Schwarze Frauen und Frauen of Color nicht seit Jahrhunderten darüber sprechen würden, was in diesem Land verkehrt läuft. Und gerade jetzt sitzen im Kongress einige Frauen of Color – starke, kompetente Frauen of Color –, die progressive und gute Ansichten haben, und sie werden angegriffen, weil sie angeblich »zu radikal« und »zu spalterisch« sind. Genau jetzt schreiben Frauen of Color darüber, was es bräuchte, um dieses Land nach vorne zu bringen, und man tut sie als »volksverhetzend« ab und als »anti-weiß«. Wahrscheinlich werden wir uns bei künftigen Wahlen wieder an sie wenden und fragen: »Was tun wir jetzt?« und »Wie kommen wir da wieder raus?«.

Studien haben gezeigt, dass ein weißer Mann, wann immer er über Gleichstellung und Gerechtigkeit redet, so ziemlich immer dafür gelobt wird. Er zeigt damit seine Führungsqualitäten und seine Großmut. Doch Frauen of Color werden dafür nie gelobt. Sie gelten dann als verbittert, spalterisch, rachsüchtig und eigennützig. Diese Ansicht schadet Frauen of Color in der Politik, im Büro, an der Universität. Wir sind oft die, die am meisten unter dem Versagen unserer Systeme leiden, die strukturelle Ungleichheit zu bekämpfen; wir sind oft die Ersten, die politischen Kompromissen zum Opfer fallen; unsere Stimmen werden bei jeder einzelnen Wahl als selbstverständlich angesehen; wir sind oft die

* Roy Moore (*1947) ist ein evangelikaler und z. T. als rechtsextrem eingestufter republikanischer Aktivist und ehemaliger Kandidat für das Amt des Gouverneurs von Alabama. Kurz vor der Nachwahl zum US-Senat 2017 wurde ihm vorgeworfen, in der Vergangenheit mehrere Mädchen und Frauen sexuell missbraucht zu haben. Seine knappe Wahlniederlage wurde der hohen Wahlbeteiligung der Schwarzen Bevölkerung, insbesondere der Schwarzen Frauen zugeschrieben, die zu 97 Prozent seinen demokratischen Gegenkandidaten gewählt hatten. [Anm. d. Übers.]

einzige Gruppe, die zwischen einer Wählerschaft und einem abgeordneten weißen Suprematisten steht – doch wenn wir uns für eine politische Agenda einsetzen, die uns alle nicht zwingt, unseren Arsch zu retten, wenn es schon fast zu spät ist, dann ignoriert man uns oder greift uns an.

Wie wäre es, wenn qualifizierte Frauen of Color als Vordenkerinnen gesehen würden, anstatt dass man sie nur links liegen lässt, bis man sich ihnen in dunklen Zeiten in der Hoffnung auf Rettung wieder zuwendet? Wie wäre es, wenn man anerkennen würde, dass Ideen, die wir haben, um einzelnen Gemeinschaften zu helfen, vielleicht allen Gemeinschaften zugutekommen könnten? Wie wäre es, wenn man anerkennen würde, dass wir mehr sind als nur Kämpferinnen und Überlebende – nämlich Wegbereiterinnen und Anführerinnen?

Weiße Männer werden in der Politik bei jedem Schritt, den sie tun, mit Respekt behandelt. Wir erhoffen uns von ihnen neue Ideen; wir erhoffen uns die Weisheit von Generationen; die Hilfe in der Not. Und gleichzeitig sind es immer wieder Frauen of Color, die auf die Probe gestellt werden und von denen sich herausstellt, dass sie im Recht sind. Die Talente der aktuellen Generation von Frauen of Color, nicht nur Anführerinnen zu sein, sondern mutige und kreative Anführerinnen, können wir hoffentlich anerkennen, bevor es für jeden – sogar für sie – zu spät ist, uns zu retten.

KAPITEL 7

GEHT VERDAMMT NOCH MAL SPIELEN

Football und die Angst vorm Schwarzen Mann

Es mag Sie überraschen, aber American Football, ein Sport, der heute von den Schwarzen Athleten lebt, die ihre körperliche Schnelligkeit und Kraft jeden Sonntag aufs Neue unter Beweis stellen, wurde ursprünglich geschaffen, um von wohlhabenden weißen Männern gespielt zu werden.

Im 19. Jahrhundert konnte man in den USA viel Geld verdienen. Familien, die durch den Ausbau des Eisenbahnnetzes und des Handels nach Westen (und der Verdrängung indigener Völker) zu Wohlstand gekommen waren, sahen mit Sorge auf ihre Söhne. Es hatte viel Mühe und Kraft gekostet, den Wohlstand und die Macht aufzubauen, und es würde noch mehr Mühe und Kraft kosten, diesen Standard aufrechtzuerhalten. Würden ihre reichen, verwöhnten Sprösslinge den Schneid haben, ein amerikanisches Imperium zu errichten? Was konnten wohlhabende junge Männer tun, um Stärke und Aggression zu kultivieren, wenn sie gleichzeitig ein müheloses Leben führten? Sie könnten vielleicht einen harten Sport ausüben.

»Die Angst der herrschenden Klasse vor der Mittelmäßigkeit und vor der Mittelmäßigkeit ihrer eigenen Kinder bildet die Grundlage für den Football in diesem Land.«

Ich bin in einem Literaturcafé in Washington, D. C., und mir gegenüber sitzt Dave Zirin, ein angesehener Autor zur Geschichte von *race* und Sport. Mit diesem Satz eröffnet er unser Gespräch über Football und das Schwarzsein, und er überrascht mich. Aber es sollte mich nicht überraschen, dass ich sofort etwas lerne von Zirin; er hat mehrere Bestseller über Sport geschrieben, ist für einen NAACP Image Award für herausragende literarische Leistungen nominiert worden und wird in der Sportwelt gemeinhin als Autorität zu Sportgeschichte und Arbeitsrecht im Sport gesehen. Er ist für diese Themen die erste Adresse.

Ebenso wie die Prämisse »Go West!« war der Football ein Produkt Muskulösen Christentums. Theodore Roosevelt, amerikanische Kulturikone und der 26. Präsident der Vereinigten Staaten, war, wie wir gesehen haben, ein großer Verfechter dieser Doktrin.

»Teddy Roosevelt war so etwas wie ein Star innerhalb dieser Kultur der toxischen Maskulinität im Sport, aus dessen Sicht Sport ein Ersatz für den Kampf um das Empire und den Krieg war«, erklärt Zirin.[1]

Der American Football hatte seine Ursprünge in den Ivy-League-Colleges, die von den jungen Eliten wie Roosevelt besucht wurden. In seinen Anfangstagen war der Sport so brutal, dass jedes Jahr Dutzende von Studenten dabei umkamen, wodurch er fast wieder in der Versenkung verschwunden wäre. Im *Smithsonian* wurden einige der Verletzungen aufgelistet, zu denen es während eines besonders gewalttätigen Spiels 1905 kam: »Vier Gehirnerschütterungen, drei ›Tritte gegen den Kopf‹, sieben gebrochene Schlüsselbeine, drei schwerwiegende Rückenverletzungen, fünf schwerwiegende innere Verletzungen, drei gebrochene Arme, vier ausgekugelte Schultern, vier gebrochene Nasen, drei gebrochene Schulterblätter, drei gebrochene Kiefer, zwei ›herausgebohrte‹ Augen, eine Bisswunde, ein insgesamt dreimal bewusstlos geschlagener Spieler, ein gebrochenes Brustbein, ein gerissenes Organ und ein ›verwirrter‹ Spieler.«[22]

Die Entrüstung über die Sterberate beim Football nahm zu, die *New York Times* nannte den Sport in einem Atemzug mit den Lynchmorden an Schwarzen Menschen als eine von »zwei heilbaren Krankheiten« dieses Landes.[3] Mit Hilfe großer Anstrengungen einflussreicher Fürsprecher wie Roosevelt, der behauptete, dass es »lediglich eine unmännliche Torheit ist, den Sport abzuschaffen, nur weil dabei ein Risiko besteht«, setzten die Unterstützer des Footballs die Colleges stattdessen unter Druck, die National Collegiate Athletic Association (NCAA) zu gründen, um die Kontrollen zu verstärken und Todesfälle und schwere Verletzungen zu minimieren.[4]

Auch wenn der Football diese Krise überstand und einer der beliebtesten Zeitvertreibe unserer Nation wurde, würde mich wohl niemand als Sportlerin bezeichnen. Meine Mutter hat mich in der fünften Klasse bei einer Flag-Football-Liga angemeldet, und ich weiß immer noch nicht, womit ich (und auch mein Team, das meine trotzige Art und meine absolute Abwesenheit irgendwelcher athletischer Fähigkeiten ertragen musste) eine solche Strafe verdient hatte. Ich habe ein paar Football-Spiele angeschaut (besonders in der Saison 2014, als die Seattle Seahawks den Superbowl gewonnen haben), aber ich glaube, niemand würde mich für einen »Fan« halten. Mein Interesse an Football ist stattdessen fast ausschließlich ein politisches gewesen, was sich mit dem Boykott des Football-Teams im Zusammenhang mit den Protesten gegen Rassismus an der University of Missouri 2015 und dann mit den von dem Schwarzen Football-Profi Colin Kaepernick initiierten antirassistischen Nationalhymne-Protesten verstärkt hat. Für mich ist die Vorstellung, dazusitzen und zuzuschauen, wie Schwarze Körper zur Freude weißer Teambesitzer und -manager aufeinanderprallen, nicht gerade prickelnd. Auch wenn ich die großen Leistungen der Athleten respektieren und wertschätzen kann, stellt der Sport für mich schon lange die Ausbeutung Schwarzer Arbeit und Schwarzer Körper dar und kaum etwas anderes. Doch ich schätze den Sport mittler-

weile (wenn auch mit Bedauern) dafür, dass wir ihn in gewisser Hinsicht als Spiegelbild rassistischer Gesinnungen in Amerika betrachten können.

Der moderne American Football hat oftmals die Fortschritte und Rückschritte nachgezeichnet, die innerhalb der amerikanischen Gesellschaft in *race*-Fragen vollzogen wurden. Auch wenn viele die Schwarzen Millionäre sehen, die der Sport hervorbringt, und deshalb glauben, dass er für antirassistischen Fortschritt und Schwarzen Erfolg steht, zeigt sich im Football noch immer, wie sich Rassismus und weiße Suprematie erfolgreich aus dem Rampenlicht der gewaltsamen rassistischen Unterdrückung zurückgezogen und stattdessen das Gewebe von Sport und Gesellschaft durchdrungen haben – sie existieren und agieren zu jeder Zeit, werden jedoch nur stärker sichtbar, wenn die Integrität des Sports direkt gefährdet ist.

Heutzutage bestehen die Kader der erfolgreichen Football-Teams in Amerika mehrheitlich aus Schwarzen Sportlern, doch das war nicht immer so. Mein Urgroßvater mütterlicherseits war einer der weißen Spieler aus der Anfangszeit. Ich erinnere mich, wie mir meine Mutter Fotos aus den frühen dreißiger Jahren von »Daddy Bud« in seinem Football-Trikot zeigte, bevor ein Zug ihm bei einem Unfall sowohl den Fuß als auch die Aussichten auf eine Profi-Karriere zertrümmerte. Meine Mutter schaute Football, weil es in ihrer weißen Familie Tradition war, es war für sie also nicht im selben Maße problematisch wie für mich – auch wenn es das vielleicht hätte sein sollen.

Die Tatsache, dass American Football zumindest teilweise erfunden wurde, um ein weißes männliches Ideal zu erschaffen und aufrechtzuerhalten – ein Ideal, das so brutal war, dass es jedes Jahr Dutzende vielversprechender junger Leben ausradierte –, ist eine Geschichte, die für weiße Menschen in Amerika vielleicht ebenso verstörend sein sollte, wie es die aktuelle Situation im Football für Schwarze Menschen ist. Zu Anfang lag der Reiz des Sports in der weißen männlichen Dominanz, einer

Hierarchie, die viele im Football durch den Ausschluss Schwarzer Spieler aufrechterhalten wollten. Auch wenn letztendlich eine Integration durchgesetzt wurde, so war diese Integration doch nur eine oberflächliche, und sie verschleierte all die Arten, in denen der Sport nach wie vor an der Aufrechterhaltung der weißen männlichen Macht in ihrer hässlichsten Form arbeitete. Die weiße männliche Dominanz, die sich anfangs im gegenseitigen Zu-Boden-Werfen weißer Spieler auf dem Spielfeld manifestiert hatte, fand ihre Weiterführung darin, dass weiße Männer die körperliche Kraft Schwarzer Männer kontrollieren konnten. Ja, die Mehrheit der Spieler sind heutzutage Schwarz, aber diejenigen, die die Entscheidungen treffen – die Teambesitzer, die Manager, die Quarterbacks – sind vornehmlich weiße Männer. Und auch die weißen Fans haben ihr Verhältnis zum Football verändert. Sie identifizieren sich mit dem Quarterback – wenn sie sich überhaupt mit einem der Spieler identifizieren.

»Warum ist *Fantasy Football* so populär?«, fragte Zirin rhetorisch. »Es ist populär, weil sich beim Football die Fans mit den Teambesitzern oder Managern identifizieren, nicht mit den Spielern. Warum identifizieren sie sich nicht mit den Spielern? Nun, da gibt es zwei Gründe. Erstens: *race*, ganz klar«, erklärte er. »Und zweitens: Als NFL-Spieler ist man eine sehr bestimmte Art von Sportler. Man ist 1,90 Meter groß, wiegt 130 Kilo. Man rennt die 40 Yards in 4,5 Sekunden, und für die Fans, die weißen Fans, sind diese NFL-Spieler halb Götter, halb Gegenstände.«

In dem Maße, wie sich das Verhältnis des weißen Amerika zum Schwarzen Amerika gewandelt hat, hat sich auch das Verhältnis des Football zu Schwarzen Spielern gewandelt. Auch wenn Schwarzen Spielern in den wenigen Jahren, in denen ihre Körper fit genug sind, der Genuss ihres Erfolgs vergönnt ist, erwartet man doch auch ihre Dankbarkeit für denselben Erfolg, der sie ihre Körper und – nach wiederholten Gehirnerschütterungen – oft auch ihre Seelen gekostet hat. Die Spieler haben keine Garantien. Sie haben keine wirkliche Sicherheit. Und sobald sie

die Macht ausüben wollen, die ihre Berühmtheit ihnen vielleicht gibt, werden sie sofort und rigoros bestraft. Die Ordnung ist wiederhergestellt, die weißen Fans jubeln.

Die Angst vor der körperlichen Kraft und Stärke von Männern of Color und ihre vermeintliche Bedrohung für die weiße männliche Macht führte zur Erschaffung eines Sports, der mit dem Tod Dutzender junger weißer Männer anfing. Von da an wurde Football kurzzeitig zu einem Mittel zur Ausbeutung weißer Arbeiter und nahm dann die Form an, die er heute hat – als ein Sport, der so eng verknüpft ist mit dem Verlangen nach dem Machterhalt über Schwarze Spieler, dass dadurch die Gesundheit und Sicherheit aller Spieler gefährdet und der potenzielle Erfolg und die Popularität des Sports eingeschränkt werden.

Im Football erkenne ich, was die Angst vor der vermeintlichen Körperlichkeit von Männern of Color für die weiße männliche Vorherrschaft bedeutet, die sich zu großen Teilen durch ihre Fähigkeit zum Machterhalt durch Gewalt definiert. Ich erkenne, wie das Bedürfnis nach der Aufrechterhaltung körperlicher Macht über andere übersetzt worden ist in die Aufrechterhaltung von Macht über die körperliche Kraft Schwarzer Männer. Und ich sehe, wie Fans des Sports, auch wenn sie über ihre Bildschirme nur die Illusion der Kontrolle über die Spieler erhalten, so manipuliert werden können, dass sie den Teambesitzern beim Machterhalt über ihre Spieler helfen – sogar, wenn dabei der Sport, den sie so lieben, aufs Spiel gesetzt wird.

Aber ich sehe auch die Möglichkeit, die Diskussion um *race* und Maskulinität voranzubringen. Ich sehe das Potenzial der Menschen, in ihrer Liebe zum Sport zusammenzukommen und einen wirklichen Dialog über Gerechtigkeit und Gleichheit in diesem Land zu führen. Und wenn ich mir anschaue, wie die Mächtigen des Football dafür gearbeitet haben, um jede Selbstermächtigung oder Solidarität der Spieler zu den Themen Gerechtigkeit und Gleichheit im Keim zu ersticken, sehe ich, dass ich nicht die Einzige bin, die dieses Potenzial sieht.

Segregierter Football jetzt, segregierter Football für immer

Die Abschaffung der Rassenvermischung auf dem Spielfeld unterscheidet sich nicht von jener im Klassenzimmer. Wenn der Deich nur an einer Stelle bricht, werden die erbarmungslosen Massen hereinschießen und uns zerstören.

Marvin Griffin, Gouverneur von Georgia, 1956[5]

Willis Ward saß auf der Bank. Genau wie Hoot Gibson. Ward und Gibson waren beide Defensivspieler für die Teams ihrer jeweiligen Colleges – University of Michigan und Georgia Tech –, doch sie saßen beide über die gesamte Spieldauer auf der Bank, zum Entsetzen der Fans ihrer Teams. Warum? Weil Willis Ward Schwarz war.

Bis zu dem Spiel im Jahr 1934 mussten sich nicht viele Teams mit dem Thema Schwarze Football-Spieler auseinandersetzen, weil es einfach nicht viele gab. Das lag nicht daran, dass Football in den Schwarzen Communitys nicht populär war oder weil Schwarze Spieler kein Talent hatten. Es lag daran, dass zur damaligen Zeit auf den meisten College-Campus nur wenige Schwarze geduldet wurden, und noch weniger in den Football-Teams. Jene Schwarzen Spieler, die sich trotzdem durchsetzten und es ins Team schafften, wurden oft mit extremem Rassismus und Gewalt empfangen. Als der All-American-Spieler Paul Robeson 1918 ins Team der Columbia University kam, wurde er auf brutalste Weise willkommen geheißen.

»Am ersten Trainingstag wurde ich von einundzwanzig Typen angegriffen«, erinnerte sich Robeson. »Von allen aus der Defense und allen aus meinem Team. Ich lag danach zwei Wochen im Krankenhaus.«[66]

Die Erfahrungen, die Robeson machte, waren, wenn auch

überaus brutal, nicht wirklich ungewöhnlich. Schwarze Spieler wurden regelmäßig herausgepickt und attackiert, nicht nur von gegnerischen Teams, sondern auch von den eigenen Mitspielern. Robeson war nicht der einzige Schwarze Spieler, der aufgrund der rassistischen Überfälle durch weiße Spieler im Krankenhaus landete, und wenn beim Spiel auf dem Feld ein Schwarzer Spieler verletzt wurde, riefen die Fans in den Rängen manchmal Dinge wie »Tötet den Nigger« oder »Tötet den Bimbo«.

1923 starb der einzige Schwarze Spieler im Team der Iowa State University, Jack Trice, nachdem er während eines Spiels gegen die University of Minnesota so viele Schläge erlitten hatte, dass er gerissene Lungen und innere Blutungen davontrug.[7] Elf Jahre später taten sich die beiden Universitäten bei einem Spiel zwischen den Teams der beiden Hochschulen abermals in einem Fall rassistischer Gewalt hervor. Ozzie Simmons von der Iowa State wurde so brutal von Minnesota-Spielern angegriffen, dass er dreimal das Spielfeld verlassen musste, während er sich rassistische Sticheleien von den Spielern anhören musste, die ihn gerade verletzt hatten.[8]

Im Jahre 1934 waren die Football-Fans der Georgia Tech – aufgrund der rassistischen Ausgrenzung Schwarzer Spieler und der regelmäßigen schrecklichen Gewalt gegen jene, die es entgegen aller Erwartung in ein College-Team geschafft hatten – überrascht und richtiggehend bestürzt, dass die University of Michigan von ihrem Team erwartete, bei der bevorstehenden Partie gegen Willis Ward zu spielen, einen Schwarzen Mann. Während Teams aus dem Norden mit großer Freude Schwarze Spieler krankenhausreif schlugen, weigerten sich Teams aus dem Süden schlichtweg, gegen oder mit Schwarzen Spielern anzutreten. Als die Georgia Tech hörte, dass Michigan nicht nur einen Schwarzen Spieler hatte, sondern er sogar für die Startaufstellung vorgesehen war, verlangte man, Ward aus dem Spiel zu nehmen.

Die University of Michigan willigte ohne große Gegenwehr ein. Doch nachdem Studierende in Michigan anfingen, gegen

die prompte Kapitulation der Universität vor offenkundigem Rassismus zu protestieren, einigten sich die beiden Universitäten auf einen Kompromiss. Michigan würde Ward aus dem Spiel nehmen, wenn Georgia Tech ebenfalls einen Spieler aus der Startaufstellung auf die Bank setzte. Anscheinend wog der Vorteil, nicht auf demselben Rasen wie ein Schwarzer Mann stehen zu müssen, den Nachteil auf, einen der besten Spieler im Team nicht antreten lassen zu können.

Michigan gewann an diesem Tag das Spiel gegen die Georgia Tech, aber der wirkliche Gewinner bei diesem Kompromiss war die Segregation: Die Georgia Tech und andere Teams aus dem Süden waren so entsetzt, dass sie solche Unannehmlichkeiten in Kauf zu nehmen hatten, um nicht gegen Schwarze Sportler spielen zu müssen, dass sie die Teams aus dem Norden bis in die siebziger Jahre inoffiziell boykottierten.[9]

> *Mr. Marshall war ein entschiedener Feind des Status quo, während die meisten damit zufrieden waren. Seine blühende Phantasie und seine Visionen schufen wichtige Verbesserungen für die Struktur und die Präsentation des Sports. Der heutige Profi-Football spiegelt in vielerlei Hinsicht seine Persönlichkeit wider. Er besitzt seine Phantasie, seinen Stil, seinen Elan, seine Hingabe, Offenheit, Forschheit, Kraft und Tapferkeit. Wir alle profitieren davon, was seine dynamische Persönlichkeit über drei Jahrzehnte lang gestaltet hat.*
>
> NFL-Kommissar Pete Rozelle, in Erinnerung an George Preston Marshall, 1969[10]

Zwischen 1934 und 1946 gab es in der NFL keinen einzigen Schwarzen Spieler. Es hatte vor 1934 ein paar Schwarze Spieler gegeben, doch in den folgenden zwölf Jahren gab es nicht einen. Es existiert dafür keine offizielle Begründung, doch man weiß, dass von den Verträgen Schwarzer Spieler, die 1933 noch liefen, 1934

kein einziger verlängert wurde und dass kein Schwarzer Spieler an Probespielen der NFL teilnehmen durfte. Bei der Suche nach einem Grund für diesen inoffiziellen Ausschluss stießen Wissenschaftler*innen oft auf einen Namen: George Preston Marshall.

Marshall war der Besitzer der Boston Braves, die er später zu den Boston Redskins umtaufte, welche später nach Washington umzogen und so zu den Washington Redskins wurden. Falls es an dieser Stelle, trotz der Tatsache, dass es hier um den Mann hinter dem bis heute höchst kontroversen Teamnamen »Redskins« geht, noch nicht deutlich geworden sein sollte, will ich Ihnen gerne vorbehaltlos mitteilen, dass George Preston Marshall ein fanatischer Rassist war. Nicht nur war er das Genie, das sein Team mit einer rassistischen Beleidigung benannte, sondern er legte noch eine Schippe Rassismus drauf, als er seinen Cheftrainer William Henry Dietz in der Halbzeitpause für die Fans in Federschmuck und Kriegsbemalung auflaufen und herumtanzen ließ. (Dietz, auch bekannt als »Lone Star Dietz«, schien diese Verhöhnung seiner indigenen Wurzeln nichts auszumachen – was vielleicht daran lag, dass er eigentlich ein weißer Typ war, der die Identität eines Sioux geklaut hatte, um aus der Faszination weißer Amerikaner für indigene Kultur und den immensen Starqualitäten von Spielern wie Jim Thorpe, Gus Welsh und Bill Newashe Profit zu schlagen.)[11]

Auch wenn Marshalls Rassismus sehr ausgeprägt war, so war er doch wenigstens bereit, indigene Menschen in seinem Team spielen zu lassen, das er speziell so benannt hatte, um sie zu beleidigen. Doch als zunehmend Schwarze Spieler und sogar Schwarze Trainer wie Fritz Pollard auftauchten, sahen Marshall und andere die Schwarzen Football-Spieler als echte Bedrohung für den bisher in erster Linie weißen Sport. Auf keinen Fall würde Marshall zulassen, dass Schwarze seinem geliebten Football zu nahekämen.

»George Preston Marshall war ein Geschäftsmann«, erklärte mir Dave Zirin. »Er brachte die Redskins aus Boston hierher

[nach Washington, D.C.], weil er den rassistisch segregierten Süden ansprechen wollte.«

Als begeisterter Rassist und geschickter Geschäftsmann sah Marshall mit Blick auf die rassistischen Football-Fans eine große Marktlücke – vor allem im Süden. Das Kampflied des Teams wurde auf die Melodie des Minstrel-Show-Songs »Dixie« gesungen und enthielt sogar bis in die sechziger Jahre die Textzeile »Fight for Old Dixie«. Dieses Südstaatengehabe half dabei, die Popularität der Redskins im Süden zu steigern, wo Marshall viele Radioübertragungen der Spiele seines Teams gezielt dafür einsetzte.[12]

Marshall, ein mächtiger Mann in der gerade aufblühenden NFL, begann andere Trainer in der Liga unter Druck zu setzen, die NFL vollständig weiß zu machen. Er musste dabei nicht viel Überzeugungsarbeit leisten. Zu dieser Zeit war die Angst vor Schwarzer männlicher Körperlichkeit im segregierten Süden sehr prävalent. Schwarze Männer klauten dir mit ihrer unkontrollierten körperlichen Sexualität die Frau; sie bedrohten deine Familie mit ihrer animalischen Stärke und ihrer zügellosen Wut. Man kann leicht erkennen, weshalb der Aufstieg Schwarzer Spieler in einem Spiel, das von seiner ursprünglichen Konzeption her weiße männliche körperliche Überlegenheit demonstrieren sollte, diejenigen Fans abschreckte, die die Zurschaustellung weißer männlicher Dominanz erleben wollten. Höchstwahrscheinlich war Marshall nicht der einzige rassistische Teambesitzer in der NFL, aber er gilt vielen Sportwissenschaftler*innen als die treibende Kraft hinter dem inoffiziellen Ausschluss der Schwarzen Spieler.

Die NFL konnte jedoch nicht für immer weiß bleiben; die Teams der rivalisierenden Liga, der AFL, hatten begonnen, die Anzahl Schwarzer Spieler zu erhöhen. Wie sich herausstellte, waren einige dieser Schwarzen Spieler echt gut, sogar besser als die weißen. Die NFL fürchtete einen Verlust der Fans, wenn sie mit dem Niveau der desegregierten AFL-Teams nicht mithalten

konnte. Also begannen die Teambesitzer und Trainer der NFL, Schwarze Spieler zu rekrutieren.

Irgendwann spielten in allen NFL-Teams Spieler unterschiedlicher *races* – außer bei den Washington Redskins. Marshall, der den Rassismus sogar noch mehr liebte, als Spiele zu gewinnen, war der letzte Teambesitzer, der seine Mannschaft für Schwarze öffnete. Er hielt so lange an seiner »Keine Schwarzen«-Regel fest, dass er und sein Team für Sportkommentatoren wie Shirley Povich und Sam Lacy zum Gegenstand von Witzen wurden, die sich darüber lustig machten, wie unerschütterlich Marshall auf Kosten seiner eigenen Bilanz an seinem Rassismus festhielt.

Jahrzehnte nach Aufhebung der Segregation in den meisten NFL-Teams wurden Marshalls Redskins zu einer nationalen Peinlichkeit. Das war nicht einfach nur ein Team, es war das Team der US-Hauptstadt. Während des Kalten Krieges wurde der Anspruch der Vereinigten Staaten, die Verteidiger der freien Welt zu sein, durch die sehr öffentlichkeitswirksamen Bürgerrechtskämpfe im eigenen Land unterminiert. Neben vielen anderen Verfehlungen im Land diente Marshalls starrsinniges Festhalten an rassistischer Segregation in einem singulär amerikanischen Sport als Sinnbild für die Scheinheiligkeit der USA in ihrem ideologischen Kampf mit den Sowjets. Dave Zirin sagte dazu: »Es war peinlich, und die weltweite Propagandamaschinerie schaute zu.« Zu guter Letzt, nachdem die Staatsregierung drohte, ihm sein Stadion wegzunehmen, wenn er sein Team nicht für Schwarze öffnete, rekrutierte Marshall den ersten Schwarzen Spieler der Redskins, der 1962 zum ersten Mal auflief. Vielleicht war der Schmerz, einen Schwarzen Mann in dem Trikot seiner geliebten Redskins zu sehen, zu viel für Marshall, denn er erlitt 1963 einen schweren Schlaganfall.

Ich glaube nicht, dass ich mich je einer Sache so hingegeben habe wie George Preston Marshall sich seinem Rassismus hingegeben hat. Auch wenn er die Desegregation im Football nicht aufhalten konnte, sorgte er doch dafür, dass sein Kampf für die

Segregation ihn überleben würde. Nach seinem Tod im Jahr 1969 floss der Großteil seines Vermögens in die Errichtung einer gemeinnützigen Stiftung, die seinen Namen trug. Eine der Bedingungen für die Vergabe der Stiftungsgelder war jedoch, dass es »keinem Zweck, der das Prinzip der Rassenintegration in irgendeiner Form unterstützt oder umsetzt«, zugutekommen solle.[13]

Ich weiß nicht, ob Marshall glücklich darüber wäre, wie schnell sein Rassismus in der Versenkung verschwand – seine Einstellung scheint nichts gewesen zu sein, was er verheimlicht hat, weder im Diesseits noch aus dem Jenseits heraus. Doch die Gesellschaft macht gerne aus den verlogensten Arschlöchern die größten Helden. Marshall wurde 1983 in die Pro Football Hall of Fame aufgenommen. Auf der Marshall gewidmeten Webseite der Hall of Fame lautet die einzige Erwähnung seines langjährigen Engagements für den Rassismus und die Segregation, er habe »ein geschüttelt Maß an Kritik über sich ergehen lassen müssen, dass er sein Team keiner Integration unterzog, bis man ihn 1962 dazu zwang«.[14]

Mizzou und der zunehmende Aktivismus der Studentensportler

Veränderungen sollten nicht, ich wiederhole, nicht auf diese Weise vonstatten gehen. Ich übernehme die volle Verantwortung für die Tatenlosigkeit, und die volle Verantwortung für die daraus resultierende Enttäuschung.

Tim Wolfe, der Präsident der University of Missouri, bei der Verkündung seines Rücktritts, 2015[15]

Am 24. Oktober 2015 betrat jemand gegen zwei Uhr morgens das Studentenwohnheim der University of Missouri. Es war das Gebäude »Gateway Hall«, dessen Name seiner Mission, ein »Tor zum inklusiven Leben der Zukunft« zu sein, Ausdruck verleiht.

Die besagte Person malte ein Hakenkreuz an die Wand. Mit menschlichem Kot.[16]

Studierende, die das Hakenkreuz nicht mit eigenen Augen gesehen hatten, erfuhren davon durch einen vom Department of Residential Life der Universität geposteten Flyer, in dem der Vorfall beschrieben wurde. Für Jonathan Butler, einen 25-jährigen Schwarzen Doktoranden an der »Mizzou«, der University of Missouri, war das der Tropfen, der das Fass zum Überlaufen brachte. Er begann einen Hungerstreik. Er weigerte sich, etwas zu essen, bis der Universitätspräsident Tim Wolfe entweder zurücktreten oder gefeuert würde.

Das war nicht das erste Hassdelikt auf dem Campus. Es hatte in den Jahren zuvor bereits rassistische Beleidigungen gegeben, homophobe Beleidigungen und antisemitische Beleidigungen. Studierende hatten sich darüber beschwert, dass die Universität die Vorfälle nicht ernst nahm und dass sie sich durch diese Taten unsicher fühlten. »Concerned Student 1950«, eine Studierendengruppe – benannt nach dem Jahr, in dem erstmals Schwarze Studierende auf dem Campus zugelassen worden waren –, begann kurz nach dem Hakenkreuzvorfall, Proteste zu initiieren. Die Proteste wurden schon bald sehr hitzig. Studierende versuchten, Wolfe zur Rede zu stellen, während der gerade zu seinem Auto lief und damit losfuhr, dabei wurde ein Studierender angeblich von dem Fahrzeug angefahren, wenn auch nicht verletzt. Als sich Wolfe schließlich mit den Studierenden traf, eskalierte die Situation noch weiter: Studierende berichteten, dass er beleidigend und abwiegelnd auf ihre Belange reagiert habe.[17] Ein paar Tage nach Beginn der Proteste begann Butler, ein Mitglied von Concerned Student 1950, mit seinem Hungerstreik.

Die Mitglieder von Concerned Student 1950 wollten mehr als nur einen Führungswechsel; sie wollten eine Veränderung in der Hochschulkultur. Sie wiesen auf Missstände hin, die schlimmer waren als Beleidigungen und Hakenkreuze, sie verlangten einen strukturellen Wandel, wie zum Beispiel Personalschulungen zum

Thema kulturelle Kompetenz, eine Zunahme der Diversität im Lehrkörper und die Rekrutierung von Studierenden of Color sowie die Bemühung um deren Verbleib. Studierende verschiedener *races* und »Ethnizitäten« schlossen sich dem Protest an und kampierten auf dem Campus. Schon bald schlossen sich auch Lehrkräfte an, drückten ihre Unterstützung für die Studierenden aus und verlangten ebenfalls Wolfes Rücktritt.

Die Universitätsverwaltung versuchte zwar, die Proteste einzudämmen, zeigte aber kein Entgegenkommen in den grundsätzlichen Forderungen – insbesondere in der Forderung nach Wolfes Entlassung. Sie legte den Streitparteien nahe, sie könnten angesichts des Gesundheitsrisikos, dem Butler durch seinen Hungerstreik ausgesetzt war, vielleicht eine gemäßigtere Übereinkunft ausarbeiten.

Alles änderte sich jedoch, als sich die Football-Spieler dem Protest anschlossen.

Butler war mit vielen der Schwarzen Spieler befreundet. Als der Defensivspieler Anthony Sherrils von Butlers Hungerstreik erfuhr, traf er sich mit ihm, um mehr zu erfahren. Anschließend berief er eine Teambesprechung ein. Am 7. November verkündeten mehr als dreißig Schwarze Spieler des Teams, nicht mehr spielen zu wollen, bis Wolfe aus dem Amt entfernt wäre.

Die Spieler posteten ein Foto von sich auf Twitter mit folgender Erklärung: »Die Sportler of Color des Football-Teams an der University of Missouri sind davon überzeugt, dass ›Ungerechtigkeit an einem Ort eine Gefahr für die Gerechtigkeit an jedem Ort‹ ist. Wir werden an keinerlei Aktivitäten im Rahmen des Football teilnehmen, solange Präsident Tim Wolfe nicht zurücktritt oder gekündigt wird aufgrund seiner Tatenlosigkeit gegenüber den Erfahrungen marginalisierter Studierender. WIR STEHEN ZUSAMMEN!!!!!«[18]

Und falls jemand gehofft hatte, ihre weißen Teamkollegen oder ihr weißer Trainer würden sich melden und die Schwarzen Spieler wieder auf Spur bringen, wurde er schon bald ent-

täuscht. Am nächsten Tag postete ihr Trainer Gary Pinkel als Zeichen der Solidarität mit den protestierenden Spielern ein Foto des Teams mit dieser Bildunterschrift: »Die Mizzou-Familie hält zusammen. Wir stehen vereint. Wir halten zu unseren Spielern. *#ConcernedStudent1950* GP.«[19]

Innerhalb von 72 Stunden trat Wolfe zurück.

Er trat nicht zurück, weil die Stellungnahmen der Football-Spieler ihn oder den Stiftungsrat davon überzeugt hätten, dass es das Richtige wäre. Er trat zurück, weil Mizzou ein Football-College ist, und ein Football-College kann ohne Football nicht überleben.

Zu sagen, Football hätte an der University of Missouri eine große Rolle gespielt, ist eine Untertreibung. Die Missouri Tigers, zweimalige Champions der Southeastern Conference der College-Liga, waren das Herz des Campus. Außerdem stellten sie eine wichtige Geldquelle des Colleges dar. Wäre der Streik noch eine Woche weitergegangen, hätte das Team möglicherweise das Spiel gegen die Brigham Young University versäumt. Allein dieser Ausfall hätte die Universität wegen der Nichterfüllung des Vertrags mit der BYU mindestens eine Million Dollar gekostet. Darüber hinaus hätten die ausgefallenen Trainingseinheiten und Spiele – abgesehen von der wachsenden Feindseligkeit zwischen Team und College – dazu führen können, dass die Universität aus der Football-Saison ausgeschieden wäre und für das folgende Jahr weniger Chancen auf die Rekrutierung guter Spieler gehabt hätte.

Fast sofort erhielten die protestierenden Spieler die Unterstützung der Schwarzen Football-Community in der Region. Viele der Schwarzen Studierenden, auch der Spieler, auf dem Campus kamen aus der Gegend um Ferguson und waren noch tief bestürzt von dem Mord an Michael Brown im Jahr zuvor. Zu einem Zeitpunkt, als sich die örtliche Schwarze Community verletzt, wütend und machtlos fühlte, würde diese lautstarke Machtdemonstration von so wichtigen Leuten wie den Schwar-

zen College-Football-Spielern in Missouri immer bedeutsamer werden, je länger ihr Protest fortgeführt werden konnte.

Die Sorge wegen des Protests der Spieler war auch außerhalb des Bundesstaats zu spüren. In den Jahren zuvor hatte es eine lauter werdende Debatte darüber gegeben, ob es moralisch in Ordnung sei, dass Colleges und Universitäten mit der Zerstörung junger Schwarzer Körper Hunderte von Millionen Dollar machten – vor allem, wenn diese Studierenden ihre gesamte Zukunft aufs Spiel setzten, indem sie riskierten, verletzt und für ihre Arbeit nicht bezahlt zu werden. Die Diskussionen um die Spielersicherheit, Spieler-Empowerment und Spielerentschädigung waren eine direkte Bedrohung für das System des College-Footballs. Wer wusste schon, wie lang die Liste von Forderungen der Spieler noch werden würde, wenn die Proteste sich ausdehnten?

Wolfe sagte später, er sei nicht wegen des Footballs zurückgetreten. Stattdessen appellierte er an die Angst der weißen Bevölkerung von Missouri, die sich durch die Unruhen bei den Protesten in Ferguson noch sehr bedroht fühlte. In der *Sports Illustrated* erklärte er, die Proteste seien unterwandert worden von »einigen schlimmen Gestalten, die in Ferguson waren. Das waren Profis, keine Studierenden«, und er sei zurückgetreten, um zu verhindern, dass diese vermeintlichen campusfremden Agitatoren gewalttätig würden.[20] Wolfes Kommentare waren nicht nur eine beleidigende Abwertung des Aktivismus der Studierenden von Mizzou; der offene Rassismus seiner wilden Vorwürfe spielte mit der Angst weißer Menschen vor der Gewalt, die Schwarze Unruhen mit sich bringen könnten.

Als Wolfe zurückgetreten war, begann Jonathan Butler nach acht Tagen Hungerstreik wieder zu essen. Schwarze Studierende und Football-Spieler feierten einen seltenen und wichtigen Sieg.

Der Teamkapitän und Anführer des Protestes Ian Simon verlas nach Wolfes Rücktritt die folgende Stellungnahme im Namen des Teams:

> Es geht nicht um uns. Wir wollten nur unsere Plattform nutzen und Stellung beziehen für einen betroffenen Kommilitonen, insbesondere weil das Leben eines Schwarzen Mitmenschen auf dem Spiel stand. Aufgrund der Beendigung des Hungerstreiks werden auch wir unseren Solidaritätsstreik beenden und als Football-Spieler zu unserem gewohnten Trainingsplan zurückkehren. Es ist ein Privileg, für die Football-Mannschaft der University of Missouri spielen zu dürfen, und wir sind sehr dankbar für diese Möglichkeit. Wir lieben dieses Spiel, doch letztendlich ist es eben nur das – ein Spiel.
>
> Durch diese Erfahrung konnten wir wirklich beginnen, die Kluft zwischen dem »Studenten« und dem »Sportler« in dem Begriff »Studentensportler« zu überbrücken, indem wir eine Verbindung zur Gemeinschaft aufbauten und ein Gefühl für das große Ganze bekamen. Wir werden weiterhin zusammen mit der Gemeinschaft Neues schaffen und einen positiven Wandel auf dem Campus von Mizzou unterstützen. Auch wenn wir nicht alles erleben, was die allgemeine Studentenschaft erlebt, und auch wenn unsere Kämpfe oft anders aussehen mögen, so sind wir doch alle *#ConcernedStudent1950.*[21]

Auch für Schwarze Menschen außerhalb von Missouri war es ein beeindruckender Moment. In einer Zeit der zunehmenden rassistischen Spannungen und Traumata im Zusammenhang mit den Morden an unbewaffneten Schwarzen Männern durch die Polizei und der zunehmenden Brutalität der Gewissheit, dass die für die Morde verantwortlichen Polizist*innen, nie vor Gericht kommen würden – in dieser Zeit Kinder zu sehen, unsere Kinder, die eine mächtige Institution im Zeichen des Kampfes gegen Rassismus in die Knie zwangen, war genau die Hoffnung, die wir brauchten. Als ich die Nachricht von Wolfes Rücktritt las, musste ich weinen. Ich wusste, es war nur ein kleiner Sieg in dem

großen Kampf um Schwarze Leben, aber ich war so dankbar für diesen kleinen Hoffnungsschimmer, dass vielleicht unsere Kinder das erreichen würden, was wir anscheinend nicht schafften.

Natürlich musste man für diesen Wagemut einen Preis bezahlen. Vier Tage nach dem Ende der Proteste gab Coach Pinkel bekannt, er habe Leukämie und würde zum Ende der Saison in den Ruhestand gehen. Das Timing war für ein Team, das mitten in einer so turbulenten Saison gerade wieder mit dem Training anfing, verheerend. Jeder Coach, der von seinem Team so geliebt wurde, hätte seinen Spielern solch schreckliche Neuigkeiten inmitten einer Saison vorenthalten, wenn irgend möglich. Doch der Stiftungsrat hatte Informationen über Pinkels Diagnose und seinen baldigen Ruhestand verfrüht durchsickern lassen.[22] Ob die Informationen nun aufgrund mangelnder Diskretion des Stiftungsrats oder aus Rache an die Öffentlichkeit gelangt waren – man kann sich nur schwer vorstellen, dass der Stiftungsrat eines Colleges, das finanziell von dem Erfolg seines Football-Teams abhängig ist, sich nicht über die Dringlichkeit im Klaren war, Pinkels Krankheit und Ruhestandspläne bis zum Ende der Football-Saison geheim zu halten.

Einen Monat nach den Protesten stellten die Abgeordneten des Bundesstaates Missouri Rick Brattin und Kurt Bahr einen Gesetzesentwurf vor, der Studierende und Lehrkräfte für zukünftige Proteste bestrafen sollte. Er beinhaltete folgende Passagen: Jedem »Studentensportler, der einen Streik oder sonst eine gemeinschaftliche Spielverweigerung fordert, anstiftet, unterstützt oder daran teilnimmt, wird das Stipendium entzogen«, und »jedes Mitglied des Trainingspersonals, das einen Studentensportler ermutigt oder befähigt«, diesem Gesetz zuwider zu handeln, »muss an dessen beschäftigende Institution eine Geldstrafe zahlen«.[23]

Der Gesetzesentwurf wurde von vielen Seiten verurteilt und von Brattin und Bahr schnell wieder zurückgezogen, aber sie waren nicht die Einzigen, die das Ziel verfolgten, Studierende

und Universitäten für zukünftige Proteste zu bestrafen – insbesondere Proteste, die die Football-Programme von Mizzou oder sonst einer Hochschule beeinträchtigten. An der University of Missouri sollte ein Exempel statuiert werden. Im folgenden Jahr kürzte der Bundesstaat den Etat der Universität um mehrere Millionen Dollar. Die Botschaft war deutlich: Jede Form von Protest und Betriebsstörung wurde geahndet.

»Sie sind da, um zu studieren, nicht um den ganzen Tag zu protestieren. Ich dachte, das hätten wir schon in den sechziger Jahren gelernt. Offensichtlich haben wir das nicht«, sagte die republikanische Abgeordnete in Missouri Donna Lichtenegger zur Unterstützung des neuen Budgetplans.[24] Studierendenproteste sind nichts Neues; es hat schon vor den sechziger Jahren Demonstrationen auf den Campus gegeben und auch jedes Jahr danach. Es ist meines Erachtens einer der wichtigsten Aspekte einer Hochschulbildung, sich durch Proteste und andere Formen politischer Meinungsäußerungen in gesellschaftlichem und politischem Engagement zu üben. Das abzutun und zu verurteilen, stellt eine Gefahr für uns dar. Aber ich finde das Bild, das Lichtenegger vom Campus der sechziger Jahre zeichnet, demzufolge jegliche Bildung vier Jahre andauernden Protesten geopfert worden sei, ziemlich witzig. Allerdings trifft selbst in einer Zeit, in der die meisten Eltern über das gesamte politische Spektrum hinweg sich für ihre Kinder eine Hochschulbildung wünschen, das Klischee von Studierenden der Geisteswissenschaften, die praxisnahe Bildung gegen ein Studium von Makramee und gesellschaftlicher Spaltung eintauschen, in vielen konservativen Kreisen immer noch auf fruchtbaren Boden.

Im folgenden Jahr gingen die Immatrikulationen an der Mizzou stark zurück, besonders von Schwarzen Studierenden. Das lag aber nicht daran, dass Schwarze Studieninteressierte die Proteste ablehnten. Schwarze Studierende, die sich entschieden hatten, nicht an die bis dahin hoch angesehene Universität zu gehen, sagten, dass der sichtbar gewordene Rassismus an der Mizzou sie

abgeschreckt habe. Einige jüdische Studieninteressierte erzählten, dass die Geschichten von Hakenkreuzen an den Wänden sie beunruhigt hätten. Und einige weiße Studieninteressierte wollten nicht mit einer Universität in Verbindung gebracht werden, über deren Rassismus so viel berichtet worden war.[25] Auch wenn viele den Protesten die Schuld an der schlechten Publicity geben wollen, so hat doch in Wirklichkeit alles mit dem Rassismus und dem Antisemitismus auf dem Campus angefangen. Die Erfahrungen, die Studieninteressierte für sich vermeiden wollten, waren real. Anstatt anzuerkennen, dass die Tatenlosigkeit der Universität die verzweifelten Studierenden zu Protesten gezwungen hat, und anstatt die Proteste als Ausdruck des Engagements der Studierenden für den Kampf gegen rassistischen Hass auf dem Campus zu sehen, ging es bei der Geschichte nur um eine Gruppe von Protestierenden, die die Universität an den Rand einer Katastrophe geführt hätten.

Der Rückgang der Immatrikulationen, die Etatkürzungen durch den Bundesstaat und der Rückgang der Spenden durch sprunghafte Alumni brachten die University of Missouri in finanzielle Turbulenzen. Der Hochschulkanzler musste einen Einstellungs- und Gehaltserhöhungsstopp einführen und einige Serviceangebote streichen. Die Bibliothek war gezwungen, einen öffentlichen Spendenaufruf zu starten, um Bücher kaufen zu können.

Während die Gemeinschaft von Mizzou noch immer unter den Auswirkungen der Proteste von 2015 leidet und die Verwaltung weiterhin Probleme hat, das Vertrauen und die Unterstützung der bundesstaatlichen Regierung wiederzugewinnen, fühlen sich viele der Studierenden of Color, die an den Protesten teilgenommen haben, für immer verwandelt durch die wenigen Tage, die sie neben ihren Kommilitonen gestanden und sich den mächtigen Systemen entgegengestellt haben, um – erfolgreich – für Gleichheit und Gerechtigkeit zu kämpfen.

»Ich dachte, ich würde einfach ans College gehen, um Football

zu spielen und etwas zu lernen«, sagte Marcell Frazier, Defensivspieler an der Mizzou. »Und dann sind all diese großartigen Dinge passiert und haben mein Netzwerk total erweitert, um Leute außerhalb des Football, Leute außerhalb der universitären Welt, Leute, die sich mit gesellschaftlichem Fortschritt befassen.«[26]

2016, beim sogenannten »Draft«, der Phase, in der die NFL-Teams Verträge mit aufstrebenden Studentensportlern abschließen, traf sich Ian Simon – einer der lautesten Protestierenden vom Football-Team in Mizzou und ein angesehener Spieler mit guten Aussichten auf eine Profikarriere – mit verschiedenen NFL-Teams, wurde aber von keinem unter Vertrag genommen. Simon, der dann einen Job als Verkäufer von Maßanzügen in Dallas, Texas, fand, erzählte der *Sports Illustrated*, er bereue seine Rolle bei den Protesten nicht, selbst wenn sich seine Chancen auf eine NFL-Karriere dadurch verschlechtert hätten. In seinen Augen waren die Proteste ein voller Erfolg. »Wir haben keine Fehler gemacht. Wir hatten einen Plan, und es hätte nicht besser laufen können«, sagte er.[27]

Der Football auf Knien

Wäre es nicht großartig, einen dieser NFL-Chefs zu sehen, der, wenn jemand unsere Flagge entehrt, dann sagt: »Holt diesen Hurensohn sofort vom Spielfeld? Raus. Er ist gefeuert. Er ist gefeuert!«

Donald Trump, 2017[28]

Als die beiden NFL-Spieler Neiko Thorpe und Mike Tyson von den Seattle Seahawks das Virginia Mason Athletic Center in Renton, Washington, verließen, wurden sie von einer wütenden weißen Frau zur Rede gestellt. Die Frau war den beiden Schwarzen Sportlern bis zu ihrer Arbeit gefolgt, um sie dafür

anzuschreien, dass sie während der Nationalhymne bei einem Seahawks-Spiel gegen Polizeigewalt protestiert hatten.

Thorpe und Tyson filmten den Zwischenfall, und wenn man sich das Video anschaut, merkt man, dass die beiden den mit vielen Obszönitäten garnierten Wutausbruch der Frau urkomisch fanden, wenn auch etwas verwirrend.

Thorpe und Tyson hatten nie bei einem Seahawks-Spiel protestiert.

Ob Thorpe oder Tyson wirklich bei einem Seahawks-Spiel gekniet haben, war der Frau, die sie anbrüllte, egal. Sie waren Schwarze, sie waren Seahawks, also waren sie schuldig.

»Mich interessiert nicht, wer ihr seid«, sagte sie zu ihnen und zeigte dabei mit dem Finger in ihre Richtung. »Was mich interessiert, ist, dass ihr von meinen Steuergeldern dafür bezahlt werdet zu spielen, also geht verdammt noch mal spielen. Und steht von euren scheiß Knien auf.«[29]

Der Streit, der damit begonnen hatte, dass Schwarze NFL-Spieler anfingen, während der Nationalhymne vor ihren Spielen sitzen zu bleiben oder sich hinzuknien, hätte für die Ligaführung keine wirkliche Überraschung sein dürfen. Als Roger Goodell 2006 die Arbeit als Chef der NFL aufnahm, warnte man ihn, dass so etwas passieren könnte. Bei einem Preseason-Spiel der San Francisco 49ers saß ein 64-jähriger Schwarzer Mann namens Harry Edwards neben ihm. Edwards war Berater der 49ers, Bürgerrechtsaktivist und Soziologieprofessor an der University of California, Berkeley. Er hatte einen Großteil seiner Karriere dem Empowerment Schwarzer Sportler gewidmet und war sowohl in der universitären wie der Football-Welt ein angesehener Mann – sogar so sehr, dass viele ihn als den Vater des Sportleraktivismus bezeichneten.

Edwards warnte Goodell, dass mehr und mehr Schwarze Spieler zu den großen Stars der NFL werden würden, und mit dem Star-Status käme auch Macht. Wenn die NFL keinen Plan habe, wie sie mit gestärkten, mächtigen Schwarzen Sportlern

zusammenarbeiten und sie unterstützen wolle, werde sie mit den prominentesten Spielern ihrer Teams ernsthafte Probleme bekommen.

Edwards begründete später seinen Ratschlag an Goodell: »Diese Sportler geben die Probleme, denen sie in ihrer Community ausgesetzt sind, nicht an der Tür zur Umkleide ab; die kommen mit ihnen in die Umkleide. [...] Er würde sich mit einigen außerinstitutionellen gesellschaftspolitischen Themen befassen müssen, die ihren Weg ins Stadion finden würden.«[30]

Edwards glaubte nicht, dass Goodell damals verstand, was er ihm sagte, und es wirkt nicht so, als hätte die Liga sich in irgendeiner Weise der Schwarzen Mehrheit ihrer Spieler zugewendet, die ihre Macht möglicherweise dafür nutzen würde, gesellschaftliche Themen anzusprechen. Wahrscheinlich saßen in den Meetings der Geschäftsleitung nicht genügend Schwarze Menschen, die die Verwaltung darauf hätten aufmerksam machen können. Die Kluft zwischen der NFL-Leitung und den Schwarzen Spielern zeigte sich schon deutlich in den Zahlen. Die Diversität in den Kadern der NFL-Teams spiegelte sich nicht mal ansatzweise in der Führungsebene der NFL wider. Im Jahre 2006 (als Goodell NFL-Kommissar wurde) hatte es noch keinen Schwarzen Teambesitzer in der NFL gegeben (was bis heute der Fall ist) und nur vier Schwarze Geschäftsführer (oder vergleichbare Positionen; nur zwei Schwarze Geschäftsführer waren in der gesamten NFL-Geschichte offiziell ernannt worden). 87 Prozent der Cheftrainer waren weiß, obwohl 68 Prozent der Spieler Schwarz waren.[31] Die Liga war nicht bereit für die zunehmende Macht Schwarzer Spieler in ihren Rängen. Und Goodell sollte mit eigenen Augen sehen, wovon Edwards gesprochen hatte.

Alles begann im August 2016, als der Quarterback der San Francisco 49ers, Colin Kaepernick, beschloss, bei einem Preseason-Spiel während der Nationalhymne sitzen zu bleiben.

»Ich werde mich nicht hinstellen und meinen Stolz auf die

Flagge eines Landes zum Ausdruck bringen, das Schwarze Menschen und Menschen of Color unterdrückt«, erklärte Kaepernick den NFL-Medien. »Für mich ist das hier größer als Football, und es wäre egoistisch von mir, nichts zu unternehmen. Auf den Straßen liegen Leichen, und die Mörder kriegen bezahlten Urlaub und kommen einfach davon.«[32]

Es war keine Übertreibung, was Kaepernick da sagte. Die letzten Jahre hatten den Schwarzen Menschen im ganzen Land aufs Brutalste gezeigt, wie wertlos ihre Leben, 150 Jahre nach Abschaffung der Sklaverei, für die breite Gesellschaft waren. Trayvon Martin, Michael Brown, Eric Garner, Tamir Rice – diese Namen machten Schlagzeilen durch Videos, in denen die Leichen Schwarzer Menschen auf den Straßen lagen, umgebracht von jenen, die geschworen hatten, uns zu dienen und zu beschützen. 27 Prozent der Menschen, die im Jahre 2015 von der Polizei getötet wurden, waren Schwarz, auch wenn Schwarze nur zwölf Prozent der Gesamtbevölkerung ausmachen. Dazu wenden Polizeikräfte bei Auseinandersetzungen mit Schwarzen viermal so häufig Gewalt an wie bei Weißen.[33]

Nachdem er bei zwei Spielen sitzen geblieben war, traf sich Kaepernick mit einem Militärveteranen. Der Mann bat Kaepernick, während der Nationalhymne zu knien statt zu sitzen, um so gegen die Ungerechtigkeit gegenüber Schwarzen zu protestieren und gleichzeitig Respekt gegenüber den US-Veteranen auszudrücken. Kaepernick nahm sich das zu Herzen und begann, kniend statt sitzend zu protestieren.[34]

Nach seinen ersten knienden Protesten im September 2016 erklärte Kaepernick, die gesamte Saison über protestieren zu wollen. Er würde allerdings mehr als nur protestieren; er versprach eine Million Dollar an wohltätige Organisationen zu spenden, die marginalisierten Communitys helfen. Er tue das, weil er finde, es sei seine patriotische Pflicht, gegen Ungerechtigkeit zu kämpfen.

»Ich bin nicht antiamerikanisch«, erklärte Kaepernick. »Ich

liebe Amerika. Ich liebe die Menschen. Deshalb mache ich das ja. Ich möchte dabei helfen, Amerika besser zu machen.«[35]

Was Kaepernick sagte, war egal. Sein Gespräch mit dem Militärveteranen war egal. Aber ein Foto von Kaepernick, wie er während der Nationalhymne kniete, löste einen medialen Aufschrei aus.

In der gesamten Liga begannen Spieler, sich dem Protest anzuschließen. Nicht in großer Zahl, aber genug, um die Medien, weiße Fans, Teambesitzer und NFL-Kommissar Roger Goodell zu beunruhigen. Dutzende Spieler gründeten gemeinsam die »Players Coalition«, um Kaepernick zu unterstützen und beim Kampf gegen Rassismus inner- und außerhalb der NFL zusammenzuarbeiten. Diskussionen über Polizeigewalt, freie Meinungsäußerung und den Respekt gegenüber Militärveteranen dominierten die Nachrichtensender. Die öffentliche Meinung teilte sich deutlich nach *race*-Zugehörigkeit: 62 Prozent der Weißen missbilligten die Proteste, während 74 Prozent der Schwarzen sie guthießen.[36] Die Teambesitzer forderten von Goodell, die Proteste zu beenden.

»Sie wollten, dass das Problem schnell verschwindet«, erklärte der NFL-Spieler Michael Bennett, als ich ihn zur Reaktion der NFL-Führung auf die Proteste befragte. »Das Wichtigste war das Spiel. Es ging um Gewinnen oder Verlieren. Aber für viele meiner Schwarzen Brüder ging es um alles. Denn wie sollen wir unseren Kindern sagen, dass sie hinaus in die Welt gehen und keine Angst haben sollen, so wie es unsere weißen Teamkollegen tun?«[37]

Viele Schwarze Menschen in Amerika, mich eingeschlossen, verstanden und bejubelten die Proteste. Immer neue Videos von unbewaffneten Schwarzen Menschen, die von der Polizei umgebracht wurden, waren im Internet aufgetaucht, und immer wieder hatten wir für den Schutz Schwarzer Leben auf den Straßen demonstriert. Wir sahen, wie unsere Väter, unsere Schwestern, unsere Babys ermordet wurden und wie ihre Mörder fast aus-

nahmslos davonkamen. Zu sehen, wie mächtige Schwarze Sportler bei Amerikas wichtigstem Sport im landesweiten Fernsehen für den Schutz unserer Leben protestierten – das ließ uns hoffen, dass die Menschen vielleicht auf das Thema aufmerksam würden.

Für Donald Trump, der bei seiner Präsidentschaftskampagne 2016 viel mit der rassistisch motivierten Angst weißer Männer spielte, waren die NFL-Proteste ein Segen. In einem bestimmten Teil der weißen amerikanischen Bevölkerung wurde Schwarzer Widerspruch immer als eine Bedrohung für die Sicherheit der Weißen gesehen. Seit der Wahl Obamas und den zunehmenden Protesten im ganzen Land gegen die Ermordung unbewaffneter Schwarzer Menschen durch die Polizei hatte die weiße Angst vor Schwarzem Empowerment so stark zugenommen, wie viele von uns es noch nicht erlebt hatten. Trump gab seinen wütenden Fans ein primäres Ziel, auf das sie ihren ganzen Zorn und ihre Furcht richten konnten, indem er behauptete, Schwarze Menschen seien einfach nicht dankbar für die Möglichkeiten, die man ihnen biete. Er stellte die Proteste als unverfrorene Respektlosigkeit gegenüber Amerika und den amerikanischen Veteranen dar, anstatt als Proteste gegen Polizeigewalt. Hier waren einige der reichsten Schwarzen Männer in Amerika – Schwarze Menschen, denen man Millionen von Dollar dafür gezahlt hatte, dass sie ein Spiel spielten, *ihr* Spiel –, und sie erdreisteten sich, ihr Privileg dafür zu nutzen, unsere Truppen zu beleidigen?

Trump beleidigte und bedrohte die Spieler, und die Menge johlte. Er versprach, dass die Proteste aufhören und die Spieler (und ihre Trainer, die ihnen erlaubt hatten zu protestieren) dafür bezahlen würden. Natürlich war Trump nicht die einzige weiße Person, die Gewinn daraus schlug, Angst und Hass gegenüber Schwarzen NFL-Spielern zu schüren oder Kapital aus der weißen Wut auf Kaepernicks vermeintliche Dreistigkeit zu schlagen. Der Fox-Journalist Sean Hannity nannte Kaepernick unter anderem »eine verzogene Göre, einen abgehobenen, superreichen Sportler« und fügte hinzu, um dem Ganzen die besondere Han-

nity-Würze zu geben, dass Kaepernick »möglicherweise in der Sommerpause zum Islam konvertiert« sei.[38] Ähnlich bekloppt und paranoid war der konservative Radiomoderator Rush Limbaugh, der behauptete, die Proteste seien Teil einer groß angelegten linken Verschwörung, die die NFL und damit letzten Endes die amerikanische Männlichkeit unterminieren wolle. »Ich glaube, die Linke will der NFL großen Schaden zufügen. Wofür steht die NFL? Männlichkeit, Stärke, Zähigkeit. Was machen sie also mit ihr? Man kann in die Colleges gehen und dort Kurse belegen darüber, wie man Männern die Maskulinität austreibt. Das ist wirklich so. Es gibt Studienfächer und Kurse im College, bei denen es nur darum geht. Die NFL ist patriotisch, da ist die Nationalflagge, die Nationalhymne, uniformierte Militärangehörige, all die Dinge, die die Linke aus diesem Land ausradieren möchte.«[39]

Einer der rassistischeren republikanischen Kongressmitglieder, Steve King (der einmal in einem Interview mit der *New York Times* mit ernst gemeinter Unsicherheit fragte, ob es etwas Schlechtes sei, ein White Supremacist zu sein), behauptete, in Kaepernicks NFL-Protesten zeige sich eine »Sympathie für den IS«.[40]

Nach einer schwierigen Saison 2016 bei den 49ers, in der deutlich wurde, dass er nicht mehr willkommen war, beendete Kaepernick im März 2017 seinen Vertrag, um bessere Chancen auf eine Neuverpflichtung durch ein anderes Team zu haben, als wenn man ihm gekündigt hätte. Doch zu diesem Zeitpunkt wollte kein Team – nicht mal diejenigen, die mit seinem Protest sympathisiert hatten – etwas mit ihm zu tun haben. Warum? Einige hatten Sorge, Kaepernick würde für Ablenkung sorgen. Vielleicht glaubten andere auch, dass sich weitere Spieler den Protesten anschließen würden. Aber viele lehnten Kaepernick offensichtlich auch deswegen ab, weil sie nicht den Zorn des Mannes auf sich ziehen wollten, der jetzt Präsident der Vereinigten Staaten war. Die Proteste waren ein nützliches Werkzeug für

Trump gewesen, seine Anhängerschaft aufzuwiegeln, wann immer er einen kleinen Popularitätsschub brauchte oder eine Ablenkung von unangenehmen Schlagzeilen. Diese Strategie würde weit weniger gut funktionieren, wenn er aus dem Kampf gegen die Schwarzen Spieler nicht als Gewinner herausginge. Trump musste unbedingt sein Versprechen an die wütende weiße Wählerschaft einhalten, dass Kaepernick für seine Proteste bezahlen und dass Trump wieder Recht und Ordnung in die NFL bringen würde. Wenn Kaepernick bei einem anderen Team ein neues, harmonisches Zuhause gefunden hätte, vor allem, wenn sich dabei gezeigt hätte, dass er in spielerischer Hochform geblieben wäre, dann hätte das Trumps Wirkung auf die weiße Wählerschaft untergraben, die von ihm verlangte, aufmüpfige Schwarze an ihren Platz zurückzuverweisen.

Trump sprach seine Forderungen nicht nur vom Podium hinab gegenüber seinen wütenden Fans aus; er ging persönlich auf Teambesitzer zu, um ihnen einzubläuen, dass er diesen Kampf gegen die Schwarzen Proteste gewinnen musste. Präsident Trump rief den Besitzer der Dallas Cowboys, Davey Jones, an und gab ihm eine Botschaft für alle NFL-Teambesitzer mit: »Das ist ein wirklich bedeutendes, wichtiges Thema für mich«, sagte Trump Jones' Aussage zufolge. »Sagen Sie allen Bescheid, sie können das hier nicht gewinnen. Das ist zu wichtig für mich.« Jones gab Trumps Nachricht an die anderen Teambesitzer weiter: Kein Team konnte es sich leisten, Kaepernick bei sich aufzunehmen. »Damit hat er den Diskurs verändert«, sagte der Besitzer der Miami Dolphins, Stephen Ross, der bis zu Trumps Intervention die Proteste »total unterstützt« hatte.[41]

Obwohl 2017 etliche weit weniger herausragende Quarterbacks unter Vertrag genommen wurden, ging Kaepernick leer aus. Den Teambesitzern und -managern war es lieber, weniger effektive Teams zu haben, als sich mit dem Gegenwind dafür herumzuschlagen, Schwarze Proteste zuzulassen. Im Oktober desselben Jahres reichte Kaepernick, noch immer ohne Vertrag,

Klage gegen die NFL ein und beschuldigte sie, Absprachen getroffen zu haben, um ihn für seine Proteste mit dem Ausschluss aus der Liga zu bestrafen.

Während der Preseason 2017 entschied sich der Defensivspieler der Seattle Seahawks, Michael Bennett, vor einem Spiel niederzuknien. Bennett hatte sich schon lange gegen Rassismus ausgesprochen und mit Entsetzen gesehen, wie Kaepernick diffamiert und auf die schwarze Liste gesetzt worden war. In diesem Sommer spielte Bennett in Seattle und erlebte die Trauer und Wut über den Mord an Charleena Lyles durch Polizisten in ihrer eigenen Wohnung.

Im Spätsommer dann veranstalteten Rechtsextreme eine Massenkundgebung in Charlottesville, Virginia, unter dem Slogan »Unite the Right«. Während Hakenkreuz tragende, wütende weiße Männer einen Fackelzug durch die Stadt veranstalteten und dabei rassistische und antisemitische Parolen brüllten, fanden sich Gegendemonstrant*innen ein, um dem Hass die Stirn zu bieten. Am 12. August fuhr der bekennende White Supremacist James Alex Fields Jr. sein Auto in eine Gruppe von Gegendemonstrant*innen, tötete dabei die 32-jährige Heather Heyer und verletzte 19 weitere Menschen. Das Land war bestürzt über die gewalttätigen Proteste und den brutalen Mord an Heyer, Präsident Trump jedoch weigerte sich, die Rechtsextremen zu verurteilen und prangerte stattdessen »diese ungeheuerliche Zurschaustellung von Hass, Ressentiments und Gewalt auf vielen Seiten« an.[42]

Zwei Tage lang äußerte Trump sich nicht ausführlich. Als er es dann tat, lehnte er es weiterhin ab, die Rassisten zu verurteilen. Bennett war schockiert und sah sich veranlasst, etwas zu tun.

»Ich konnte nicht glauben, dass Trump 48 Stunden gebraucht hatte, um sich zu äußern, und dann konnte ich nicht glauben, dass er sagte, es seien ›sehr anständige Leute‹ in diesem Heer aus Hass und Gewalt mitmarschiert«, schrieb Bennett in seinem Buch *Things That Make White People Uncomfortable.* »Ich konnte auf

keinen Fall während des Abspielens der Nationalhymne stehen, und das würde ich auch so lange nicht tun, bis dieses Land anfangen würde, sich für eine allgemeine Anständigkeit einzusetzen.«[43]

Bennett betonte, dass er nicht nur eine politische Botschaft vermitteln wolle; er kämpfe um sein Leben. »Wir sind keine Maschinen. Wir sind Menschen, und man bezahlt uns nicht dafür, während der Nationalhymne zu stehen. Man bezahlt uns dafür, Football zu spielen – das ist für uns die ›echte Welt‹. Vielleicht denken manche Menschen, dass wir als Profi-Sportler keinen Rassismus mehr zu spüren bekommen. Sie denken, wir sind doch gar nicht ›so Schwarz‹. Wir fallen in eine andere Kategorie. Aber wenn ich irgendwo bin, wo die Leute mich nicht kennen, dann bin ich da ein Schwarzer Mann, und ich werde aufgrund meiner Hautfarbe beurteilt.«[44]

Bennett hatte am eigenen Leib erfahren, wie gefährlich es sein konnte, ein Schwarzer Mann in Amerika zu sein. Im August 2017 verließ er in Las Vegas gerade den Boxkampf Floyd Mayweather gegen Conor McGregor, als Schüsse fielen. Die Menschen rannten in alle Richtungen, so auch Bennett. Plötzlich sah er sich Polizeibeamten gegenüber, die ihm mit gezogenen Waffen befahlen, sich auf den Boden zu legen. Bennett verstand nicht, was gerade geschah, legte sich aber auf den Boden, als ihm einer der Polizisten eine Pistole an den Kopf hielt und ihm drohte, »seinen scheiß Kopf wegzupusten«; ein anderer Polizist rammte Bennett sein Knie in den Rücken.

Die Polizei von Las Vegas war auf der Suche nach dem Schützen, und Bennett hatte, wie so viele Schwarze Männer vor ihm, der Beschreibung entsprochen.

Bennett wurde gefesselt und in ein Polizeiauto verfrachtet. Den Polizisten wurde jedoch schnell klar, dass Bennett nicht der Schütze, sondern ein Spieler der NFL war. Er wurde ohne Anklage freigelassen.[45]

»Um es ganz klar zu sagen, der Grund, weshalb ich vor jedem Spiel bei der Nationalhymne sitzen bleibe, ist einfach der«,

schrieb Bennett in einer Stellungnahme auf Twitter, »dass es in diesem Land keine Gleichberechtigung gibt, und egal, wie viel Geld du verdienst, welchen Beruf du hast oder wie viel du anderen gibst, wenn du für die Leute ein ›Nigger‹ bist, dann behandeln sie dich auch so.«[46]

Als Bennett öffentlich über den Vorfall berichtete, wurde vom Las Vegas Metropolitan Police Department sofort bestritten, dass die Festnahme irgendetwas mit Bennetts *race* zu tun gehabt hätte. »Viele Leute haben das heute als Fall von vorurteilsbehafteter Polizeiarbeit bezeichnet, bei der Polizisten nur darauf schauen, welcher *race* eine Person angehört, die sie aufhalten wollen«, sagte der Hilfssheriff der Polizei von Las Vegas, Kevin McMahill in einer Pressekonferenz zu den Ereignissen. »Ich kann Ihnen sagen, so wahr ich hier heute stehe, dass ich dafür keine Anzeichen sehe. Ich sehe keine Anzeichen dafür, dass *race* bei diesem Vorfall irgendeine Rolle gespielt hätte.«[47]

Auch wenn die Polizei von Las Vegas versuchte, die Geschichte runterzuspielen, waren die Bilder, die Bennett auf dem Boden mit einer Waffe an seinem Kopf zeigten, bald überall im Internet zu sehen. Der Seahawks-Trainer Pete Carroll und der NFL-Chef Goodell sprachen Bennett ihre Unterstützung aus. »Was Michael erlebt hat, zeigt deutlich die reale Ungerechtigkeit, die tagtäglich stattfindet«, sagte Carroll. »Möge dieser Vorfall uns alle dazu antreiben, teilnahmsvoll zu reagieren, wenn Ungerechtigkeiten bekannt werden, und uns den Mut dazu geben, uns für Veränderungen einzusetzen. Wir können es besser machen.«

Goodell veröffentlichte eine Stellungnahme, in der er schrieb, »Die Probleme, die Michael angesprochen hat, sollten von all unseren Führungspersonen in allen Gemeinschaften ernst genommen werden. Wir werden Michael und alle NFL-Spieler unterstützen bei ihrem Einsatz für gegenseitigen Respekt zwischen der Polizei und den Gemeinschaften, denen sie treu dienen, und für gerechte und gleiche Behandlung vor dem Gesetz.«[48]

Obwohl die NFL-Führung Bennett in ihren Stellungnahmen

unterstützte, äußerten nicht alle Teamkollegen Mitgefühl ihm gegenüber. »Es gab einige Spieler, die sich bei mir meldeten und ihr Mitgefühl und ihre Empathie ausdrückten«, erzählte mir Bennett, als wir uns am Telefon über die Ereignisse in Las Vegas unterhielten, »und es gab andere, die so was sagten wie: ›Was hast du erwartet? Du hast es auch drauf angelegt‹, oder: ›Warum warst du da? Was hast du erwartet?‹.«

Es war schmerzhaft für Bennett, erkennen zu müssen, dass die Kameradschaft, die die NFL den Spielern so hartnäckig einzuflößen versucht hatte, bei dem Thema *race* aufhörte: »Ich war schockiert, denn man hat diese Vorstellung von einer Bruderschaft. Wenn man dann abseits des Football ein Problem hat und man sucht nach seinen Brüdern, damit sie für einen da sind, und sie sind dann nicht da, das tut ein bisschen weh.«

Ein paar Tage, nachdem ihm die Polizisten in Las Vegas eine Pistole an den Kopf gehalten hatten, gab Bennett an, eine Zivilklage gegen das Polizeikommissariat wegen Racial Profiling und unangemessener Gewaltanwendung einreichen zu wollen. Monate später, drei Wochen, nachdem bekannt gegeben worden war, dass Bennett zu den Philadelphia Eagles wechseln würde, und kurz vor dem Erscheinungstermin seines Buches *Things That Make White People Uncomfortable* stellte die Polizei von Harris County, Texas, einen Haftbefehl gegen Bennett aus. Ihm wurde vorgeworfen, eine Seniorin verletzt zu haben.

Bei einem Spiel der New England Patriots, bei dem Bennett seinen Bruder Martellus unterstützen wollte, der für die Patriots spielte, drängte sich Bennett der Anklage zufolge an einer 66-jährigen weiblichen Sicherheitsbediensteten mit Behinderung vorbei. Der Polizeichef von Houston, Art Acevedo, hielt eine bizarre Pressekonferenz ab, bei der er Bennett verteufelte. »Man muss moralisch völlig kaputt sein, wenn man sich an einer kleinen alten Dame in einem Rollstuhl vergreift«, sagte er. »Das ist moralisch kaputt … moralisch verdorben. Er ist moralisch verdorben. Dafür gibt es keine Entschuldigung.«[49]

Vieles an der Anklage und dem ganzen Drumherum wirkte auf Bennett und viele Beobachtende fragwürdig. Der mutmaßliche Zwischenfall hatte sich vor mehr als einem Jahr ereignet, und trotzdem hatte die Polizei die Angelegenheit bis zu dem Zeitpunkt ad acta gelegt, als Bennett seine Auseinandersetzung mit der Polizei von Las Vegas im September publik machte. Erst dann begann die Polizei in Houston, die Beschwerde zu prüfen und entschloss sich, trotz fehlender Video- oder Fotobeweise, die Bennett mit dem Zusammenstoß mit der Sicherheitsangestellten in Verbindung gebracht hätten, Anzeige zu erstatten – kurz vor der Veröffentlichung seines Buches, in dem er detailliert den Angriff der Polizei in Las Vegas auf ihn schilderte.[50]

Ebenso verstörend war Acevedos Pressekonferenz selbst. Polizeibeamte sollten in der Öffentlichkeit keine abwertenden Bemerkungen über Angeklagte machen, um dadurch keinen negativen Einfluss auf ein Geschworenengericht zu nehmen. Doch hier stellte sich der Polizeichef einer Großstadt hin und nannte Bennett »moralisch kaputt«. Das Ausmaß des Zorns war auch ungewöhnlich für eine Straftat, bei der anscheinend nur eine Person an der Schulter verletzt worden war. Acevedo schmückte die Auseinandersetzung für die Pressekonferenz aus und gab an, Bennett habe die ältere Frau im Rollstuhl absichtlich zu Boden gestoßen, um zu seinem Bruder zu gelangen. Die Polizeibeamten mussten später richtigstellen, dass die Frau natürlich nicht zu Boden gestoßen worden war und dass das mit ihrem elektrischen Rollstuhl, der über 350 Kilo wog, auch geradezu unmöglich gewesen wäre.

Für viele, mich eingeschlossen, schien es, als wäre Bennett von dem Polizeikommissariat ins Visier genommen worden, weil er es gewagt hatte, sich gegen Polizeigewalt auszusprechen. Bennett hingegen sah das, was ihm zugestoßen war, lediglich als Teil dessen, was Schwarzen Menschen im ganzen Land ständig passiert.

»Zuerst fühlte es sich wie eine Verschwörung an, aber das ist eben nur, was viele Schwarze Menschen in Amerika durchma-

chen müssen – vor allem Schwarze Männer«, erklärte mir Bennett. »Wir werden angeklagt, und wenn man einen guten Anwalt hat, kann man gewinnen, wenn nicht, dann kommt man ins Gefängnis. Ich glaube, das war einfach ein Teil dieses Systems und ein Teil davon, was vielen Amerikanern passiert. Deine Freiheit ist das Wichtigste, und wenn du keine Freiheit mehr hast, was machst du dann? Du kannst dich nicht um deine Kinder kümmern … Es war einfach eine schwere Zeit«, fuhr er fort, als er über die eineinhalb Jahre sprach, die er im rechtlichen Schwebezustand verbracht hatte. »Wenn ich darauf zurückschaue – wenn ich darauf zurückschaue und über all das nachdenke, das ist einfach erdrückend.«

Wenn Schwarze Menschen die weiße Autorität auch nur im mindesten gefährden, müssen sie dafür oft einen hohen Preis zahlen. Ich glaube, dass die Polizei von Harris County Bennett bewusst ins Visier genommen hat. Ob es mit seinen Protesten zu tun hatte oder weil er publik gemacht hat, wie die Polizei von Las Vegas ihn behandelt hatte, oder ob es eine Kombination aus beidem war, kann ich nicht sagen. Aber ich weiß, dass die Polizei von Harris County ohne weiteres eine Menge Geld und Ressourcen dafür aufgewendet hat, sich öffentlich mit einem Fall auseinanderzusetzen, an dem nie wirklich etwas dran war und dessen einziger Nutzen für die Polizei in dem Schaden bestand, den Bennetts Ruf und Karriere dabei genommen haben.

Bennett befand sich in einem Zustand rechtlicher Unsicherheit bis zum 3. April 2019, als alle Anklagepunkte gegen ihn aufgrund mangelnder Beweise fallengelassen wurden. Während Bennett für seine Freiheit kämpfte, versuchte die NFL händeringend, die Spieler dazu zu bringen, ihre Proteste zu beenden. Bei jedem neuen Protest griff Trump zum Handy und hetzte via Twitter seine Anhängerschaft gegen die NFL auf. Er spornte die Football-Fans an, das Spiel zu verlassen, wenn die Spieler auf dem Feld protestierten. Goodell versuchte herauszufinden, auf welche Weise sich die Liga am Kampf gegen Rassismus beteili-

gen könnte, sodass die Spieler das Gefühl bekämen, nicht mehr protestieren zu müssen.

Auch wenn viele weiße Berichterstattende die Proteste der Sportler verurteilten und von ihnen verlangten, sich »auf das Spiel zu konzentrieren«, ist es doch wichtig, sich zu vergegenwärtigen, dass soziale Anliegen im Profisport nichts Neues sind. Profi-Ligen wie die NFL haben Geld und Zeit dafür aufgewendet, über Brustkrebs zu sprechen, Hungersnöte zu bekämpfen und Spielzeug für arme Kinder bereitzustellen. Wenn man sich die Reaktion auf die friedlichen, unaufdringlichen Proteste gegen die Ermordung unbewaffneter Schwarzer Männer anschaut, muss man sich fragen, wieso so viele weiße Menschen in diesem Land diese Proteste als Beleidigung empfanden.

Kaepernick kniete sich hin, um gegen ein rassistisches System zu protestieren, das Schwarze Leben entwertet. Er richtete sich damit speziell gegen unsere gesellschaftlichen und politischen Systeme, die Menschen of Color schädigen. Schwarze Sportler*innen, die sich den Protesten anschlossen, sprachen wiederholt über die Gründe ihrer Teilnahme – und die Gründe drehten sich in aller Regel um ihr Bedürfnis nach Gleichberechtigung und Sicherheit in einer Welt, die ihnen Leid zufügte. Dass dies sofort zu einem Angriff auf Amerika und damit einem Angriff auf weiße Menschen umgedichtet wurde, zeigt deutlich, wie stark sich viele weiße Menschen in Amerika mit unseren rassistischen, unterdrückerischen Systemen identifizieren.

Mitglieder der Players Coalition trafen sich mit Goodell und sprachen mit ihm über die Möglichkeit eines 89 Millionen Dollar schweren Engagements der NFL-Teambesitzer im Kampf gegen soziale Ungerechtigkeit. Naturgemäß waren einige der Spieler hinsichtlich der Motive der NFL für eine solche Geldspende skeptisch angesichts der Art, wie Kaepernick noch immer behandelt wurde. Goodell versicherte den Spielern, die Zahlung des Geldes sei unabhängig von der Beendigung der Proteste, aber er äußerte die Hoffnung, dass die Spieler dadurch so weit

zufriedengestellt wären, um der Nationalhymne wieder stehend zuzuhören.

Die Proteste gingen, wenn auch in geringerem Ausmaß, über die Zeit der Verhandlungen weiter, und Trump übte weiter öffentlichen und privaten Druck auf die Teambesitzer aus, sie zu unterbinden.

Als die Ligaleitung jedoch plötzlich beim Umgang mit den Spielerprotesten radikal ihre Richtung änderte, zeigte sich, dass die Skepsis einiger Spieler gegenüber der NFL gerechtfertigt gewesen war. Im Mai 2019 kündigte die NFL ohne vorherige Absprache mit der Spielergewerkschaft an, die Proteste zu verbieten. Alle Spieler, die während der Nationalhymne protestieren, würden mit Geldstrafen belegt oder gesperrt werden. Viele Spieler waren fassungslos und fühlten sich verraten. Sowohl sie als auch die National Football League Players Association (NFLPA) waren außer sich über diesen Angriff auf die Rechte der Spieler auf freie Meinungsäußerung und ihren Status im Hinblick auf Tarifverhandlungen.

Obwohl Goodell die neue Vorgabe als »Kompromiss« verkaufte, dem alle Teambesitzer zugestimmt hatten, gab es offensichtliche Meinungsverschiedenheiten. Der Besitzer der New York Jets, Christopher Johnson, erklärte kurz nach der Bekanntgabe der Regel, dass er seine Spieler nicht für friedliche Proteste bestrafen und dass er jede Geldstrafe bezahlen werde, die dadurch entstünde. Jed York von den 49ers sagte, sein Team habe sich an der Abstimmung über die neue Richtlinie nicht beteiligt.

Was auch immer die Gründe für die plötzliche Entscheidung der NFL gewesen sein mögen, die Liga hatte anscheinend ihre Befugnisse überschritten. Das Verbot von Protesten jeglicher Art brachte die NFLPA auf die Barrikaden, denn das Recht auf Protest und freie Meinungsäußerung am Arbeitsplatz war schon lange eine der Grundfesten der Gewerkschaften. Die NFL konnte einzelne Personen bestrafen, um an ihnen ein Exempel zu statuieren, doch Gesetze, die die Spielerproteste insgesamt ver-

boten, konnten für die Gewerkschaften langfristig auch eine Einschränkung der Möglichkeit zum Streik bedeuten. Die NFLPA legte Beschwerde gegen die NFL ein, und die Presse verurteilte die wenig durchdachten neuen Richtlinien der Liga, die nach der Ansicht vieler Rechtsexpert*innen auch verfassungswidrig waren.

Die NFL lenkte schon bald ein und kündigte an, die Gespräche mit den Spielern über eine Lösung des Problems weiterzuführen, bevor sie irgendwelche neuen Regeln umsetzte.

Mehr als ein Jahr, nachdem er die 49ers verlassen hatte, stand Kaepernick immer noch ohne Vertrag da. Selbst die Seattle Seahawks, deren gesamtes Team protestiert und deren Trainer seine Spieler lautstark unterstützt hatte, sagten ein angesetztes Probetraining mit Kaepernick ab, als er ihnen nicht garantieren konnte, nicht mehr zu protestieren.

Doch Kaepernick machte keinen Rückzieher, er vergaß sein Versprechen nicht. Am 31. Januar 2018 erklärte er, er habe sein Ziel erreicht, eine Million Dollar an Organisationen zu spenden, die unterdrückten Communitys helfen. Kaepernick hatte sich mit Prominenten und Gemeindevorsteher*innen zusammengetan und zugesichert, deren Spenden zu verdoppeln und damit den Gesamtbetrag seiner eigenen Spenden zu erhöhen. Usher, Meek Mill, Serena Williams, Snoop Dogg und Jesse Williams konnten alle dafür begeistert werden, jeweils 20 000 bis 40 000 Dollar an Gemeindeorganisationen zu spenden.[51]

»Ich werde mich auch weiterhin für Menschen einsetzen, mit oder ohne die Plattform der NFL«, sagte Kaepernick im Dezember 2017, als er den Muhammad Ali Legacy Award der *Sports Illustrated* entgegennahm. »Denn meine Plattform sind die Menschen.«[52]

Ich habe Michael Bennett gefragt, warum er weiter protestiere und seine Meinung äußere, trotz der Feindseligkeit in der Teamführung und unter seinen Teamkollegen, von wütenden Fans und der Presse, und trotz einer möglichen Vergeltungsmaßnahme durch die Polizei.

»Ab einem gewissen Punkt ist das Schweigen eine Sünde gegen Gott – denn man soll die Person sein, die man selbst sein möchte, also muss man auch seine Meinung sagen«, erklärte er. »Wir rennen vielleicht eine Meile in 4,2 Minuten. Die 100 Yards in 9,6 Sekunden. Doch ich glaube, unser wirkliches Vermächtnis ist, wie wir die Menschen um uns herum zurücklassen – was wir tun. Unsere wahre Verpflichtung als Menschen ist es, die Menschheit und die Gesellschaft zu verändern. Als Sportler müssen wir uns deshalb darüber im Klaren sein, dass wir Macht haben – mehr Macht als nur die, einen Ball zu werfen.«

Viele Sportfans, die Kaepernicks Protest verärgert hat, mögen sich vielleicht darüber freuen, dass er an ihrem geliebten Spiel immer noch nicht wieder teilnehmen darf. Doch durch die Bestrafung Kaepernicks und die Verhinderung der Spielerproteste hat die NFL einen Status quo aufrechterhalten, der allen NFL-Spielern schadet, unabhängig von ihrer *race*. Die Reaktionen auf die Proteste an der University of Missouri und auf die NFL-Proteste haben nichts mit Respekt oder Patriotismus zu tun. Sie haben etwas mit Macht zu tun.

»Ach Quatsch, es ging nicht darum, ob jemand während der Nationalhymne kniet«, sagte Dave Zirin lachend, als ich ihn nach der Reaktion der NFL auf Kaepernick befragte. »Es ging nicht mal darum, weiße Fans zu verstimmen, oder um die Einschaltquoten, denn ihre Fernseheinnahmen sind ihnen sicher, durch öffentliche Gelder. Das war denen alles scheißegal.«

Im amerikanischen Sport ist der Football einzigartig, weil er aus seinen Spielern Superstars und Millionäre machen und sie gleichzeitig entmachten kann, indem er dafür sorgt, dass der Großteil des Geldes und der Macht immer an die Institutionen geht, die über ihm stehen. Das beginnt schon beim College-Football, wo in vielen Schulen der Football die Rechnungen bezahlt. An großen Football-Colleges können Coaches jedes Jahr zweistellige Millionenbeträge verdienen. Die Spieler werden mit dem Versprechen einer Chance auf Berühmtheit rekru-

tiert, der eigentlichen College-Bildung wird beim Werben um diese talentierten Spieler eine niedrigere Priorität eingeräumt. College-Sportler sollen ihr Studium bewältigen, ihre beste körperliche Verfassung aufrechterhalten und jede Woche schwerste Verletzungen riskieren – und dafür bekommen sie keinen Anteil von den Hunderten von Millionen Dollar, die ihr Blut, ihr Schweiß und ihre Tränen einbringen. Wenn die Mehrheit der Spieler Schwarz ist, dann lassen sich die rassistischen Implikationen nur schwer ausblenden von Schwarzen Männern, die ohne Bezahlung körperlich schuften, um einer weißen Institution Millionen von Dollar zu erwirtschaften.

David Zirin sagte dazu: »Diese Football-Spieler im College-Bereich sind gleichzeitig machtlos und haben wahnsinnig viel Macht – das läuft parallel. Es dreht sich alles darum, ob sie ihre Macht ausüben oder nicht.«

Als die Schwarzen Studentensportler an der Mizzou sich der sozialen Macht bedienten, die ihre Arbeit und ihr Talent ihnen verliehen hatten, war es eigentlich keine große Überraschung, dass die institutionelle Macht, die sich die körperliche Kraft der Sportler zunutze machen möchte, den Versuch ebenjener Sportler, sich dieser Macht zu bedienen, verhindern wollte. Wie bei so vielen anderen Institutionen, die darauf ausgerichtet sind, weiße männliche Autorität aufrechtzuerhalten, muss jede Veränderung, die die Machtverhältnisse gefährdet, blockiert werden – selbst wenn diese Veränderung auch weißen Männern zugutekommen würde.

Sowohl bei den Protesten an der University of Missouri als auch bei den NFL-Protesten ging es um Arbeit – genauer gesagt um eine Kontrolle der Arbeiterschaft. Ganze College- und Universitätsetats bauen auf der Ausbeutung von Football-Spielern auf, ungeachtet der *race*. Spieler aller *races* werden verletzt, lebensverändernd verletzt, im Alter von 19 oder 20, nur für die winzige Chance, Profispieler zu werden. Sie zerstören ihre Körper – und oft auch ihre Seelen –, um Millionen, sogar Milliarden,

für Schulen zu verdienen, die ihnen kaum eine Gegenleistung bieten.

Wenn diese Sportler es dann in die NFL schaffen, werden ihnen einige der ausbeuterischsten Verträge im gesamten Profisport vorgelegt. Sie lassen Trainingseinheiten über sich ergehen, die in ihrer Intensität und Häufigkeit aus ärztlicher Sicht gefährlich sind. Sie ziehen sich möglicherweise multiple Gehirnerschütterungen zu, durch die sie in ihrem späteren Leben dauerhaft beeinträchtigt, gewalttätig oder suizidal werden können. Sie verdienen gutes Geld in den wenigen Jahren, die sie spielen können, bevor sie sich Verletzungen zuziehen. Ohne Vertragsgarantien müssen sie, sollten sie dem Team mit ihren Verletzungen zu sehr zur Last fallen, oder wenn ein jüngerer Spieler kommt, der bereit ist, diese Verletzungen für ein etwas geringeres Gehalt zu riskieren, ihre Sachen packen und gehen. Und dann vergisst man sie.

Doch manchmal nutzen die, die man nicht vergisst, ihr Vermächtnis, um das Spiel zu verändern. Im Herbst 2018 drohte eine Gruppe von Football-Legenden – unter anderem Jim Brown, Joe Namath und Lawrence Taylor –, die jährlichen Hall-of-Fame-Feierlichkeiten 2020 zu boykottieren. In ihrem Brief an die NFL Hall of Fame sprachen sie von den großen Opfern, die sie erbracht hätten, um der Liga zu helfen, Milliarden von Dollar zu verdienen, und als Gegenleistung forderten sie jetzt Krankenversicherung und jährliche Gehälter:

> Wir, die unterzeichnenden Mitglieder der Pro Football Hall of Fame, waren unerlässlich für die Erschaffung der modernen NFL, die allein im Jahre 2017 Einnahmen von 14 Milliarden Dollar generiert hat. Doch als uns die Liga zu den besten Spielern von Amerikas beliebtestem Sport ernannt hat, gab sie uns eine goldene Jacke, eine Büste und einen Ring – das war alles.
>
> Die Menschen kennen uns aus unseren Highlight-Zusammenfassungen. Sie sehen, wie wir vor den Spielen und

während der Halbzeiten gewürdigt und vergöttert werden, und sie denken dann vielleicht, dass wir ein gutes Leben führen. Aber gemessen daran ist das nicht der Fall. Als Gruppe kämpfen wir mit schwerwiegenden finanziellen und gesundheitlichen Problemen. Um dieses Spiel zu dem zu machen, was es heute ist, haben wir unsere Körper geopfert. In vielen Fällen, und auch wenn man uns etwas anderes hat glauben lassen, haben wir unsere Seelen geopfert. Wir glauben, dass wir etwas Besseres verdienen.[53]

Sie verdienen etwas Besseres. Ich denke, jeder Football-Fan sollte das so sehen. Für die Freude, die sie den Fans bescheren, für das Geld, das sie der Industrie und den Städten verschaffen, in denen sie spielen – alles unter hohem Risiko für ihre körperliche und seelische Gesundheit –, dafür verdienen sie etwas Besseres als ein paar Jahre im Rampenlicht und lebenslange finanzielle und medizinische Schwierigkeiten.

Die Studentensportler an der University of Missouri haben für bessere Arbeitsbedingungen protestiert. Sie hatten sich bereit erklärt, Football zu spielen, und im Gegenzug verlangten sie von der Universität, ihnen ein diverseres, gesünderes und sichereres Lern- und Lebensumfeld zu bieten.

Colin Kaepernick wollte die Aufmerksamkeit auf den systemischen Rassismus lenken, der sein Leben und das vieler seiner Teamkollegen of Color beeinträchtigte. Doch er kämpfte auch dafür, sein öffentliches Image steuern und entscheiden zu können, für welche Zwecke seine Berühmtheit genutzt werden sollte. Er wollte in der Lage sein, selbst zu bestimmen, worauf er sein Sozialkapital verwendete in einem Berufszweig, der von seinen Sportlern regelmäßig verlangt, dieses Kapital durch Interviews und öffentliche Auftritte zugunsten der NFL einzusetzen.

College-Football-Spieler haben seit Jahren die Frage gestellt, warum sie keinen Anteil an den Milliarden von Dollar erhalten, die sie ihren Institutionen einbringen. Spieler von High Schools

bis in die NFL haben sich für mehr Sicherheit und größere Transparenz im Hinblick auf die medizinischen Risiken wiederholter Gehirnerschütterungen ausgesprochen. Professionelle Football-Spieler fragen sich, warum ihre Verträge weniger sicher sind als die in der Basketball-Liga NBA und der Baseball-Liga MLB, wenngleich sie doch ein höheres Risiko von potenziell karrierebeendenden Verletzungen tragen. Sie sträuben sich gegen die medialen Anforderungen, die man fernab des Spielfelds an sie stellt, um die Liga in der Öffentlichkeit zu bewerben. Profi-Football-Spieler im Ruhestand verlangen, dass man sich um ihre Körper kümmert, die sie für den Sport geschunden haben.

Die Proteste an der Mizzou und in der NFL passierten nicht in einem Vakuum. Zum Zeitpunkt der NFL-Proteste hatte es bereits zunehmend Diskussionen über die Ausbeutung von College-Spielern gegeben, über die Autonomie und die Karrieresicherheit von NFL-Spielern und die Machtdynamiken unter dem Aspekt *race* sowohl in der NFL als auch im College-Football. Währenddessen bereitete sich die NFL auf die bevorstehenden Vertragsverhandlungen in einem extrem wichtigen Jahr vor: dem Jahr 2020 mit dem hundertsten Geburtstag der Liga. Der Football-Sport konnte sich keine Spielerschaft erlauben, die sich ihrer Macht sowohl über die öffentliche Meinung als auch über das Gewinnpotenzial der NFL bewusst wurde.

Das sind arbeitsrechtliche Auseinandersetzungen. Das sind Arbeitnehmer, die gerechten Lohn für ihre Arbeit und ein sicheres und gesundes Arbeitsumfeld fordern. Indem der Football seine Sportler an der kurzen Leine hält – einer kürzeren als in so ziemlich jedem anderen Sport im Land –, kann er weiterhin aus seiner hohen Popularität und aus den Sportlern, die ihn so populär machen, Gewinn schlagen und es gleichzeitig vermeiden, seine Macht mit eben jenen Sportlern zu teilen.

Diese Form der Manipulation ist nicht überraschend, wenn wir uns daran erinnern, dass viele NFL-Teams zu Beginn firmeneigene Teams waren, mit deren Hilfe die Arbeiter ruhiggestellt

und kontrolliert werden sollten. Teams wie die Decatur Staleys (die später die Chicago Bears wurden) waren ins Leben gerufen worden, um die Arbeiter ausgelastet und froh zu halten, und um in Zeiten gewerkschaftlichen Aufruhrs Firmenloyalität zu fördern.[54]

Dave Zirin zufolge wurden solche Teams beworben als »etwas, das die Arbeiter nach ihrer Schicht tun können statt zu Gewerkschaftstreffen zu gehen oder zu politischen Versammlungen, das ihnen einen gesellschaftlichen Raum gibt, der nichts mit Rebellion zu tun hat«. In dem Maße, wie Firmen früher Football benutzt haben, um weiße Arbeiter von den Missständen ihrer Arbeit abzulenken, benutzt heute die Football-Führung *race*, um die Öffentlichkeit von den Arbeitsmissständen der Spieler abzulenken.

American Football wurde als Teil der elitären weißen männlichen Hauptbeschäftigung ins Leben gerufen, um die physische Macht über eine Nation und ihre Bürger aufrechtzuerhalten. Als diese Beschäftigung irgendwann zu viele Leben kostete, wurde der Sport zu einem Mittel, um elitäre weiße männliche Macht aufrechtzuerhalten, indem mit seiner Hilfe unzufriedene weiße Arbeiter abgelenkt wurden. Heute ist er ein Werkzeug, um die Football-Spieler zu kontrollieren, die ihre Körper und Seelen dafür riskieren, reiche weiße Männer noch reicher zu machen. Und diese ganze Zeit über hat eine huldigende Öffentlichkeit den Sport als Symbol für amerikanische Macht und Männlichkeit gesehen. Wenn man sich anschaut, wie dem Sport die Gewalt innewohnt, wie dort Arbeiter geschwächt und Menschen of Color ausgebeutet werden – was könnte amerikanischer sein als das?

FAZIT

Kann weiße Männlichkeit mehr?

Ich hatte mich in die Hütte von jemandem aus meiner Familie zurückgezogen, um dort zu schreiben, als ich auf einmal eine Nachricht auf mein Handy bekam. Es hatte wieder einen Amoklauf gegeben. Ich steckte bei der Recherche für dieses Buch gerade bis zum Hals in weißer männlicher Gewalt, und an jenem Tag, dem 3. August 2019, sah ich auf meinem Handy, dass ein Amokschütze in einem Walmart in El Paso, Texas, um sich geschossen und dabei 22 Menschen getötet hatte. Der Schütze, ein weißer, 21-jähriger Mann namens Patrick W. Crusius, gestand der Polizei noch am Tatort, dass er bewusst »Mexikaner*innen« herausgesucht hatte. Vor seinem Amoklauf hatte er ein vierseitiges Manifest geschrieben, in dem er verkündete, der Anschlag sei eine »Antwort auf die hispanische Invasion in Texas«.[1]

Der Schreibprozess an diesem Buch, in dessen Verlauf ich mich mit dem schlimmsten, brutalsten Rassismus und Sexismus in unserer Geschichte beschäftigte, während ich zugleich ein Leben als Schwarze Frau in diesem Land führte, hat meine Seele immer und immer weiter zermürbt. Die Geschichten von Familien zu lesen, wie sie vor einem weiteren um sich schießenden Terroristen fliehen mussten, der hoffte, jemanden mit brauner Haut zu treffen, das war einfach zu viel.

In meinem Kummer, meiner Wut und meiner Müdigkeit postete ich online einen kurzen, simplen Text darüber, wie er-

schüttert ich war, und dass wir dringend einen Wandel in unserem Umgang mit weißem männlichem Terrorismus und weißer männlicher Identität brauchen.

Ein paar Stunden nach meinem Post bekam ich eine kurze, schlichte E-Mail: »Mein Name ist Carrah Quigley. Ich bin die Tochter eines Schulattentäters. Ich würde mit Ihnen gerne über weiße männliche Aggression und amerikanische Kultur sprechen. Mit diesem Thema wurde ich buchstäblich großgezogen.«[22]

Quigley bot mir an, Links zu Artikeln über sie zu schicken und mir bei meinem Buchprojekt zu helfen.

Ein paar Tage später sprachen wir per Skype. Ich war sofort beeindruckt, wie aufrichtig und freundlich Quigley wirkte, und wie wichtig ihr das Thema Schulmassaker offensichtlich war. Sie saß in ihrem Wohnzimmer auf dem Sofa, während ihre Hunde hin und wieder auf der Suche nach Zuneigung ins Bild gelaufen kamen. Ich kauerte währenddessen in der kleinen Hütte vor dem Computer. Wir redeten über eine Stunde lang.

Carrah Quigley hatte in jeder Hinsicht eine glückliche Kindheit gehabt. Sie und ihre Geschwister liebten ihren Vater, Bob Bechtel, über alles, er war seinen Kindern innig zugewandt und ein angesehener Lehrer. Quigley beschrieb Bob Bechtel als einen Mann, der einen so fest umarmte, dass man kaum noch Luft bekam. Das Bild, das sie von ihrem Vater hatte, zerbrach, als sie 19 Jahre alt war. Damals nahm Bechtel sie beiseite und erzählte ihr sein größtes Geheimnis: Er hatte Jahrzehnte zuvor jemanden umgebracht.

1955 war Bob Bechtel ein 22-jähriger Student am Swarthmore College. Er war intelligent, aber ein Außenseiter, der nur schwer Freunde fand. Er war ärmer als die meisten anderen Studierenden an der Eliteschule, und er hatte das Gefühl, sie würden deshalb auf ihn herabschauen. Er erzählte seiner Tochter, dass einige der Studierenden ihn im College gemobbt hatten, was zu dem Trauma beitrug, das er schon in der Grundschule davongetragen hatte, wo er ebenfalls aufgezogen worden war. Bechtel zufolge

führte dieses traumatische Erlebnis dazu, dass er kurzzeitig den Verstand verlor. Immer, wenn Quigley ihn fragte, was er am 11. Januar 1955 gedacht habe, beharrte er, »Ich habe gar nichts gedacht. Du verstehst nicht. Ich war zeitweise verrückt«. Immer und immer wieder sagte er das.

»Ich glaube, er hatte sich so sehr an ein gewisses Maß von ständiger Beklemmung, Bedrohung und posttraumatischer Belastungsstörung durch das Mobbing gewöhnt, dass er wahrscheinlich gar nicht gewusst hat, wie kurz er davor war zu explodieren«, erklärte mir Carrah. »Ich denke, das war einfach der logische nächste Schritt, denn er war in dem Gedanken gefangen, dass die Lösung für alles wäre, der Welt die Schuld dafür zu geben. Die Welt ist gegen dich. Du gegen die Welt. Selbst wenn fünf Typen dich in der High School gemobbt haben, nur fünf Typen, dann nimmst du das als die gesamte Welt wahr.«

Bechtel betrat am 11. Januar 1955 um drei Uhr morgens den Flur seines Studentenwohnheims mit einer Pistole und genug Munition, um jede Person in dem Gebäude zu erschießen. Er ging zum Zimmer des 18-jährigen Francis Holmes Strozier, schoss im Dunkeln auf ihn und traf ihn in den Kopf. Strozier war sofort tot.

Bechtel erzählte seiner Tochter, dass er in dem Moment, als er wusste, dass er Strozier getötet hatte, zu sich kam und von seinem Plan abließ, alle im Studentenwohnheim umzubringen. »Sein Herz zog sich in diesem Augenblick zusammen«, erzählte Quigley, »er schnappte nach Luft und hörte auf. Er sagte, in diesem Moment habe er begriffen, dass er weit mehr geliebt als gehasst wurde.«

Bechtel entleerte seine Pistole, indem er in den Boden schoss anstatt auf seine Kommilitonen, und wartete auf das Eintreffen der Polizei.

Man befand Bechtel aufgrund einer Geistesstörung für schuldunfähig für den Mord an Francis Strozier und schickte ihn ins Farview State Hospital für geisteskranke Straftäter.

Als ich mir die Gerichtsprotokolle der Revision von Bechtels Verurteilung für den Mord an Strozier durchlas, deutete sich ein etwas anderes Bild von Bob Bechtel an, als es seine Tochter für mich gezeichnet hatte. Bechtel hatte schon lange Anzeichen einer extremen Paranoia und eines Hangs zur Gewalt gezeigt. Zu seiner High-School-Zeit war er in psychiatrischer Behandlung gewesen und hatte angeblich darüber nachgedacht, einen Klassenkameraden umzubringen, der ihn bedroht habe. Für ihn galt: »Er oder ich.« Bechtel wurde nach nur 43 Tagen aus der Air Force entlassen, nachdem er einen Kameraden angegriffen hatte, von dem er glaubte, jener habe seine Platten geklaut. Die Diagnose lautete »Angstzustände, schizoide Persönlichkeit, paranoide Persönlichkeit und paranoide Wahnvorstellungen«.

In Swarthmore geriet er regelmäßig mit seinen Kommilitonen aneinander. Unglücklich verließ Bechtel das College und ging zurück nach Hause, war aber enttäuscht, als seine Mutter sich nicht so mitfühlend zeigte, wie er erhofft hatte. Verärgert über die Reaktion seiner Mutter, nahm sich Bechtel zwei Pistolen von zu Hause mit und ging zurück zum Campus. Er betrat das Studentenwohnheim mit dem Vorhaben, alle 120 Studierenden zu töten, und schoss Francis Strozier in den Kopf.

Während Bechtel seiner Tochter beschrieben hatte, wie er augenblicklich klar im Kopf wurde und Reue dafür empfand, Strozier getötet zu haben, deutet sich in seiner Aussage vor dem Gericht eine andere Geistesverfassung an. »Er sagte aus, gegenüber dem Mord nichts zu empfinden, er verspürt keine Reue und ist weder traurig darüber und zufrieden damit. Er konnte keinen Unterschied erkennen zwischen einem Krieg […] und seiner Tat.«[33]

Nach weniger als fünf Jahren in Farview befand man Bechtel für geistig gesund und entließ ihn. Bechtel, der noch in seinen Zwanzigern war, konnte sich ein neues Leben aufbauen. Er ging wieder ans College, heiratete, wurde Vater und bekam eine Stelle als Professor an der University of Arizona.

Jahre nachdem er Quigley in sein Geheimnis eingeweiht hatte, fing Bechtel an, öffentlich über den Mord zu sprechen, um die Menschen für die Auswirkungen von Mobbing an Schulen zu sensibilisieren. Bechtel hatte es sich allem Anschein nach zum festen Ziel gesetzt, den Kreislauf der Gewalt zu durchbrechen, in dem er selbst gefangen gewesen war.[4] Für Bechtel waren diese jungen weißen Männer, die in Klassenzimmern und Einkaufszentren um sich schossen, sowohl Täter als auch selbst Opfer von Gewalt. Um zu verhindern, dass sie auf solch verheerende Weise ausrasteten, so Bechtels These, müsse die Gesellschaft ihnen Liebe entgegenbringen und Anknüpfungspunkte schaffen.

Quigley beschrieb auch die Reaktion ihres Vaters auf das Schulmassaker an der Columbine High School, bei dem Eric Harris und Dylan Klebold 1999 dreizehn ihrer Mitschüler*innen umgebracht hatten. »Ich kam nach Hause und schaute meinen Dad an, und er sagte: ›Ist dir klar, dass man das hätte verhindern können?‹ Er sagte: ›Alles, was man dafür hätte tun müssen, wäre, diesen Kindern zuzuhören und sich Zeit für sie zu nehmen.‹«

Ich wies Quigley darauf hin, dass junge weiße Männer öfter solche Massaker verübten als andere, und fragte sie, was sie denke, warum das so sei. Sie beschrieb den Druck, den ihr Vater verspürt hatte, der weißen männlichen Definition von Erfolg zu entsprechen, und wie leicht es für ihn war, sich mit anderen zu vergleichen, aber auch, den anderen die Schuld dafür zu geben, wenn er versagte. »Man ist da sozusagen in einer ständigen Beklemmung. Da geht etwas verloren, denn alles ist immer nur ›Mangel, Mangel, Mangel‹. Es geht nur darum, wie du im Vergleich mit anderen abschneidest, weil du nicht für dich selbst existieren kannst. [...] So vieles von dem, was einen weißen Mann wütend macht, hat mit der sozialen Leiter und mit der Hierarchie zu tun.«

Aber ich denke, es ist mehr als nur die Leiter. Es ist die Einstellung, die viele weiße Männer haben, dass sie diese Leiter gar nicht erklimmen müssen sollten, nicht kämpfen müssen sollten,

so wie andere. Es ist die Vorstellung, dass sie nicht nur weniger als andere haben, sondern dass sie *so viel mehr* haben *sollten*. Wenn einem die Macht, der Erfolg oder auch die Beziehungen verweigert werden, von denen man glaubt, sie stünden einem rechtmäßig zu, dann glaubt man entweder, man sei selbst kaputt, oder man glaubt, man wurde bestohlen. Weiße Männer, die glauben, man habe sie bestohlen, lassen ihre Wut oft an anderen aus. Weiße Männer, die glauben, sie seien kaputt, lassen ihre Wut an sich selbst aus. Im Jahr 2017 gab es 47 173 Selbstmorde. 70 Prozent davon waren weiße Männer, und die Suizidrate unter weißen Männern steigt.[5] Im ganzen Land betrauern die Menschen den Verlust ihrer Söhne, Väter, Ehemänner und Freunde, die sich für diesen erschütternden Ausweg entschieden haben.

Zum jetzigen Zeitpunkt sind weiße Männer die größte inlandsterroristische Bedrohung in diesem Land. Sie schießen in Schulen um sich, in Einkaufszentren und Casinos. 70 Prozent der Amokläufer an Schulen sind weiß und männlich.[6] Seit den Terroranschlägen vom 11. September 2001 haben weiße männliche Terroristen mehr amerikanische Menschen getötet als der dschihadistische Terror.[7] In einer Welt, in der viele Menschen vieler verschiedener *races* und Geschlechter gemobbt werden, in der sich viele Menschen alleingelassen und nicht wahrgenommen fühlen, sind es weiße Männer, die sich sehr viel öfter als nahezu alle anderen Menschen in Amerika dazu entschließen, diesen Schmerz und diese Angst in Selbstverletzung und mörderischen Zorn auf andere umzuwandeln.

Was immer weißen Männern zugefügt wird, das dazu führt, dass sie auf unschuldige Menschen schießen – ich weiß nicht, wie viel man davon verhindern kann, indem man ihnen einfach nur zuhört.

Ich bin überzeugt, dass die Liebe viele Probleme lösen kann. Ich glaube, dass die Liebe uns durch einige der finstersten Zeiten bringen kann. Doch was bedeutet es, weiße Männer wirklich zu lieben, die die weiße männliche Vorherrschaft mit Gewalt

erzwingen möchten? Was bedeutet es, weiße Männer wirklich zu lieben, die glauben, einen Anspruch auf einen bestimmten Status zu haben, und die zornig sind auf die Welt, wenn sie ihn nicht bekommen? Und was würde es bedeuten, jene Menschen zu lieben, denen diese weißen Männer Schaden zufügen wollen?

Die ersten E-Mails erhielt ich 2018. Meistens bekam ich sie, wenn ich einen Artikel zu den Themen *race* oder Gender gepostet hatte, aber manchmal auch einfach so. Ich erinnere mich noch an die erste davon, die war wirklich erschütternd.

»Ich weiß, Sie denken, ich sollte mich umbringen, weil ich Donald Trump gewählt habe, weil ich weiß bin, weil ich ein Mann bin, also mach ich's einfach, denn das ist ja die einzige anständige Lösung.«

Der Verfasser listete in der E-Mail die verschiedenen Strapazen auf, die er in seinem Leben hatte ertragen müssen. Armut, psychische Krankheit, Diskriminierung. Doch nichts davon sei wichtig, weil ich ihm gezeigt hätte, dass das Problem seine Eigenschaft als weißer Mann sei und dass er sterben solle. Und sein Blut klebe dann an meinen Händen.

»Ich werde mich umbringen, weil es ja genau das ist, was Sie wollen und was Sie glücklich macht, und es soll Ihnen eine Lehre sein, wenn dann die ganze Welt davon erfährt.«

Die E-Mail ging noch weiter, er beschrieb, wie er sich umbringen würde (mit einer Glock-Pistole, die er angeblich zu Hause hatte), und wiederholte, dass es meine Schuld sei. Dann beendete er die E-Mail mit einer rassistischen Tirade, in der er mich unter anderem eine »wertlose Affen-Nutte« nannte.

Ich habe über die Jahre viele brutale E-Mails von weißen Männern erhalten, aber diese hat mich eine Weile beschäftigt. Ich versuchte zu verarbeiten, was ich gelesen hatte, und überlegte, was ich damit anstellen sollte. Letztendlich verschob ich sie in den Ordner mit den anderen Todesdrohungen und Vergewaltigungsphantasien.

Ein paar Wochen später bekam ich noch eine E-Mail von einem anderen Absender. Die Botschaft war, etwas anders formuliert, im Grunde die gleiche. Dieser weiße Mann würde sich umbringen, und ich wäre dann Schuld daran. Ein paar Tage später bekam ich über Twitter eine ähnliche Nachricht. Wieder ein paar Tage später noch eine E-Mail.

Als sich die Selbstmorddrohungen häuften, begann ich darin eine geplante Kampagne zur Belästigung meiner Person zu erkennen, und so verstörend das auch war, fand ich es doch auch auf traurige Art faszinierend, was sich darin zeigte. Diese Männer versuchten mich zu terrorisieren mit der vermeintlich einzigen logischen Lösung für meine antirassistische feministische Arbeit: dem Massensuizid weißer Männer. Sie wollten mich wissen lassen, dass sie meine Bestrebungen zur Beendigung von Frauenhass und weißer Suprematie sahen und dass sie sie als Bedrohung nicht nur für ihre Normen und ihren Status sahen, sondern auch für ihr Leben.

Diese Männer wollten mich wissen lassen, dass es ihnen elend ging, dass sie sich verarscht fühlten und dass sie sich dämonisiert fühlten. Sie wollten mich wissen lassen, dass die einzig möglichen Wege, sich mit dem weißen männlichen Patriarchat auseinanderzusetzen, entweder das Aufrechterhalten des Status quo ist, der uns alle unglücklich macht, oder der Tod. Sie wollten mich wissen lassen, dass sie zu Wachstum oder Wandel nicht imstande waren und dass jeder Versuch, jenes Wachstum oder jenen Wandel voranzutreiben, sie vernichten würde.

Niemand ist pessimistischer, was weiße Männer angeht, als weiße Männer.

Ich bin die Mutter zweier Jungen. Zweier wunderschöner junger Männer, die geboren wurden als wunderschöne Babys voller grenzenloser Möglichkeiten. Es war schockierend zu sehen, wie schnell das Patriarchat meine süßen kleinen Jungs vereinnahmte. Sie waren noch nicht mal in der Vorschule, da musste ich schon gegen eine Welt ankämpfen, die ihnen alles nehmen wollte, was

weich und lieb und großherzig an ihnen war, um diese Eigenschaften in Härte, Brutalität und Dominanz umzuwandeln. Ich beobachtete meinen älteren Sohn, einen Jungen mit dem strahlendsten Lächeln der Welt, wie er darunter litt, dass ihm die Gesellschaft immer wieder aufzeigte, dass sein liebevolles, offenes Naturell eine Schwäche war.

Das Hirn eines Teenagers kann ein ziemlich gefährlicher Ort sein. Wenn junge Menschen älter werden und sich bereit machen fürs Erwachsenenalter, verändert sich ihre Welt sehr schnell – so wie ihre Hormone. Ein guter Tag ist oft der beste ihres Lebens, und ein schlechter der schlimmste. Und wenn man einen Teenager an einem schlechten Tag fragt, wie es ihm geht – wenn er denn überhaupt mit einem redet –, sagt er einem vielleicht, dass jeder Tag seines bisherigen Lebens schlecht sei, und auch jeder Tag seines *zukünftigen* Lebens. Teenager haben oft Schwierigkeiten, sich in eine andere, bessere Zukunft zu versetzen. Das kann eine sehr beängstigende Zeit sein und die Folgen davon sehr real.

Ich hätte meinen Sohn, den Motor meines Herzens, fast an diese Verzweiflung verloren. Ich werde für immer dankbar dafür sein, dass ein Teil von ihm leben wollte und dass sich dieser Teil entschlossen hat, um Hilfe zu bitten.

Seit dieser entsetzlichen Zeit für meine Familie sind Jahre vergangen. Wir haben mit einigen großartigen Therapeut*innen zusammengearbeitet, haben viel Zeit damit verbracht, wieder zusammenzuwachsen, und mein Sohn hat es aus der schwersten Phase herausgeschafft. Nicht alle Familien haben dieses Glück. Manchmal gibt es keine Möglichkeit, unsere Kinder aus den Fängen der Angst und der Depression wieder herauszubekommen. Erst in den letzten zwei Jahren ist es mir gelungen, mich etwas zu entspannen – in der Gewissheit, dass wir aus dem Schlimmsten raus sind, dass ich sehen werde, wie mein Baby zu einem Mann wird.

Dann, früh am Morgen des 24. August 2019 – zwei Wochen vor dem 18. Geburtstag meines Sohnes –, bekam ich einen An-

ruf vom Büro des Sheriffs von King County, angeblich habe es Schüsse in meinem Haus gegeben. Ich war wegen einer Konferenz am anderen Ende des Landes und bereitete mich gerade auf meine Heimreise vor. Wir haben keine Waffen zu Hause, und mein Sohn hat keine Freunde, die Waffen besitzen, ich wusste also, dass es mit ziemlicher Sicherheit eine Falschmeldung war. Aber was, wenn nicht? Sie schickten eine Streife zu mir nach Hause.

Was, wenn nicht?

Ich schickte einen Nachbarn, der bei uns an die Tür klopfen sollte und danach an das Fenster meines Sohnes. Mein Sohn hatte fest geschlafen, unversehrt. Aber die Polizei hatte einen Anruf von jemandem bekommen, der vorgegeben hatte, mein Sohn zu sein, und der angab, zwei Menschen im Haus getötet zu haben. Sie schickten also bewaffnete Polizeikräfte. Zu mir nach Hause, wo mein Sohn gerade alleine war, halb wach und ziemlich verwirrt.

Was, wenn wir so hart dafür gekämpft hätten, meinen Sohn zu retten, nur um ihn dann zu verlieren, weil ein wütender weißer Mann beschlossen hatte, bewaffnete Polizisten um sechs Uhr morgens zu mir nach Hause zu schicken?

Wenn ich die E-Mails von weißen Männern lese, in denen sie mit Selbstmord drohen, dann lese ich sie als jemand, der weiß, wie die Verzweiflung aussieht, die zu Selbstmordgedanken führt. Und wenn ich mir dann die Bedrohungen und die Beleidigungen anschaue, die ich und so viele andere Frauen und Menschen of Color schon von wütenden weißen Männern haben ertragen müssen, dann weiß ich, wie diese Verzweiflung aussieht, wenn sie vermischt ist mit Anspruchsdenken und bitterer Enttäuschung über weiße männliche Mittelmäßigkeit.

Ich weiß nicht, ob die Männer, die mir diese E-Mails geschrieben haben, wirklich mit dem Gedanken an Selbstmord gespielt haben; ich bezweifle es. Ich glaube, sie haben sich nur einen kranken, widerlichen Scherz erlaubt. Doch wenn ich mir die

weiße männliche Identität in Amerika anschaue, dann sehe ich das alles. Ich sehe die Verzweiflung, die Enttäuschung, die Wut.

Die weiße männliche Identität ist ein sehr dunkler Ort. Weißen Männern wurde gesagt, sie sollen ein erfülltes, glückliches Leben haben, erfolgreich und mächtig sein – aber sie sind es nicht. Ihnen fehlt etwas Lebensnotwendiges – ein immanentes Gefühl für das Selbst, das nicht daran gekoppelt ist, wie viel Erfolg oder Macht sie über andere haben – und dieser Mangel nagt an ihnen. Ich kann mir nur vorstellen, wie entsetzlich einsam es sich anfühlen muss, zu anderen Menschen nur Beziehungen herstellen zu können, die von Konkurrenz und Eroberung geprägt sind. Die Liebe, Bewunderung, Zugehörigkeit und Erfüllung, die man ihnen versprochen hat, wird nie kommen – es kann sie nicht geben, wenn der Erfolg an die Unterwerfung der Menschen in der Umgebung geknüpft ist. Diese weißen Männer sind voller Wut, Traurigkeit und Angst aufgrund dessen, was sie nicht haben, dessen man sie vermeintlich bestohlen hat. Und sie schauen sich an, wo sie jetzt stehen, und sie können sich nichts anderes für sich vorstellen. So elend sie sich auch fühlen, sie sind überzeugt, dass für sie keine andere Option existiert. Es gibt nur das oder den Tod: unseren oder ihren.

Ich wünsche mir etwas anderes für weiße Männer. Ich wünsche mir etwas anderes für uns alle. Wenn wir uns die Geschichte der weißen männlichen Identität in diesem Land anschauen, wird deutlich, dass wir nur in diesem Kreislauf von rückständiger Gewalt und Unterdrückung gefangen sind, weil wir noch nichts Neues versucht haben. Wir sind überzeugt, dass es nur eine Art gibt, wie weiße Männer sein können. Wir haben Angst davor, uns etwas Besseres vorzustellen.

Ich glaube nicht, dass diese Männer mit dem Willen zur Dominanz geboren werden. Ich glaube nicht, dass sie ohne die Möglichkeit geboren werden, Empathie für Menschen zu empfinden, die nicht sie selbst sind. Ich glaube nicht, dass sie ohne

ein intrinsisches Wertempfinden geboren werden. Wenn ich das glauben würde, wäre das hier ein sehr anderes Buch geworden. Ich glaube, wir sind alle Opfer und Täter in einem der bösartigsten und hinterhältigsten sozialen Systeme der westlichen Welt: der weißen männlichen Vorherrschaft.

Die Zwänge weißer männlicher Identität in Amerika haben weiße Männer in Kreisläufen aus Angst und Gewalt festgehalten – in denen der einzige Erfolg, der ihnen gewährt wird, auf Kosten anderer geht, und in denen die einzigen Gefühle, die sie äußern dürfen, Triumph und Wut sind. Wenn weiße Männer versuchen, aus diesen Kreisläufen auszubrechen, werden sie von der Gesellschaft insgesamt geächtet oder zu Opfern anderer weißer Männer, die gewillt sind, die ihnen zugeschriebenen dominanten Rollen einzunehmen. Wenn Frauen und Menschen of Color versuchen, sich von der Unterdrückung durch die weiße männliche Vorherrschaft zu befreien, werden sie als direkte Bedrohung für die Identität weißer Männer gesehen, und die Machtstruktur, die diese Identität aufrechterhält, wird umgehend daran arbeiten, die Bedrohung auszumerzen.

Weiße männliche Vorherrschaft schützt sich selbst nicht nur durch die Gewalt, die von weißen Männern erwartet wird, sondern auch durch die Kontrolle gesellschaftlicher Normen, die uns in die Erhaltung weißer männlicher Macht miteinbeziehen. Schauen wir uns an, wie die weiße männliche Glorifizierung von Gewalt unsere Actionfilme durchzieht, in denen der Held nur mit Hilfe einer Waffe Freiheit erreichen oder aufrechterhalten kann. Schauen wir uns an, wie viele Karriereratgeber Frauen ans Herz legen, weniger zu kooperieren und stärker zu konkurrieren, um Erfolg zu haben. Denken wir daran, wie oft von Menschen of Color erwartet wird, ihre regionalen und *race*-bezogenen Dialekte abzulegen, um in der Schule und auf der Arbeit als »eloquent« angesehen zu werden. Wie wir, sobald wir einen weißen Mann in einem schicken Anzug und einer grellen Krawatte sehen, der hinter einem Podium steht – mit grau melierten Haaren,

einem festen Händedruck und einer Allergie gegen Entschuldigungen –, ihn in ein politisches Amt wählen wollen.

Wir müssen untersuchen, wie wir alle, ungeachtet unserer *race* oder unseres Geschlechts, konditioniert sind, die weiße männliche Vorherrschaft aufrechtzuerhalten. Man erwartet von uns, weiße männliche Vorherrschaft zu unterstützen, um eine Beförderung zu erhalten, um von unseren Mitmenschen respektiert zu werden, damit unsere Kinder in der Schule Erfolg haben. Wir müssen uns fragen, was wir aufzugeben bereit sind für unsere Freiheit. Wir müssen hinterfragen, welche Werte wir als Individuen und als Gesellschaft insgesamt vertreten. Menschen zu führen, sollte nicht einer *race* oder einem Geschlecht vorbehalten sein; ebenso wenig wie Macht. Wir müssen schauen, inwiefern unsere Wählerstimmen, unser Geld und unsere individuellen Privilegien mit der Aufrechterhaltung weißer männlicher Macht über uns zusammenhängen.

Und wir müssen untersuchen, was wir versäumt haben, unsere Unfähigkeit, Menschen wirklich wertzuschätzen, die nicht weiße Männer sind oder die nicht in der Lage sind, weiße Männer zu imitieren, um zum Erfolg zu gelangen. Was können Frauen und Menschen of Color in einer Welt alles erreichen, die uns nicht als von Grund auf mangelhaft betrachtet? Was können wir in einer Welt erreichen, die Unterschiede als Möglichkeit sieht, anstatt als Bedrohung? Welche anderen Wege zum Erfolg haben uns vielleicht die ganze Zeit offengestanden, ohne dass wir sie betreten haben?

Wir müssen mehr tun, als uns nur aus der Unterdrückung durch weiße Männer zu befreien. Wir müssen auch eine weiße Männlichkeit entwickeln, die nicht auf der Unterdrückung anderer aufbaut. Wir müssen das Mitgefühl, die Güte und die Zusammenarbeit wertschätzen, zu denen weiße Männer, als menschliche Wesen, fähig sind. Wir müssen Stärke und Führerschaft auf eine Weise definieren, die nicht das brutale Patriarchat und die weiße Vorherrschaft verfestigt. Wir müssen uns ehrlich

damit auseinandersetzen, welcher Preis für weiße männliche Vorherrschaft bezahlt worden ist, nicht nur von Frauen, nichtbinären Menschen und Menschen of Color – sondern auch von weißen Männern.

Wir müssen anfangen, uns zu fragen, was weiße Männlichkeit sein soll und was wir nicht mehr länger akzeptieren werden. Wir müssen aufhören, Gewalt und Unterdrückung zu belohnen. Wir müssen aufhören, Frauen und Menschen of Color weiszumachen, dass der einzige Weg zum Erfolg darin besteht, weiße männliche Dominanz nachzuahmen. Und jene von uns, die durch ihre *race* oder ihren Status privilegiert sind, müssen sich von der Verlockung der Nähe zu weißer männlicher Macht lossagen – ob das Privileg nun darin besteht, eine weiße Frau zu sein, eine Person of Color, die auch als weiß durchgehen kann, oder eine wohlhabende Person of Color –, selbst wenn jene weißen Männer unsere Freunde sind, unsere Ehemänner, unsere Väter oder unsere Söhne. Anstatt die Menschheit als Konkurrenz um Status zu betrachten, könnten wir Vertrauen darin haben, dass wirkliche Gleichheit es ermöglicht, Ansehen und Respekt gleichmäßig und universal zu verteilen.

Der Weg, auf dem wir uns gerade befinden, ist derselbe, der uns über Jahrhunderte nur Tod und Verderben gebracht hat. Ich habe gesehen, wohin dieser Weg führt, und nichts auf der Welt ist es wert, in dieselbe Richtung weiterzugehen, für niemanden. Wir müssen ausbrechen. Wir müssen bessere und klügere Entscheidungen treffen – mit unseren Wählerstimmen, unserem Geld, unseren Medien, unseren gesellschaftlichen Erwartungen.

Klingt das wie eine zu große Aufgabe? Eine Umwälzung von zu monumentalen Ausmaßen? Das sehe ich ein. Aber ich sehe auch, wie viel Arbeit es gekostet hat, ein System weißer männlicher Mittelmäßigkeit in diesem Land zu erschaffen und aufrechtzuerhalten. Ich habe all die kreativen Versuche der Rechtfertigung für den Fortbestand weißer männlicher Macht gesehen, die sich unsere Gesellschaft hat einfallen lassen. Ich habe die Bemühungen

gesehen, die unsere Gesellschaft unternommen hat, um Frauen und Menschen of Color davon abzuhalten, einen Status zu erreichen, der die Behaglichkeit weißer männlicher Mittelmäßigkeit bedrohen würde. Und ich habe gesehen, wie viele Menschen wir bereit sind für diese Bemühungen zu opfern. Ich schaue mir an, wie viel es gekostet hat, eine Definition von toxischer weißer Männlichkeit aufzubauen, und ich glaube nicht, dass uns Stärke oder Ausdauer fehlt, um eine neue, bessere Version von weißer männlicher Identität zu erschaffen. Uns scheint dafür nur die Phantasie zu fehlen.

Momentan befindet sich weiße Männlichkeit im Sturzflug. Sie steht am Abgrund mit einer Pistole in der Hand und ist bereit, uns alle mit in die Katastrophe zu reißen. Über Jahrhunderte haben gewaltsame Definitionen von weißer Männlichkeit unzählige Leben gekostet von Frauen, Menschen mit Behinderung, queeren und Transmenschen, Menschen of Color – und auch einer Menge heterosexueller weißer Cis-Männer ohne Beeinträchtigungen wie ihnen selbst. Und jetzt, wo wir uns auf den Scheitelpunkt des Hyperkapitalismus zubewegen, der es immer und immer schwerer für weiße Männer macht, ihre Hoffnung zu zügeln, dass alles, was man ihnen versprochen hat, auch wirklich in Erfüllung geht, jetzt sehen wir, wie ihre Verzweiflung zu Terrorismus führt, zu Selbstmord und zur desaströsen Zerstörung unserer Umwelt. Wie viele Amokläufe werden wir noch aushalten müssen? Wie viele wirtschaftliche Rezessionen? Wie viele Klimakrisen? Wie viele Kriege? Wie viele Pandemien? Wie viele Menschen können noch in Armut leben? Wie viele können noch ohne Krankenversicherung auskommen? Wie viele kann man noch in die Gefängnisse sperren? Ich denke, unsere Grenze ist langsam erreicht. Ich glaube nicht, dass wir ertragen können, was gerade passiert. Wir zerfallen in unsere Einzelteile, indem wir uns zunehmend polarisieren und indem unsere Machtstrukturen sich immer weiter von der Verantwortung gegenüber den Menschen abkapseln, denen sie vermeintlich dienen. Uns bleibt

nicht mehr viel Zeit, um das zu reparieren. Ich muss glauben, dass es noch nicht zu spät ist, und ich hoffe, Sie glauben das auch, denn es gibt noch so viel zu tun.

Doch das ist ein menschengemachtes Problem. Diese Erwartungen brutaler weißer Männlichkeit wurden von Menschen bestimmt. Es waren Menschen, die weiße Männlichkeit auf Kosten von allen anderen in den Mittelpunkt gestellt haben. Diese Machtsysteme, die sicherstellen, dass ein paar wenige weiße Männer weiterhin die Macht über uns haben und dass die verbliebenen weißen Männer ihr Leben damit verbringen werden, sich an den kleinsten Rest ihrer Macht zu klammern, diese Systeme sind menschengemacht. Von Menschen, die als Erste Gewalt und Unterdrückung benutzt haben. Menschen, die hart daran gearbeitet haben, uns zu überzeugen, dass es nie eine Zeit gegeben hat, in der sie nicht das Sagen hatten, und dass es sie auch nie geben wird. Aber diese Menschen waren nicht schlauer oder spezieller als wir, und sie sind auf uns angewiesen, auf unsere fortgesetzte Teilnahme an den unterdrückerischen Systemen, die sie geschaffen haben, um ihre Macht zu erhalten. Wir müssen schauen, an welchen Punkten wir an diese Systeme gebunden sind, sowohl individuell als auch kollektiv, und wir müssen die Verbindungen kappen. Ich glaube, das können wir. Ich glaube das, denn selbst nach Jahrhunderten der Unterdrückung und der Konditionierung sind wir immer noch hier und stemmen uns dagegen und kämpfen. Obwohl man uns jahrhundertelang gesagt hat, dass der Preis zu hoch ist, sich gegen die weiße männliche Vorherrschaft zu erheben, stehen wir immer noch.

Wir müssen mehr haben als nur Kampfeslust; wir müssen den Mut haben, uns selbst anzuschauen und unsere Mitschuld an der Gewalt der weißen männlichen Vorherrschaft anzuerkennen. Wir müssen nicht nur glauben, dass wir etwas Besseres verdienen; wir müssen darauf vertrauen, dass wir etwas Besseres erreichen können. Und wir müssen jetzt anfangen.

DANK

Die Inspiration für dieses Buch hat mich wie ein Blitz getroffen. Die erste Person, der ich davon erzählt habe, war meine Agentin, Lauren Abramo. Ich bin dir so dankbar dafür, Lauren, dass du meine im Wahn runtergeschriebene E-Mail gelesen hast und sofort an Bord warst. Dein Vertrauen in meine Arbeit und deine unaufhörliche Unterstützung – zusammen mit deinen unvergleichlichen Fähigkeiten und deinem Wissen bei der Vertretung der Interessen deiner Klient*innen – sind der Grundpfeiler, auf dem unser Erfolg aufbaut. Ich bin dir so dankbar, und du wirst mich so schnell nicht wieder los.

Ich hätte niemals ein Buch über zweihundert Jahre weißer männlicher Vorherrschaft in Amerika schreiben können, ohne dass es (a) mindestens zehntausend Seiten dick, oder (b) nur ein Haufen leerer, tränenbefleckter Blätter geworden wäre, wenn ich nicht meine phantastischen Recherche-Assistentinnen Tina Catania und Taylor McCadney hätte. Ich danke euch für eure harte Arbeit an diesem Projekt.

Ich möchte mich auch bei einigen der brillanten Expert*innen bedanken, die für dieses Buch mit mir gesprochen haben. Dave Zirin, Betsy Gaines Quammen, Michael Bennett, Ellen Pao, Russel K. Brooks, Carrah Quigley, Imani Gandy und Robin DiAngelo: Sie alle haben dieses Buch nachweislich besser gemacht, als es ohne ihre Beiträge geworden wäre. Vielen Dank, dass Sie mir Ihre Zeit und Ihr Wissen haben zuteilwerden lassen.

Als ich dieses Buch zuerst vorschlug, hatte ich eine sehr naive

Vorstellung davon, was mich die Beschäftigung mit dem Projekt kosten würde. Ich weiß, es klingt dumm, als Schwarze Frau zu glauben, dass eine zweijährige Erkundungstour durch Jahrhunderte rassistischer und sexistischer Gewalt und Unterdrückung keinen negativen Eindruck bei mir hinterlassen würde. Doch nachdem ich bereits jahrelang über aktuellen Rassismus in Amerika geschrieben und gesprochen hatte, dachte ich, ich hätte eine so dicke Haut entwickelt, dass mir eine solche Aufgabe keine Probleme bereiten würde. Falsch gedacht. Die sich anhäufenden Auswirkungen dieser Arbeit wurden noch verschlimmert durch die regelmäßigen rassistischen Belästigungen, die meine Familie und ich in den letzten eineinhalb Jahren ertragen mussten. Weiße männliche Gewalt bestimmte meine Arbeit und zeitweise auch mein Zuhause. Das war schmerzhaft, und das wird es auch noch eine Weile sein. Ich bin sehr dankbar für die Geduld und die Fürsorge, die meine Agentin, Seal Press, meine Pressereferentin Sharon Kunz, und meine Lektorinnen Laura Mazer, Emi Ikkanda und Claire Potter mir entgegengebracht haben, während ich versucht habe, diese wichtige Arbeit und den Schutz meiner eigenen Person in Einklang zu bringen.

Ich danke meiner Managerin Ebony Arunga dafür, dass sie jede E-Mail beantwortet und jeden Anruf und jedes Meeting geschoben hat, das ich während meiner Arbeit an diesem Buch vermieden habe. Jetzt, wo das Buch fertig ist, werde ich … diese Dinge weiterhin vermeiden, so wie immer. Du bist ein Kleinod und ohne dich würde diese ganze Unternehmung wie ein Kartenhaus in sich zusammenfallen.

Wenn mich Leute fragen, wie ich es schaffe, nicht zusammenzubrechen, wenn die Arbeit zu viel wird, dann zeige ich immer auf meine Kinder. Selbst wenn du den ganzen Tag nur über Hass und Gewalt recherchiert hast und stundenlang weinen musstest, dann klopft ein Kind an deine Tür und erinnert dich daran, dass ihr keine Snacks mehr habt. Malcolm und Marcus: Ich danke euch, dass ihr mich erdet und mich vervollkommnet. Ich danke

euch für eure Hilfe und für eure reinen Seelen. Und für euren Humor und euer Talent und eure Liebe. Dieses Buch existiert für euch und wegen euch. Ich wünsche mir eine Welt, die eures Potenzials würdig ist.

Mom, Jacque, Aham, Basil, Lindy – danke, dass ihr die beste und witzigste Familie der Welt seid. Ich liebe euch.

In dem Monat, bevor ich angefangen habe, Vollzeit an diesem Buch zu arbeiten, entschied ich mich aus dem Bauch heraus, nach Stockholm zu fliegen. Ich atmete tief durch und fragte einen Freund, in den ich schon lange verschossen war, ob er mich begleiten wolle. Er kam mit, und wir verliebten uns ineinander. Er hat mir bis spät nachts mit Recherchen geholfen. Er hat zugehört, wenn ich gemeckert und mich darüber beschwert habe, dass die Schreiberei das Schlimmste überhaupt sei und dass ich es nie wieder machen werde. Er hat die Kinder zur Schule gefahren, wenn ich arbeiten musste, um eine Deadline einzuhalten. Er hat sich Zeit für meine Angst und meine Trauer genommen. Er hat seine eigene Angst und Trauer für mich hintangestellt. Wir waren während einer Pandemie zusammen eingeschlossen. Er hat mich jeden Tag mindestens einmal zum Lachen gebracht. Ich bin nie sehr mutig gewesen, wenn es um mein Liebesleben ging, und war eigentlich ganz zufrieden damit, für immer Single zu bleiben, bis ich mich entschloss, einen Typen zu fragen, ob er mich für unser erstes Date um die halbe Erde begleitet. Ich bin selten Risiken eingegangen, für die ich so reichlich belohnt worden bin. Gabriel: Ich liebe dich. Du bist der Mann an meiner Seite.

BIBLIOGRAPHIE

1 Cowboys und Patrioten

1 M. Elias, »Sikh Temple Killer Wade Michael Page Radicalized in Army«, Southern Poverty Law Center, 11. November 2012, https://www.splcenter.org/fighting-hate/intelligence-report/2012/sikh-temple-killer-wade-michael-page-radicalized-army

2 E. Blakemore, »The Truth Behind Buffalo Bill's Scalping Act«, *JStor Daily*, 26. Februar 2017, https://daily.jstor.org/the-truth-behind-buffalo-bills-scalping-act/; R. Slotkin, *Gunfighter Nation: The Myth of the Frontier in Twentieth-Century America*, Norman: University of Oklahoma Press, 1998.

3 B. Madley, »Reexamining the American Genocide Debate: Meaning, Historiography, and New Methods«, *The American Historical Review* 120,1 (2015): 98–139.

4 »Scalping in America«, *Indian Country Today*, 2. Oktober 2017, https://newsmaven.io/indiancountrytoday/archive/scalping-in-america-AvU3W-1aeoW3AjR4BHCvEg

5 J. W. Phippen, »Kill Every Buffalo You Can! Every Buffalo Dead Is an Indian Gone«, *The Atlantic*, 13. Mai 2016, https://www.theatlantic.com/national/archive/2016/05/the-buffalo-killers/482349/

6 R. Brooks, Interview mit der Autorin, 23. März 2020.

7 J. W. Phippen, »Kill Every Buffalo You Can!«; G. King, »Where the Buffalo No Longer Roamed,« *Smithsonian*, 17. Juli 2012, https://www.smithsonianmag.com/history/where-the-buffalo-no-longer-roamed-3067904/

8 Slotkin, *Gunfighter Nation*.

9 P. L. Hedren, »The Contradictory Legacies of Buffalo Bill Cody's First Scalp for Custer«, *Montana: The Magazine of Western History* 55,1 (2005); Slotkin, *Gunfighter Nation*.

10 R. B. Smith, »Buffalo Bill's Skirmish At Warbonnet Creek«, *HistoryNet*,

Dezember 1996, https://www.historynet.com/buffalo-bills-skirmish-at-warbonnet-creek.htm.

11 L. North, »Man of the Plains: Recollections of Luther North«, *Pioneer Heritage Series* 4. Norman: University of Nebraska Press, 1961, 128.

12 S. M. Underhill, *The Manufacture of Consent: J. Edgar Hoover and the Rhetorical Rise of the FBI*, East Lansing: Michigan State University Press, 2020.

13 P. J. Barrish, *The Cambridge Introduction to American Literary Realism*, Cambridge, UK: Cambridge University Press, 2011.

14 G. Cooper, »Two Rough Riders Make for a Rocky Relationship«, *Chautauquan Daily*, 25. Juli 2014, https://chqdaily.wordpress.com/2014/07/25/two-roughriders-make-for-a-rocky-relationship/

15 W. G. Moss, »Which Presidents – If Any – Did Right by Native Americans?«, *History News Network*, 7. Oktober 2018, https://historynewsnetwork.org/article/170123

16 A. Townsend EagleWoman, »The Ongoing Traumatic Experience of Genocide for American Indians and Alaska Natives in the United States: The Call to Recognize Full Human Rights as Set Forth in the UN Declaration on the Rights of Indigenous Peoples«, *American Indian Law Journal* 3,2 (2015): 437.

17 G. Gerstle, »Teddy Roosevelt's Complicated Legacy 100 Years After His Death«, Interview von J. Hobson, *Here & Now*, WBUR, 21. März 2019, www.wbur.org/hereandnow/2019/03/21/teddy-roosevelt-legacy-100-years

18 »Teddy Roosevelt and the Indians«, *Native American Netroots*, 10. Oktober 2011, http://nativeamericannetroots.net/diary/1093

19 L. S. Warren, *Buffalo Bill's America: William Cody and the Wild West Show*, New York: Vintage Books, 2006, 215.

20 D. Strom, »August 26, 1902: Buffalo Bill's Wild West Makes Oregon Debut«, *Dave Knows Portland*, 26. August 2011, http://portland.daveknows.org/2011/08/26/august-26-1902-buffalo-bills-wild-west-makes-oregon-debut/

21 Warren, *Buffalo Bill's America.*

22 K. Repanshek, *Re-Bisoning the West: Restoring an American Icon to the Landscape,* Salt Lake City: Torrey House Press, 2019, 139.

23 D. Nesheim, »How William F. Cody Helped Save the Buffalo Without Really Trying«, *Great Plains Quarterly* 27,3 (2007): 163–175, https://digitalcommons.unl.edu/greatplainsquarterly/1504

24 B. G. Quammen, *American Zion: Cliven Bundy, God and Public Lands in the West,* Salt Lake City: Torrey House Press, 2020, 84.

25 »Testimony in Trials of John D. Lee«, Mountain Meadows Association, www.mtn-meadows-assoc.com/johnson.htm

26 »Last Confession and Statement of John D. Lee«, Mountain Meadows Association, www.mtn-meadows-assoc.com/jdlconfession.htm

27 Quammen, *American Zion*, 87.

28 S. Levin, »Rebel Cowboys: How the Bundy Family Sparked a New Battle for the American West«, *The Guardian*, 29. August 2016, www.theguardian.com/us-news/2016/aug/29/oregon-militia-standoff-bundy-family

29 J. Pogue, »The Religious Ideology Driving the Bundy Brothers«, *Outside*, 17. Mai 2018, www.outsideonline.com/2308761/religious-ideology-driving-bundy-brothers

30 B. Gaines Quammen, Interview mit der Autorin, 25. Februar 2020.

31 Levin, »Rebel Cowboys«.

32 A. Nagourney, »A Defiant Rancher Savors the Audience That Rallied to His Side«, *New York Times*, 23. April 2014, www.nytimes.com/2014/04/24/us/politics/rancher-proudly-breaks-the-law-becoming-a-hero-in-the-west.html

33 Quammen, *American Zion*.

34 L. Sottile, »Trump's Pardoning of Two Oregon Ranchers Is a Victory for the Bundys – and An Ominous Loss for Public-Lands Advocates«, *Pacific Standard*, 11. Juli 2018, https://psmag.com/environment/trumps-pardoning-of-oregon-ranchers-is-a-victory-for-the-bundys-and-a-loss-for-public-lands-advocate

35 Levin, *»Rebel Cowboys«*.

36 Ebd.

37 Quammen, *American Zion*.

38 A. Templeton, »LaVoy Finicum's Family Remembers Him as a Man Driven by Family and Faith«, OPB, 6. Februar 2016, www.opb.org/news/series/burns-oregon-standoff-bundy-militia-news-updates/lavoy-finicums-family-remembers-him-as-a-man-driven-by-family-and-faith/

39 K. Galbraith, »What Will Happen if the Oregon Militia Gets Its Demands?«, *The Guardian*, 8. Januar 2016, www.theguardian.com/us-news/2016/jan/08/oregon-militia-standoff-demands-what-comes-next

40 C. Sherwood und K. Johnson, »Bundy Brothers Acquitted in Takeover of Oregon Wildlife Refuge«, *New York Times*, 27. Oktober 2016, www.nytimes.com/2016/10/28/us/bundy-brothers-acquitted-in-takeover-of-oregon-wildlife-refuge.html

41 Sottile, »Trump's Pardoning of Two Oregon Ranchers Is a Victory for the Bundys«.

42 M. Nijhuis, »How Fire, Once a Friend of Forests, Became a Destroyer«, *National Geographic*, 22. November 2015, www.nationalgeographic.com/

news/2015/11/151122-wildfire-forest-service-firefighting-history-pyne-climate-ngbooktalk/
43 »The Bannock War«, *Native American Netroots*, 27. Dezember 2010, http://nativeamericannetroots.net/diary/814
44 Quammen, *American Zion*.
45 S. Levin, »Fresh Outrage After Militia Seen Rifling Through Tribal Artifacts at Oregon Refuge«, *The Guardian*, 21. Januar 2016, www.theguardian.com/us-news/2016/jan/21/oregon-militia-standoff-malheur-wildlife-refuge-native-american-artifacts-paiute-tribe

2 Zu eurem Wohl – als unser Ebenbild

1 A. Wald, »When Max Eastman Was Young«, *Jacobin*, 24. November 2018, www.jacobinmag.com/2018/11/max-eastman-masses-eugene-debs-canton-speech
2 E. Arnesen, »The Passions of Max Eastman«, *Dissent*, Winter 2018, https://www.dissentmagazine.org/article/passions-max-eastman-biography-review
3 »Floyd Dell, A Respectable Radical«, *Postscripts*, 23. Oktober 2012, http://notorc.blogspot.com/2012/10/floyd-dell-respectable-radical.html
4 »Backwards Glance: Feminism for Men in 1914«, *Voice Male*, 9. Juli 2013, https://voicemalemagazine.org/feminism-for-men-in-1914/
5 E. K. Trimberger, »Feminism, Men, and Modern Love: Greenwich Village, 1900–1925«, *Powers of Desire*, Hg. A. Snitow, C. Stansell und S. Thompson, New York: Monthly Review Press, 1983, 131–152.
6 »Floyd Dell: A Respectable Radical«.
7 Trimberger, »Feminism, Men, and Modern Love«.
8 J. Neuman, »Who Won Women's Suffrage? A Case for ›Mere Men‹«, *Journal of the Gilded Age and Progressive Era* 16,3 (2017): 347–367.
9 E. Francis, »From Event to Monument: Modernism, Feminism and Isadora Duncan«, *American Studies* 35,1 (1994): 25–45.
10 M. C. Jones, *Heretics and Hellraisers: Women Contributors to The Masses, 1911–1917*, Austin: University of Texas Press, 1993, 22.
11 F. Dell, »Feminism for Men«, *The Masses*, Juli 1914, http://omeka.ursinus.edu/files/original/36e5c6312e00e0bf06cc21dfa6796f89.pdf. Auch verfügbar unter: https://thebaffler.com/ancestors/feminism-for-men
12 Trimberger, »Feminism, Men, and Modern Love«.
13 Ebd.
14 J. P. Diggins, *Up from Communism: Conservative Odysseys in American*

Intellectual History, New York: Columbia University Press, 1994 (zuerst 1975), 219.

15 Diggins, *Up from Communism*.

16 J. Allen, »New Details Revealed About Biden's Busing Record: Why Was He So Strongly Opposed?«, NBC News, 6. Juli 2019, www.nbcnews.com/politics/2020-election/biden-s-mastery-backlash-politics-takes-center-stage-n1025931

17 »Wilmington Integration Order Poses the Possibility of Busing«, *New York Times*, 13. Juli 1974, www.nytimes.com/1974/07/13/archives/wilmington-integration-order-poses-the-possibility-of-busing.html

18 J. Sokol, »How a Young Joe Biden Turned Liberals Against Integration«, *Politico*, 4. August 2015, www.politico.com/magazine/story/2015/08/04/joe-biden-integration-school-busing-120968

19 Ebd.

20 D. B. Taylor, S. G. Stolberg und A. W. Herndon, »A Brief History of Joe Biden and School Busing«, *New York Times*, 15. Juli 2019, www.nytimes.com/2019/07/15/us/joe-biden-busing-timeline.html

21 Sokol, »How a Young Joe Biden Turned Liberals Against Integration«.

22 Taylor, Stolberg und Herndon, »A Brief History of Joe Biden and School Busing«.

23 A. W. Herndon und S. G. Stolberg, »How Joe Biden Became the Democrats' Anti-Busing Crusader«, *New York Times*, 15. Juli 2019, www.nytimes.com/2019/07/15/us/politics/biden-busing.html

24 Sokol, »How a Young Joe Biden Turned Liberals Against Integration«.

25 Ebd.

26 Ebd.

27 J. Biden, *Promises to Keep*, New York: Random House, 2008, 125.

28 J. Biden, »Joe Biden Full Interview«, Interview von J. Favreau, J. Lovett, T. Vietor, *Pod Save America*, März 2019, https://youtu.be/Tcev9dcFDkw.

29 K. Glueck, »Biden, Recalling ›Civility‹ in Senate, Invokes Two Segregationist Senators«, *New York Times*, 19. Juni 2019, www.nytimes.com/2019/06/19/us/politics/biden-segregationists.html

30 R. A. Caro, *The Years of Lyndon Johnson: Master of the Senate*, New York: Knopf, 2002, 767.

31 K. Glueck und A. W. Herndon, »Joe Biden and Democratic Rivals Exchange Attacks over His Remarks on Segregationists«, *New York Times*, 19. Juni 2019, www.nytimes.com/2019/06/19/us/politics/biden-eastland.html?module=inline

32 D. Gunn, »Non-White School Districts Get $23 Billion Less Funding than White Ones«, *Pacific Standard*, 26. Februar 2019, https://psmag.

com/education/nonwhite-school-districts-get-23-billion-less-funding-than-whiteones

33 »Delaware's School Resegregation Increasing After Dissolution of Its Groundbreaking Metropolitan Desegregation Plan«, Civil Rights Project, 18. Dezember 2014, https://www.civilrightsproject.ucla.edu/news/press-releases/2014-press-releases/ucla-report-finds-delaware2019s-school-resegregation-increasing-after-dissolution-of-its-groundbreaking-metropolitan-desegregation-plan

34 J. Bies, »Lawsuit: Delaware Schools Are Leaving Children in Poverty Behind«, *Delaware Online*, 23. Mai 2018 Update: 11. Dezember 2019, www.delawareonline.com/story/news/education/2018/05/23/lawsuit-would-change-way-delaware-schools-funded/590963002/

35 I. Oluo (@ijeomaoluo), »I dreamt last night«, Twitter, 27. Mai 2019, 8:46 Uhr, https://twitter.com/IjeomaOluo/status/1133036856033988608

36 S. Doyle, »Not About Gender«,Tumblr, 2016, https://sadydoyle.tumblr.com/post/132899987688/not-about-gender

37 J. Shaheen, »I was honored to introduce my friend Hillary Clinton«, Facebook, 22. Januar 2016, www.facebook.com/jeanneshaheenNH/photos/a.10151236112888293.495154.6691963292/10153925284253293/?type=3

38 I. Gandy, Interview mit der Autorin, 28. Mai 2019.

39 P. Bump, »Here's What Happened at Saturday's Dramatic Nevada Democratic Convention«, *Washington Post*, 15. Mai 2016, www.washingtonpost.com/news/the-fix/wp/2016/05/15/heres-what-happened-at-saturdays-dramatic-nevada-democratic-convention/

40 J. Ralston, »Sample of Voicemails Left for State Democratic Chairwoman Roberta Lange«, *Ralston Reports*, 16. Mai 2016, www.ralstonreports.com/blog/sample-voicemails-left-state-democratic-chairwoman-roberta-lange

41 S. Ember, »Bernie Sanders Stumbled with Black Voters in 2016. Can He Do Better in 2020?«, *New York Times*, 17. Februar 2019, www.nytimes.com/2019/02/17/us/politics/bernie-sanders-black-voters-outreach.html

42 T. J. Starr, »How Bernie Sanders Lost Black Voters«, *Splinter News*, 10. Juli 2016, https://splinternews.com/how-bernie-sanders-lost-black-voters-1793860129

43 Ebd.

44 Ebd.

45 S. Ember und K. Benner, »Sexism Claims from Bernie Sanders's 2016 Run: Paid Less, Treated Worse«, *New York Times*, 2. Januar 2019, www.nytimes.com/2019/01/02/us/politics/bernie-sanders-campaign-sexism.html?module=inline

46 S. Ember und J. Martin, »Bernie Sanders Apologizes Again to Women

Who Were Mistreated in 2016 Campaign«, *New York Times*, 10. Januar 2019, www.nytimes.com/2019/01/10/us/politics/sanders-sexism-apology.html

47 G. E. Curry, »In Vermont, Socialist Makes Congressional Election Hot«, *Chicago Tribune*, 29. Juli 1990, www.chicagotribune.com/news/ct-xpm-1990-07-29-9003030805-story.html

48 B. Sanders, »NYT: Learning from the Ferguson Tragedy«, Sanders' Senatoren-Website, 21. August 2014, www.sanders.senate.gov/newsroom/recent-business/nyt-learning-from-the-ferguson-tragedy

49 L. Kreutz, »Hillary Clinton Knocks Bernie Sanders over Response to Donald Trump's Abortion Comments«, ABC News, 31. März 2016, https://abcnews.go.com/Politics/hillary-clinton-knocks-bernie-sanders-response-donald-trumps/story?id=38063205

50 B. Griffiths, »Sanders Slams Identity Politics as Democrats Figure Out Their Future«, *Politico*, 21. November 2016, www.politico.com/story/2016/11/bernie-sanders-democrats-identity-politics-231710

51 R. Graham, »What's It Like to Be a ›Bernie Bro‹ Heading into 2020?«, *Slate*, 4. März 2019, www.evernote.com/l/AZ7rzFMUe9ZJKapsd9_So-kYf644n1Ow_eA/

52 Zitiert aus: E. Morrissey, »Sanders: My Primary Opponents Care Only About Identity Politics and False Diversity«, *Hot Air*, 25. Januar 2019, https://hotair.com/archives/2019/01/25/sanders-primary-opponents-care-identity-politics-false-diversity/

53 T. J. Starr, »Bernie Sanders Is Not a Real Progressive«, *The Root*, 6. November 2017, www.theroot.com/bernie-sanders-is-not-a-real-progressive-1820122317

54 »Bernie Sanders at Black Forum MN: Full Discussion w/ Sanders«, YouTube, 13. Februar 2016, www.youtube.com/watch?v=GsI3-2Vg F1U

55 R. D. Francis, »Him, Not Her: Why Working-Class White Men Reluctant About Trump Still Made Him President of the United States«, *Socius* 4,11 (2018): 1–11.

56 D. Kurtzleben, »Here's How Many Bernie Sanders Supporters Ultimately Voted for Trump«, NPR, 24. August 2017, www.npr.org/2017/08/24/545812242/1-in-10-sanders-primary-voters-ended-up-supporting-trump-survey-finds

57 »Exit Polls: Obama Wins Big Among Young, Minority Voters«, CNN, 4. November 2008, https://web.archive.org/web/20081108082743/http://www.cnn.com/2008/POLITICS/11/04/exit.polls/

58 R. DiAngelo, Interview mit der Autorin, 3. Mai 2019.

3 Elitehochschulen und Steuerverschwender

1 M. Kennedy, »Princeton Will Keep Woodrow Wilson's Name on School Buildings«, NPR, 4. April 2016, www.npr.org/sections/thetwo-way/2016/04/04/472985937/princeton-will-keep-woodrow-wilsons-name-on-school-buildings

2 S. Svrluga, »Princeton Protesters Occupy President's Office, Demand ›Racist‹ Woodrow Wilson's Name Be Removed«, *Washington Post*, 18. November 2015, www.washingtonpost.com/news/grade-point/wp/2015/11/18/princeton-protesters-occupy-presidents-office-demand-racist-woodrow-wilsons-name-be-removed/

3 D. Matthews, »Woodrow Wilson Was Extremely Racist – Even by the Standards of His Time«, *Vox*, 20. November 2015, www.vox.com/policy-and-politics/2015/11/20/9766896/woodrow-wilson-racist

4 A. Neklason, »Elite-College Admissions Were Built to Protect Privilege«, *The Atlantic*, 18. März 2019, www.theatlantic.com/education/archive/2019/03/history-privilege-elite-college-admissions/585088/

5 Ebd.

6 Ebd.

7 I. Shapira, »Before Asian Americans Sued Harvard, the School Once Tried Restricting the Number of Jews«, *Washington Post*, 15. Oktober 2018, www.washingtonpost.com/news/retropolis/wp/2018/09/14/before-asian-americans-sued-harvard-the-school-tried-restricting-the-number-of-jews/?noredirect=on

8 Neklason, »Elite-College Admissions Were Built to Protect Privilege«.

9 Ebd.

10 S. S. Avi-Yonah und D. R. Franklin, »Renovated Lowell House Will Not Display Portrait of Controversial Former University President Abbott Lawrence Lowell«, *Harvard Crimson*, 26. März 2019, www.thecrimson.com/article/2019/3/26/lowell-portraits-removed/

11 A. DenHoed, »The Forgotten Lessons of the American Eugenics Movement«, *New Yorker*, 27. April 2016, www.newyorker.com/books/page-turner/the-forgotten-lessons-of-the-american-eugenics-movement

12 J. Weissglass, »For Equality's Sake, the SAT Should Be Abolished«, *Los Angeles Times*, 24. Januar 2000, www.latimes.com/archives/la-xpm-2000-jan-24-me-57241-story.html

13 M. Viera, »The History of the SAT Is Mired in Racism and Elitism«, *Teen Vogue*, 1. Oktober 2018, www.teenvogue.com/story/the-history-of-the-sat-is-mired-in-racism-and-elitism

14 C. Brigham, »Intelligence Tests of Immigrant Groups«, *Psychological Review* 37 (1930): 158–165.

15 Viera, »The History of the SAT Is Mired in Racism and Elitism«.

16 »Land-Grant Universities«, *Encyclopaedia Britanica*, www.britannica.com/topic/land-grant-university

17 C. W. Young, *Background for Developing a System of Hispanic-Serving Land-Grant Colleges*, Hispanic Association of Colleges and Universities, www.hacu.net/images/hacu/young.pdf

18 »Farm Bill Reauthorization Workplan«, Hispanic Association of Colleges and Universities, www.hacu.net/hacu/Reauthorization_workplan.asp

19 M. Lazerson, »The Disappointments of Success: Higher Education After World War II«, *Annals of the American Academy of Political and Social Science* 559 (1998): 64–76.

20 »Ethnic Studies 50th Anniversary Commemoration Week«, San Francisco State University, 2019, https://ethnicstudies.sfsu.edu/50th

21 Lazerson, »The Disappointments of Success«.

22 Ebd.

23 Ebd.

24 D. Fergus, »My Students Pay Too Much for College. Blame Reagan«, *Washington Post*, 2. September 2014, www.washingtonpost.com/posteverything/wp/2014/09/02/my-students-pay-too-much-for-college-blame-reagan/?noredirect=on&utm_term=.9401a2038ec4

25 J. Kahn, »Ronald Reagan Launched Political Career Using the Berkeley Campus as a Target«, *UC Berkeley News*, 8. Juni 2004, www.berkeley.edu/news/media/releases/2004/06/08_reagan.shtml

26 »The 1980's«, History.com, 7. Juni 2019, www.history.com/topics/1980s/1980s

27 K. Sullivan und M. Jordan, »›Elitists, Crybabies and Junky Degrees‹: Educators See Growing Disdain for Universities«, *Chicago Tribune*, 25. November 2017, www.chicagotribune.com/nation-world/ct-college-education-critics-20171125-story.html

28 Sullivan und Jordan, »›Elitists, Crybabies and Junky Degrees‹«.

29 M. Balingit und D. Douglas-Gabriel, »Trump Seeks to Slash $8.5 Billion from Education Department Budget«, *Washington Post*, 11. März 2019, www.washingtonpost.com/local/education/trump-seeks-to-slash-85-billion-from-education-department-budget/2019/03/11/69ab930e-441f-11e9-8aab-95b8d80a1e4f_story.html?utm_term=.0b221cac52db

30 Z. Friedman, »What Trump's Student Loan Forgiveness Plan Means for You«, *Forbes*, 27. März 2019, www.forbes.com/sites/zackfriedman/2019/03/27/what-trumps-latest-proposals-mean-for-your-student-loans/#6f8c1af9508f

31 Balingit und Douglas-Gabriel, »Trump Seeks to Slash $8.5 Billion from Education Department Budget«.

32 »Median Incomes v. Average College Tuition Rates, 1971–2016«, ProCon.org, 20. April 2017, https://college-education.procon.org/view.resource.php?resourceID=005532

33 J. Selingo, »States' Decision to Reduce Support for Higher Education Comes at a Cost«, *Washington Post*, 9. September 2018, www.washingtonpost.com/education/2018/09/08/states-decision-reduce-support-higher-education-comes-cost/; J. Marcus, »Americans Don't Realize State Funding for Higher Ed Is Falling, New Poll Finds«, *Hechinger Report*, 25. Februar 2019, https://hechingerreport.org/americans-think-state-funding-for-higher-ed-has-held-steady-or-risen-survey-finds/

34 S. Stebbins, »Choosing a Degree? These College Majors Are Likely to Pay Off the Least«, *USA Today*, 21. Januar 2020, www.usatoday.com/story/money/2020/01/19/jobs-college-degrees-education-arts-pay-off-the-least/41006589/

35 B. Auguste, »Failing by Degrees: Why College Grads Need NonCollege Grads to Succeed«, *Forbes*, 14. März 2019, www.forbes.com/sites/byronauguste/2019/03/14/failing-by-degrees-why-college-grads-need-non-college-grads-to-succeed/#38ea75316c5b; »View Talent Shortages Around the World«, Manpower Group, 2018, https://go.manpowergroup.com/talent-shortage-2018#shortagebycountry-globaldata

36 A. Graves, »How Many Times Has Trump Mentioned His Wharton Education? We Crunched the Numbers«, *Daily Pennsylvanian*, 17. Januar 2018, www.thedp.com/article/2018/01/trump-penn-wharton-data-education-times-ivy-league-business-finance-philadelphia-campaign; J. Glenza, »Trump Makes ›Blood‹ Truce with Fox Then Says He Is Top Candidate for Women«, *The Guardian*, 11. August 2015, www.theguardian.com/us-news/2015/aug/11/donald-trump-megyn-kelly-fox-women

37 R. D. Francis, »Him, Not Her: Why Working-Class White Men Reluctant About Trump Still Made Him President of the United States«, *Socius* 4,11 (2018): 1–11.

38 A. Tyson und S. Maniam, »Behind Trump's Victory: Divisions by Race, Gender, Education«, Pew Research Center, 9. November 2016, www.pewresearch.org/fact-tank/2016/11/09/behind-trumps-victory-divisions-by-race-gender-education/

39 C. Ingraham, »Three Quarters of Whites Don't Have Any Non-White Friends«, *Washington Post*, 25. August 2014, www.washingtonpost.com/news/wonk/wp/2014/08/25/three-quarters-of-whites-dont-have-any-non-white-friends/?utm_term=.669393795a9d

40 »Income and Wealth in the United States: An Overview of Recent Data«, Peter G. Peterson Foundation, 4. Oktober 2019, www.pgpf.org/

blog/2019/10/income-and-wealth-in-the-united-states-an-overview-of-data

41 »Completing College – National by Race and Ethnicity – 2017«, National Student Clearinghouse Research Center, 26. April 2017, https://nscresearchcenter.org/signaturereport12-supplement-2/

42 Sullivan und Jordan, »›Elitists, Crybabies and Junky Degrees‹«.

4 Wir haben bei weitem zu viele Neger

1 C. Ingraham, »Three Quarters of Whites Don't Have Any Non-White Friends«.

2 S. A. Reich (Hg.), *The Great Black Migration: A Historical Encyclopedia of the American Mosaic*, Santa Barbara, CA: Greenwood, 2014, 148.

3 I. X. Kendi, Gebrandmarkt, *Die wahre Geschichte des Rassismus in Amerika*, Übers. von Susanne Röckel und Heike Schlatterer, München: C. H. Beck, 2017, 265.

4 M. Berman, »Even More Black People Were Lynched in the U. S. than Previously Thought, Study Finds«, *Washington Post*, 10. Februar 2015, www.washingtonpost.com/news/post-nation/wp/2015/02/10/even-more-black-people-were-lynched-in-the-u-s-than-previously-thought-study-finds/?utm_term=.eeod39576e53

5 E. J. Scott, »Letters of Negro Migrants of 1916–1918«, *Journal of Negro History* 4,3 (1919): 317.

6 I. Wilkerson, »The Long-Lasting Legacy of the Great Migration«, *Smithsonian*, September 2016, www.smithsonianmag.com/history/long-lasting-legacy-great-migration-180960118/

7 »Top 10 Poorest States in the U. S.«, Friends Committee on National Legislation, 18. September 2018, www.fcnl.org/updates/top-10-poorest-states-in-the-us-1630

8 »Top 10 Hungriest States in the U. S.«, Friends Committee on National Legislation, 18. September 2018, www.fcnl.org/updates/top-10-hungriest-states-in-theu-s-1629

9 U. Akcigit, J. Grigsby und T. Nicholas, *The Rise of American Ingenuity: Innovation and Inventors of the Golden Age*, Working Paper 17–063, Harvard Business School, 7. Juni 2017, www.hbs.edu/faculty/Publication%20 Files/17-063_e55d07c8-c1db-4e59-b935-37a7701e0839.pdf

10 T.-N. Coates, »What This Cruel War Was Over«, *The Atlantic*, 22. Juni 2015, www.theatlantic.com/politics/archive/2015/06/what-this-cruel-war-was-over/396482/

11 »Wealth and Culture in the South: Slavery and the White Class

Structure«, Lumen Learning, https://courses.lumenlearning.com/ushistory1os2xmaster/chapter/wealth-and-culture-in-the-south/

12 J. Hammond, »Document: Cotton Is King (March 4, 1858)«, wiederveröffentlicht auf der Webseite Teaching American History, https://teachingamericanhistory.org/library/document/cotton-is-king/

13 Kendi, Gebrandmarkt, 257.

14 Coates, »What This Cruel War Was Over«.

15 J. N. Gregory, »Southernizing the American Working Class: Post War Episodes of Regional and Class Transformation«, *Labor History* 39,2 (1998): 135–154, http://faculty.washington.edu/gregoryj/southernization.pdf

16 Seattle Civil Rights and Labor History Project, »Racial Restrictive Covenants«, University of Washington, https://depts.washington.edu/civilr/covenants.htm

17 Scott, »Letters of Negro Migrants of 1916–1918«.

18 Wilkerson, »The Long-Lasting Legacy of the Great Migration«.

19 »World War I and the Great Migration«, History, Art & Archives, United States House of Representatives, https://history.house.gov/Exhibitions-and-Publications/BAIC/Historical-Essays/Temporary-Farewell/World-War-I-And-Great-Migration/

20 »Lynching in America: Targeting Black Veterans«, Equal Justice Initiative, 2017. https://eji.org/reports/online/lynching-in-america-targeting-black-veterans/red-summer

21 M. Ihejirika, »›Chicago 1919‹ Explores Racial Tension, from Eugene Williams to Laquan McDonald«, *Chicago Sun-Times*, 10. März 2019, https://chicago.suntimes.com/2019/3/10/18313804/chicago-1919-explores-racial-tension-from-eugene-williams-to-laquan-mcdonald

22 »The Red Summer of 1919«, History.com, zuletzt aktualisiert am 6. August 2020, www.history.com/topics/black-history/chicago-race-riot-of-1919

23 Ihejirika, »›Chicago 1919‹ Explores Racial Tension, from Eugene Williams to Laquan McDonald«.

24 O. B. Waxman, »The Forgotten March That Started the National Civil Rights Movement Took Place 100 Years Ago«, *Time*, 28. Juli 2017, https://time.com/4828991/east-saint-louis-riots-1917/

25 A. Keyes, »The East St. Louis Race Riot Left Dozens Dead, Devastating a Community on the Rise«, *Smithsonian*, 30. Juni 2017, www.smithsonianmag.com/smithsonian-institution/east-st-louis-race-riot-left-dozens-dead-devastating-community-on-the-rise-180963885/

26 Waxman, »The Forgotten March«.

27 »1920 s–1948: Racially Restrictive Covenants«, Fair Housing Center

of Greater Boston, www.bostonfairhousing.org/timeline/1920s1948-Restrictive-Covenants.html

28 »Power, Politics, and Pride: Dr. King's Chicago Crusade«, WTTW.com, https://interactive.wttw.com/dusable-to-obama/dr-kings-chicago-crusade

29 D. T. Carter, »What Trump Owes George Wallace«, *Gulf News*, 12. Januar 2016, https://gulfnews.com/opinion/op-eds/what-trump-owes-george-wallace-1.1652614

30 B. Lyman, »George Wallace: A Segregationist Stand for America«, *USA Today*, 16. August 2018, www.usatoday.com/story/news/nation-now/1968-project/2018/08/16/stand-up-america-george-wallaces-chaotic-prophetic-campaign/961043002/

31 D. McCabe und P. Stekler (Regie), *George Wallace: Settin' the Woods on Fire*, 2000, https://vimeo.com/116273297

32 Lyman, »George Wallace«.

33 K. Nodjimbadem, »The Racial Segregation of American Cities Was Anything But Accidental«, *Smithsonian*, 30. Mai 2017, www.smithsonianmag.com/history/how-federal-government-intentionally-racially-segregated-american-cities-180963494/; R. Rothstein, »Public Housing: Government-Sponsored Segregation«, *American Prospect*, 11. Oktober 2012, https://prospect.org/article/public-housing-government-sponsored-segregation

34 J. R. Thomas, »Separated by Design: How Some of America's Richest Towns Fight Affordable Housing«, *ProPublica*, 22. Mai 2019, www.propublica.org/article/how-some-of-americas-richest-towns-fight-affordable-housing

5 Feuert die Frauen

1 R. Ebert, »Nine to Five«, 19. Dezember 1980, wiederveröffentlicht auf RogerEbert.com, www.rogerebert.com/reviews/nine-to-five-1980

2 V. Canby, »›Nine to Five‹, Office Comedy«, *New York Times*, 19. Dezember 1980, www.nytimes.com/1980/12/19/archives/nine-to-five-office-comedy.html?rref=collection%2Fcollection%2Fmovie-guide&action=click&contentCollection=undefined&region=stream&module=stream_unit&version=latest-stories&contentPlacement=1&pgtype=collection

3 R. S. McElvaine, *The Great Depression: America 1929–1941*, New York: Crown/Archetype, 2010, 176.

4 Ebd., 10.

5 Ebd., 11.

6 Ebd., 176.

7 R. L. Boyd, »Race, Labor Market Disadvantage, and Survivalist Entrepreneurship: Black Women in the Urban North During the Great Depression«, *Sociological Forum* 15,4 (2000): 647–670.

8 Anm. d. Übers. Dt. Terkel, Studs. *Der grosse Krach. Die Geschichte der amerikanischen Depression*. Ausgewählt, übersetzt und eingeleitet von Dieter Hildebrandt. Frankfurt a. M.: Suhrkamp, 1972. In dieser gekürzten Ausgabe fehlt jedoch der hier zitierte Bericht von Clifford Burke.

9 S. Terkel, Hard Times: *An Oral History of the Great Depression*, New York: New Press, 2000 (zuerst: 1970), 82–83.

10 M. McDonald Way, *Family Economics and Public Policy, 1800 s–Present: How Laws, Incentives, and Social Programs Drive Family Decision-Making and the US Economy*, Babson Park, FL: Springer, 2018, 152.

11 E. Blakemore, »Why Many Married Women Were Banned from Working During the Great Depression«, History.com, 21. Juli 2019, www.history.com/news/great-depression-married-women-employment

12 McElvaine, *The Great Depression*, 176.

13 M. Honey, *Creating Rosie the Riveter: Class, Gender, and Propaganda During World War II*, Amherst: University of Massachusetts Press, 1984, 150.

14 Blakemore, »Why Many Married Women Were Banned from Working During the Great Depression«.

15 A. Hoffman, *Unwanted Mexican Americans in the Great Depression: Repatriation Pressures, 1929–1939*, Tucson: University of Arizona Press, 1974, 39–41, 64–68.

16 S. J. Loza, *Barrio Rhythm: Mexican American Music in Los Angeles*, Champaign: University of Illinois Press, 1993, 36–37.

17 K. R. Johnson, »The Forgotten Repatriation of Persons of Mexican Ancestry and Lessons for the War on Terror«, *Pace Law Review* 26,1 (2005): 6.

18 T. L. Bynum, »›We Must March Forward!‹: Juanita Jackson and the Origins of the NAACP Youth Movement«, *Journal of African American History* 94,4 (Herbst 2009): 487–508.

19 R. Freedman, *Children of the Great Depression*, New York: Houghton Mifflin Harcourt, 2005, 49.

20 McElvaine, *The Great Depression*, 268.

21 Honey, *Creating Rosie the Riveter*, 18.

22 K. T. Anderson, »Last Hired, First Fired: Black Women Workers During World War II«, *Journal of American History* 69,1 (1982): 82–97.

23 Honey, *Creating Rosie the Riveter*, 3–4.

24 Ebd., 19–20, 136.

25 Ebd., 147.

26 Ebd., 6–10.

27 C. Kirkpatrick, »EM 31: Do You Want Your Wife to Work After the War? (1944)«, wiederveröffentlicht auf der Webseite der American Historical Association, www.historians.org/about-aha-and-membership/aha-history-and-archives/gi-roundtable-series/pamphlets/em-31-do-you-want-your-wife-to-work-after-the-war-(1944)

28 »GI Rountable Series: Introduction«, American Historical Association, www.historians.org/about-aha-and-membership/aha-history-and-archives/gi-roundtable-series/gi-roundtable-series-introduction

29 S. M. Hartmann, »Women & World War II«, Metropolitan State University of Denver, https://msudenver.edu/camphale/thewomensarmycorps/womenwwii/; »American Women in World War II,« History.com, Update vom 28. Februar 2020, www.history.com/topics/world-war-ii/american-women-in-world-war-ii-1

30 C. Le Faucheur, »Should Women War Workers Be Fired?«, National WWII Museum, www.nationalww2museum.org/war/articles/should-women-war-workers-be-fired

31 Honey, *Creating Rosie the Riveter*, 4–5.

32 Le Faucheur, »Should Women War Workers be Fired?«.

33 K. Weisul, »Where Are All the Missing Veteran-Owned Businesses?«, *Inc.*, Oktober 2016, www.inc.com/magazine/201610/kimberly-weisul/missing-veteran-owned-businesses.html

34 J. Bellafaire, »History Highlight: Women Veterans and the WWII GI Bill of Rights«, Women in Military Service Memorial Foundation, November 2006, www.womensmemorial.org/history-highlight

35 »After the War: Blacks and the G. I. Bill«, Smithsonian American Art Museum, Februar 2015, https://americanexperience.si.edu/wp-content/uploads/2015/02/After-the-War-Blacks-and-the-GI-Bill.pdf

36 Washington Paid Family and Medical Leave, *Parents' Guide to Paid Family and Medical Leave*, März 2020, https://paidleave.wa.gov/app/uploads/2020/04/Parents-guide-V.3-FINAL.pdf

37 L. Kane, »Sweden Is Apparently Full of ›Latte Dads‹ Carrying Toddlers – and It's a Sign of Critical Social Change«, *Business Insider*, 4. April 2018, www.businessinsider.com/sweden-maternity-leave-paternity-leave-policies-latte-dads-2018-4

38 C. Miller, K. Quealy, M. Sanger-Katz, »The Top Jobs Where Women Are Outnumbered by Men Named John«, *New York Times*, 24. April 2018, www.nytimes.com/interactive/2018/04/24/upshot/women-and-men-named-john.html

39 L. Dishman, »What Is the Glass Cliff, and Why Do So Many Female CEOs Fall Off It?«, Fast Company, 27. Juli 2018, www.fastcompany.

com/90206067/what-is-the-glass-cliff-and-why-do-so-many-female-ceos-fall-off-it

40 J. Berman, »When a Woman or Person of Color Becomes CEO, White Men Have a Strange Reaction«, MarketWatch, 3. März 2018, www.marketwatch.com/story/when-a-woman-or-person-of-color-becomes-ceo-white-men-have-a-strange-reaction-2018-02-23

41 D. Byers, »Turbulence at the Times«, *Politico*, 23. April 2013, www.politico.com/story/2013/04/new-york-times-turbulence-090544?o=1

42 E. Pao, Interview mit der Autorin, 13. Mai 2019.

43 F. Garza, »The Only People Who Aren't Penalized for Promoting Diversity at Work Are White Men«, *Quartz*, 25. März 2016, https://qz.com/647512/the-only-people-who-arent-penalized-for-promoting-diversity-at-work-are-white-men/

44 Byers, »Turbulence at the Times«.

45 A. Fitzgerald, »Female-Led Companies More Likely to Be Targeted by Activist Investors, MU Research Finds«, *Mizzou News*, 17. April 2018, https://munews.missouri.edu/news-releases/2018/0417female-led-companies-more-likely-to-be-targeted-by-activist-investors-mu-research-finds/

6 Sozialistinnen und Quoten-Queens

1 »The Counted: People Killed by Police in the US«, interactive database, *The Guardian*, www.theguardian.com/us-news/ng-interactive/2015/jun/01/the-counted-police-killings-us-database

2 J. Ross, »Police Officers Convicted for Fatal Shootings Are the Exception, Not the Rule«, NBC News, 13. März 2019, www.nbcnews.com/news/nbcblk/police-officers-convicted-fatal-shootings-are-exception-not-rule-n982741

3 S. Chisholm, »Shirley Chisholm's Presidential Announcement Speech Transcript«, Common Lit, www.commonlit.org/texts/shirley-chisholm-s-presidential-announcement-speech-transcript

4 E. M. Simien, *Historic Firsts: How Symbolic Empowerment Changes U. S. Politics*, Oxford, UK: Oxford University Press, 2016, 32.

5 »This Day in History: Jan. 25, 1972: Shirley Chisholm Began Historic Campaign for President«, Zinn Education Project, www.zinnedproject.org/news/tdih/shirley-chisholm-announces-campaign/; Chisholm, »Shirley Chisholm's Presidential Announcement Speech Transcript«.

6 R. L. Madden, »Mrs. Chisholm Defeats Farmer, Is First Negro Woman in House«, *New York Times*, 6. November 1968, https://timesmachine.nytimes.com/timesmachine/1968/11/06/91291879.html?pageNumber=1

7 J. Landers, »›Unbought and Unbossed‹: When a Black Woman Ran for the White House«, *Smithsonian*, 25. April 2016, www.smithsonianmag.com/smithsonian-institution/unbought-and-unbossed-when-black-woman-ran-for-the-white-house-180958699/

8 J. Freeman, »Shirley Chisholm's 1972 Presidential Campaign«, Februar 2005, wiederveröffentlicht auf der Webseite der University of Illinois in Chicago, www.uic.edu/orgs/cwluherstory/jofreeman/polhistory/chisholm.htm

9 Chisholm, »Shirley Chisholm's Presidential Announcement Speech Transcript«.

10 A. Diekman, »Covering the 1972 Chisholm Campaign: Shaping Perceptions and Postponing Progress«, *Journal of Undergraduate Research at Minnesota State University, Mankato* 9,1 (2009): 1–12.

11 E. Blakemore, »Here's What People Once Said About How a Woman Would Never Be the Democratic Nominee«, *Time*, 7. Juni 2016, https://time.com/4359610/shirley-chisholm-nominee/?amp=true

12 A. Tully, »No ›Women's Lib‹ for Negro Congresswoman«, *Beaver County Times*, 2. Februar 1972, wiederveröffentlicht im Archiv von Google News, https://news.google.com/newspapers?id=J7AiAAAAIBAJ&sjid=ErMFAAAAIBAJ&pg=2935%2C941954

13 Landers, »›Unbought and Unbossed‹«.

14 L. Raatma, *Shirley Chisholm*, New York: Marshall Cavendish, 2010, 69.

15 B. Obama, »Remarks by the President at Medal of Freedom Ceremony«, Webseite des Weißen Hauses, 24. November 2015, https://obamawhitehouse.archives.gov/the-press-office/2015/11/24/remarks-president-medal-freedom-ceremony

16 Landers, »›Unbought and Unbossed‹«.

17 G. F. Will, »Sympathy for Guinier«, *Newsweek*, 13. Juni 1993, www.newsweek.com/sympathy-guinier-194016

18 A. Lewis, »The Case of Lani Guinier«, *New York Review of Books*, 13. August 1998, www.nybooks.com/articles/1998/08/13/the-case-of-lani-guinier/

19 J. Levin, »The Welfare Queen«, *Slate*, 19. Dezember 2013, www.slate.com/articles/news_and_politics/history/2013/12/linda_taylor_welfare_queen_ronald_reagan_made_her_a_notorious_american_villain.html

20 L. Weymouth, »Lani Guinier: Radical Justice«, *Washington Post*, 25. Mai 1993, www.washingtonpost.com/archive/opinions/1993/05/25/lani-guinier-radical-justice/1b4d4e4d-30d1-47d1-b1ab-cb5c77125987/?utm_term=.381eb432e545

21 Weymouth, »Lani Guinier: Radical Justice«.

22 Zitiert aus: D. Harris, *Black Feminist Politics from Kennedy to Clinton*, New York: Palgrave Macmillan, 2009, 125.

23 L. Guinier, »Lani Guinier on Her Interactions with Bill Clinton«, Interview mit P. Slen, C-SPAN, 1. März 2015, www.c-span.org/video/?c452 9828/lani-guinier-interactions-bill-clinton.

24 C. I. King, »Bill Clinton's Treatment of Lani Guinier«, *Washington Post*, 6. Juni 1993, www.washingtonpost.com/archive/opinions/1993/06/06/bill-clintons-treatment-of-lani-guinier/412b72d0-d823-4ac2-8bc3-2619c447d6e5/?noredirect=on&utm_term=.880bec21a bao

25 D. Lauter, »Clinton Withdraws Guinier as Nominee for Civil Rights Job«, *Los Angeles Times*, 4. Juni 1993, www.latimes.com/archives/la-xpm-1993-06-04-mn-43290story.html

26 Guinier, »Lani Guinier on Her Interactions with Bill Clinton«.

27 B. Milano, »›If You Stop There …‹: Celebrating Guinier in the Spirit She Has Inspired«, *Harvard Law Today*, 23. Februar 2018, https://today.law.harvard.edu/stop-celebrating-guinier-spirit-inspired/

28 Milano, »›If You Stop There …‹«.

29 J. Lemon, »Democrats Alexandria Ocasio-Cortez, Ilhan Omar Want to ›Make Us Slaves to Socialism‹, GOP Congresswoman Accuses«, *Newsweek*, 14. April 2019, www.newsweek.com/democrats-alexandria-ocasio-cortez-ilhan-omar-want-make-us-slaves-socialism-1395584

30 Editorial Board, »If You Want to Be Speaker, Mr. Crowley, Don't Take Voters for Granted«, *New York Times*, 19. Juni 2018, www.nytimes.com/2018/06/19/opinion/joseph-crowley-alexandria-ocasio-cortez.html

31 E. Godfrey, »A Shocking Insurgent Victory in New York«, *The Atlantic*, 27. Juni 2018, https://www.theatlantic.com/politics/archive/2018/06/a-latina-democratic-socialist-beat-the-king-of-queens/563861/

32 G. Krieg, »Who Is Alexandria Ocasio-Cortez?«, CNN, 8. Februar 2019, www.cnn.com/2018/06/27/politics/who-is-alexandria-ocasio-cortez/index.html

33 A. Herrera und P. Majerle, »›In Love with Democracy‹, Ilhan Omar Draws Diverse Supporters in Bid for Congress«, *The World*, 1. November 2018, www.pri.org/stories/2018-11-01/love-democracy-ilhan-omar-draws-diverse-supporters-bid-congress

34 E. Ostermeier, »Ilhan Omar Nearly Breaks Minnesota US House Electoral Record«, Smart Politics, 13. November 2018, https://editions.lib.umn.edu/smartpolitics/2018/11/13/ilhan-omar-nearly-breaks-minnesota-us-house-electoral-record/; A. DuVernay, »Ilhan Omar Tells Ava DuVernay About the (Good) Trouble She's Making in Congress«, *Interview Magazine*, 3. April 2019, www.interviewmagazine.com/culture/conversation-with-congresswoman-ilhan-omar-and-ava-duvernay

35 J. Nichols, »Rashida Tlaib: There's a ›Real Human Impact of Doing Nothing‹«, *The Nation*, 11. Juni 2019, https://www.thenation.com/podcast/politics/rashida-tlaib-next-left/
36 DuVernay, »Ilhan Omar Tells Ava DuVernay About the (Good) Trouble She's Making in Congress«.
37 S. Gustavo, »The Omar Effect: On the Pulse of Controversy and Change«, *Minnesota Spokesman-Recorder*, 12. Juni 2019, http://spokesman-recorder.com/2019/06/12/the-omar-effect-on-the-pulse-of-controversy-and-change/
38 M. Harriot, »Ayanna Pressley Introduces Legislation to End the ›Pushout‹ of Black Girls«, *The Root*, 11. Dezember 2019, www.theroot.com/ayanna-pressley-introduces-legislation-to-end-the-push-1840346412
39 »Rep. Ayanna Pressley's ›People's Justice Guarantee‹ Is the Most Sweeping Weed Legislation Proposal Yet. But Will It Pass?«, *Greenwich Time*, 11. Dezember 2019, www.greenwichtime.com/business/article/Rep-Ayanna-Pressley-s-People-s-Justice-14896636.php
40 N. DeCosta-Klipa, »The House Passed Ayanna Pressley's Credit Score Reform Bill. Here's What It Would Do«, *Boston*, 30. Januar 2020, www.boston.com/news/politics/2020/01/30/ayanna-pressley-house-credit-reporting-bill
41 L. Friedman, »What Is the Green New Deal? A Climate Proposal, Explained«, *New York Times*, 21. Februar 2019, www.nytimes.com/2019/02/21/climate/green-new-deal-questions-answers.html
42 S. Tarlo, »House Speaker Nancy Pelosi Appears to Mock Rep. Alexandria Ocasio-Cortez's Following on Twitter«, *Salon*, 9. April 2019, www.salon.com/2019/04/09/house-speaker-nancy-pelosi-appears-to-mock-rep-alexandria-ocasio-cortezs-following-on-twitter/
43 Friedman, »What Is the Green New Deal?«.
44 I. Schwartz, »Rep. Ayanna Pressley: ›We Don't Need Any More Brown Faces That Don't Want to Be a Brown Voice‹«, Real Clear Politics, 14. Juli 2019, www.realclearpolitics.com/video/2019/07/14/rep_ayanna_pressley_we_dont_need_any_more_brown_faces_that_dont_want_to_be_a_brown_voice.html
45 S. Kent, »Ayanna Pressley's Disturbing Progressive Threat«, *Washington Examiner*, 17. Juli 2019, www.washingtonexaminer.com/opinion/ayanna-pressleys-disturbing-progressive-threat
46 J. Bowden, »Liz Cheney Calls Ayanna Pressley's Comments at Netroots Nation ›Racist‹«, *The Hill*, 16. Juli 2019, https://thehill.com/homenews/house/453342-liz-cheney-calls-ayanna-pressleys-comments-at-netroots-nation-racist
47 Z. Beauchamp, »It's Time for Ilhan Omar's Critics to Stand with Her

Against Trump's Attacks«, *Vox*, 18. April 2019, www.vox.com/policy-and-politics/2019/4/18/18410662/ilhan-omar-trump-911-islamophobia

48 »Rep. Tlaib Tears Up While Reading Death Threat«, CNN, 4. Juni 2019, www.cnn.com/videos/politics/2019/06/04/rashida-tlaib-mcgarrity-domestic-terrorism-emotional-sot-vpx.cnn

49 S. Grasso, »Stop Calling AOC, Ilhan Omar, and Rashida Tlaib ›Radical‹, Start Calling Everyone Else Cowards«, *Splinter*, 22. Februar 2019, https://splinternews.com/stop-calling-aoc-ilhan-omar-and-rashida-tlaib-radical-1832814428

50 DuVernay, »Ilhan Omar Tells Ava DuVernay About the (Good) Trouble She's Making in Congress«.

51 P. Rosenberg, »This One Reform Defeats Donald Trump and Saves Democracy: Too Bad the Gerrymandering GOP Never Listened, But Maybe They Will Now«, *Salon*, 26. März 2016, www.salon.com/2016/03/26/this_one_reform_defeats_donald_trump_and_saves_democracy_too_bad_the_gerrymandering_gop_never_listened_but_maybe_they_will_now/; K. Eberhard und M. Morales, »How Trump Is Winning – Even Though Most Republicans Aren't Voting for Him«, Sightline Institute, 7. März 2016, www.sightline.org/2016/03/07/how-trump-is-winning-even-though-most-republicans-arent-voting-for-him/

52 G. Guilford, »Maine Is Adopting a Voting System That Will Make It Easier for Third Party Candidates to Get Elected«, *Quartz*, 9. November 2016, https://qz.com/828585/maine-is-adopting-a-voting-system-that-will-make-it-easier-for-third-party-candidates-to-get-elected/; K. Budech, »Alternative Voting Systems Can Save Democracy«, Sightline Institute, 1. Dezember 2016, www.sightline.org/2016/12/01/alternative-voting-systems-can-save-democracy/

7 Geht verdammt noch mal spielen

1 D. Zirin, Interview mit der Autorin, 26. April 2019.

2 K. Abbott, »Score One for Roosevelt«, *Smithsonian*, 20. September 2011, www.smithsonianmag.com/history/score-one-for-roosevelt-83762245/

3 Editorial Board, »Two Curable Evils«, *New York Times*, 23. November 1897, https://timesmachine.nytimes.com/timesmachine/1897/11/23/102065399.pdf.

4 Abbott, »Score One for Roosevelt«.

5 R. O. Davies, *Sports in American Life: A History*, 3. Aufl., Hoboken, NJ: John Wiley and Sons, 2016, 210–214.

6 K. L. Shropshire, *In Black and White: Race and Sports in America*, New York: NYU Press, 1996, 26.

7 »Jack Trice, ISU Football Legend«, African American Registry, https://aaregistry.org/story/jack-trice-isu-football-legend/

8 M. Steil, »The Origin of Floyd of Rosedale«, Minnesota Public Radio, 17. November 2005.

9 Davies, *Sports in American Life*.

10 »G. P. M.: George Preston Marshall«, *The Coffin Corner* 6,11 und 12 (1984), Pro Football Hall of Fame, http://profootballresearchers.com/archives/Website_Files/Coffin_Corner/06-12-202.pdf

11 L. M. Waggoner, »On Trial: The Washington R*dskins' Wily Mascot: Coach William ›Lone Star‹ Dietz«, *Montana: The Magazine of Western History*, Frühling 2013.

12 Shropshire, *In Black and White*, 29–31.

13 M. Goodpaster, »The Shame That Is the Washington Redskins and Daniel Snyder (The Racism of George Preston Marshall)«, The Grueling Truth, 4. Juli 2020, https://thegruelingtruth.com/football/nfl/shame-washington-redskins-daniel-snyder-racism-george-preston-marshall/

14 »Founder-Owner: George Preston Marshall«, Webseite der Pro Football Hall of Fame, www.profootballhof.com/players/george-preston-marshall/

15 K. Briquelet, »How Mizzou Football Sacked President over Racism on Campus«, *Daily Beast*, 10. November 2015, www.thedailybeast.com/articles/2015/11/09/striking-mizzou-football-team-wants-president-out-over-wave-of-racism

16 RHA Mizzou (@RHAMizzou), »We will not stay silent«, Twitter, 29. Oktober 2015, 18:54 Uhr, https://twitter.com/RHAMizzou/status/659911318309212161

17 B. Trachtenberg, »The 2015 University of Missouri Protests and Their Lessons for Higher Education Policy and Administration«, SSRN, 24. Juli 2018, http://ssrn.com/abstract=3217199.

18 The Legion of Black Collegians (@MizzouLBC), »We are no longer taking it. It's time to fight«, Twitter, 7. November 2015, 18:14 Uhr, https://twitter.com/MizzouLBC/status/663177684428566532

19 Coach Gary Pinkel (@GaryPinkel), »The Mizzou Family stands as one«, Twitter, 8. November 2015, 9:39 Uhr, https://twitter.com/GaryPinkel/status/663410502370856960

20 »One Year After Protest Rocked Missouri, the Effects on the Football Team and University Remain Tangible«, *Sports Illustrated*, 8. November 2016, www.si.com/college-football/2016/11/08/how-missourifootball-has-changed-1-year-after-boycott

21 D. Matter, »Former MU Player Ian Simon Accepts ESPN Award«,

St. Louis Post-Dispatch, 16. Juli 2016, www.stltoday.com/sports/college/mizzou/eye-on-the-tigers/former-mu-player-ian-simon-accepts-espn-award/article_3ff6a26e-aea3-58fd-b5f9-fc21ae30bb76.html

22 »One Year After Protest Rocked Missouri«.

23 R. Felton, »Missouri Bill Aims to Strip Scholarships from College Athletes Who Refuse to Play«, *The Guardian*, 14. Dezember 2015, www.theguardian.com/us-news/2015/dec/14/missouri-bill-scholarships-college-athletes-protest

24 T. Kingkade, »Missouri Lawmakers Push to Punish Mizzou Because Students Protested«, *Huffington Post*, 12. Februar 2016, www.huffpost.com/entry/missouri-lawmakers-mizzou-student-protest_n_56be1eb4e4b08ffac124ff95

25 A. Hartocollis, »Long After Protests, Students Shun the University of Missouri«, *New York Times*, 9. Juli 2017, www.nytimes.com/2017/07/09/us/university-of-missouri-enrollment-protests-fallout.html

26 P. Baugh, »Athletics and Activism: Looking Back on a Historic Football Boycott«, *The Maneater*, 22. Oktober 2016, www.themaneater.com/stories/sports/athletics-and-activism-looking-back-historic-footb

27 »One Year After Protest Rocked Missouri«.

28 N. Bierman, »For Years, Trump Bashed the NFL and Players Who Protested Racial Injustice. Here's Why He Stopped«, *Los Angeles Times*, 1. Februar 2019, www.latimes.com/politics/la-na-pol-trump-nfl-20190201-story.html

29 KIRO 7 News Staff, »Seahawks Players Berated by Driver Never Staged Public Protests During National Anthem«, KIRO 7 News, 12. März 2018, www.kiro7.com/news/local/seahawks-players-berated-by-driver-never-staged-public-protests-during-national-anthem/714923210

30 J. Trotter und J. Reid, »Irreconcilable Differences: Why the Players Coalition Split Apart«, The Undefeated, 2. Februar 2018, https://theundefeated.com/features/irreconcilable-differences-why-the-nfl-players-coalition-split-apart/

31 R. Lapchick, B. Ekiyor und H. Ruiz, »The 2006 Racial and Gender Report Card: The National Football League«, 26. September 2007, https://43530132-36e9-4f52-811a-182c7a91933b.filesusr.com/ugd/7d86e5_7232193e48f64e90af2cdf09e65a8a94.pdf

32 S. Wyche, »Colin Kaepernick Explains Why He Sat During National Anthem«, Webseite der NFL, 27. August 2016, www.nfl.com/news/story/0ap3000000691077/article/colin-kaepernick-explains-protest-of-national-anthem

33 I. Oluo, *Schwarzsein in einer rassistischen Welt. Warum ich darüber noch immer mit Weißen spreche*, Münster: Unrast, 2020, 92.

34 P. Holloway, »Colin Kaepernick Warned Players Who Kneeled with Him They May Not Work Again«, Niners Nation, 20. Februar 2019, www.ninersnation.com/2019/2/20/18232588/colin-kaepernick-settlement-kneeling-players-michael-wilhoite

35 V. Mather, »A Timeline of Colin Kaepernick vs. the N. F. L.«, *New York Times*, 15. Februar 2019, www.nytimes.com/2019/02/15/sports/nfl-colin-kaepernick-protests-timeline.html

36 B. Lacina, »Since the NFL Anthem Protests, White Fans Like the White Players More – and the Black Ones Less«, *Washington Post*, 19. Januar 2019, www.washingtonpost.com/news/monkey-cage/wp/2019/01/19/happy-nfl-playoffs-since-the-anthem-protests-white-football-fans-like-white-players-more-and-black-ones-less/?utm_term=.be8d18623bff

37 M. Bennett, Interview mit der Autorin, 30. Juni 2019.

38 Media Matters Staff, »Sean Hannity Speculates That Kaepernick Protested National Anthem Because ›He Might Have Converted to Islam‹«, Media Matters, 29. August 2016, www.mediamatters.org/sean-hannity/sean-hannity-speculates-kaepernick-protested-national-anthem-because-he-might-have

39 Media Matters Staff, »Rush Limbaugh: NFL Protests Are a Leftist Plot ›to Cause Great Damage to the NFL‹ Because It Stands for ›Masculinity‹«, Media Matters, 28. September 2017, www.mediamatters.org/sean-hannity/rush-limbaugh-nflprotests-are-leftist-plot-cause-great-damage-nfl-because-it-stands

40 T. Gabriel, »Before Trump, Steve King Set the Agenda for the Wall and Anti-Immigrant Politics«, *New York Times*, 10. Januar 2019, www.nytimes.com/2019/01/10/us/politics/steve-king-trump-immigration-wall.html; J. Yomtov, »GOP Rep. Steve King on Kaepernick: ›This Is Activism That's Sympathetic to ISIS‹«, *USA Today*, 15. September 2016, www.usatoday.com/story/sports/nf l/2016/09/15/steve-king-colin-kaepernick-activism-sympathetic-to-isis/90399954/

41 E. Rosenberg, »›You Can't Win This One‹, Donald Trump Told NFL Owners About Anthem Protests. They Believed Him«, *Chicago Tribune*, 30. Mai 2018, www.chicagotribune.com/sports/ct-spt-trump-nfl-anthem-protests-20180530-story.html

42 A. Parker, »How Trump Has Attempted to Recast His Response to Charlottesville«, *Washington Post*, 7. Mai 2019, www.washingtonpost.com/politics/how-trump-has-attempted-to-recast-his-response-to-cha rlottesville/2019/05/06/8c4b7fc2-6b80-11e9-a66d-a82d3f3d96d5_story.html?utm_term=.dda383279216

43 M. Bennett und D. Zirin, *Things That Make White People Uncomfortable*, Chicago: Haymarket Books, 2018, 15.

44 Bennett und Zirin, *Things That Make White People Uncomfortable*, 16–17.

45 C. Boren, »›Terrified and Confused‹: Seahawks' Michael Bennett Tells of Traumatic Police Encounter«, *Washington Post*, 7. September 2017, www.washingtonpost.com/news/early-lead/wp/2017/09/06/im-going-to-die-for-no-other-reason-than-iam-black-michael-bennett-tells-of-police-encounter/?utm_term=.44f66fd34bff

46 M. Bennett (@mosesbread72), »Equality«, Twitter, 17. September 2017, 7:01 Uhr, https://twitter.com/mosesbread72/status/905430701595652096

47 K. Spain, »Las Vegas Police: ›No Evidence‹ Race Played Role in Michael Bennett Incident«, KHOU, 7. September 2017, www.khou.com/article/news/las-vegas-police-no-evidence-race-played-role-in-michael-bennett-incident/285-471794348

48 Boren, »›Terrified and Confused‹«.

49 D. Barron, »Charges Against Michael Bennett Dropped Because of Insufficient Evidence«, *Houston Chronicle*, 3. April 2019, www.houstonchronicle.com/sports/texans/article/Charges-against-Michael-Bennett-dropped-because-13739414.php

50 J. Breech, »Eagles' Michael Bennett Indicted on Felony Charge, Has Warrant Out for Arrest«, CBS Sports, 23. März 2018, www.cbssports.com/nfl/news/eagles-michael-bennett-indicted-on-felony-charge-has-warrant-out-for-arrest/

51 A. Willingham, »While You Were Arguing About the Anthem, Colin Kaepernick Just Finished Donating $1 Million«, CNN, 31. Januar 2018, www.cnn.com/2018/01/31/sport/colin-kaepernick-million-dollar-donation-pledge-anthem-nfl-trnd/index.html

52 D. Rapaport, »Kaepernick Vows to Continue Combating Racial Injustice ›With or Without the NFL‹«, *Sports Illustrated*, 5. Dezember 2017, www.si.com/nfl/2017/12/06/colin-kaepernick-sports-illustrated-muhammad-ali-award-acceptance-speech

53 Brief, E. Dickerson, Chairman, Hall of Fame Board, et al. an R. Goodell et al., o. D. (2018), veröffentlicht auf der Webseite von ESPN, http://a.espncdn.com/pdf/2018/0918/HOFLetter.pdf

54 D. A. Gilbert, »The Gridiron and the Gray Flannel Suit: NFL Football and the Modern U. S. Workplace«, *Journal of Sport and Social Issues* 42,2 (2018): 132–148.

Fazit

1 N. Bogel-Burroughs, »›I'm the Shooter‹: El Paso Suspect Confessed to Targeting Mexicans, Police Say«, *New York Times*, 9. August 2019, www.nytimes.com/2019/08/09/us/el-paso-suspect-confession.html

2 C. Quigley, E-Mail-Korrespondenz mit der Autorin, 3. August 2019.

3 »Commonwealth v. Bechtel«, 6. Februar 1956, veröffentlicht auf Justia.com, https://law.justia.com/cases/pennsylvania/supreme-court/1956/384-pa-184-0.html

4 »Professor Shares Story of His 1955 Murder Case«, *Arizona Daily Sun*, 19. November 2004, https://azdailysun.com/professor-shares-story-of-his-murder-case/article_cf711db1-2fce-5b93-a9bb-da64ae513b57.html

5 S. Rodrick, »All-American Despair«, *Rolling Stone*, 30. Mai 2019, www.rollingstone.com/culture/culture-features/suicide-rate-america-white-men-841576/

6 W. Cai und J. K. Patel, »A Half-Century of School Shootings like Columbine, Sandy Hook and Parkland«, *New York Times*, 11. Mai 2019, www.nytimes.com/interactive/2019/05/11/us/school-shootings-united-states.html

7 D. Byman, »Right-Wingers Are America's Deadliest Terrorists«, *Slate*, 5. August 2019, https://slate.com/news-and-politics/2019/08/right-wing-terrorist-killings-government-focus-jihadis-islamic-radicalism.html

REGISTER